M스포츠연구소

M 건강운동관리사

초단기 한권 완전정복 필기+실기

PY LEARNING MATE

안녕하세요. 체육·스포츠 영역의 국가 자격증 수험서인 M스포츠지도사와 M스포츠경영관리사는 많은 수험생들의 성원에 힘입어 매해 베스트셀러를 기록하고 있습니다. 저희 M스포츠연구소는 새로운 출제 경향과 누적돼 온 기출패턴을 분석하고, 해당 분야별 국내 최고의 전문가(교수, 박사, 연구원, 현장 실무진 등)로부터 여러 단계의 검증과정을 거쳐 시리즈를 출간하고 있습니다.

M건강운동관리사는 아래에 제시한 국내외 최고의 서적을 토대로 핵심이론을 도출하고, 문항 해설에 반영하였습니다. 특히 미국스포츠의학회(ACSM)에서 발간하는 〈ACSM's 운동검사·운동처방 지침〉 최신 버전(제11판)을 기준으로 삼았습니다. 본문 지면의 한계로 제시하지 못한 내용은 문제 해설을 통해 자세히 기술했습니다.

본서를 통해 마법(Magic)과 같은 합격의 기적(Miracle)으로 최고의 마스터(Master)가 되길 기원합니다. 감사합니다.

참고문헌

- 정일규(2023). 휴먼 퍼포먼스와 운동생리학(제2전정판). 대경북스.
- G. Liguori et al. (2022). ACSM's Guidelines for Exercise Testing and Prescription (11th ed.). 김완수 외 옮김 (2022). ACSM's 운동검사·운동처방 지침(제11판). 한미의학.
- W. E. Prentice (2016). Principles of Athletic Training: A Competency-Based Approcah (15th ed.). 길재호 외 (2016). 운동손상학(제15판). 대한미디어.
- D. A. Neumann (2017). Kinesiology of the Musculoskeletal System: Foundation for Rehabilitation (3rd ed.). 채윤원 외 옮김(2018). 뉴만 KINESIOLOGY: 근육뼈대계통의 기능해부학 및 운동학(제3판). 범문에듀케이션.
- R. J. Huber et al. (2021). Gould's Pathophysiology for the Health Professions (6th ed.). 최명애 외 옮김(2021). 보건의료인을 위한 병태생리학(제6판). 계축문화사.
- R. A. Magill et al. (2015). Motor Learning and Control (10th ed.) 박상범 외 옮김(2015). 운동학습과 제어: 개념과 적용(제10판). 한미의학.

3단계로 건강운동관리사 초단기 완전 정복

STEP 1
필기

핵심이론

- 단기 합격 및 마무리 학습에 최적화된 필수이론 도출
- 한눈에 보기 쉽게 그림과 표로 정리된 이론
- 심화 학습을 돕는 개념$^+$구성

STEP 2
필기

핵심기출 유형

- 최근 출제문제 분석을 통한 엄선된 문항 수록
- 과목별 문제 구성으로 이론 학습 후 복습 가능
- 상세한 해설과 보충설명 수록

STEP3
실기·구술

최신 기출유형 분석

- 최신 기출유형 분석 및 대비 방법 수록
- 최신 실기 평가 기출유형 제시
- 최신 구술 유형과 모범답안 제시

INFORMATION | 시험안내

1 자격정의

- "건강운동관리사"란 개인의 체력적 특성에 적합한 운동형태, 강도, 빈도 및 시간 등 운동수행 방법에 대하여 지도·관리하는 사람을 말한다.
- 의사 또는 한의사가 의학적 검진을 통하여 건강증진 및 합병증 예방 등을 위하여 치료와 병행하여 운동이 필요하다고 인정하는 사람에 대해서는 의사 또는 한의사의 의뢰(「의료기사 등에 관한 법률 시행령」 별표1 제3호 가목 1) 및 7)의 물리요법적 재활훈련 및 신체 교정운동 의뢰는 제외한다)를 받아 운동 수행방법을 지도·관리한다.

2 관련 근거

- 「국민체육진흥법」 제11조(체육지도자의 양성)부터 제12조(체육지도자의 자격취소)까지
- 「국민체육진흥법」 시행령 제8조(체육지도자의 양성과 자질향상)부터 11조의 3(연수계획)까지
- 「국민체육진흥법」 시행규칙 제4조(자격검정의 공고 등)부터 제23조(체육지도자의 자격취소)까지

3 응시자격

- 각 요건 중 어느 하나에 해당되는 자격 구비 및 서류 제출
- 18세 이상 응시 가능

응시자격	취득절차	제출서류(인정요건)
① 「고등교육법」 제2조에 따른 학교에서 체육분야에 관한 학문을 전공하고 졸업한 사람(졸업예정자 포함)이거나 법령에 따라 이와 같은 수준의 학력이 있다고 인정되는 사람 - 체육 분야 전문학사, 학사, 석·박사	- 필기 - 실기/구술 - 연수(200)	- 졸업자: 체육분야 전문학사 이상 졸업(학위)증명서 - 졸업예정자: 체육분야 전문학사 이상 졸업(학위수여)예정증명서 또는 최종학년 재학증명서 * 전문학사 이상: 전문학사·학사·석사·박사 * 석사·박사 졸업예정자는 재학증명서 불인정 * 졸업(학위수여)예정증명서 또는 재학증명서 제출 시 제출일 기준 다음년도 2.28.까지 졸업(학위)증명서를 제출해야함. 미제출 시 자격검정 및 연수 불합격처리(수수료 및 연수비 환불 불가)
② 문화체육관광부장관이 인정하는 「고등교육법」 제2조에 해당하는 외국의 학교(학제 또는 교육과정으로 보아 「고등교육법」 제2조에 따른 학교와 같은 수준이거나 그 이상인 학교를 말한다)에서 체육 분야에 관한 학문을 전공하고 졸업한 사람 - 문체부 장관 인정 외국의 체육분야 전문학사, 학사, 석·박사	- 필기 - 실기/구술 - 연수(200)	- 문화체육관광부 장관 인정 외국학교 체육분야 전문학사 이상 졸업증명서 * 전문학사 이상: 전문학사 또는 학사, 석·박사 ※ 문체부장관 인정 외국학교의 경우 학위증명서에 대한 번역공증서 제출

* 체육분야 인정범위
  - 학위(학과, 전공)명에 체육, 스포츠, 운동, 건강, 체육지도자 자격종목이 포함되면 인정
  - 복수전공은 인정하나, 부전공은 불인정

④ 필기시험과목(필수 8과목)

- 운동생리학
- 운동처방론
- 운동상해
- 병태생리학
- 건강·체력평가
- 운동부하검사
- 기능해부학(운동역학 포함)
- 스포츠심리학

⑤ 실기 및 구술 검정내용

- 심폐소생술(CPR)/응급처치(관련 교육이수증으로 대체/홈페이지 공지사항 참조)
- 건강/체력측정평가
- 운동트레이닝방법
- 운동손상 평가 및 재활

⑥ 자격검정기관 및 연수기관 지정현황

① 필기시험 검정기관: 국민체육진흥공단
② 실기 및 구술검정기관: 국민체육진흥공단
③ 연수기관(4)
   수도권(연세대), 경상(부경대), 충청(순천향대), 전라(조선대)

⑦ 자격검정 합격 및 연수 이수기준

필기시험	과목마다 만점의 40% 이상 득점하고 전 과목 총점 60% 이상 득점
실기·구술시험	실기시험과 구술시험 각각 만점의 70% 이상 득점
연수	연수과정의 100분의 90 이상을 참여하고, 연수태도·체육 지도·현장실습에 대한 평가점수 각각 만점의 100분의 60 이상

※ 체육지도자 자격응시와 관련하여 모든 지원 및 등록 절차는 체육지도자 홈페이지 (sqms.kspo.or.kr)를 통하여 확인 가능하므로 수시로 홈페이지를 확인하시기 바랍니다.
※ 체육지도자 자격 원서접수는 온라인 홈페이지를 통해서만 접수 가능합니다.

CONTENTS | 차례

PART

01

운동생리학

CHAPTER 01

운동생리학 핵심이론

▶ 참고도서

정일규(2023). 휴먼 퍼포먼스와 운동생리학(제2전정판). 대경북스.

▶ 학습완성도 ☐☐☐☐☐

학습 완성도를 체크해 보세요. 부족하다고 판단되면 위 참고도서를 통해 업그레이드하길 바랍니다.

1 체력 및 대사작용

(1) 체력

① 방위체력: 자극을 이겨내 생명을 유지, 발전시키는 능력(환경적, 생물학적, 생리적, 심리적)
② 행동체력: 육체적 활동을 통해 행동을 일으키는 능력(운동체력, 건강체력)

(2) 대사작용

① 동화작용: 외부의 영양물질이 화학변화를 통해 고분자 화합물로 합성되는 과정(에너지를 흡수·저장하는 과정)
② 이화작용: 체내의 복잡한 물질이 간단한 물질로 분해되는 과정(에너지를 방출·소비하는 과정)

2 에너지 공급 시스템

🔍 **개념**

아데노신 3인산(ATP)

- 신체가 사용하는 에너지의 형태를 ATP라고 함. ATP는 아데노신 3인산(ATP; Adenosine Triphosphate)이라고 하며 1개의 아데노신과 Pi라 불리는 3개의 무기인산(Pi; Inorganic Phosphate)으로 구성됨
- ATP에서 아데노신 2인산(ADP)과 무기인산(Pi)으로 분해될 때 에너지가 발생함

ATP 분해와 에너지 발생

※ ATPase: 아데노신 삼인산 분해요소

(1) 무산소성 과정

산소를 이용하지 않고 APT를 합성하는 과정으로 세포질 내에서 이루어짐

① APT-PCr 시스템: 단기간 운동 수행(100m 달리기, 높이뛰기, 역도, 다이빙 등), 포스파전 (phosphagen) 시스템이라고도 함

② 해당작용 시스템: 무산소성 해당작용(피루브산 분해), 젖산 시스템(피루브산이 젖산으로 축적), 400m 달리기

- 코리 사이클(Cori cycle): 특정 농도 이상이면 근육에 비축돼 근수축이 제한되고, 간에서 코리 사이클 과정(피루브산 → 글루코스6인산 → 글리코겐)을 거쳐 글루코스(포도당)으로 전환돼 에너지원으로 재사용
- 젖산역치(LT, Lactate Threshold): 젖산 변화축적 과정이 반복되어 결국 젖산축적이 점차적으로 증가, 이 현상이 뚜렷하게 나타나는 시점(훈련을 통해 운동강도를 높임으로써 젖산역치 시점을 지연할 수 있음)

(2) 유산소성 과정

산소를 이용해 ATP를 합성하는 과정으로 미토콘드리아 내에서 이루어짐

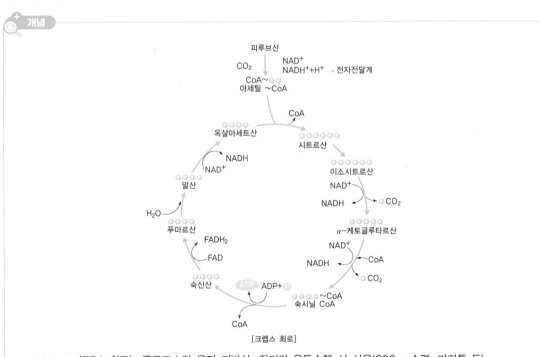

[크렙스 회로]

- 크렙스 회로(TCA 회로): 글로코스와 유리 지방산, 장기간 운동수행 시 사용(800m 수영, 마라톤 등)
  - 시트르산 → α-케토글루타르산: NADH 생성
  - α-케토글루타르산 → 숙신산: NADH, ATP 생성
- 전자전달계(ETS): 호흡체인, 산화적 인산화 과정

3 RMR과 MET

(1) 휴식대사량(RMR)

휴식 중에도 생존을 유지하기 위해 연소시키는 칼로리 양

① 남자 RMR = 66.4 + (13.7 × 체중) + (5.0 × 신장) − (6.8 × 나이)

② 여자 RMR = 65.5 + (9.6 × 체중) + (1.8 × 신장) − (4.7 × 나이)

(2) 신체활동의 에너지 소비 측정

MET(Metabolic Equivalent Task)는 휴식할 때 필요한 에너지와 몸에서 필요한 산소의 양을 의미함

$$1\text{kcal} = \frac{\text{METs} \times 3.5 \times 1\text{kg}}{200} \times 1\text{분}$$

 개념

호흡교환율

- RER(Respiratory Exchange Ratio): 분당 소비된 산소량(O_2)과 분당 배출된 이산화탄소량(CO_2)의 비율을 의미하는 호흡교환율임(CO_2 생산량 / O_2 생산량)
- RER의 범위는 0.7에서 1.0 사이로 운동 강도가 올라가면 증가하고, 운동 강도가 낮아지면 RER도 낮아짐(RER이 1인 경우 주 에너지 대사연료로 탄수화물을 사용하고, 지방은 거의 사용 안 함)

4 무산소 및 유산소 트레이닝

(1) 무산소 트레이닝(저항성)

① ATP-PCr 시스템: ATP 재합성 효율 증가 / 젖산 의존도가 낮아져 효율적 운동 수행

② 젖산 시스템: ATP 합성 효율 증가 / 해당능력(글루코시스 Glycolysis)과 젖산 능력 향상

(2) 유산소 트레이닝(지구성)

① 모세혈관 증가, 미토콘드리아 증가, 미오글로빈 증가

② 지구성 트레이닝을 통해 지구력 증가시킬 수 있음

③ 남녀 지구력 선수의 차이는 남자가 여자보다 최대 산소섭취량이 10% 정도 높음

④ 심폐지구력 트레이닝을 통해 경기력을 향상시킬 수 있음

생체에너지원
- 탄수화물: 고강도 운동 시 선호되는 에너지원, 1g당 약 4kcal 에너지 방출
- 지방: 저강도(장시간) 운동 시 적합, 1g당 약 9kcal 에너지 방출
  - 베타산화: 중성지방에서 글리세롤과 유리지방산으로 분리, 유리지방이 에너지 생산에 사용되려면 미토콘드리아에서 아세틸조효소-A(아세틸 코엔자임)로 바뀌는 과정
  - 지방산은 짝수의 탄소를 갖고 4~28개 구성, 탄소 16개로 구성된 팔미트산의 경우 7번의 베타산화 발생
- 단백질: 저강도(장시간) 운동 시 적합, 1g당 약 4kcal 에너지 방출

5 신경계통 및 신경세포

(1) 신경계통

중추 신경계	• 대뇌: 운동기능(의식적 운동 지배), 고등정신 및 학습된 경험 저장(기억, 사고, 판단, 추리, 감정, 정서 등), 지각정보(시각, 청각, 촉각, 온각 등) • 중뇌: 안구운동, 홍채 조절 • 소뇌: 운동근육, 신체균형 • 간뇌: 체온 유지, 음식 섭취 조절, 생식기능 조절, 삼투압 유지 등 항상성 조절 • 호흡 조절, 얼굴과 머리의 감각기능, 평형감각과 청각 • 연수: 호흡, 순환, 소화 등 생명과 직결되는 자율신경기능 조절 • 척수: 방광 조절, 항문조임, 무릎 반사같은 무조건 반사 및 통각 자극회피 등 반사작용

말초
신경계
	① 감각신경: 감각기관에서의 자극을 중추신경계로 전달(구심성, afferent)
	② 운동신경: 중추신경계의 명령을 운동기관으로 전달(원심성, efferent)
	  • 체성신경계: 골격근의 수의적 움직임 조절
	  • 자율신경계: 중추에서 반응기로 2개의 뉴런으로 연결(신경절)/ 신경절 이전 뉴런(중추와 신경절 사이)/ 신경절 이후 뉴런(신경절과 반응기 사이)
	    − 교감신경: 신경절 이전 뉴런이 짧고, 신경절 이후 뉴런은 긺/ 신경절 이전 뉴런 말단에는 아세틸콜린, 신경절 이후 말단에는 노르에피네프린 분비/ 몸의 변화를 대처하기 위한 반응, 동공 확대, 침 분비 억제, 호흡 운동 촉진, 심장박동 촉진, 기관지 이완, 땀 발생, 소화액 분비 억제, 방광 확장, 혈당량 증가/ 맥박 증가, 혈압 상승, 소화 억제(흥분성)
	    − 부교감신경: 신경절 이전 뉴런이 길고, 신경절 이후 뉴런이 짧음/ 신경절 이전과 이후 뉴런 말단에서는 아세틸콜린이 분비/ 안정화된 상태로 교감신경의 반대 작용, 동공 축소, 침 분비 촉진, 호흡 운동 억제, 심장박동 억제, 기관지 수축, 땀샘 없음, 소화액 분비 촉진, 방광 수축, 혈당량 감소/ 맥박 감소, 혈압 감소, 소화 촉진(억제성)

(2) 신경세포의 구조

① 뉴런(Neuron): 세포체(Cell Body), 수상돌기(Dendrites), 축삭(Axon)
- 신경세포체에는 체세포와 같이 핵, 미토콘드리아, 세포막이 있음

- 미엘린(myelin) 수초(말이집)는 뉴런을 여러 겹으로 둘러싸고 있는 절연체로서 뉴런을 통해 전달되는 전기신호가 누출되거나 흩어지지 않게 보호함. 미엘린으로 인해 전기 자극 전달 속도가 빨라짐
- 축삭돌기의 지름이 클수록 전기적 저항을 적게 받으므로 전도 속도가 빠름

② 전기적 전달 순서: 신경자극 → 수상돌기 → 세포체 → 축삭 → 축삭종말

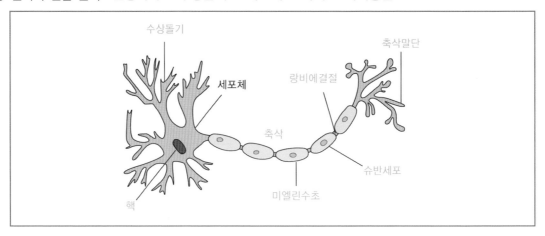

(3) 뉴런의 전기적 활동

안정막 전위 → 활동 전위 → 탈분극 → 재분극 → 과분극

안정막 전위 (resting potential)	• 신경세포를 포함한 모든 세포는 안정 시 세포 내 음(−) 전하 상태임 • 세포막 밖에는 Na⁺(나트륨) 이온이 많고, 세포 안에는 K⁺(칼륨) 이온이 많음 • 세포 내부가 세포 외부보다 −70mV(밀리볼트)가 작은 상태임
활동 전위 (action potential)	• 뉴런에 자극이 가해지면 이온 통로가 열리고, 이온이 세포 안으로 들어와 막전위가 변화되어 활동 전위가 생성됨 • 세포막의 자극이 역치를 넘어서지 않으면 생성되지 않음
탈분극 (depolarization)	• Na⁺이 세포 밖에서 안으로 유입되면서 양(+) 전하가 세포 내에서 증가하는 현상
재분극 (repolarization)	• 활동 전위 형성 부분의 나트륨 이온 통로가 닫히고, 칼륨 이온 통로가 열려 안정 시 막전위를 회복하는 과정
과분극 (hyperpolarization)	• K⁺ 통로가 열린 상태로 유지돼 추가적으로 K⁺이 세포 밖으로 나가는 현상

(4) 시냅스에서의 흥분전달

한 뉴런에서 다른 세포로 신호를 전달하는 연결지점(시냅스)에서 신경전달물질(아세틸콜린)이 방출되고, 방출된 신경전달물질이 세포막의 수용체와 결합됨

6 골격근

(1) 근육의 모양과 기능

횡문근(골격근, 심장근), 평활근(내장근)/ 수의근(근육운동 가능), 불수의근(근육운동 불가능)

(2) 골격근 구조

① 체성신경계의 지배를 통해 수의적으로 수축 및 이완을 할 수 있는 근육임

② 근육조직: 근다발 > 근섬유 > 근원섬유 > 미세섬유(필라멘트) > 굵은 미세섬유(마이오신) > 가는 미세섬유(액틴)

③ 근섬유 유형 순서: 지근(ST) → 중간근(FTa) → 속근(FTx)

④ 근육수축 기본단위

- I대(명대, I-band): Z 근처의 가는 액틴 필라멘트만 존재하고 근수축 시 미세구조 길이변화가 있음(단축성 수축 시 감소 / 이완 시 증가)

- A대(암대, A-band)는 가는 액틴 필라멘트와 굵은 마이오신 필라멘트가 중첩돼 있는 부위로서 근수축 시 미세구조 길이변화가 없는 골격근 섬유임(단축성 수축 시 혹은 이완 시 동일)

- H대(H-band): M선 주위의 굵은 마이오신 필라멘트만 있는 부위(단축성 수축 시 감소 / 이완 시 증가)

* 근육 원섬유 **마디**=근절: Z선과 Z선 사이의 마디

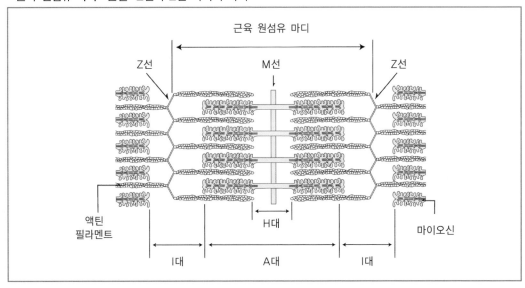

(3) 근육구조 비교

구분	지근섬유 red muscle	속근섬유 white muscle	
	Type I	Type IIa	Type IIx / IIb
특성	유산소 대사 활성	ATPase 활성, 무산소 대사	
운동강도	저강도 운동 (걷기)	중강도 운동 (달리기)	고강도 운동 (전력질주)
운동력	지구력	빠른 근수축	빠른 근수축
산화능력	강함		약함
해당능력	낮음	높음	

7 근육수축

(1) 형태

정적 수축(등척성), 동적 수축(등장성, 등속성)

(2) 단계

안정 단계 → 자극·결합 단계 → 수축 단계 → 재충전 단계 → 이완 단계

안정 단계	• 액틴과 마이오신의 결속이 약한 상태 • 결속되지 않은 안정된 상태 • 칼슘은 근형질세망에 저장된 상태
자극·결합 단계	• 신경자극에 의해 축삭 종말에서 아세틸콜린(ACh) 방출 • 근육세포의 활동전위(action potential) 발생 • 근형질세망(SR)에서 칼슘이온(Ca^{2+}) 분비
수축 단계	• 액틴과 결합한 마이오신 머리(myosin head)에서 아데노신2인산(ADP), 무기인산(Pi) 방출(파워 스트로크 power stroke 발생) • 액틴이 마이오신으로 미끄러져 들어가 근육이 짧아지고 근수축 발생 • 근형질세망에서 방출된 칼슘이온(Ca^{2+})을 근형질(sarcoplasm) 내로 유입시킴 • 칼슘이온(Ca^{2+})은 액틴 세사와 트로포닌(troponin)과 결합하고, 트로포닌은 트로포마이오신(tropomyosin)을 이동시켜 마이오신 머리가 액틴과 결합할 수 있게 함 • 근육 세포 산성화의 영향: 칼슘과 트로포닌의 결합을 방해해 근수축 활동을 저하시킴 • 근육이 수축하게 되면 근섬유가 짧아지는데 이를 근활주설(sliding filament theory)이라 부름
재충전 단계	• 마이오신 머리에 ATP가 재충전되며 더 큰 수축을 위해 액틴과 마이오신이 분리 • ATP가 다시 ADP, Pi로 다시 분해하며 에너지 공급
이완 단계	• 신경자극이 중지되며 트로포닌으로부터 칼슘이온(Ca^{2+})이 근형질세망에 다시 이동 • 트로포미오신이 액틴분자의 결합부위를 덮어 근육이 안정상태로 돌아감

8 내분비선과 호르몬

뇌하수체
전엽(앞엽)
	성장 호르몬	• 근육을 성장, 단백질·지방·탄수화물 대사와 모든 조직의 성장에 영향
		• 혈중 포도당 이용을 감소시켜서 인슐린 활성을 억제
		• 간에서 글루코스(포도당) 합성을 증가
		• 지방조직으로부터 지방산 동원을 증가시킴
		• 성장 호르몬은 인체의 모든 조직세포에 영향을 주고, 특별히 간에서는 소마토메딘(somatomedin)
		  이라고 하는 2차 호르몬을 만듦. 이는 IGF(insulin-like growth factor)로서 인슐린과
		  비슷한 인자임
		  ※ 성장호르몬은 기능 호르몬이자 조절 호르몬의 역할을 함

	엔도르핀	• 진통효과, 베타 엔도르핀(운동 내성변화, 통증감각, runner's high, 운동중독, 면역기능)
	황체형성 호르몬	• 남성과 여성의 생식선을 자극하는 호르몬 • 여성의 난소에서 황체를 형성하도록 함
	난포자극 호르몬 (FSH)	• 난소에 작용하여 난소의 발육성숙을 촉진 ※ 조절 호르몬(다른 호르몬에 2차적 영향을 줌)
	갑상선자극 호르몬 (TSH)	• 갑상선에 작용하여 갑상선 호르몬의 합성과 분비를 유도함 • 트라이아이오드타이로닌(T3)과 타이록신(티록신, T4) 호르몬의 분비 조절 ※ 조절 호르몬(다른 호르몬에 2차적 영향을 줌)
	부신피질자극 호르몬 (ACTH)	• 부신피질에 작용, 선세포 증식, 호르몬의 합성과 분비를 촉진함 ※ 조절 호르몬(다른 호르몬에 2차적 영향을 줌)
뇌하수체 후엽(뒤엽)	항이뇨 호르몬 (ADH)	• 신장에서 수분의 재흡수를 촉진시킴 • 이뇨량, 체내 수분량 조절
	옥시토신	• 분만 시 자궁근육 수축, 모유 분비 촉진
갑상선	티록신(T4)	• 체내 물질대사를 촉진, 포도당 분해, 체온 증가시킴
	칼시토신	• 혈액 속의 칼슘 농도가 많을 시 그 농도를 감소시킴(혈중칼슘 → 뼈)
	부갑상선	• 혈액 속의 칼슘의 농도가 적을 시 그 양을 증가시킴(뼈 → 혈중칼슘, 콩팥, 창자 칼슘 흡수)

부신	부신수질
	(속질)
	호르몬
		• 부신수질은 〈에피네프린〉, 〈노르에피네프린〉, 〈도파민〉을 합성함. 이 세 호르몬을 〈카테콜
		  아민〉이라고 하고, 운동 중에 활발하게 분비됨(심장활동 촉진, 심장동맥 확장, 기관지 확장,
		  근육혈관 확장, 내장혈관 수축, 당원분해, 지질분해)
		• 에피네프린(아드레날린)은 부신수질 분비 호르몬의 80% 차지, 나머지가
		  노르에피네프린, 도파민은 소량 분비
		• 에피네프린은 심혈관계와 호흡계에 영향을 미침
		• 빠르게 작용, 교감신경계의 신경자극에 의해 분비
		• 심박출량 증가, 근육 및 간에서 글리코겐이 글루코스(포도당) 분해 촉진
		• 혈장 글루코스(혈당) 및 혈중 유리지방산 농도 상승
		• 혈관 수축 및 확장, 혈압 상승

01

부신	부신피질 (겉질) 호르몬	• 〈알도스테론〉은 운동 시에 수분손실에 자극되며 Na^+이 재흡수되면 삼투압이 발생하고, 물을 흡수하여 수분 손실 억제, 반면 칼륨의 배출은 증가시킴. 표적기관은 신장으로 운동 중 탈수 방지 • 〈코티졸〉은 간에서 글리코겐 합성, 지방세포에서 지방분해 촉진, 염증 완화, 운동 시 혈당 유지를 위하여 유리지방산(FFA)의 혈액유입을 촉진
췌장	인슐린	• 혈당량이 높아지면 글루코스(포도당)를 세포로 유입시켜 글리코겐으로 저장시키며 혈당량을 낮추는 기능(간 당원분해 감소, 근육 혈당유입 증가, 지방조직 지질분해 억제) • 췌장 베타세포에서 분비됨
	글루카곤	• 인슐린과 반대 작용을 하는 호르몬, 췌장 알파세포에서 분비됨 • 간에 저장된 글리코겐을 글루코스(포도당)로 분해시켜 혈당량을 높임(간 당원분해 촉진, 지방조직 지질분해 억제) • 글루카곤은 단독으로 작용하는 것이 아니라 코티졸, 에피네프린 등의 호르몬과 상호 협력하여 작용함
성선호르몬	남성 호르몬	• 테스토스테론 분비, 남성의 2차 성징 발달, 정자 형성
	여성 호르몬	• 에스트로겐(여성의 2차 성징 발달), 프로게스테론(임신 유지, 배란 억제)

개념

운동과 호르몬 조절

■ 근육 글루코스
 • 인슐린에 의해 글루코스(포도당)를 세포에 운반하고, 흡수를 촉진시킴
 • 운동을 통해 인슐린의 양을 감소시킴
■ 혈장 글루코스(혈당)
 • 간 글리코겐으로부터 글루코스(포도당)를 동원함
 • 아미노산, 젖산, 글리세롤로부터 간에서 글루코스가 합성됨
■ 레닌-안지오텐신-알도스테론 시스템(RAAS)
 • 혈장량 감소 시 레닌과 안지오텐신 작용으로 신장(콩팥)은 특수세포를 자극하며 레닌을 분비함
 • 레닌은 혈장으로 들어가서 간에서 생성된 안지오텐신을 안지오텐신-1으로 전환 / 안지오텐신-1은 다시 폐(허파)로 들어가 안지오텐신-2로 전환되며 부신피질에서 알도스테론 분비를 통해 수분 재흡수를 거쳐 혈장량을 상승시킴
 • 안지오텐신-2: 혈관수축(혈압 상승작용), 알도스테론 분비 증가 및 항이뇨호르몬(ADH) 분비 증가(신장에서 Na^+과 수분 재흡수 촉진), 갈증 증가(수분섭취를 통한 혈액량 증가)

9 호흡계

(1) 환기량

① 분당 환기량: 1분 동안 흡기와 호기되는 공기의 양(1분간 허파를 거쳐나가는 공기량)

> 분당 환기량=1회 호흡량×호흡 수

② 사강 환기량: 매 호흡마다 일정량의 공기가 공기전달 통로(기관, 기관지 등)에 머물러 가스 교환에 참여하지 않는 환기량

③ 폐포(허파꽈리) 환기량: 폐포에 도달하는 공기로 폐의 모세혈관에 산소를 공급, 이산화탄소 제거

> 폐포 환기량=(1회 호흡량−사강 환기량)×호흡 수

(2) 폐용적과 폐용량

폐용적	1회 호흡량 (TV, Tidal Volume)	안정 시 1회 흡기와 호기량	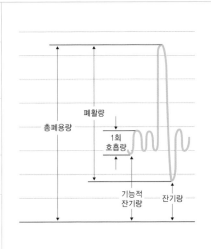
	잔기량 (RV, Residual Capacity)	최대 호기 후 폐의 잔기량	
폐용량	기능적 잔기량 (FRC, Functional Residual Capacity)	안정 시 호기 후 폐의 잔기량	
	폐활량 (VC, Vital Capacity)	최대 흡기 후 최대 호기량	
	총폐용량 (TLC, Total Lung Capacity)	최대 흡기 시 폐 내 총 공기량	

(3) 가스교환

① 산소 운반: 적혈구 내 헤모글로빈에 의해 운반, 산화헤모글로빈 형태

② 이산화탄소 운반: 헤모글로빈과 결합하여 운반, 중탄산염 형태

10 순환계

(1) 심장구조

심방과 심실	• 2개의 방과 2개의 실로 구성 　− 심방(우심방, 좌심방)은 혈액의 펌프 역할을 함 　− 심실(우심실, 좌심실)은 혈액의 혼합을 방지하는 역할을 함 • 심실중격은 좌·우심실 간 혈액의 혼합을 방지함	심장구조
심장의 판막	• 혈액의 역류를 방지하기 위해 4개의 판막이 있음 　− 반월판: 대동맥과 좌심실에 있는 대동맥(반월)판, 폐동맥과 우심실 사이에 폐동맥(반월)판이 있음 　− 이첨판: 좌심방과 좌심실 사이에 있음 　− 삼첨판: 우심방과 우심실 사이에 있음	

(2) 심장자극 전도체계

동방결절(SA node)	• 동방결절은 우심방과 상대정맥의 경계에 있음 • 규칙적인 전기 자극을 만들어냄(페이스메이커)
방실결절(AV node)	• 심장근육 섬유의 작은 덩어리, 심장의 우심방 벽에 위치 • 방실 속에 있는 방실다발로 빠르게 전달
방실다발(AV bundle)	• 심실벽에 있는 퍼킨제섬유로 전달(bundle of his)
퍼킨제섬유(Purkinje fibers)	• 심실전체로 전달, 자극에 의해 심실전체가 동시에 수축 • 폐동맥과 대동맥을 통해 혈액을 내보냄

개념

심장주기(cardiac cycle)

- 심장주기: 하나의 심장박동이 시작하여 다음 심장박동이 시작할 때까지의 기간
  - 이완기(확장기 diastole): 심장근이 이완해 있는 시기
  - 수축기: 근육이 수축해 있는 시기
- 순서: 심실이완(초기, 후기, 말기) → 심실흥분과 심실수축기의 시작 → 등용적 심실수축 → 심실분출 → 심실수축 말기 → 심실재분극과 심실이완의 시작 → 등용적 심실이완 → 심실충만
- 지점
  ⓐ 지점: 좌심방 수축 발생시점
  ⓑ 지점: 승모판이 닫히는 시점
  ⓒ 지점: 혈액의 방출기
  ⓓ 지점: 대동맥판 닫히는 시점

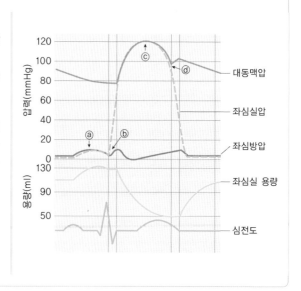

11 혈액순환

(1) 폐순환

이산화탄소 농도가 높은 혈액이 폐를 순환하면서 이산화탄소를 배출하고 산소를 받아들이는 과정 (우심실 → 폐동맥 → 폐 → 폐정맥 → 좌심방)

(2) 체순환

산소 농도가 높은 혈액이 몸 전체를 순환하면서 산소를 전달하는 과정(좌심실 → 대동맥 → 소동맥 → 모세혈관 → 소정맥 → 대정맥 → 우심방)

개념

혈관 및 혈관 구조
- 혈관 구조
  - 동맥: 심장에서 조직으로 혈액을 수송하는 역할 / 정맥보다 두꺼움(3개 층 - 외막, 중막, 내막)/ 탄력성, 신전성이 좋음
  - 정맥: 조직에서 심장으로 혈액을 수송하는 역할 / 정맥판막이 정맥혈 순환의 회귀(venous return)를 도움/ 근육펌프, 호흡펌프, 정맥수축, 모세혈관 확장
  - 모세혈관: 동맥과 정맥을 연결하는 혈관 / 조직세포로 산소와 영양물질 등을 공급
  - 혈관직경
    - 동맥 > 정맥 > 모세혈관
    - 대동맥 > 소동맥 > 세동맥 > 모세혈관
- 혈관구조
  - 혈장(50~60%): 액체성분으로 이온, 단백질, 호르몬 구성
  - 혈구(유형성분, 40~45%): 세포성분으로 적혈구, 혈소판, 백혈구 구성

개념

순환계 주요 공식
- 심박출량(L / min) = 1회 박출량(mL / min)×심박수(회 / 분) = (확장기말 용량 - 수축기말 용량)×심박수
  - 1회 박출량: 심장이 1회 수축할 때 나오는 혈액량
  - 1회 박출량을 결정하는 요인: 심장으로 되돌아오는 정맥혈의 양, 심장의 수축력, 대동맥 및 폐동맥의 혈압
- 박출계수(%) = [(확장기말 용량 - 수축기말 용량)÷확장기말 용량]×100
- 최대산소섭취량(VO_2max) = 최대심박출량×동정맥산소차
- 심근산소소비량 = 심박수×수축기 혈압
  - 심장이 하는 일률
- 구축률(EF) = 1회 박출량 / 이완기말 혈액량×100
  - 좌심실에서 혈액이 얼마나 방출되었는지를 파악
- 혈류 = 압력 / 저항
- 혈관 저항 = (길이×점도) / 반지름^4
- 맥압 = 수축기 혈압 - 이완기 혈압
- 평균동맥혈압 = 이완기 혈압+1 / 3 맥압

개념

심혈관 유동 및 동·정맥 산소차
① 심혈관 유동(cardiorasoular drin)
  - 장기간 유산소 운동을 할 때 심박수 등이 나타남
  - 체온 증가로 인해 피부혈류가 증가하고 탈수로 인해 혈장량이 감소하게 됨
  - 이로 인해 정맥혈 회귀가 감소하고 1회 박출량이 감소, 이를 보상하기 위해 심박수는 증가함
② 동·정맥 산소차
  - 동맥과 정맥의 산소차이로 조직(근육)에 전달되고 사용된 산소양의 척도

- 근육세포의 산소 소비량에 비례함
- 고강도 운동을 하게 되면 동정맥산소차가 증가함
- 골격근의 모세혈관 분포 증가는 동정맥산소차를 증가시킴
- 지구력을 증가시키면 동정맥산소차도 증가

12 환경과 운동

(1) 고온환경

교감 신경계 자극 증가, 심박수 증가, 피부혈류량 증가, 혈장량 감소, 1회 박출량 감소하여 순환기 능 저하, 열순응 반응

(2) 저온환경

① 신경전달 비율 감소, 피부 열손실 차단

② 저온순응 반응: 오한이 시작되는 평균 피부온도가 감소, 대사 관련 호르몬 분비 증가로 대사적 열 생성 증가, 열 생성 능력 증가, 말초혈관 확장

(3) 고지환경

① 단기간 노출: 최대산소섭취량 감소, 유산소 능력 저하, 지구성 운동능력 저하, 호흡수 증가, 심박수 증가, 심박출량 증가, 젖산 생성 증가

② 장기간 노출: 환기량 증가, 혈중 적혈구 증가, 산소이용 능력 증대, 근육조직의 모세혈관과 미토콘드리아 밀도 증가 / 적혈구의 $2,3-DPG$(diphosphoglycerate)의 증가에 따라 산화 헤모글로빈의 산소해리곡선이 소폭 우측 이동으로 나타나게 됨

(4) 수중환경

호흡 및 순환계에 대한 부담 감소, 정맥의 혈액 보유량, 심박출량, 최대 심박수 감소, 심장으로의 환류 혈액량 증가

CHAPTER 02 운동생리학 핵심기출 유형

01

〈보기〉에서 세포호흡에 관한 설명으로 옳은 것으로만 모두 고른 것은?

┤ 보기 ├

ㄱ 포도당의 에너지는 모두 ATP로 전환된다.
ㄴ 미토콘드리아에서 가장 많은 ATP를 생성한다.
ㄷ ATP가 분해되기 위해서는 물(H_2O)이 필요하다.

① ㄱ, ㄴ
② ㄴ, ㄷ
③ ㄱ, ㄷ
④ ㄱ, ㄴ, ㄷ

해설

ㄱ에서 산소가 충분히 공급되는 상태에서 글리코겐 또는 포도당이 분해되는 과정은 크렙스 회로(TCA 회로＝시트르산 회로＝구연산 회로)로서 산화되는 단계마다 다양한 효소들이 작용하고, 산소 호흡을 통해 물(H_2O)과 이산화탄소(CO_2)로 분해되면서 에너지를 방출(40% ATP 합성, 60% 열에너지로 체온 유지)하게 됨

정답 ②

02

고온 노출 시 항상성(homeostasis) 유지를 위한 반응은?

① 대사율 증가
② 부교감신경 활성 증가
③ 티록신(thyroxine) 분비 증가
④ 갑상선 자극호르몬(TSH) 분비 증가

해설

고온환경에서는 외부온도가 높기 때문에 대류(공기흐름으로 열손실이 일어나는 기전), 복사(체열이 공기를 통해 발산되는 기전), 전도(조직을 통해 차가운 피부표면이나 공기로 이동되는 기전)를 통한 열손실이 어려움. 즉, 증발(땀의 분비와 호기를 통한 열손실 기전)을 통해 체온조절을 해야 하므로 억제성과 관련된 부교감신경을 활성화해야 함

정답 ②

03

〈표〉는 활동전위가 발생한 신경세포의 한 지점에서 측정한 막전위의 변화를 순서대로 나타낸 것이다. 〈보기〉에서 옳은 것만을 모두 고른 것은? (휴지전위는 −70mV임)

시점	막전위 (mV)
A	−70
B	+30
C	−80
D	−70

---| 보기 |---

ⓐ A와 D에서 Na^+-K^+ 펌프가 작동하기 위해 ATP가 사용된다.
ⓑ A와 B 사이에서 Na^+ 농도는 신경세포 밖보다 안이 더 높다.
ⓒ B부터 C에서 K^+은 신경세포 밖으로 확산된다.

① ⓐ, ⓑ
② ⓑ, ⓒ
③ ⓐ, ⓒ
④ ⓐ, ⓑ, ⓒ

ⓑ의 설명에서 안정막 전위에서 세포막 밖에는 Na^+(나트륨) 이온이 많고, 세포 안에는 K^+(칼륨) 이온이 많음

정답 ③

해설 ➕ 뉴런의 전기적 활동

안정막 전위 (resting potential)	• 신경세포를 포함한 모든 세포는 안정 시 세포 내 음(−) 전하 상태임 • 세포막 밖에는 Na^+(나트륨) 이온이 많고, 세포 안에는 K^+(칼륨) 이온이 많음 • 세포 내부가 세포 외부보다 −70mV(밀리볼트)가 작은 상태임
활동 전위 (action potential)	• 뉴런에 자극이 가해지면 이온 통로가 열리고, 이온이 세포 안으로 들어와 막전위가 변화되어 활동 전위가 생성됨 • 세포막의 자극이 역치를 넘어서지 않으면 생성되지 않음
탈분극 (depolarization)	• Na^+이 세포 밖에서 안으로 유입되면서 양(+) 전하가 세포 내에서 증가하는 현상
재분극 (repolarization)	• 활동 전위 형성 부분의 나트륨 이온 통로가 닫히고, 칼륨 이온 통로가 열려 안정 시 막전위를 회복하는 과정
과분극 (hyperpolarization)	• K^+ 통로가 열린 상태로 유지돼 추가적으로 K^+이 세포 밖으로 나가는 현상

04

〈그림〉은 골격근 근절(sarcomere) 길이에 따른 장력 (tension)을 나타낸 것이다. 〈보기〉에서 옳은 것으로만 모두 고른 것은?

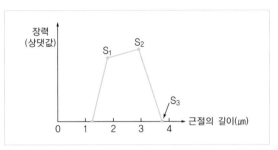

| 보기 |

㉠ I대(band) 길이는 S_1이 S_2보다 짧다.
㉡ A대(band) 길이는 S_1이 S_3보다 길다.
㉢ 마이오신 교차다리(cross-bridge) 수는 S_2가 S_3 보다 많다.

① ㉠, ㉡
② ㉡, ㉢
③ ㉠, ㉢
④ ㉠, ㉡, ㉢

해설

A대(암대)는 가는 액틴 필라멘트와 굵은 마이오신 필라멘트가 중첩돼 있는 부위로서 근수축 시 미세구조 길이변화가 없는 골격근 섬유임

정답 ③

해설 + 근육수축 기본단위

- I대(명대, I-band): Z 근처의 가는 액틴 필라멘트만 존재하고 근수축 시 미세구조 길이변화가 있음(단축성 수축 시 감소 / 이완 시 증가)
- A대(암대, A-band): 가는 액틴 필라멘트와 굵은 마이오신 필라멘트가 중첩돼 있는 부위로서 근수축 시 미세구조 길이변화가 없는 골격근 섬유임(단축성 수축 시 혹은 이완 시 동일)
- H대(H-band): M선 주위의 굵은 마이오신 필라멘트만 있는 부위(단축성 수축 시 감소 / 이완 시 증가)
* 근육 원섬유 마디=근절: Z선과 Z선 사이의 마디

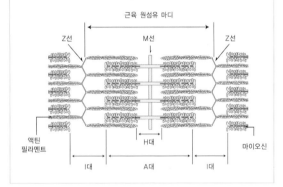

05

〈그림〉은 크렙스 회로(Krebs cycle)의 일부를 나타낸 것이다. 〈보기〉에서 옳은 것만을 모두 고른 것은?

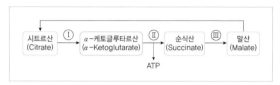

┤ 보기 ├

㉠ ①, ②, ③ 모두에서 NADH가 생성된다.
㉡ 한 분자당 탄소 수는 시트르산이 가장 많다.
㉢ ①, ②에서는 탈탄산(decarboxylation) 반응이 일어난다.

① ㉠, ㉡　　　　　　② ㉡, ㉢
③ ㉠, ㉢　　　　　　④ ㉠, ㉡, ㉢

해설

NADH는 시트르산 → 알파－케토글루타르산 → 숙신산 과정에서만 생성됨

정답　②

해설 ✚　크렙스 회로

▪ 크렙스 회로(TCA 회로): 글로코스와 유리 지방산, 장기간 운동수행 시 사용(800m 수영, 마라톤 등)
　• 시트르산 → ∝－케토글루타르산: NADH 생성
　• ∝－케토글루타르산 → 숙신산: NADH, ATP 생성

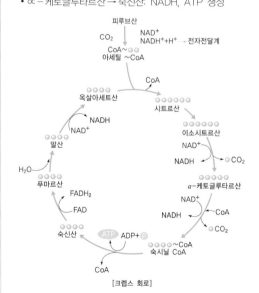

[크렙스 회로]

06

장기간 고지대 적응 훈련 후에 나타나는 생리적 특징으로 옳은 것은?

① 높은 피루브산 생성 능력
② 높은 젖산탈수소효소(LDH) 활성도
③ 높은 포스포프럭토카이네이즈(PFK) 활성도
④ 높은 2,3 DPG(diphosphoglycerate) 농도

해설

장기간 고지대 훈련을 하면 모세혈관 밀도 증가, 근육의 미토콘드리아 수 증가, 유산소 대사 효소의 농도 증가, 미오글로빈의 농도가 증가되고, 해당과정의 효소(PFK, LDH)의 활성화를 억제시킴. 또한 산화 헤모글로빈의 산소해리곡선이 소폭 우측 이동을 보이게 되는데 이는 적혈구의 2,3－DPG(diphosphoglycerate)의 증가에 의한 것임

정답　④

07

〈보기〉에서 신경세포에 대한 설명으로 옳은 것으로만 모두 고른 것은?

┤ 보기 ├

㉠ 신경전달 속도는 축삭(axon)의 지름에 비례한다.
㉡ 신경세포체에는 골격근 세포와 달리 핵, 리보솜, 미토콘드리아 등이 없다.
㉢ 미엘린 수초(myelin sheath)로 덮여 있는 축삭이 수초가 없는 축삭보다 빠르게 자극을 전달한다.

① ㉠, ㉡
② ㉡, ㉢
③ ㉠, ㉢
④ ㉠, ㉡, ㉢

해설

축삭돌기의 지름이 클수록 전기적 저항을 적게 받으므로 전도 속도가 빠름. 신경세포체에는 체세포와 같이 핵, 미토콘드리아, 세포막이 있음. 미엘린(myelin) 수초(말이집)는 뉴런을 여러 겹으로 둘러싸고 있는 절연체로서 뉴런을 통해 전달되는 전기신호가 누출되거나 흩어지지 않게 보호함. 미엘린으로 인해 전기 자극 전달 속도가 빨라짐

정답　③

08

순환계에 대한 설명으로 옳지 않은 것은?

① 세동맥은 교감신경 활성화에 의해 혈관 저항이 변한다.
② 평균 동맥혈압은 수축기 혈압과 이완기 혈압의 평균으로 계산한다.
③ 대동맥은 심장으로부터 혈액을 직접 받아들이기 때문에 압력이 가장 높다.
④ 동맥혈압은 혈액량, 혈액점도, 심박출량, 총말초혈관저항에 영향을 받는다.

해설
평균 동맥혈압은 심장주기 동안 평균 혈압을 의미함(평균 동맥혈압=이완기 혈압+1/3맥압)

정답 ②

09

자율신경계에 대한 설명으로 옳지 않은 것은?

① 교감신경계 활성이 증가하고 부교감신경계 활성이 감소하면 심박수는 증가한다.
② 안정 시 교감신경계와 부교감신경계는 모두 활성화되지만 부교감신경계가 보다 활발히 작용한다.
③ 심장, 평활근, 내분비샘과 같은 불수의(involuntary) 기관들의 기능을 조절하는 뉴런들로 구성된다.
④ 아세틸콜린은 골격근의 신경근연접에서 억제성으로 작용하지만 심장근육에서는 흥분성으로 작용한다.

해설
아세틸콜린(ACh)은 자율신경계의 신경전달물질 중의 하나로 중추신경계와 말초신경계 모두에 작용함. 심장 조직에서는 심박수를 낮추지만 골격근에서는 흥분성 신경 전달물질로 작용함

정답 ④

해설 ✚ 신경계통	
중추 신경계	• 대뇌: 운동기능(의식적 운동 지배), 고등정신 및 학습된 경험 저장(기억, 사고, 판단, 추리, 감정, 정서 등), 지각정보(시각, 청각, 촉각, 온각 등) • 중뇌: 안구운동, 홍채 조절 • 소뇌: 운동근육, 신체균형 • 간뇌: 체온 유지, 음식섭취 조절, 생식기능 조절, 삼투압 유지 등 항상성 조절 • 호흡 조절, 얼굴과 머리의 감각기능, 평형감각과 청각 • 연수: 호흡, 순환, 소화 등 생명과 직결되는 자율신경 기능 조절 • 척수: 방광 조절, 항문조임, 무릎 반사같은 무조건 반사 및 통각 자극회피 등 반사작용
말초 신경계	① 감각신경: 감각기관에서의 자극을 중추신경으로 전달(구심성, afferent) ② 운동신경: 중추신경계의 명령을 운동기관으로 전달(원심성, efferent) • 체성신경계: 골격근의 수의적 움직임 조절 • 자율신경계: 중추에서 반응기로 2개의 뉴런으로 연결(신경절)/ 신경절 이전 뉴런(중추와 신경절 사이)/ 신경절 이후 뉴런(신경절과 반응기 사이) 　- 교감신경: 신경절 이전 뉴런이 짧고, 신경절 이후 뉴런은 긺/ 신경절 이전 뉴런 말단에는 아세틸콜린, 신경절 이후 말단에는 노르에피네프린 분비/ 몸의 변화를 대처하기 위한 반응, 동공 확대, 침 분비 억제, 호흡 운동 촉진, 심장박동 촉진, 기관지 이완, 땀 발생, 소화액 분비 억제, 방광 확장, 혈당량 증가/ 맥박 증가, 혈압 상승, 소화 억제(흥분성) 　- 부교감신경: 신경절 이전 뉴런이 길고, 신경절 이후 뉴런이 짧음/ 신경절 이전과 이후 뉴런 말단에서는 아세틸콜린이 분비/ 안정화된 상태로 교감신경의 반대 작용, 동공 축소, 침 분비 촉진, 호흡 운동 억제, 심장박동 억제, 기관지 수축, 땀샘 없음, 소화액 분비 촉진, 방광 수축, 혈당량 감소/ 맥박 감소, 혈압 감소, 소화 촉진(억제성)

10

골격근 섬유의 흥분 – 수축 결합에 대한 설명으로 옳은 것은?

① 활동전위는 근형질세망 막을 따라 이동한다.
② ATPase는 근수축을 위한 ATP 분해를 촉진한다.
③ 칼슘은 액틴에 위치한 트로포마이오신과 결합한다.
④ 가로세관의 탈분극은 근형질세망에서 아세틸콜린을 분비한다.

근육수축 단계는 안정단계, 자극결합단계, 수축단계, 재충전단계, 이완단계가 있음. 안정단계에서 칼슘은 근형질세망에 저장된 상태이고, 자극결합단계에서 근형질세망(SR)에서 칼슘이온(Ca^{2+})을 분비함. 수축단계에서는 칼슘이온(Ca^{2+})은 액틴 세사와 트로포닌(troponin)과 결합하고, 트로포닌은 트로포마이오신(tropomyosin)을 이동시켜 마이오신 머리가 액틴과 결합할 수 있게 함. 재충전단계는 마이오신 머리에 ATP가 재충전되며 더 큰 수축을 위해 액틴과 마이오신이 분리되고, ATP가 다시 ADP, Pi로 분해하며 에너지를 공급하게 됨. 마지막 이완단계에서는 신경자극이 중지되며 트로포닌으로부터 칼슘이온(Ca^{2+})이 근형질세망에 다시 이동을 함

정답 ②

해설 ➕ 근육 수축 단계

안정 단계	• 액틴과 마이오신의 결속이 약한 상태 • 결속되지 않은 안정된 상태 • 칼슘은 근형질세망에 저장된 상태
자극· 결합 단계	• 신경자극에 의해 축삭 종말에서 아세틸콜린(ACh) 방출 • 근육세포의 활동전위(action potential) 발생 • 근형질세망(SR)에서 칼슘이온(Ca^{2+}) 분비
수축 단계	• 액틴과 결합한 마이오신 머리(myosin head)에서 아데노신2인산(ADP), 무기인산(Pi) 방출(파워스트로크 power stroke 발생) • 액틴이 마이오신으로 미끄러져 들어가 근육이 짧아지고 근수축 발생 • 근형질세망에서 방출된 칼슘이온(Ca^{2+})을 근형질(sarcoplasm) 내로 유입시킴 • 칼슘이온(Ca^{2+})은 액틴 세사와 트로포닌(troponin)과 결합하고, 트로포닌은 트로포마이오신(tropomyosin)을 이동시켜 마이오신 머리가 액틴과 결합할 수 있게 함 • 근육 세포 산성화의 영향: 칼슘과 트로포닌의 결합을 방해해 근수축 활동을 저하시킴 • 근육이 수축하게 되면 근섬유가 짧아지는데 이를 근활주설(sliding filament theory)이라 부름
재충전 단계	• 마이오신 머리에 ATP가 재충전되며 더 큰 수축을 위해 액틴과 마이오신이 분리 • ATP가 다시 ADP, Pi로 다시 분해하며 에너지 공급
이완 단계	• 신경자극이 중지되며 트로포닌으로부터 칼슘이온(Ca^{2+})이 근형질세망에 다시 이동 • 트로포미오신이 액틴분자의 결합부위를 덮어 근육이 안정상태로 돌아감

11

〈보기〉의 ㉠, ㉡에 해당하는 값을 바르게 나열한 것은?

| 보기 |

심장의 확장기말 용량(end-diastolic volume)이 100mL이고, 수축기말 용량(end-systolic volume)은 40mL이며, 심박수가 60회 / 분일 경우, 박출계수(ejection fraction)는 (㉠)%이며, 심박출량(cardiac output)은 (㉡) L / 분이다.

	㉠	㉡
①	40	2.4
②	40	3.6
③	60	2.4
④	60	3.6

해설
• 박출계수=[(확장기말 용량−수축기말 용량)÷확장기말 용량]×100=[(100−40) ÷ 100]×100=60%
• 심박출량=1회 박출량×심박수=(확장기말 용량−수축기말 용량)×심박수=(100−40)×60=3,600mL=3.6L

정답 ④

12

〈보기〉에서 호르몬별 내분비샘과 운동강도 증가에 따른 변화의 연결이 옳은 것으로만 묶인 것은?

| 보기 |

	호르몬	내분비샘	변화
㉠	갑상샘자극 호르몬(TSH)	뇌하수체 전엽	증가
㉡	항이뇨호르몬	뇌하수체 후엽	감소
㉢	에피네프린	부신피질	증가
㉣	글루카곤	췌장(이자)	증가

① ㉠, ㉡
② ㉠, ㉣
③ ㉡, ㉢
④ ㉢, ㉣

해설
항이뇨호르몬은 신장에서 수분의 재흡수를 촉진, 이뇨량과 체내 수분량을 조절하고 운동강도 증가에 따라 증가함. 에피네프린은 부신수질 호르몬으로 운동강도에 따라 증가함

정답 ②

해설 ➕ 내분비선과 호르몬

	호르몬	내용
뇌하수체 전엽 (앞엽)	성장 호르몬	• 근육을 성장, 단백질·지방·탄수화물 대사와 모든 조직의 성장에 영향 • 혈중 포도당 이용을 감소시켜서 인슐린 활성을 억제 • 간에서 글루코스(포도당) 합성을 증가 • 지방조직으로부터 지방산 동원을 증가시킴 • 성장 호르몬은 인체의 모든 조직세포에 영향을 주고, 특별히 간에서는 소마토메딘(somatomedin)이라고 하는 2차 호르몬을 만듦. 이는 IGF(insulin-like growth factor)로서 인슐린과 비슷한 인자임 ※ 성장호르몬은 기능 호르몬이자 조절 호르몬의 역할을 함
	엔도르핀	• 진통효과, 베타 엔도르핀(운동 내성변화, 통증감각, runner's high, 운동중독, 면역기능)
	황체형성 호르몬	• 남성과 여성의 생식선을 자극하는 호르몬 • 여성의 난소에서 황체를 형성하도록 함
	난포자극 호르몬 (FSH)	• 난소에 작용하여 난소의 발육성숙을 촉진 ※ 조절 호르몬(다른 호르몬에 2차적 영향을 줌)
	갑상선 자극 호르몬 (TSH)	• 갑상선에 작용하여 갑상선 호르몬의 합성과 분비를 유도함 • 트라이아이오드타이로닌(T3)과 타이록신(티록신, T4) 호르몬의 분비 조절 ※ 조절 호르몬(다른 호르몬에 2차적 영향을 줌)
	부신피질 자극 호르몬 (ACTH)	• 부신피질에 작용, 선세포 증식, 호르몬의 합성과 분비를 촉진함 ※ 조절 호르몬(다른 호르몬에 2차적 영향을 줌)
뇌하수체 후엽 (뒤엽)	항이뇨 호르몬 (ADH)	• 신장에서 수분의 재흡수를 촉진시킴 • 이뇨량, 체내 수분량 조절
	옥시토신	• 분만 시 자궁근육 수축, 모유 분비 촉진
갑상선	티록신 (T4)	• 체내 물질대사를 촉진, 포도당 분해, 체온 증가시킴
	칼시토닌	• 혈액 속의 칼슘 농도가 많을 시 그 농도를 감소시킴(혈중칼슘 → 뼈)

01

갑상선	부갑상선	• 혈액 속의 칼슘의 농도가 적을 시 그 양을 증가시킴(뼈 → 혈중 칼슘, 콩팥, 창자 칼슘 흡수)
부신	부신수질 (속질) 호르몬	• 부신수질은 〈에피네프린〉, 〈노르에피네프린〉, 〈도파민〉을 합성함. 이 세 호르몬을 〈카테콜아민〉이라고 하고, 운동 중에 활발하게 분비됨(심장활동 촉진, 심장동맥 확장, 기관지 확장, 근육혈관 확장, 내장혈관 수축, 당원분해, 지질분해) • 에피네프린(아드레날린)은 부신수질 분비 호르몬의 80% 차지, 나머지가 노르에피네프린, 도파민은 소량 분비 • 에피네프린은 심혈관계와 호흡계에 영향을 미침 • 빠르게 작용, 교감신경계의 신경자극에 의해 분비 • 심박출량 증가, 근육 및 간에서 글리코겐이 글루코스(포도당) 분해 촉진 • 혈장 글루코스(혈당) 및 혈중 유리지방산 농도 상승 • 혈관 수축 및 확장, 혈압 상승 • 〈알도스테론〉은 운동 시에 수분손실에 자극되며 Na^+이 재흡수되면 삼투압이 발생하고, 물을 흡수하여 수분 손실 억제, 반면 칼륨의 배출은 증가시킴. 표적기관은 신장으로 운동 중 탈수 방지 • 〈코티졸〉은 간에서 글리코겐 합성, 지방세포에서 지방분해 촉진, 염증 완화, 운동 시 혈당 유지를 위하여 유리지방산(FFA)의 혈액유입율 촉진
췌장	인슐린	• 혈당량이 높아지면 글루코스(포도당)를 세포로 유입시켜 글리코겐으로 저장시키며 혈당량을 낮추는 기능(간 당원분해 감소, 근육 혈당유입 증가, 지방조직 지질분해 억제) • 췌장 베타세포에서 분비됨
	글루카곤	• 인슐린과 반대 작용을 하는 호르몬, 췌장 알파세포에서 분비됨 • 간에 저장된 글리코겐을 글루코스(포도당)로 분해시켜 혈당량을 높임(간 당원분해 촉진, 지방조직 지질분해 억제) • 글루카곤은 단독으로 작용하는 것이 아니라 코티졸, 에피네프린 등의 호르몬과 상호 협력하여 작용함
성선 호르몬	남성 호르몬	• 테스토스테론 분비, 남성의 2차 성징 발달, 정자 형성
	여성 호르몬	• 에스트로겐(여성의 2차 성징 발달), 프로게스테론(임신 유지, 배란 억제)

13

근육의 미세구조별 구성 단백질과 근육의 길이 변화가 옳은 것은?

	근육의 미세구조	구성단백질 (안정 시)	근육의 길이 (단축성 수축 시)
①	I대 (I-band)	액틴 (actin)	유지
②	H역 (H-zone)	액틴, 마이오신 (myosin)	감소
③	A대 (A-band)	액틴, 마이오신	유지
④	근절 (sarcomere)	마이오신	유지

해설

근육의 I-band에서는 액틴 존재, 단축성 수축 시 감소 / H-band에서는 액틴 존재, 단축성 수축 시 감소 / 근절에서는 액틴과 마이오신 존재, 단축성 수축 시 유지됨

정답 ③

14

〈보기〉는 심주기(cardiac cycle) 동안 나타나는 현상을 묘사한 위거 도식(Wigger diagram)과 설명이다. ㉠~㉣ 중 옳은 것을 모두 고른 것은?

| 보기 |

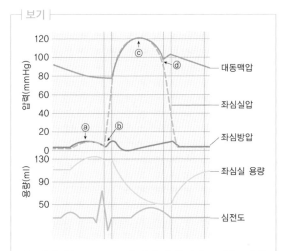

㉠ 좌심방(left atrium) 수축이 일어나고 있는 시점은 ⓐ이다.
㉡ 이첨판(bicuspid valve)이 열리는 시점은 ⓑ이다.
㉢ 이첨판이 닫히는 시점은 ⓒ이다.
㉣ 대동맥판(aortic valve)이 닫히는 시점은 ⓓ이다.

① ㉠, ㉢
② ㉠, ㉣
③ ㉠, ㉡, ㉣
④ ㉠, ㉢, ㉣

해설

ⓐ 지점은 좌심방 수축 발생시점
ⓑ 지점은 승모판이 닫히는 지점
ⓒ 지점은 혈액의 방출기
ⓓ 지점은 대동맥판이 닫히는 시점

정답 ②

15

〈보기〉의 신경(계) 역할에 관한 설명 중 옳은 것을 모두 고른 것은?

| 보기 |

㉠ 교감신경과 부교감신경은 원심성(efferent)이며, 뇌로부터 자극을 받아 내분비샘에 전달한다.
㉡ 운동신경은 구심성(afferent)이며, 골격근에서 뇌로 신호를 보낸다.
㉢ 체성신경은 원심성이며, 뇌로부터 자극을 받아 골격근에 전달한다.
㉣ 감각신경은 원심성이며, 피부에서 뇌로 신호를 보낸다.

① ㉠
② ㉠, ㉢
③ ㉠, ㉡, ㉢
④ ㉠, ㉡, ㉢, ㉣

해설

구심성(중심으로 가까워지려는 성질) 말초신경은 다양한 감각자극을 전달받아 신경계의 중심인 중추신경(뇌, 척수)에 전달됨. 원심성(중심에서 멀어지려는 성질) 말초신경은 중추신경으로부터 명령을 받아 체성신경계와 자율신경계(교감신경계, 부교감신경계)로 전달함. 체성신경계는 운동신경으로 반응하여 골격근에 영향을 미치고, 자율신경계는 심장, 땀샘, 호르몬, 체온 등을 자극하는 교감신경과 부교감신경에 명령을 내림

정답 ②

16

지방 대사에 관한 설명으로 옳지 않은 것은?

① 중성지방의 글리세롤(glycerol)은 아세틸조효소A (acetyl-CoA)로 전환될 수 있다.

② 베타산화(β-oxidation)는 지방산을 아세틸조효소 A로 전환시키는 과정으로 미토콘드리아에서 진행된다.

③ 베타산화를 통해 생성된 아세틸조효소A는 구연산/크렙스회로를 통해 아데노신 삼인산(ATP)을 생산한다.

④ 16개의 탄소로 이루어진 활성 지방산이 완전히 분해되려면 총 8회의 산화 과정(주기)을 거쳐야 한다.

해설

베타(β)산화에서 지방은 강도가 다소 낮은 운동 동안 상당한 양의 에너지를 제공하고, 중성지방(트라이글리세라이드, triglyceride)에서 글리세롤(glycerol)과 유리지방산(free fatty acids)으로 분리함. 이는 유리지방이 에너지 생산에 사용되려면 미토콘드리아에서 아세틸 조효소-A(아세틸 코엔자임 Acetyl CoA)로 바뀌는 과정임. 지방산은 짝수의 탄소를 갖고 탄소는 4~28개로 구성되며 탄소 16개로 구성된 팔미트산의 경우 7번의 베타산화가 일어남

정답 ④

해설 ✦ 크렙스 회로(TCA 회로)

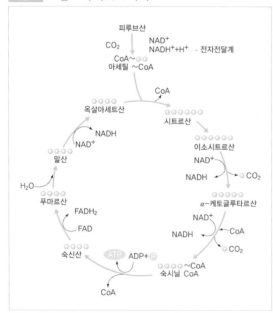

17

〈보기〉는 코리회로(Cori cycle)에 관한 설명이다. ㉠~㉢에 해당하는 용어를 바르게 나열한 것은?

│ 보기 │

근육에서 대사과정을 통해 생성된 젖산은 혈액을 통해 간으로 이동하고 (㉠)→(㉡)→(㉢)순으로 전환되어 간에서 저장되며 필요시 다시 근육으로 이동하여 사용된다.

	㉠	㉡	㉢
①	피루브산 (pyruvate)	젖산탈수소효소 (LDH)	글리코겐 (glycogen)
②	글리코겐	글루코스6인산 (glucose 6-phosphate)	피루브산
③	피루브산	글루코스6인산	글리코겐
④	젖산탈수소효소	피루브산	글리코겐

해설

무산소성 해당작용(젖산과정)에서 근육 속 글루코스(포도당)가 피루브산(pyruvate, 초성포도산)으로 분해되고, 피루브산이 젖산(피로를 초래하는 물질)으로 전환되어 축적됨. 특정 농도 이상이면 근육에 비축돼 근수축이 제한되고, 간에서 코리 시이클(Cori cycle) 과정(피부르산 → 글루코스6인산 → 글리코겐)을 거쳐 글루코스(포도당)으로 전환돼 에너지원으로 재사용됨

정답 ③

18

〈보기〉의 근수축에 따른 힘의 발현에 관한 설명 중 옳은 것으로만 묶인 것은?

┌─ 보기 ─────────────────────────────┐
│ ㉠ 근력은 동원된 운동단위의 형태와 수에 의해 결정 │
│   된다.   │
│ ㉡ 근력은 단축성 수축 시 근절의 길이가 짧아질수록 │
│   증가한다.   │
│ ㉢ 크기원리(size principle)에 따르면 근력 발현 시 │
│   큰 운동단위부터 동원되기 시작한다.   │
│ ㉣ 단일 신경 자극에 의한 수축 시 자극의 크기보다 │
│   는 빈도가 힘의 발현에 더 큰 영향을 미친다.   │
└─────────────────────────────────────┘

① ㉠, ㉡   ② ㉠, ㉣
③ ㉡, ㉢   ④ ㉢, ㉣

해설

㉡의 단축성 수축은 구심성 수축으로 저항의 중력을 극복하여 장력을 발휘하고, 근내 장력이 일정하고, 근 길이가 감소함(**예** 턱걸이 올라갈 때). ㉢의 크기 원리는 작은 운동단위에서 큰 운동단위 순서로 동원됨

정답 ②

해설 ＋ 근육수축 형태

정적 수축	등척성 수축 (isometric contraction)		▪ 근섬유 길이 변화 없음 ▪ 관절각의 변화 없이 힘 발생 ▪ 정적인 신체 위치 유지 ▪ 시간소비가 적고 특별한 장비 필요 없음 **예** 자세 유지
동적 수축	등장성 수축 (isotonic contraction)	단축성 수축 (concentric contraction)	▪ 구심성 수축으로 저항의 중력을 극복하여 장력 발휘 ▪ 근내 장력이 일정하고, 근 길이가 감소함 **예** 턱걸이 올라갈 때
		신장성 수축 (eccentric contraction)	▪ 원심성 수축으로 저항의 중력을 극복하지 못하여 근 길이가 증가하고 장력 발휘 ▪ 근내 장력은 일정하고, 근 길이가 늘어남. 즉, 근육의 길이가 길어지면서도 힘을 발휘 ▪ 부상과 근 염증의 주 원인으로 통증과 부종 유발 ▪ 수축속도가 빠를수록 힘이 더 증가함 ▪ 동일 근육에서 단축성 수축보다 같은 속도에서 더 큰 힘을 발휘 **예** 턱걸이 내려갈 때
	등속성 수축 (isokinetic contraction)		▪ 관절각이 일정 속도로 수축 ▪ 속도가 일정한 상태에서 최대의 장력 발휘 **예** 재활치료

〈보기〉의 근섬유에 관한 설명 중 옳은 것으로만 묶인 것은?

┤보기├

⊙ 지근(ST)섬유는 속근(FT)섬유보다 미토콘드리아의 수가 많다.

ⓒ 속근섬유는 지근섬유보다 최대수축속도(Vmax)가 빠르다.

ⓒ 지근섬유는 속근섬유보다 ATPase의 활성도가 높다.

ⓔ 속근섬유는 지근섬유보다 피로에 대한 저항이 높다.

① ⊙, ⓒ
② ⊙, ⓔ
③ ⓒ, ⓒ
④ ⓒ, ⓔ

해설

• 지근섬유: 미오글로빈(산소 저장 역할) 함량이 높아 적근(red muscle)이라 함. 장기간 운동 에너지 생성 유리, 피로 내성이 큼, 흥분역치 낮음

• 속근섬유: 백근(white muscle), 속도가 빠른 대신 쉽게 피로해짐(피로에 대한 저항이 낮음). 에너지 생성속도가 빠르고 젖산 분해. 단시간 운동에 적합함, 흥분역치 높음. 지근섬유에 비해 ATPase(아데노신 삼인산(ATP)을 아데노신 이인산(ADP)과 인산(Pi)으로 분해하는 효소)가 높음

정답 ①

〈보기〉의 ⊙, ⓒ에 해당하는 내용을 바르게 나열한 것은?

┤보기├

장기간의 유산소성 트레이닝 후에는 안정 시 심박출량(cardiac output)은 (⊙), 안정 시 1회 박출량(stroke volume)은 (ⓒ).

① ⊙ 증가하고
　 ⓒ 증가한다
② ⊙ 증가하고
　 ⓒ 변화 없거나 다소 감소한다
③ ⊙ 변화 없거나 다소 감소하고
　 ⓒ 증가한다
④ ⊙ 변화 없거나 다소 감소하고
　 ⓒ 변화 없거나 다소 감소한다

해설

심박출량(CO, cardiac output)은 1분 동안에 좌심실이 박출해낸 혈액의 총량으로 심박수(HR, heart rate)에 1회 박출량을 곱하여 산출함. 통상 최대 심박출량은 20(좌식 생활을 하는 사람)~40(엘리트 선수)L / 분으로 최대 심박출량과 운동 강도는 비례함. 안정 시의 심박출량은 변화가 없거나 소폭 감소하고, 안정 시의 1회 박출량은 증가함. 물론 이후 서서히 감소함

정답 ③

21

운동과 에너지 대사에 관한 설명 중 옳지 않은 것은?

① 무산소 해당과정(glycolysis) 부산물인 피루브산 (pyruvic acid)은 산소와 결합하여 젖산으로 전환된다.

② 한 분자의 글루코스를 이용할 때 유산소 시스템은 무산소 해당과정보다 더 많은 양의 에너지를 생성한다.

③ 지방 대사 시 중성지방은 유리지방산과 글리세롤로 분해되며 유리지방산이 주에너지원으로 이용된다.

④ 탄수화물 대사 과정에는 해당과정, 크렙스 회로(Krebs cycle), 전자전달계(electron transport chain)가 포함된다.

해설

무산소성 해당작용에서 근육 속 글루코스가 피루브산으로 분해되고, 피루브산이 산소가 충분하면 TCA회로에서 에너지를 생성하지만 그렇지 못할 경우에는 수소와 결합하며 젖산으로 전환됨

정답 ①

해설 + 에너지 공급 시스템(ATP의 산소이용 유무에 따른 분류

무산소성 과정	■ ATP-PCr 시스템 • 인원질 과정 시스템이라고도 함 • 가장 빠르고 쉽게 ATP를 생성함 • 10초 이내 고강도 근수축에 필요한 에너지를 공급, 단시간 운동수행 시 주로 사용함(100m 달리기, 높이뛰기, 역도, 다이빙 등) • ATP는 PCr이 크레아틴(C)과 무기인산(Pi)으로 분해될 때 발생되는 에너지를 이용하여 재합성됨 • ATP는 운동을 시작하면 크레아틴키나아제에 의해 생성됨 ■ 해당작용 시스템 • 글루코스(포도당)의 옛 이름인 글리코스(glycose)와 분해를 의미하는 (-lysis)의 합성어로 글리코시스 (Glycolysis) 시스템이라고 함 • 탄수화물에 의한 에너지 공급이 해당과정으로부터 시작함 • 400m 달리기에 필요함
무산소성 과정	무산소성 해당작용 (젖산 과정)	• 근육 속 글루코스(포도당)가 피루브산(pyruvate)으로 분해됨 • 피루브산이 젖산으로 전환되어 축적됨 • 젖산은 피로를 초래하는 물질 • 특정 농도 이상이면 근육에 비축돼 근수축이 제한됨 • 간에서 코리 사이클(Cori cycle) 과정을 거쳐 글루코스(포도당)로 전환돼 에너지원으로 재사용 • 젖산 변화축적 과정이 반복되어 결국 젖산축적이 점차적으로 증가, 이 현상이 뚜렷하게 나타나는 시점을 '젖산역치'라고 함(훈련을 통해 운동강도를 높임으로써 젖산역치 시점을 지연할 수 있음)

유산소성 과정	■ 크렙스 회로(TCA 회로=시트르산 회로) • 피루브산이 미토콘드리아 내로 유입되어 유산소 시스템을 통해 완전히 분해됨 • 산소가 충분히 공급되는 상태에서 글리코겐 또는 포도당이 분해되는 과정임 • 에너지 공급원은 글루코스(포도당)와 유리지방산임 • 유산소성 해당과정에서 형성된 피루브산이 아세틸로 전환, 이산화탄소가 빠지고 수소이온과 전자가 분리됨 • ATP-PCr과 Glycolysis와 비교했을 때 에너지 공급 속도가 가장 느림 • 미토콘드리아 내 산소를 사용하여 ATP가 생성됨 • 시트르산(구연산) 탈수효소에 의해 조절됨 • 장기간 운동수행 시 사용(800m 수영, 마라톤 등) ■ 전자전달계(ETS): 글리코시스(Glycolysis)와 크렙스 (TCA) 회로에서 방출된 전자와 수소이온을 물로 산화, 형성하는 화학작용임

22

〈보기〉에서 장기간 지구성 트레이닝 후 최대하 운동 시 혈당 이용률을 낮추는 원인에 관한 설명으로 옳은 것을 모두 고른 것은?

| 보기 |

- ㉠ 미토콘드리아의 수 증가
- ㉡ 미토콘드리아로 유리지방산 운반을 증가시키는 효소 증가
- ㉢ 베타 산화(β oxidation) 효소 증가를 통한 아세틸조효소 A(acetylCo−A) 생성 증가
- ㉣ 포스포프록토키나아제(phosphofructokinase, PFK) 활성 증가

① ㉠, ㉡, ㉢
② ㉠, ㉢, ㉣
③ ㉡, ㉢, ㉣
④ ㉠, ㉡, ㉢, ㉣

해설

㉣의 포스포프럭토키네이스(Phosphofructokinase, PFK)는 전체 해당과정의 속도조절에서 가장 중요한 조절 효소임. PFK의 활성이 증가되면 해당과정의 속도를 올리게 되고 혈당 이용률을 높이게 됨

정답 ①

23

다음 〈보기〉는 안정 시 막전위(resting membrane potential) 형성에 관한 기전이다. ㉠~㉣에 해당하는 이온을 바르게 나열한 것은?

| 보기 |

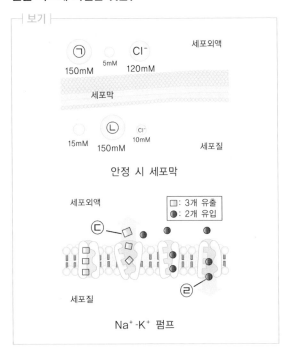

안정 시 세포막

Na⁺-K⁺ 펌프

	㉠	㉡	㉢	㉣
①	Na^+	K^+	Na^+	K^+
②	K^+	Na^+	Na^+	K^+
③	K^+	Na^+	K^+	Na^+
④	Na^+	K^+	K^+	Na^+

해설

뉴런의 전기적 활동은 안정막 전위 → 활동 전위 → 탈분극 → 재분극 → 과분극임. 안정막 전위 때는 세포막 밖에는 Na^+(나트륨) 이온이 많고, 세포 안에는 K^+(칼륨) 이온이 많음

정답 ①

24

160W에 해당하는 자전거운동을 〈보기〉의 조건으로 수행할 때, 순효율은?

┤ 보기 ├

- 체중 50kg, 안정 시 산소섭취량 0.2L / min, 운동 시 산소섭취량 44ml / kg / min으로 가정 (단, 1kpm / min=0.16W, 1kcal / min=400kpm / min, 1LO$_2$ / min=5kcal / min으로 정의하고, 계산값은 소수점 첫째자리로 반올림)
- 순효율(%)=(운동량÷안정 시를 제외한 에너지 소비량)×100

① 12.5%
② 22.7%
③ 25.0%
④ 62.5%

해설

① 운동량
  - 1kpm / min=0.16W→1,000kpm / min=160W
  - 1kcal / min=400kpm / min→1,000kpm / min =2.5kcal / min
② 안정 시를 제외한 에너지 소비량
  =운동 시 산소섭취량−안정 시 산소섭취량
  =2,000mL / min
  - 운동 시 산소섭취량: 44ml / kg / min×50kg =2,200mL / min
  - 안정 시 산소섭취량: 0.2L / min=200mL / min
③ 순효율=(2.5kcal / min ÷ 10kcal / min)×100=25%
  - 1LO$_2$ / min=1,000mLO$_2$ / min=5kcal / min→ 2,000mLO$_2$ / min=10kcal / min

정답 ③

25

〈보기〉는 근섬유 길이에 따른 장력의 변화를 나타내는 그래프와 설명이다. ㉠~㉣의 설명 중 옳은 것을 모두 고른 것은?

┤ 보기 ├

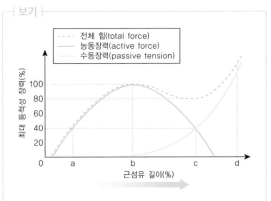

- 전체 힘(total force)
- 능동장력(active force)
- 수동장력(passive tension)

㉠ a 지점에서 모든 힘은 능동장력에 의해 발생된다.
㉡ b 지점은 최대 등척성 능동장력을 발현시키는 근섬유의 최적길이를 의미한다.
㉢ c 지점에서 강축(tetanus) 자극이 주어질 때 근섬유가 발현하는 힘은 최대 등척성 장력의 40%이다.
㉣ d 지점에서 발현되는 힘은 수동장력에 의해 발생된 힘에 의존한다.

① ㉡, ㉢
② ㉠, ㉡, ㉣
③ ㉠, ㉢, ㉣
④ ㉠, ㉡, ㉢, ㉣

해설

c 지점의 강축 자극의 근섬유 발현 힘은 능동장력 40%, 수동장력 40%의 힘을 합해 80%의 최대 등척성 장력을 발휘함. 강축(tetanus)이란 이완기 없이 지속적으로 수축이 일어나는 과정으로 적당한 시간적 간격에 의한 자극으로 연축이 합쳐져 더 크고 꾸준한 수축 현상임. 참고로 연축(single twitch)은 역치 이상의 자극에 의해 근육이 급속하게 한 번 수축하고 이완하는 과정, 긴장(tonus)은 계속적인 약한 자극으로 근육이 항상 약한 수축을 하고 있는 현상, 강직(contracture)은 활동전압이 유발되지 않고도 강축을 일으키는 병적 상태로 근육의 과도한 피로에 의한 현상을 말함

정답 ②

26

운동 시 체온조절에 관한 설명으로 옳은 것은?

① 운동 중 상승된 심부체온은 해당 운동 시 소비한 에너지의 양과 일치한다.

② 운동 중 심부체온 상승은 운동강도보다 주변 온도변화에 의해 더 큰 영향을 받는다.

③ 저온저습 환경에서 최대하 운동 시 체온조절은 땀의 증발보다는 주로 대류와 복사에 의해 일어난다.

④ 동일 강도의 최대하 운동 중 실내 온도가 상승할 때, 심부체온은 땀 증발량의 증가 및 대류와 복사열 감소에 의해 변화량이 크지 않다.

해설

운동을 할 때 신체 에너지의 70~80%는 열로 방출하므로 심부체온과 소비한 에너지 양은 일치하지 않음. 심부체온 상승은 운동강도에 의해 보다 더 영향을 받고, 저온저습한 환경에서 최대하 운동 시 체온조절은 주로 땀의 증발에 의해 발생함

정답 ④

27

〈보기〉에서 운동과 심혈관계 반응에 관한 설명으로 적절한 것을 모두 고른 것은?

┤ 보기 ├

㉠ 운동 초기의 심박수 증가(대략 분당 100회 까지)는 교감신경의 활성보다 부교감신경계의 억제에 의해 더 큰 영향을 받는다.

㉡ 운동 중 운동강도가 증가할수록 심박출량과 수축기 혈압, 평균 동맥혈압은 증가하지만, 이완기혈압은 변화량이 크지 않다.

㉢ 장기간 지구성 트레이닝의 결과, 안정 시 심박출량은 트레이닝 전보다 증가한다.

㉣ 동일 강도의 장시간 운동 중 시간에 따른 심박출량 변화는 크지 않으나, 1회 박출량은 감소한다.

① ㉠, ㉡, ㉢

② ㉠, ㉡, ㉣

③ ㉠, ㉢, ㉣

④ ㉡, ㉢, ㉣

해설

㉢ 장기간 지구성 트레이닝(유산소 운동)을 하면 안정 시의 심박출량은 변화가 없거나 소폭 감소하게 됨. 즉, 운동 전과 비교하여 안정 시에는 심박수 감소, 안정 시 1회 박출량은 증가하고, 운동 전과 비교하여 최대하 운동 시 심박수 감소, 1회 박출량 증가, 산소섭취량이 증가(동일한 절대적 운동강도)하게 됨

정답 ②

28

〈보기〉는 지연성근통증(delayed-onset muscle soreness, DOMS)의 발생 과정에 관한 일반적인 가설이다. ㉠~㉢에 해당하는 내용을 바르게 나열한 것은?

| 보기 |

격렬한 운동→(㉠)→(㉡)→(㉢)→염증반응→부종과 통증

① ㉠ 세포막 손상
　㉡ 단백질분해 효소에 의한 단백질 분해
　㉢ 근소포체로부터의 칼슘 누출

② ㉠ 세포막 손상
　㉡ 근소포체로부터의 칼슘 누출
　㉢ 단백질분해 효소에 의한 단백질 분해

③ ㉠ 단백질분해 효소에 의한 단백질 분해
　㉡ 근소포체로부터의 칼슘 누출
　㉢ 세포막 손상

④ ㉠ 근소포체로부터의 칼슘 누출
　㉡ 단백질분해효소에 의한 단백질 분해
　㉢ 세포막 손상

해설

지연성근통증(DOMS)은 과도한 운동 또는 익숙하지 않은 형태의 중강도·고강도 운동 후에 천천히 발생하는 근육통증임. 보통 운동 후 12~48시간에 가장 통증이 심하고, 5~7일이 지나면 정상적으로 회복됨. 지연성근통증의 과정은 격렬한 운동→세포막 손상→칼슘 누출→단백질 분해→염증반응→부종과 통증으로 이어짐

정답 ②

29

〈보기〉에서 운동 시 혈류의 분배에 관한 설명으로 적절한 것을 모두 고른 것은?

| 보기 |

㉠ 근육의 산소요구량 증가는 혈류의 내인성 조절(intrinsic control)을 발생시킨다.
㉡ 산화질소(nitric oxide, NO) 증가는 세동맥 혈관 확장을 유도한다.
㉢ 특정 예외를 제외한 대부분의 혈관은 부교감신경 활성에 의한 외인성 조절(extrinsic control)을 통해 확장된다.
㉣ 이산화탄소, 칼륨 이온, 수소 이온 등은 혈류량 증가를 자극할 수 있는 부산물이다.

① ㉠, ㉡, ㉢
② ㉠, ㉡, ㉣
③ ㉠, ㉢, ㉣
④ ㉡, ㉢, ㉣

해설

혈액은 항상 일정한 속도로 돌지 않고 신체 내부 장기와 조직에 따라 혈류량이 다름. 운동 시의 혈류는 심박출량 증가로 각 기관의 혈류는 대부분 감소하고, 근육에 산소가 많이 필요하게 되므로 산소 욕구를 충족시키기 위해 골격근의 혈류량이 최대 85%까지 올라가게 됨. ㉢에서 교감신경은 운동할 때 신체가 흥분돼 있을 때 작용하고 부교감신경은 신체가 안정화 상태에 들어갈 때 작용하는 신경으로서 운동 시의 혈류분배는 교감신경계의 내인성 조절로 이루어짐

정답 ②

30

혈장량 조절에 관한 설명으로 옳지 않은 것은?

① 알도스테론(aldosterone)은 수분 재흡수와 혈장량 유지에 기여한다.

② 안지오텐신 전환효소(angiotensin-converting enzyme, ACE)는 안지오텐신 I 을 안지오텐신 II 로 전환시킨다.

③ 안지오텐신 II 는 강한 혈관 확장 인자로 알도스테론 분비를 자극하여, Na^{+} 재흡수를 억제한다.

④ 열부하(heat load)가 없는 가벼운 운동 중에는 레닌 활성화와 알도스테론의 분비 변화가 크지 않다.

해설

레닌-안지오텐신-알도스테론 시스템(RAAS)에서 혈장량 감소 시 레닌과 안지오텐신 작용으로 신장은 특수세포를 자극하며 레닌을 분비함. 레닌은 혈장으로 들어가서 간에서 생성된 안지오텐신을 안지오텐신-1로 전환하고, 안지오텐신-1은 다시 폐로 들어가 안지오텐신-2로 전환되며 부신피질에서 알도스테론 분비를 통해 수분 재흡수를 거쳐 혈장량을 상승시킴

정답 ③

2020 기출

31

체중이 70kg인 남성이 〈보기〉와 같은 호흡기능을 가지고 있을 때, 기능잔기용량(functional residual volume, FRV)은?

보기

- 폐활량(vital capacity): 5,000mL
- 일회 호흡량(tidal volume): 500mL
- 총폐용량(total lung capacity): 6,000mL
- 날숨예비량(expiratory reserve volume): 1,000mL
- 들숨예비량(inspiratory reserve volume): 3,500mL

① 1,000mL ② 1,500mL
③ 2,000mL ④ 2,500mL

해설

- 기능적잔기량(FRV)
 =총폐용량(TLC)-폐활량(VC)+호기 예비량(ERV)
 =6,000-5,000+1,000=2,000mL

정답 ③

해설+ 폐용적과 폐용량

폐용적	1회 호흡량 (TV, Tidal Volume)	안정 시 1회 흡기와 호기량
	잔기량 (RV, Residual Volume)	최대 호기 후 폐의 잔기량
폐용량	기능적 잔기량 (FRC, Functional Residual Capacity)	안정 시 호기 후 폐의 잔기량
	폐활량 (VC, Vital Capacity)	최대 흡기 후 최대 호기량
	총폐용량 (TLC, Total Lung Capacity)	최대 흡기 시 폐 내 총공기량

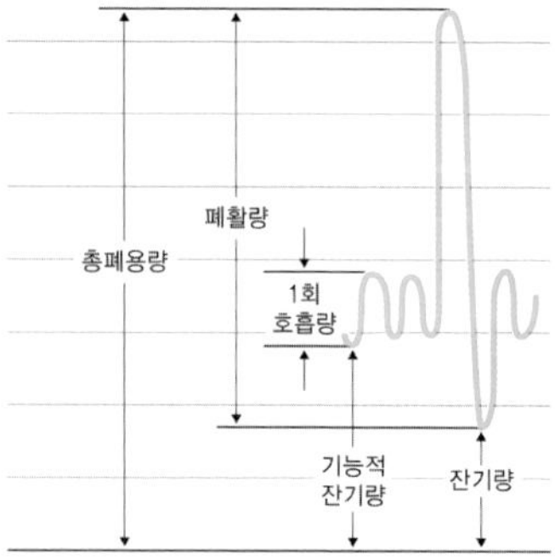

32

마이오글로빈(myoglobin)에 대한 설명으로 옳은 것을 〈보기〉에서 모두 고른 것은?

┤ 보기 ├

- ㉠ 근세포막에서 미토콘드리아로 산소 운반
- ㉡ 헤모글로빈과 유사한 질량과 분자 구조
- ㉢ 동일한 정맥혈 산소분압에서 헤모글로빈보다 높은 산소포화도(oxygen saturation)를 가짐
- ㉣ 동일한 횡단면적의 장딴지근(gastrocnemius muscle)보다 가자미근(soleus muscle)에 많이 분포

① ㉠, ㉡, ㉢
② ㉠, ㉡, ㉣
③ ㉠, ㉢, ㉣
④ ㉡, ㉢, ㉣

해설

미오글로빈(마이오글로빈, Myoglobin)은 근육 조직에서 발견되는 단백질로 혈액 속의 헤모글로빈과 역할이 비슷함. 즉, 산소를 운반하고 필요한 세포에 전달함. 미오글로빈(산소 저장 역할) 함량이 높아 지근섬유(적근)에 많음. 적혈구의 헤모글로빈과는 산소 운반 역할 측면에서 비슷하지만, 1개의 헴(Heme 하나는 산소 분자 하나와 결합)의 미오글로빈에 비해 헤모글로빈은 4개의 헴 단백질을 가지는 복합체임

정답 ③

33

〈보기〉와 같은 운동 중 나타나는 심혈관 유동(cardiorasoular drin)에 대한 설명으로 옳지 않은 것은?

┤ 보기 ├

- 20°C에서 VO₂max의 65% 강도로 장시간 달리기
- 심부체온 상승으로 발한량 증가

① 심박수(heart rate) 증가
② 심박출량(cardiac output) 증가
③ 일회박출량(stroke volume) 감소
④ 평균동맥혈압(mean arterial pressure) 감소

해설

심혈관 유동이란 장기간 유산소 운동을 할 때 심박수 증가 등이 나타나는 것을 의미함. 즉, 체온 증가에 따른 피부혈류 증가와 탈수로 인해 혈장량이 감소하므로 정맥혈 회귀(정맥은 조직에서 심장으로 혈액을 수송하는 역할)가 감소하게 되고, 1회 박출량이 감소하고 이를 보상하기 위해 심박수는 증가하게 됨

정답 ②

34

〈보기〉의 안정 시 심전도 A구간에서 나타나는 특징으로 옳은 것을 모두 고른 것은?

| 보기 |

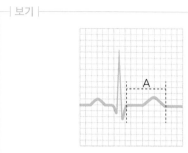

㉠ 심방압력(atrial pressure)은 감소 후 증가
㉡ 심실압력(ventricular pressure)은 증가 후 감소
㉢ 심실용적(ventricular volume)은 지속적으로 감소
㉣ 대동맥압력(aortic pressure)은 증가 후 대동맥판막(aortic valve)이 닫힐 때까지 감소

① ㉠
② ㉠, ㉡
③ ㉠, ㉡, ㉢
④ ㉠, ㉡, ㉢, ㉣

해설

심전도는 심장에서 일어나는 전기적 활동을 피부 표면에서 유도해낸 것으로 심장의 흥분상태의 변화를 알려줌. A구간은 S−T분절과 T파를 합친 구간으로 좌심실의 탈분극 및 재분극이 일어남. 즉, 심실이 심방으로부터 혈액을 받고 나서 수축하여 전신으로 혈액을 보내는 과정임. 이 때 심방압력은 감소 후 증가, 심실압력은 증가 후 감소하며 심실용적은 감소하게 됨. 대동맥압력은 증가 후 대동맥판막이 닫힐 때까지 감소함

정답 ④

해설 ✚ 심전도 개요(* 운동부하검사에도 나옴)

- 정상적인 심전도는 3가지 파로 구성
  - P파(심방의 탈분극): P파가 시작되자마자 심방수축 발생 (P wave)
  - QRS파(심실 탈분극): 심실근 전체로 흥분 확산(QRS complex)
  - T파(심실의 재분극): 심실이완기 동안에 발생(T wave)
- 심전도는 2개의 간격과 1분절 발생
  - 간격(혹은 P−Q 간격): 방실결절에 도달한 흥분이 심실로 전도되기까지의 시간적인 지연으로 P파 시작부터 Q파 시작까지의 간격, 방실 결절을 통한 전도속도에 좌우됨(PR interval)
  - Q−T 간격: Q파 시작부터 T파 종결까지의 간격으로 심실의 탈분극에서 재분극까지의 과정임(Q−T interval)
  - S−T 분절: S파의 끝부터 T파 시작까지를 의미하고, ST 분절의 상승 혹은 함몰 현상은 심근허혈, 심장비대, 전도차단, 약물투여 등에 따라 발생함(S−T segment)

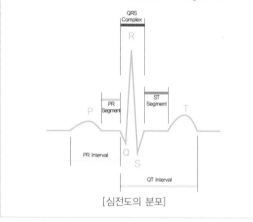

[심전도의 분포]

35

운동 중 발한에 의한 열손실을 설명한 것으로 옳지 않은 것은?

① 피부의 노출면적이 넓을수록 열손실 증가
② 대기의 수증기압(vapor pressure)이 높을수록 열손실 증가
③ 바람(wind)은 대류(convection)와 증발에 의한 열손실 촉진
④ 동일한 기온에서 상대습도(relative humidity)가 높을수록 열손실 감소

해설

발한이란 피부의 땀샘에서 땀이 분비되는 현상으로 대기의 수증기압(대기 중의 수증기 함량)이 높으면 땀의 증발과 체열 발산을 제한하므로 열손실을 감소시킴

정답 ②

36

미토콘드리아에서 일어나는 대사과정을 〈보기〉에서 모두 고른 것은?

보기

㉠ 포스파전(phosphagen) 시스템
㉡ 젖산 시스템(lactic acid system)
㉢ 시트르산 회로(citric acid cyale)
㉣ 전자전달계(electron transport chain)

① ㉠, ㉡
② ㉢, ㉣
③ ㉡, ㉢
④ ㉠, ㉣

해설

ATP(아데노신 삼인산) 합성은 산소를 사용하지 않고 ATP 합성을 하는 무산소성 과정(세포의 원형질에서 반응)과 산소를 사용하여 ATP를 합성하는 유산소성 합성(크렙스 회로와 전자전달계를 통한 복합적인 작용으로 미토콘드리아에서 반응)으로 구분함. 유산소성 과정은 산소를 이용해 ATP를 합성하는 과정으로 미토콘드리아(사립체) 내에서 이루어짐. 즉, 크렙스 회로(TCA 회로=시트르산 회로=구연산 회로)에서 피루브산이 미토콘드리아 내로 유입되어 유산소시스템을 통해 완전히 분해됨. 이후 전자전달계(ETS)에서 글리코시스(Glycolysis)와 크렙스(TCA) 회로에서 방출된 전자와 수소이온을 물로 산화, 형성하는 화학작용이 일어남. ㉠의 포스파전(phosphagen) 시스템(ATP-PCr 시스템)과 ㉡의 젖산 시스템(lactic acid system)은 산소를 이용하지 않고 ATP를 합성하는 과정으로 세포질 내에서 이루어지는 무산소성 과정임

정답 ②

37

〈보기〉의 자율신경을 통한 혈당량 조절 경로에서 옳은 설명을 모두 고른 것은?

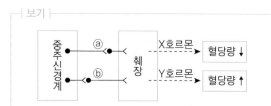

- ㉠ ⓐ의 신경절 이후(postganglionic) 신경섬유 말단에서 노에피네프린(norepinephrine)이 분비된다.
- ㉡ ⓑ의 신경절 이전(preganglionic) 신경섬유의 세포체는 척수의 백질(white matter)에 존재한다.
- ㉢ ⓐ와 ⓑ의 신경절 이전(preganglionic) 신경섬유 말단에서 분비되는 신경전달물질은 같다.
- ㉣ X호르몬은 췌장의 베타(β) 세포에서, Y호르몬은 알파(α) 세포에서 분비된다.

① ㉠, ㉡
② ㉡, ㉢
③ ㉢, ㉣
④ ㉠, ㉣

해설

자율신경계는 내장의 근, 평활근, 심장근, 내분비선 등의 운동 조절을 담당하고, 교감신경계와 부교감신경계로 구분함. 교감신경계는 흥분성을 지니며 맥박 증가, 혈압 상승, 소화 억제 등을 하고, 부교감신경계는 억제성을 지니며 맥박 감소, 혈압 감소, 소화 촉진 작용을 함. 자율신경계는 중추에서 반응기로 2개의 뉴런으로 연결되는데 이를 신경절이라고 함. ⓐ는 신경절 이전 뉴런이 길고, 신경절 이후 뉴런이 짧기 때문에 부교감신경(베타 세포에서 분비되는 인슐린으로 혈당량 낮춤)이고, ⓑ는 반대이므로 교감신경(알파 세포에서 분비되는 글루카곤으로 혈당량 높임)으로 이해할 수 있음

정답 ③

38

해수면과 비교하여 해발 2,300m 환경에서 나타나는 생리적 반응으로 옳지 않은 것은?

① 동일한 최대하 절대 운동강도에서 심박수 증가
② 동일한 최대하 절대 운동강도에서 환기량 증가
③ 안정 시 동맥 – 정맥 산소 차이(a – $\overline{V}O_2$ diff) 증가
④ 안정 시 기초대사율(basal metabolic rate) 증가

해설

고지환경에서 단기간 노출되면 최대산소섭취량 감소, 유산소 능력 저하, 지구성 운동능력 저하, 호흡수 증가, 심박수 증가, 심박출량 증가, 젖산 생성이 증가하고, 장기간 노출이 되면 환기량 증가, 혈중 적혈구 증가, 산소이용 능력 증대, 근육조직의 모세혈관과 미토콘드리아 밀도가 증가함. 동·정맥 산소차란 동맥과 정맥의 산소 차이로 조직(근육)에 전달되고 사용된 산소량의 척도로서 근육세포의 산소 소비량에 비례함. 즉, 고강도 운동, 골격근의 모세혈관 분포의 증가, 지구력의 증가는 동·정맥 산소차를 증가시킴. 단, 고지대는 근육세포의 산소 소비가 줄어들기 때문에 동·정맥 산소차가 감소함

정답 ③

39

장기간 근력 트레이닝의 효과는?

① 근원섬유(myofibrils) 수의 증가로 근비대 발생
② 운동신경의 발화빈도(firing rate)가 지속적으로 증가
③ 골격근 내 항산화효소(antioxidant enzymes) 활성도 감소
④ mTOR(mammalian target of rapamycin)가 억제되어 근비대 발생

해설

장기간의 트레이닝 프로그램은 근육 크기의 증가로 인해 근력을 얻게 됨. 이는 근력 트레이닝으로 근육 수축 단백질 합성을 증가시키게 돼 근비대가 이루어짐

정답 ①

40

〈보기〉는 인체에서 포도당이 분해되는 과정이다. 옳은 것을 모두 고른 것은?

> ─ 보기 ─
>
>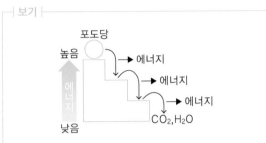
>
> ㉠ 효소가 필요하다.
> ㉡ 방출된 에너지 중 일부는 체온 유지에 이용된다.
> ㉢ 방출된 에너지 중 일부는 아데노신삼인산(ATP)을 합성하는데 이용된다.

① ㉠, ㉡
② ㉡, ㉢
③ ㉠, ㉢
④ ㉠, ㉡, ㉢

해설

산소가 충분히 공급되는 상태에서 글리코겐 또는 포도당이 분해되는 과정은 크렙스 회로(TCA 회로＝시트르산 회로＝구연산 회로)로서 산화되는 단계마다 다양한 효소들이 작용하고, 산소 호흡을 통해 물(H_2O)과 이산화탄소(CO_2)로 분해되면서 에너지를 방출(40% ATP 합성, 60% 열에너지로 체온 유지)하게 됨

정답 ④

a health exercise manager

건강 · 체력평가

건강·체력평가 핵심이론

CHAPTER 01

> **참고도서**

G. Liguori et al. (2022). ACSM's Guidelines for Exercise Testing and Prescription (11th ed.). 김완수 외 옮김(2022). ACSM's 운동검사·운동처방 지침(제11판). 한미의학.

> **학습완성도** ☐ ☐ ☐ ☐ ☐

학습 완성도를 체크해 보세요. 부족하다고 판단되면 위 참고도서를 통해 업그레이드하길 바랍니다.
※ 건강·체력평가는 운동처방론과 운동부하검사와 내용중복이 있음을 이해하며 학습하길 바랍니다.

1 신체활동의 이점과 위험요인

(1) 규칙적인 신체활동과 운동을 통한 건강상의 이점

① 조기사망률, 심혈관질환, 관상동맥질환, 고혈압, 뇌졸중, 당뇨병(제2형), 대사증후군, 비만을 감소시킴

② 13개 암(유방, 방광, 직장, 머리와 목, 결장, 골수종, 골수성 백혈병, 자궁내막, 위, 신장, 폐, 간, 식도) 유발을 감소함

③ 근력, 지구력, 순발력 등의 근 기능향상에 따른 건강상의 이점이 향상됨

(2) 신체활동과 운동 관련 위험요인

① 운동강도, 활동 특성, 신체상태와 비정상적인 근골격계와의 관계 등으로 근골격 손상을 줄 수 있음

② 고강도 운동에 따른 돌연 심장사(SCD, Sudden Cardiac Death), 급성심근경색(AMI, Acute Myocardial Infarction) 등의 심혈관 합병증을 유발할 수 있음

> **개념**
>
> 신체활동과 만성질환
> ■ 신체활동 권고사항
> • 미국스포츠의학회(ACSM, American College of Sports Medicine)에 따르면 18~65세의 건강한 성인은 5일/1주, 최소 30분/1일의 중강도 유산소 신체활동 혹은 3일/1주, 최소 20분/1일의 고강도 신체활동을 권고함
> • 중강도 유산소 운동은 최소 10분/1회 이상을 지속적으로 수행하여 총 누적시간이 최소 30분 이상이 되도록 함
> • 만성질환 및 장애의 위험을 줄이기 위해선 신체활동 최소 권고량을 초과하면 효과가 있음

2 운동참여 전 평가

(1) 운동참여 전 건강검진과 위험분류

① 체계적인 운동 프로그램 수행을 위한 사전 권고사항
  • 미국스포츠의학회(ACSM)는 사전 동의 절차, 운동참여 전 건강 선별, 건강력(health history), 심혈관계 위험요인 분석의 구성 요소를 따름
  • 사전 동의는 모든 개인 및 기밀정보 수집, 모든 형태의 체력 검사, 운동 참여 전에 이루어짐
  • 운동참여 전 건강 선별은 심혈관 사고의 위험이 있는 개인을 식별하는 것임

② 운동참여 전 선별 알고리즘

1. 규칙적인 운동에 참여하지 않는 경우		2. 규칙적인 운동에 참여하는 경우
① 심혈관, 대사성, 신장질환이 없거나 암시하는 증상이나 징후가 없을 때	② 심혈관, 대사성, 신장질환이 있거나 무증상일 때	③ 심혈관, 대사성, 신장질환을 암시하는 증상이나 징후가 있을 때
①-1. 의료적 허가가 필요 없음 / 저강도 또는 중강도 운동을 권장함		①-2. 의료적 허가가 필요 없음 / 중강도 또는 고강도 운동을 권장함
②-1. 의료적 허가가 권장됨 / 저강도 또는 중강도 운동을 권장함(의료적 허가)		②-2. 중강도 운동을 위한 의료적 허가가 필요 없음, 고강도 운동을 위한 의료적 허가가 권장됨 / 중강도 운동을 지속함
③-1. 의료적 허가가 권장됨 / 저강도 또는 중강도 운동을 권장함(의료적 허가)		③-2. 운동을 중단하고 의료적 허가를 받아야 함 / 의료적 허가를 받은 후 운동할 수 있음

개념

운동강도
■ 저강도: HRR(여유심박수) 또는 VO_2R(최대산소섭취량) 30~39%, METs 2~2.9, RPE(운동자각도) 9~11, 심박수와 호흡이 약간 증가하는 강도
■ 중강도: HRR 또는 VO_2R 40~59%, METs 3~5.9, RPE 12~13, 심박수와 호흡이 눈에 띄게 증가하는 강도
■ 고강도: HRR 또는 VO_2R 60% 이상, METs 6 이상, RPE 14 이상, 심박수와 호흡의 실질적인 증가를 유발하는 강도

(2) 운동참여 전 평가

① 심혈관 질환 **위험요인** 평가
- 운동검사와 프로그램 구상을 결정하는 데 있어 지침이 됨
- 심혈관 질환이 있는지 혹은 없는지 확인되지 않았다면, 심혈관 질환의 위험요인이 있는 것으로 간주함

개념

심혈관 질환 위험요인과 준거 정의(ACSM, 11판 기준)

① 양성 위험요인	기준(각 기준 중 하나에 해당됐을 시)
연령	▪ 남성 45세 이상 ▪ 여성 55세 이상
가족력	▪ 부친, 형제 중 55세 이전에 심근경색, 관상동맥혈관 재개통술 ▪ 모친 또는 자매 중 65세 이전에 심근경색, 관상동맥혈관 재개통술 ▪ 급사한 가족이 있음
흡연	▪ 현재 흡연자 ▪ 6개월 이내의 금연자 ▪ 간접흡연자
신체활동 부족	▪ 중강도에서 고강도 신체활동이 최소 역치인 500–1,000MET·min / wk ▪ 중강도에서 고강도 신체활동이 75–150min / wk에 미달 ※ METs(대사당량): 다양한 신체활동 강도를 설명할 수 있는 유용하고 편리한 표준화된 방법
체질량 지수 / 허리둘레	▪ 체질량 지수 ≥ $30kg/m^2$ ▪ 허리둘레 남성 > 102cm(40인치), 여성 > 88cm(35인치)
혈압	▪ 다른 시간대에 2회 이상 측정한 평균 혈압에서 수축기 혈압 ≥130mmHg ▪ 다른 시간대에 2회 이상 측정한 평균 혈압에서 이완기 혈압 ≥80mmHg ▪ 항고혈압 약물복용
지질	▪ 저밀도 지단백 콜레스테롤(LDL–C) ≥130mg / dL ▪ 고밀도 지단백 콜레스테롤(HDL–C) 남성 < 40mg / dL, 여성 < 50mg / dL ▪ non–HDL–C > 130mg / dL ▪ 지질을 낮추는 약물 복용, 총 혈청 콜레스테롤을 사용할 수 있다면 ≥ 200mg / dL ※ non–HDL–C: 총 콜레스테롤에서 고밀도 지단백 콜레스테롤을 뺀 것
혈중 포도당	▪ 공복 시 혈장 글루코스 ≥100mg / dL ▪ 경구당부하검사(OGTT)에서 2시간 후 혈장 글루코스 ≥ 140mg / dL ▪ 당화혈색소(HbA1C) ≥ 5.7%
② 음성 위험요인	기준
고밀도 지단백 콜레스테롤(HDL–C)	▪ 60mg / dL 이상

② 혈압의 분류기준과 관리

구분	ACC / AHA 기준				JNC 기준			
	정상	상승된 혈압	1단계 고혈압	2단계 고혈압	정상	고혈압 전단계	1단계 고혈압	2단계 고혈압
수축기 혈압 (mmHg)	120 미만	120~129	130~139	140 이상	120 미만	120~139	140~159	160 이상
이완기 혈압 (mmHg)	80 미만	80 미만	80~89	90 이상	80 미만	80~89	90~99	100 이상

③ 콜레스테롤과 중성지방 수준

Non-HDL-C		LDL-C		HDL-C		Triglycerides	
< 130	바람직	< 100	바람직	< 40(남자)	낮음	< 150	정상
130-159	약간 높음	100-129	약간 높음	< 50(여자)	낮음	150-199	경계수준
160-189	경계수준	130-159	경계수준	-	-	200-499	높음
190-219	높음	160-189	높음	-	-	≥500	매우 높음
≥220	매우 높음	≥190	매우 높음	-	-	-	-

3 건강 관련 체력검사 평가

개념

안정 시 혈압검사 절차

① 피검자 발은 바닥, 팔은 심장높이로 받친 상태, 등받이 의자에 5분 동안 착석(측정 전 최소 30분 동안 담배, 카페인 금지)
② 특수한 상황에서 누운 상태, 기립 상태 측정 가능
③ 커프를 심장 높이에서 위팔 주위에 단단히 감고 위팔동맥과 정렬이 되도록 함(커프 내 공기주머니는 위팔의 최소 80%를 둘러싸야 함)
④ 커프 압력을 첫 번째 코로트코프 음(Korotkoff sound)보다 20mmHg 높고 빠르게 부풀림
⑤ 2~3mmHg·s⁻¹의 속도로 천천히 압력을 해제함
⑥ 최소 2회 측정(최소 1분 간격) 후 평균
⑦ 첫 번째 검사에서 양팔의 혈압 측정(양팔측정이 지속적 차이가 있을 때는 더 높은 수치 사용)

(1) 신체구성 평가

① 인체계측법(신장, 체중, 체질량지수)
- 체중은 주머니를 비운 최소한의 옷을 입고 신발을 벗어서 측정함
- 체질량지수(케틀레지수, Quetelet index)는 신장을 고려한 체중 평가에 사용(kg / m²)함
- 저체중은 18.5kg / m² 미만, 보통은 18.5~24.9kg / m², 과체중은 25.0~29.9kg / m², 비만은 30.0kg / m² 이상을 정의함

개념

체력 구성요소

건강 관련 체력 구성요소	기술 관련 체력 구성요소
■ 신체구성: 신체의 근육, 지방, 뼈, 기타 생명유지에 필요한 기관의 상대적인 양을 의미함 ■ 심폐지구력: 지속적인 신체활동 중 산소공급을 위한 순환계와 호흡계의 능력을 의미함 ■ 근력: 힘을 발휘하기 위한 근육의 능력을 의미함 ■ 근지구력: 피로감이 없이 운동수행을 지속할 수 있는 근육의 능력을 의미함 ■ 유연성: 관절의 가동범위를 의미함	■ 민첩성: 속도와 정확성을 동반한 공간에서 신체의 위치변경에 관한 능력을 의미함 ■ 평형성: 정지한 상태이거나 움직이는 상태에서의 균형을 유지하는 능력을 의미함 ■ 협응력: 과제를 수행할 때 시각 및 청각과 같은 감각기관을 다른 신체 부분과 함께 사용하면서 정확하게 수행하는 능력을 의미함 ■ 순발력: 운동수행을 하는 능력이나 속도를 의미함

② 신체 둘레 측정

- 허리, 엉덩이 등 신체부위의 둘레 측정을 통해 체지방 분포량을 측정함
- 허리엉덩이비율(WHR)은 허리둘레를 엉덩이 둘레로 나눈 값으로서 체지방 분포 패턴을 평가할 수 있음
- 탄력이 없는 줄자로 유연하게 측정하고, 테이프를 피하지방 조직에 압박하지 않게 피부표면에 붙임
- 모든 부위에서 중복 측정을 하고, 중복 측정값이 5mm 이내가 아니면 다시 검사를 함

 개념

신체 둘레 측정 부위 및 절차

복부 (Abdomen)	■ 피검자가 서 있는 상태에서 엉덩뼈능선 높이에서 배꼽 높이까지 수평 측정
팔 (Arm)	■ 옆구리에 힘을 빼고 손바닥을 허벅지를 향하게 한 상태에서 어깨뼈봉우리와 팔꿈치머리 돌기 사이의 중간지점 수평 측정
엉덩이 / 힙 (Buttocks / hips)	■ 양발을 바닥에 놓은 상태에서 엉덩이의 최대 둘레를 수평 측정
장딴지 (Calf)	■ 양발을 20cm 간격으로 벌려 서 있는 상태에서 무릎과 발목 사이의 최대 둘레를 수평 측정
아래팔 (Forearm)	■ 팔을 아래로 내려 몸통에서 약간 떨어뜨리고 손바닥은 앞쪽을 향하게 한 상태에서 최대 둘레를 수직 측정
힙 / 넙다리 (Hip / thigh)	■ 양발을 10cm 간격으로 벌려 서 있는 상태에서 볼기 부위 주름 바로 아래 엉덩이 / 허벅지 근위부의 최대 둘레를 수평 측정
중간넙다리 (Midthigh)	■ 서 있는 상태에서 무릎이 90도 구부러지도록 벤치에 한 발을 올리게 하고, 서혜부(사타구니) 주름과 무릎뼈 근위 경계 사이의 중간에서 측정
허리 (Waist)	■ 옆구리에 팔을 위치하게 해서 발을 모으고 복부를 이완시킨 상태에서 몸통에서 가장 잘록한 부위를 수평 측정

③ 피부두겹법
- 신체 부위 몇 곳의 피부 두께를 측정하여 체지방률을 추정하는 방법임
- 피하지방량이 총 체지방량에 비례한다는 원리에 기초함(수중체중측정법, 공기이동체적기록법, 이중 에너지 방사선 흡수계측법)
- 피부두겹법의 정확도는 적절한 측정기술과 공식을 통해 약 ±3.5%를 벗어나지 않음. 단, 해부학적 위치에 대한 지식 오류, 측정상의 문제, 숙련되지 못한 검사자, 초고도 비만이나 초저체중인 대상자, 부적절하게 보정된 캘리퍼 등에 따라 오차가 발생할 수 있음
- 모든 측정은 피검자가 똑바로 서 있는 상태에서 신체의 오른쪽에서 측정함
- 캘리퍼는 피부표면에 직접 위치, 엄지와 손가락에서 1cm 떨어진 곳, 피부주름에 수직으로, 주름의 마루와 밑면 사이의 중간에 위치함
- 모든 부위에서 중복 측정을 하고, 중복 측정값이 1~2mm 이내가 아니면 다시 검사를 함
- 남자의 3개 부위 공식은 가슴, 복부, 넙다리이고, 여자의 3개 부위 공식은 위팔세갈래근, 위엉덩뼈능선, 넙다리임

개념

피부두겹(skinfold) 부위

복부 (Abdominal)	수직 잡기	■ 배꼽 오른쪽으로 2cm 지점
위팔세갈래근 (삼두근, Triceps)	수직 잡기	■ 어깨뼈 봉우리돌기와 주두돌기 중간(위팔의 후방 정중앙 지점)
위팔두갈래근 (이두근, Biceps)	수직 잡기	■ 위팔의 앞쪽(위팔세갈래 부위를 표시한 높이보다 1cm 높은 지점)
가슴 / 가슴근 (Chest / Pectoral)	대각선 잡기	■ 겨드랑이 아래와 유두 사이 거리 지점(남성 1 / 2, 여성 1 / 3)
안쪽 장딴지 (Medial calf)	수직 잡기	■ 종아리의 최대 둘레 부위에서 안쪽 면의 정중앙 라인
안쪽 겨드랑이 (액와종간, Midaxillary)	수직 잡기	■ 복장뼈(흉골)의 칼돌기에서 중앙 겨드랑이 라인
어깨뼈아래 (견갑하부, Subscapular)	대각선 잡기	■ 어깨뼈의 하각 아래 1~2cm 지점
위엉덩뼈, 엉덩뼈능선 (상장골, Suprailiac)	대각선 잡기	■ 엉덩뼈능선 바로 위 지점
넙다리 (Thigh)	수직 잡기	■ 넙다리 안쪽 정중앙 라인(무릎뼈의 몸쪽 경계와 엉덩이 주름 사이 중간)

④ 체밀도측정법

- 수중체중측정법
  - 아르키메데스의 원리를 기반으로 몸이 물에 잠겼을 때 넘친 물의 무게만큼의 힘이 부력으로 작용함
  - 뼈와 근육조직은 물보다 밀도가 높지만, 지방조직은 밀도가 낮음
  - 두 사람의 체질량이 동일해도 제지방량이 높은 사람이 낮은 사람에 비해 수중에서 체중이 더 많이 나가므로 체밀도는 높고, 체지방률은 낮게 됨
  - 특수 장비, 정확한 잔기량 측정, 체밀도 변환 공식과 함께 피검자의 협조가 요구됨
- 체적기록법
  - 밀폐된 챔버에서 공기를 치환하여 측정함
  - 고가의 장비이지만 물속에 완전히 잠겨야 하는 수중체중측정법에서 발생할 수 있는 문제를 감소시킴

(2) 심폐체력 평가

① 최대산소섭취량
- 단위 시간당 최대산소섭취량(VO_2max)은 심폐체력을 측정하는 기준이 됨(단위: mL / kg / min)
- 최대심박출량(Q: L blood / min)과 동·정맥 산소차(mL O_2L / blood)의 곱으로 생성되기 때문에 최대산소섭취량은 심장의 기능적 용량과 밀접한 관련이 있음
- 최대 노력 운동검사에서 달성된 최고운동부하의 105~110%에 해당하는 운동부하에서 검사를 진행함
- 최대산소섭취량 측정 시 마지막 1분에 관찰되는 심박수 고원 현상(≤ 2 beats / min)은 검증 절차가 필요 없는 최대산소섭취량을 확인하는 단일 방법임

② 최대운동검사 및 최대하운동검사
- 최대산소섭취량의 가장 정확한 추정치는 다음 조건의 최대하운동검사의 심박수 반응에서 얻어짐
- 심박수의 항정상태는 각 운동수행 정도에 따라 나타남
- 심박수와 운동량이 선형적인 상관관계를 가짐
- 최대심박수의 실측치와 예측치 간의 차이가 매우 작음
- 기계적 효율(주어진 운동량에 대한 산소섭취량)이 모든 사람에게 동일함
- 검사 대상자가 심박수의 변화를 일으키는 어떠한 약물도 복용하지 않아야 함
- 검사 대상자의 심박수 반응을 변화시킬 수 있는 다량의 카페인 섭취, 질병 상태, 고온 환경에서 측정하지 않아야 함

③ 최대 또는 최대하점증운동검사를 함에 있어 안전상의 이유로 최대산소섭취량, 한계 피로 시점, 예측된 종료 시점(여유심박수의 50~70% 또는 연령 예측 최대심박수의 70~85%)에 도달하기 이전에 종료해야 함

개념

운동검사를 종료해야 하는 증상

■ 협심증: 협심증 또는 협심증 유사증상 발병
■ 작업률 증가에 따른 혈압변화: 수축기 혈압이 10mmHg 감소하거나, 수축기 혈압이 검사 전 동일한 수준에서 얻은 값 이하로 감소하는 경우
■ 과도한 혈압 상승: 수축기 혈압 250mmHg 또는 이완기 혈압 115mmHg
■ 관류 불량 징후: 어지럼증, 혼란, 운동 실조, 창백, 청색증, 메스꺼움 또는 차갑고 축축한 피부
■ 기타: 숨가쁨, 쌕쌕거림, 다리 경련 또는 파행, 증가한 운동강도에 따른 심박수 증가의 실패, 촉진 또는 청진에 의한 심장박동의 현저한 변화, 개별 정지 요청, 심한 피로의 신체적 또는 언어적 징후, 검사장비의 고장

(3) 심폐체력 평가 검사방식

① 트레드밀
- 최대하와 최대운동검사에 사용되고 종종 진단 검사용으로 활용됨
- 대중들에게 친숙하고 걷기에서 달리기 속도까지 개인의 체력 상태에 따라 적용할 수 있음
- 고가이며, 운반이 어렵고, 빠른 속도에서 달리는 동안 혈압과 심전도 같은 지표의 측정이 다소 어려운 단점이 있음
- 트레드밀을 주기적으로 보정해주고, 정확한 대사량 측정을 위해 손잡이를 잡지 않도록 해야 정확한 최대산소섭취량 측정이 가능함

② 기계식 제동 자전거 에르고미터
- 최대하와 최대검사가 가능한 장비로서 부하를 쉽게 조금씩 증가시킬 수 있는 비체중부하검사 방식임
- 장점으로 저렴하고 이동이 가능하며 혈압·심전도 측정이 용이함
- 단점으로 익숙하지 않은 운동방식, 종종 국소 근피로를 가져오고 최대산소섭취량의 과소평가를 초래하기도 함
- 만약 자전거 에르고미터가 보정되어 있지 않거나 적절한 운동량 제공이 어려운 경우 심폐체력을 예측하기 위한 검사용으로 사용해서는 아니 됨

③ 필드검사
- 실험실 밖에서 심박수를 측정해 심폐체력을 예측하기 위해 수행되는 검사 방식임
- 프로토콜에 따라 걷기, 달리기, 스텝 밟기 등으로 구성됨
- 장점으로 한 번에 여러 명의 검사가 가능, 검사 진행을 위한 기술 요구도가 낮고, 비용이 저렴하며, 필요한 장비가 거의 없음
- 단점으로 검사 대상자의 노력을 제어할 수 없고, 검사 종료 기준이 없으며, 검사 중 혈압과 심박수를 측정할 수 없음
- 좌식생활자, 심혈관질환과 근골격계 합병증의 위험이 큰 사람에게는 적합하지 않음

- 12분 달리기, 1마일 달리기와 같은 필드검사의 경우 심폐체력 수준이 낮은 사람에게는 거의 최대 또는 최대검사가 될 수 있음

 개념

필드검사

■ Cooper 1.5마일(2.4km) 달리기 / 걷기검사
- 가능한 빠르게 1.5마일을 완주하는 것이 목적임
- 최대산소섭취량(mL / kg / min)＝3.5＋483 / 1.5마일 시간(분)

■ Cooper 12분 걷기 / 달리기검사
- 12분 안에 최대한 먼 거리를 이동하는 것이 목적임
- 최대산소섭취량(mL / kg / min)＝[거리(m)－504.9] / 44.73

■ Rockport 1마일(1.6km) 걷기검사
- 트랙이나 평지에서 가능한 한 빨리 1마일을 걷고 마지막 순간에 심박수를 측정

■ 6분 걷기검사
- 이환율(병에 걸리는 비율)과 사망률을 독립적으로 예측 가능함
- 고령자 및 일부 유병자(예 자율혈성 심부전증 환자나 폐질환자)와 같이 심폐체력이 낮아진 모집단의 심폐체력을 평가하는 데 사용됨

■ 스텝 테스트
- 고정된 스텝 속도와 높이를 사용하는 프로토콜은 개별화된 프로토콜과 비교해 심폐체력 값의 정확도가 떨어지는 경향이 있음(스텝 속도와 높이가 개인에게 적합하지 않을 수 있기 때문임)
- 단일 단계 스텝검사는 7~9 METs 이상의 에너지 소비가 요구되어 검사 대상자의 최대운동능력을 초과할 수 있음
- 장점으로 쉽게 완료할 수 있고 결과 설명도 쉬움
- 단점으로 평형능력(밸런스)에 문제가 있거나 컨디션이 아주 좋지 않은 경우 주의가 필요하고, 스텝 속도를 따라가지 못하거나 과도한 다리의 피로가 스텝 테스트 값을 감소시킬 수 있음
- 대부분의 검사는 측정의 어려움 때문에 심박수와 혈압을 측정하지 않음

Astrand-Ryhming 검사	• 여성 33cm, 남성 40cm 높이의 박스를 분당 22.5스텝(한 발만 측정) 속도로 5분 동안 실시함 • 여성이 25.8mL / kg / min, 남성이 29.5mL / kg / min의 산소섭취량이 요구되기 때문에 체력 수준이 낮은 경우, 검사 금기사항을 가지고 있거나 심박수에 영향을 주는 약물 복용 중인 사람에겐 적절한 검사법이 아닐 수 있음 • 심박수는 마지막 1분에 측정하여 모노그램을 사용해 최대산소섭취량을 추정함
YMCA 3분 스텝 테스트	• 30.5cm(12in) 높이의 박스를 사용해 분당 24스텝 속도로 실시함(추정 산소 소비량 25.8mL / kg / min) • 검사 대상자는 검사 종료 후 즉시 자리에 앉아 1분 동안 심박수를 측정함 • 심박수 측정은 운동검사 종료 후 5초 이내 시작해야 함
Queens College(McArdle) 스텝 테스트	• 3분 동안 남성은 분당 24스텝, 여성은 분당 22스텝 속도로 수행함[검사대 높이: 41.25cm(16.25in)] • 검사 종료 후 검사 대상자는 그 자리에 서 있게 하고 5초를 기다린 후 15초 동안 심박수를 세고 4를 곱해 분당 심박수를 계산해 공식을 사용해 최대산소섭취량을 계산함

(4) 근체력 평가

① 근력 검사

- 근력은 특정 근육이나 근육군에 의해 발휘되는 외적 힘임
- 단위는 뉴턴(N), 킬로그램(kg), 파운드(ib)로 표현됨
- 근력은 정적 또는 동적으로 평가할 수 있고, 정적 또는 등척성 근력을 측정할 때 가장 대표적인 악력계는 고령자들의 사망률과 기능적 상태를 예측할 수 있음
- 최대 힘을 발휘하는 것을 일반적으로 최대수의적 수축(maximal voluntary contraction; MVC)이라고 함

개념

근력 검사
- 정적 악력 검사 절차
  - 손가락의 두 번째 관절이 손잡이 아래로 완전히 들어가도록 손잡이를 조절함(계측계를 0으로 설정)
  - 피검사자는 발을 약간 벌려 선 자세로 악력계를 허벅지 높이에서 몸에 붙이지 않은 상태로 전완과 일직선이 되도록 잡음
  - 피검사자는 가능한 호흡을 멈추지 않고, 악력계의 손잡이를 최대한 세게 움켜쥠(단, 손이나 악력계가 신체나 다른 물체에 닿지 않아야 함)
  - 양손 각각 두 번씩 반복 측정함(최대 악력은 양손으로부터 얻은 가장 높은 값 사용, kg 평가)
- 근력 측정을 위한 1회 최대 반복(1RM) 및 다중 최대 반복(RM) 검사 절차
  - 피검사자가 익숙한 상태, 연습 세션에 참여한 후 검사가 이루어지도록 함
  - 피검사자는 1RM을 결정하려고 이용하는 특정 운동의 최대하 수준으로 몇 차례 반복하는 준비운동을 실시함
  - 4번의 시도 내에서 1RM(또는 다중 RM)을 결정하며 시도 사이에 3~5분의 휴식 기간을 가짐
  - 시작 무게는 피검사자의 인지된 능력(50~70%) 내에서 선택함
  - 저항 무게는 이 전에 수행했던 무게부터 더 이상 반복 수행을 하지 못할 때까지 상체의 경우 5~10%, 하체의 경우 10~20%씩 점진적으로 증가시킴(모든 반복 수행은 동일한 속도로 실시, 측정 간 관절가동범위 ROM은 일정하게 유지)
  - 성공적으로 들어 올린 최종 중량을 절대 1RM 또는 다중 RM으로 기록함
    * 벤치 프레스 체중비＝들어 올린 무게÷체중
    * 레그 프레스 체중비＝밀어 올린 무게÷체중

---

② 근지구력 검사

- 근지구력은 근육군이 피로가 유발할 때까지 반복적인 근육 활동을 수행할 수 있는 능력임 1RM의 특정 수준에서 오랫동안 운동을 지속적으로 실시할 수 있는 능력임
- 주어진 저항으로 총 반복 횟수를 측정하였다면 절대적 근지구력(absolute muscular endurance)이라 함
- 1RM의 특정 비율(예 70%)에서 수행한 반복 횟수가 사전 그리고 사후검사에서 사용되었다면 상대적 근지구력(relative muscular endurance)이라 함
- 대표적인 검사 방법으로는 팔굽혀펴기가 있음

개념

근지구력 측정을 위한 팔굽혀펴기 검사 절차
- 남성의 경우 표준 자세가 '내려간 자세'(손가락이 앞쪽을 향하면서 어깨 아래에 위치하고, 등을 곧게 펴고, 머리를 들고, 발가락을 중심점으로 사용)에서 시행함
- 여자의 경우 '무릎 팔굽혀펴기'로 변형된 자세(발목이 발바닥 쪽 굽힘된 상태로 하퇴부를 매트에 대고 무릎을 중심점으로 사용)에서 시행함
- 휴식 없이 최대 연속적으로 수행한 팔굽혀펴기 수를 횟수로 계산함
- 피검사자가 억지로 힘을 쓰거나 두 번 반복되는 동안 적절한 자세를 유지하지 못할 경우에 중단함

③ 근파워 검사
- 근파워는 수행하는 일의 비율로서 노화와 더불어 근력과 근지구력보다 빠르게 감소하기 때문에 활용됨
- 반동 수직 점프(countermovement vertical jump)의 점프 높이가 대안으로 사용됨(노인의 근파워 측정장비 부재)

 개념

근파워의 측정을 위한 반동 수직 점프 검사 절차
- 피검사자는 발을 땅에 붙인 상태에서 자주 쓰는 손을 최대한 높게 뻗음
- 측정기로 가장 높게 터치된 높이를 계측(수직점프검사 장비)하거나, 손가락 끝에 초크를 묻혀 벽을 터치해 도달 높이를 표시(점프검사 장비가 아닌 경우)
- 피검자는 서 있는 자세에서 동적 반동을 위해 엉덩이와 무릎을 구부리며 팔을 뒤로 휘두르고, 이후 즉시 팔을 폭발적으로 위로 휘두르면서 엉덩이와 무릎을 펴 최대한 높게 점프함
- 세 번의 시행 중 가장 높게 나온 값을 표준 값과 비교함

(5) 유연성과 평형성 평가

① 유연성 검사
- 유연성이란 통증이 유발되지 않는 범위 내에서 안전하게 관절을 움직일 수 있는 능력임
- 관절가동범위를 각도로 표현하여 유연성을 정량화함(단순성을 감안하여 각도계 및 경사계를 활용한 직접측정법을 권장)
- 관절가동범위의 직접 측정을 위한 장비로서 각도계, 전자각도계, Leighton 굴곡계 및 경사계가 있음

② 평형성 검사
- 평형성이란 원하는 자세를 유지할 수 있는 능력으로 운동선수의 발목 염좌 위험을 줄이는 효과, ACSM에서는 낙상 방지 훈련으로 권장함
- 균형 검사는 정적 평형성 또는 동적 평형성으로 구분됨

- 정적 평형성 평가를 위한 BESS(Balance Error Scoring System, 평형성 오류 채점 시스템)와 동적 평형성 평가를 위한 Y 평형성 검사가 있음

4 미국형 노인체력 검사(SFT, Senior Fitness Test, 7종)

① 상지근력: 30초간 덤벨 들기(Biceps Curl Test)
- 남성 3.63kg(8파운드, Ib), 여성 2.27kg(5파운드, Ib) 무게를 설정하여 검사함
- 등을 곧게 편 상태로 발바닥이 지면에 닿도록 의자에 앉음
- 덤벨을 잡고 팔을 몸통 옆에 가까이 붙임
- 시작과 동시에 팔꿈치를 굽히는 동작으로 함. 단, 손바닥이 얼굴 방향으로 굽힘
- 의자에 앉아서 팔꿈치가 고정된 상태에서 들어 올렸다가 내리는 것(1회)을 30초간의 횟수를 기록함

② 하지근력: 30초간 의자에 앉았다 일어서기(Chair Stand Test)
- 손목을 가슴 앞에 교차하게 한 후, 일어섰다가 앉은 상태(1회)를 30초간의 횟수를 기록함
- 의자가 움직이지 않도록 검사자가 의자를 잡거나 벽면에 붙임
- 노인이 넘어지거나 낙상에 대해 주의하면서 검사를 실시함

③ 심폐지구력: 6분 걷기(6-min Walk)
- 바닥에 가로 20m×세로 5m, 총 50m인 직사각형 트랙을 만들어 각 모서리마다 고깔을 세움
- 출발선에서부터 1m 간격으로 표식을 함
- 측정 시 동기유발을 위해 한 번에 2명 이상의 피검자를 참여시킴
- 피검자는 시작신호와 함께 최대의 속도로 직사각형 트랙을 6분 동안 걸음
- 한 바퀴를 걸을 때마다 측정기록표에 기록하고, 페이스 조절을 위해 남은 시간을 알려줌
- 피검자는 제공된 의자에 앉아 중간에 휴식을 취할 수 있지만, 휴식시간도 측정시간에 포함됨

④ 심폐지구력: 2분 제자리 걷기(2-minute Step Test)
- 무릎 중앙(슬개골)부터 엉덩뼈(고관절) 능선사이의 중간지점까지 기준을 정하고 무릎을 올림
- 총 2분간 실시한 횟수를 기록함
- 노인이 넘어지거나 낙상에 대해 주의하면서 검사를 실시함

⑤ 상체 유연성: 등 뒤로 손닿기 검사(Back Scratch Test)
- 한 손을 뒤로 넘기고 다른 손을 등 뒤로 돌려 손바닥이 보이도록 함
- 자를 이용하여 측정(cm)을 함(손가락이 닿지 않으면 (−) 기록, 겹치면 (+)로 기록)
- 무리한 동작으로 부상을 입지 않도록 주의함

⑥ 하체 유연성: 의자에 앉아 윗몸 앞으로 굽히기(Chair Sit and Reach Test)
- 의자 끝 부분에 앉아 한쪽 다리는 뻗고, 한쪽 다리는 엉덩이 쪽에 위치함

- 양 손 끝을 모아 최대한 내려오고 2초간 정지함
- 자를 이용하여 손가락 중지와 뻗은 다리 발끝 사이를 측정(cm)함(닿지 않으면 (−) 기록, 겹치면 (+)로 기록)

⑦ 민첩성 및 평형성: 의자에 일어나 장애물 돌아오기(2.44m Up−and−Go Test)
- 출발신호와 함께 의자에서 일어나 전방 2.44m 표적을 최대한 빨리 걸어서 돌아옴
- 다시 제자리에 앉기까지의 시간을 측정(초)함
- 노인이 넘어지거나 낙상에 대해 주의하면서 검사를 실시함

개념

국민체력100 인증 프로그램

체력인증 프로그램		유아기 (만 4세~6세, 48개월~83개월)	유소년기 (만 11세~12세)	청소년기	성인기 (만 19~64세)	어르신 (만 65세 이상)
국민체력 100 NFA (National Fitness Award)		열매 꽃 새싹 씨앗	1등급 2등급 3등급 참가증	1등급 2등급 3등급 참가증	1등급 2등급 3등급 참가증	1등급 2등급 3등급 참가증
신체조성 건강 권장범위		■ 신체질량지수(BMI) 성별·연령별 85백분위 미만	■ 신체질량지수(BMI) 성별·연령별 85 백분위 미만 ■ 허리둘레·신장비 남 0.50 미만 여 0.47 미만	■ 신체질량지수(BMI) 성별·연령별 85백분위 미만 ■ 체지방률 남 77.8 미만 여 85.3 미만	■ 신체질량지수(BMI) 18 < BMI < 25 ■ 체지방률 7% < 남 < 25% 16% < 여 < 32%	적용되지 않음
인증 기준	건강 체력 항목	■ 심폐지구력 −10m 왕복오래달리기(회) ■ 근력 −상대악력(%) ■ 근지구력 −윗몸말아올리기 (회) ■ 유연성 −앉아 윗몸 앞으로 굽히기(cm)	■ 심폐지구력 −15m 왕복오래달리기(회) ■ 근력 −상대악력(%) ■ 근지구력 −윗몸말아올리기 (회) ■ 유연성 −앉아 윗몸 앞으로 굽히기(cm)	■ 심폐지구력 −20m 왕복오래달리기(회) −트레드밀/스텝검사(ml/kg/min) ■ 근력(ml/kg/min) −상대악력(%) ■ 근지구력 −윗몸말아올리기 (회) −반복점프(회) ■ 유연성 −앉아 윗몸 앞으로 굽히기(cm)	■ 심폐지구력 −20m 왕복오래달리기(회) −트레드밀/스텝검사(ml/kg/min) ■ 근력 −상대악력(%) ■ 근지구력 −교차윗몸일으키기 (회) ■ 유연성 −앉아 윗몸 앞으로 굽히기(cm)	■ 심폐지구력 −2분 제자리 걷기 (회) −6분 걷기(m) ■ 근기능(상지, 하지) −상대악력(%) −의자 앉았다 일어서기(30초/회) ■ 유연성 −앉아 윗몸 앞으로 굽히기(cm)

운동 체력 항목	▪ 민첩성 −5m×4 왕복달리기 　(초) ▪ 순발력 −제자리 멀리뛰기 　(cm) ▪ 협응력 −3×3 버튼 누르기 　(초)	▪ 민첩성 −반복 옆뛰기(회) ▪ 순발력 −제자리 멀리뛰기 　(cm) ▪ 협응력 −눈−손 협응력 검사 　(초)	▪ 민첩성 −일리노이(초) ▪ 순발력 −체공시간(초) ▪ 협응력 −눈−손 협응력 검사 　(초)	▪ 민첩성 −10m 왕복달리기 　(초) −반응시간(초) ▪ 순발력 −제자리 멀리뛰기 　(cm) −체공시간(초)	▪ 평형성 −의자 앉아 3m 　표적 돌아오기(초) ▪ 협응력 −8자 보행(초)

02

2023 기출

01

체력 검사 시 검사자가 고려해야 할 사항으로 옳지 않은 것은?

① 검사 대상자의 병력
② 검사 대상자의 참여 동의
③ 검사 대상자의 자기 효능감
④ 검사 대상자의 안정 시 심박수

해설

자기 효능감이란 어떤 일을 성공적으로 수행할 수 있다는 기대와 신념을 의미하는 심리적 영역이므로 체력 검사 시 고려해야 할 사항과 거리가 멂

정답 ③

02

체력 요소에 대한 설명으로 옳지 않은 것은?

① 근력이란 오랜 시간 동안 중강도에서 고강도 사이의 동적 운동을 수행할 수 있는 능력을 말한다.
② 밸런스 능력은 선 자세 유지 등의 정적 밸런스 능력과 보행 등의 동적 밸런스 능력으로 나눌 수 있다.
③ 민첩성이란 전신 혹은 신체의 일부분을 신속하게 움직이거나 재빠르게 방향을 전환하는 능력을 말한다.
④ 순발력은 순간적으로 힘을 발휘하는 능력을 말하며, 검사 방법에는 제자리멀리뛰기, 서전트 점프 등이 있다.

해설

근력(strength)이란 일정 수축 속도에서 특정 동작 중 발휘할 수 있는 최대 힘의 양으로서 힘을 발휘하기 위한 근육의 능력을 의미함

정답 ①

03

〈보기〉의 미국심장협회(AHA, ACSM 11판 기준)가 제시한 최대운동검사의 절대적 금기사항으로 옳은 것으로만 모두 고른 것은?

| 보기 |

㉠ 급성대동맥박리
㉡ 진행 중인 불안정 협심증
㉢ 협조 능력이 제한되는 정신장애
㉣ 증상을 동반한 중증 대동맥판협착
㉤ 혈역학적 요인을 동반한 조절되지 않는 심장부정맥
㉥ 안정 시의 수축기 혈압 200mmHg 이상 또는 이완기 혈압 110mmHg 이상

① ㉠, ㉡, ㉢, ㉣
② ㉠, ㉡, ㉣, ㉤
③ ㉡, ㉢, ㉣, ㉤
④ ㉢, ㉣, ㉤, ㉥

해설

대동맥박리란 대동맥 내막에 생긴 미세막 파열로 인해 중막이 세로로 찢어지면서 혈관이 분리되는 것을 말함. 협심증은 심장 근육이 충분한 산소를 공급받지 못하면서 발생하는 흉통이고, 대동맥판협착은 좌심실에서 대동맥으로 피가 유출되는 부위에 있는 판막인 대동맥판이 좌심실이 수축할 때 잘 열리지 않는 질환임. 또한 심장부정맥이란 심장이 여러 이유로 인해 정상적으로 뛰지 않는 증상으로서 위의 사항은 운동부하검사로서 금기사항임

정답 ②

해설 + 심장재활을 위한 입원 및 외래환자에 대한 금기사항
(* 운동부하검사에도 나옴)

- 불안정형 협심증, 통제되지 않은 고혈압(안정 시 수축기 혈압 > 180mmHg, 이완기 혈압 > 110mmHg) 증상이 있으면서 기립성 혈압 > 20mmHg 하강
- 심각한 대동맥 협착(대동맥 판막 면적 < 1.0cm^2)
- 조절되지 않는 심방 혹은 심실부정맥 / 조절되지 않는 동성빈맥(> 120beats · min^{-1})
- 비보상성 심부전
- 심박조율기 미장착된 3도 방실차단
- 활동성 심막염 혹은 심근염
- 최근 색전증(폐 혹은 전신)
- 급성 혈전 정맥염
- 대동맥 박리
- 급성 전신질환 및 발열
- 조절되지 않는 당뇨병
- 운동을 금지할 수 있는 중증 정형외과적 질환
- 급성 갑상선염, 저칼륨 혈증, 고칼륨 혈증 또는 저혈량증
- 중증 심리장애

〈보기〉의 '국민체력100' 노인 체력 검사 측정 방법 중 옳은 것으로만 모두 고른 것은?

| 보기 |

	측정 요인	검사 항목	측정방법
㉠	유연성	의자에 앉았다가 일어서기	등을 곧게 펴고, 양 발은 바닥에 붙인 상태로 양 팔은 손목에서 교차 (20초 동안 측정)
㉡	보행 및 동적 평형성	의자에 앉아 3m 표적 돌아오기	의자에서 일어나 가능한 빠르게 걸어 고깔을 돌아 의자에 다시 앉기 (0.1초 단위로 측정)
㉢	협응력	8자보행 검사	오른쪽 뒤에 있는 고깔을 안에서 바깥쪽으로 돌아 의자에 앉고, 다시 일어나 왼쪽 뒤에 있는 고깔을 안에서 바깥쪽으로 돌아와 앉는 것을 두 번 반복(0.1초 단위로 측정)
㉣	근지구력	2분 제자리 걷기	무릎을 올려야 하는 최소 높이를 지정하고 실시(2분 동안 힌발 길을 때마다 1회 계수)

① ㉠, ㉡
② ㉠, ㉢
③ ㉡, ㉢
④ ㉢, ㉣

해설

국민체력 100에서 ㉠의 유연성 검사로는 의자에 앉아 윗몸 앞으로 굽히기가 있고, 의자에 앉았다가 일어서기(30초 동안)는 근기능(하지)을 측정하는 것임. ㉣의 2분 제자리 걷기는 심폐지구력을 측정하는 것임

정답 ③

해설 ✚ 국민체력100 인증 프로그램

체력인증 프로그램		유아기 (만 4세~6세, 48개월~ 83개월)	유소년기 (만 11세~ 12세)	청소년기	성인기 (만 19~ 64세)	어르신 (만 65세 이상)
인증기준	건강 체력 항목	▪ 심폐지구력 −10m 왕복 오래달리기 (회) ▪ 근력 −상대악력 (%) ▪ 근지구력 −윗몸 말아 올리기(회) ▪ 유연성 −앉아 윗몸 앞으로 굽히기(cm)	▪ 심폐지구력 −15m 왕복 오래달리기 (회) ▪ 근력 −상대악력 (%) ▪ 근지구력 −윗몸 말아 올리기(회) ▪ 유연성 −앉아 윗몸 앞으로 굽히기(cm)	▪ 심폐지구력 −20m 왕복 오래달리기 (회) −트레드밀 / 스텝검사 (ml / kg / min) ▪ 근력(ml / kg / min) −상대악력 (%) ▪ 근지구력 −윗몸 말아 올리기(회) −반복점프 (회) ▪ 유연성 −앉아 윗몸 앞으로 굽히기(cm)	▪ 심폐지구력 −20m 왕복 오래달리기 (회) −트레드밀 / 스텝검사 (ml / kg / min) ▪ 근력 −상대악력 (%) ▪ 근지구력 −교차 윗몸 일으키기 (회) −앉아 윗몸 앞으로 굽히기(cm)	▪ 심폐지구력 −2분 제자리 걷기(회) −6분 걷기 (m) ▪ 근기능 (상지, 하지) −상대악력 (%) −의자 앉았 다 일서사기 (30초 / 회) ▪ 유연성 −앉아 윗몸 앞으로 굽히기(cm)
	운동 체력 항목	▪ 민첩성 −5m×4 왕복달리기 (초) ▪ 순발력 −제자리 멀리뛰기 (cm) ▪ 협응력 −3×3 버튼 누르기(초)	▪ 민첩성 −반복 옆 뛰기(회) ▪ 순발력 −제자리 멀리 뛰기 (cm) ▪ 협응력 −눈−손 협 응력 검사	▪ 민첩성 −일리노이 (초) ▪ 순발력 −체공시간 (초) ▪ 협응력 −눈−손 협 응력 검사 (초)	▪ 민첩성 −10m 왕복 달리기(초) −반응시간 (초) ▪ 순발력 −제자리 멀 리뛰기(cm) −체공시간 (초)	▪ 평형성 −의자 앉아 3m 표적 돌아오기 (초) ▪ 협응력 −8자 보행 (초)

05

〈보기〉는 '국민체력100' 체력 측정 검사(악력검사)를 3개 반으로 나누어 측정한 결과이다. 분포도와 자료가 바르게 묶인 것은?

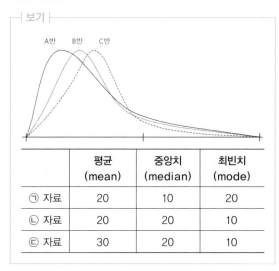

	평균 (mean)	중앙치 (median)	최빈치 (mode)
㉠ 자료	20	10	20
㉡ 자료	20	20	10
㉢ 자료	30	20	10

① A반－㉠ 자료
② B반－㉠ 자료
③ C반－㉡ 자료
④ C반－㉢ 자료

해설

평균(mean)은 전체변량의 총합을 변량의 개수로 나눈 값, 중앙값(median)은 변량을 작은 값부터 크기 순서로 나열할 때 중앙에 위치한 값, 최빈값(mode)은 변량 중에서 가장 많이 나타나는 값을 의미함. A, B, C반의 분포는 정적분포곡선으로 최빈값 < 중앙값 < 평균값을 나타냄. 이를 통해 ㉢의 값이 맞음

정답 ④

해설 ➕ 집중경향치 간의 관계(평균값, 중앙값, 최빈값)

정적분포곡선(＋) 최빈값 < 중앙값 < 평균값	정상분포곡선 최빈값＝중앙값 ＝평균값	부적분포곡선(－) 최빈값 > 중앙값 > 평균값
최빈값 중앙값 평균값	평균값 중앙값 최빈값	평균값 중앙값 최빈값

06

〈그림〉의 심폐지구력 검사 결과에 대한 해석으로 옳은 것은?

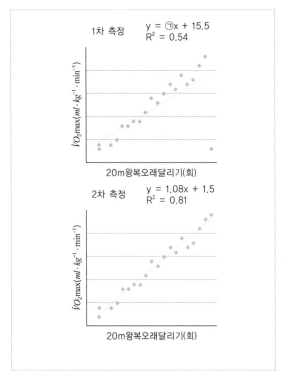

① 1차 측정이 2차 측정에 비해 VO₂max 예측에 적합하다.
② 1차 측정 결과에서 이상점(outler)을 제거하면, ㉠은 작아진다.
③ 2차 측정 결과에서 20m왕복오래달리기와 VO₂max 간 상관계수는 0.9이다.
④ 2차 측정 결과에서 20m왕복오래달리기 1회 증가 시 VO₂max는 2.58씩 증가한다.

상관계수(r)는 두 변수의 상관성을 나타내는 척도로서 항상 -1과 1 사이에 있음($-1 \leq r \leq +1$). r^2은 결정계수(coefficient of determination)로서 2차 측정의 $r^2 = 0.81$이므로 $r = 0.9$임

③

07

〈그림〉의 윗몸일으키기 검사 결과에 대한 해석으로 옳은 것은?

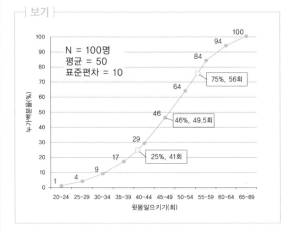

① 사분위편차는 7.5이다.
② 윗몸일으키기 29회 이하인 인원수는 25명이다.
③ 윗몸일으키기 57회 이상인 인원수는 35명이다.
④ 누가백분율(%) 46%에 해당하는 원점수의 표준점수는 -0.5이다.

• 사분위범위: 사분위수를 구한 후 상위와 하위 25%를 제거하고 나머지 남은 자료의 범위(최댓값-최솟값)을 구한 것
• 사분위편차: 사분위범위를 2로 나눈 것
  =(3사분위수-1사분위수)÷2=(56-41)÷2=7.5

①

08

〈보기〉의 정보에 대한 해석으로 옳은 것은?

보기

□ 신체구성

신체구성 결과   신장 : 160cm   나이 : 36   성별 : 여성

		표준 이하	표준	표준 이상
체중	(kg)			70
근육량	(kg)		28	
체지방량	(kg)			24.5

□ 심혈관질환 위험요인(ACSM 11판 기준)

- 비흡연자
- 안정 시 심박수 : 70회 / 분
- 안정 시 혈압 : 142 / 84mmHg
- 총콜레스테롤 : 240mg · dL^{-1}
- HDL-C : 45mg · dL^{-1}
- LDL-C : 160mg · dL^{-1}
- 공복 시 혈당(FBG) : 90mg · dL^{-1}
- 어린 아이(5세)를 키우고 있어 운동할 시간이 없음
- 부모님 모두 건강하게 생존하고 계심
- 약물복용 없음

① 고지혈증을 동반한 고혈압 환자로 의심된다.
② 비만도는 체질량지수(BMI) 2kg / m^2, 체지방률 25% 로 정상이다.
③ 40%HRR은 132 beat · min^{-1}이며, 심혈관계 위험 요인의 수는 1개이다.
④ 고밀도지단백 콜레스테롤(HDL-C)은 심혈관계 위험요인 중 음성위험 요인에 해당된다.

해설

심혈관 질환 위험요인 준거에 따르면 다른 시간대에 2회 이상 측정한 평균 혈압에서 수축기 혈압 ≥ 130mm, 이완기 혈압 ≥ 80mmHg 기준을 넘어서고, 여성의 HDL-C < 50mg / dL, LDL-C ≥ 130mg / dL이므로 고지혈증 고혈압 환자로 추정됨

정답 ①

해설 ➕ 심혈관 질환 위험요인과 준거 정의(ACSM, 11판 기준)

양성 위험요인	기준(각 기준 중 하나에 해당됐을 시)
연령	▪ 남성 45세 이상 ▪ 여성 55세 이상
가족력	▪ 부친, 형제 중 55세 이전에 심근경색, 관상동맥혈관 재개통술 ▪ 모친 또는 자매 중 65세 이전에 심근경색, 관상동맥혈관 재개통술 ▪ 급사한 가족이 있음
흡연	▪ 현재 흡연자 ▪ 6개월 이내의 금연자 ▪ 간접흡연자
신체활동 부족	▪ 중강도에서 고강도 신체활동이 최소 역치인 500 ~ 1,000MET · min / wk ▪ 중강도에서 고강도 신체활동이 75 ~ 150min / wk에 미달 ※ METs(대사당량) : 다양한 신체활동 강도를 설명할 수 있는 유용하고 편리한 표준화된 방법
체질량 지수 / 허리둘레	▪ 지수 ≥ 30kg / m^2 ▪ 허리둘레 남성 > 102cm(40인치), 여성 > 88cm(35인치)
혈압	▪ 다른 시간대에 2회 이상 측정한 평균 혈압에서 수축기 혈압 ≥ 130mm ▪ 다른 시간대에 2회 이상 측정한 평균 혈압에서 이완기 혈압 ≥ 80mmHg ▪ 항고혈압 약물복용
지질	▪ 저밀도 지단백 콜레스테롤(LDL-C) ≥ 130mg / dL ▪ 고밀도 지단백 콜레스테롤(HDL-C) 남성 < 40mg / dL, 여성 < 50mg / dL ▪ non-HDL-C > 130mg / dL ▪ 지질을 낮추는 약물 복용, 총 혈청 콜레스테롤을 사용할 수 있다면 ≥ 200mg / dL ※ non-HDL-C : 총 콜레스테롤에서 고밀도 지단백 콜레스테롤을 뺀 것
혈중 포도당	▪ 공복 시 혈장 글루코스 ≥ 100mg / dL ▪ 경구당부하검사(OGTT)에서 2시간 후 혈장 글루코스 ≥ 140mg / dL ▪ 당화혈색소(HbA1C) ≥ 5.7%
음성 위험요인	기준
고밀도 지단백 콜레스테롤 (HDL-C)	▪ 60mg / dL 이상

02

09

〈보기〉의 정보로 추정할 수 있는 1주일간 소비한 순(net) 에너지소비량은? (산소 소비 1L당 5kcal 소비 기준으로 계산)

┌─ 보기 ├─
- 성별: 남성
- 종목: 자전거 타기
- 체중: 80kg
- 운동빈도: 3회 / 주
- 운동시간: 30분 / 회
- 운동강도: 7METs

① 828kcal / 주
② 756kcal / 주
③ 882kcal / 주
④ 765kcal / 주

해설
- 순(net) 에너지소비량을 구해야 하므로 안정 시 소비칼로리를 빼주어야 함 (−1MET)
- [(7METs−1METs)×3.5ml / kg / min×80kg×30분÷1000] ×5=252kcal / day
- 252kcal / day×3회 / 주=756kcal / 주

정답 ②

해설 ✚ 에너지소비량(* 운동처방론에도 나옴)

┌─────────────────────────────────────┐
(1) METs(metabolic equivalent)
  ■ 안정 시 소비 에너지에 대한 활동 중 소비한 에너지 비율
  ■ 1MET란 1분당 체중 1kg이 산소 3.5ml의 섭취량을 의미 (1MET=3.5ml / kg / min)
(2) MET−min
  ■ 수행한 총 신체활동을 정하는 에너지소비량의 지표
  ■ METs 수와 수행한 활동시간(분)의 곱, METs×min
  ■ MET−min / wk 또는 MET−min / day로 표준화함
(3) Kcal
  ■ kal / min=[(METs×3.5ml / kg / min×체중 (kg)÷1000)]×5(산소소비량 1L당 5kcal 소비 기준)
  ■ kcal / wk 또는 kcal / day로 표준화함
└─────────────────────────────────────┘

10

신체구성 평가 방법에 대한 설명으로 옳지 않은 것은?

① 생체전기저항분석법: 체내전류 저항(임피던스)을 이용하는 방법이다.
② 수중체중법: 수중에서의 체중을 이용하여 총 신체 부피와 체밀도를 추정하는 방법이다.
③ 피하지방 두께 측정법: 캘리퍼를 이용하여 해당(특정) 부위 피하지방 두께를 측정하는 방법이다.
④ 이중에너지 X선 흡수법: 신체 부피와 밀도를 측정하는 방법이며, 부피를 추정하기 위해 물의 전위 대신 공기의 전위를 이용한다.

해설
④번은 체밀도측정법에서 체적기록법에 해당됨

정답 ④

해설 ✚ 체밀도측정법

┌─────────────────────────────────────┐
■ 수중체중측정법
  − 아르키메데스의 원리를 기반으로 몸이 물에 잠겼을 때 넘친 물의 무게만큼의 힘이 부력으로 작용함
  − 뼈와 근육조직은 물보다 밀도가 높지만, 지방조직은 밀도가 낮음
  − 두 사람의 체질량이 동일해도 제지방량이 높은 사람이 낮은 사람에 비해 수중에서 체중이 더 많이 나가므로 체밀도는 높고, 체지방률은 낮게 됨
  − 특수 장비, 정확한 잔기량 측정, 체밀도 변환 공식과 함께 피검자의 협조가 요구됨
■ 체적기록법
  − 밀폐된 챔버에서 공기를 치환하여 측정함
  − 고가의 장비이지만 물속에 완전히 잠겨야 하는 수중체중 측정법에서 발생할 수 있는 문제를 감소시킴
└─────────────────────────────────────┘

11

뇌성마비 환자의 운동검사에 관한 설명으로 옳지 않은 것은?

① 20초 윙게이트 사이클 검사로 반응시간을 측정한다.
② 10m 휠체어 셔틀 보행검사로 심폐지구력을 측정한다.
③ 근육 긴장도의 증가나 원시반사가 촉진되지 않도록 주의한다.
④ 운동 이상증으로 인해 근력 검사가 불가능하거나 신뢰성이 떨어질 수 있다.

해설

뇌성마비(Cerebral palsy, CP)란 발달 중인 태아 또는 유아의 뇌에서 발생한 비진행성 장애로 인해 활동제한을 유발하는 움직임, 자세발달의 영구적 장애임. 20초 윙게이트(wingate) 사이클은 무산소 체력 및 민첩성을 평가하는 운동검사임

정답 ①

해설 ✚ 뇌성마비(CP) 아동을 위한 운동검사(* 운동부하검사에도 나옴)

운동검사	평가된 체력 구성요소
30초 윙게이트 암 크랭킹 검사	무산소 체력 및 민첩성
20초 윙게이트 사이클 검사	무산소 체력 및 민첩성
근파워 스프린트 검사	무산소 체력
10m 셔틀 런 검사	심폐체력
7.5m 셔틀 런 / 보행검사	심폐체력
10m 셔틀 주행검사	심폐체력

12

노인체력검사(Senior Fitness Test: SFT)의 항목별 측정 시 주의사항에 관한 설명으로 옳은 것은?

① 6분 걷기(6-min walk) 검사 시 참가자들이 멈춰서 휴식을 취하지 않도록 한다.
② 30초간 덤벨들기(30-s arm curls) 검사는 상반신의 근력 검사로 양팔을 검사한 후 최댓값을 기록한다.
③ 30초간 의자 앉았다 일어서기(30-s chair stand) 검사 시 의자를 잡고 일어서며 팔은 자연스럽게 내리도록 한다.
④ 2분 제자리 걷기(2-min step) 검사 시 슬개골과 고관절 간 중간 부위의 높이에 무릎이 도달한 경우를 기록으로 인정한다.

해설

6분 걷기(6-min Walk)에서 피검자는 제공된 의자에 앉아 중간에 휴식을 취할 수 있지만, 휴식시간도 측정시간에 포함됨. 30초간 덤벨 들기(Biceps Curl Test)는 의자에 앉아서 팔꿈치가 고정된 상태에서 들어 올렸다가 내리는 것(1회)을 30초간의 횟수를 기록함. 30초간 의자에 앉았다 일어서기(Chair Stand Test)는 손목을 가슴 앞에 교차하게 한 후, 일어섰다가 앉은 상태(1회)를 30초간의 횟수를 기록함

정답 ④

13

〈보기〉의 특성을 나타내는 피검사자에 대한 상체 상대근력 평가는? (아래 ACSM(10, 11판) 참조)

┤ 보기 ├

- 나이: 23세
- 성별: 여성
- 체중: 60kg
- 제지방량: 46kg
- 벤치프레스 1RM: 45kg

※ 20대 여성의 상체 근력 평가기준(ACSM(10, 11판))

매우 우수	우수	보통	약함
0.80 이상	0.70~0.79	0.59~0.69	0.51~0.58

① 매우 우수
② 우수
③ 보통
④ 약함

해설

벤치 프레스 체중비＝들어 올린 무게÷체중＝45÷60＝0.75
(우수에 해당됨)

정답 ②

14

〈보기〉에서 ACSM(10, 11판)이 제시한 체력측정 방법으로 옳은 것을 모두 고른 것은?

┤ 보기 ├

㉠ 유연성 검사 시, 거리 검사보다는 각도 검사를 권장한다.
㉡ 악력은 양손 각각 두 번씩 측정 후 가장 높은 값을 사용한다.
㉢ Queens 대학 스텝테스트는 남성은 분당 24스텝 속도로 3분간 실시한다.
㉣ 피부두겹법 검사 시, 복부 부위는 배꼽 오른쪽 2cm를 수직으로 측정한다.

① ㉠, ㉡
② ㉠, ㉢, ㉣
③ ㉡, ㉢, ㉣
④ ㉠, ㉡, ㉢, ㉣

해설

유연성 검사는 관절가동범위를 각도로 표현하여 유연성을 정량화함. 즉, 단순성을 감안하여 각도계 및 경사계를 활용한 직접측정법을 권장함. 악력검사는 양손 각각 두 번씩 반복 측정하고, 최대 악력은 양손으로부터 얻은 가장 높은 값 사용함. Queens College(McArdle) 스텝 테스트는 3분 동안 남성은 분당 24스텝, 여성은 분당 22스텝 속도로 수행함. 복부(Abdominal)의 피부두겹 검사는 배꼽 오른쪽으로 2cm 지점에서 측정함

정답 ④

해설 + **피부두겹(skinfold) 부위**

복부 (Abdominal)	수직 잡기	배꼽 오른쪽으로 2cm 지점
위팔세갈래근 (삼두근, Triceps)	수직 잡기	어깨뼈 봉우리돌기와 주두돌기 중간(위팔의 후방 정중앙 지점)
위팔두갈래근 (이두근, Biceps)	수직 잡기	위팔의 앞쪽(위팔세갈래 부위를 표시한 높이보다 1cm 높은 지점)
가슴 / 가슴근 (Chest / Pectoral)	대각선 잡기	전방 겨드랑이 아래와 유두 사이 거리 지점(남성 1/2, 여성 1/3)
안쪽 장딴지 (Medial calf)	수직 잡기	종아리의 최대 둘레 부위에서 안쪽 면의 정중앙 라인
안쪽 겨드랑이 (액와종간, Midaxillary)	수직 잡기	복장뼈(흉골)의 칼돌기에서 중앙 겨드랑이 라인
어깨뼈 아래 (견갑하부, Subscapular)	대각선 잡기	어깨뼈의 하각 아래 1~2cm 지점
위엉덩뼈, 엉덩뼈능선 (상장골, Suprailiac)	대각선 잡기	엉덩뼈능선 바로 위 지점
넙다리 (Thigh)	수직 잡기	넙다리 안쪽 정중앙 라인 (무릎뼈의 몸쪽 경계와 엉덩이 주름 사이 중간)

15

다음 〈표〉는 성인의 '국민체력100' 체력 검사 결과이다. 이에 관한 해석으로 옳은 것은?

측정결과	1차 측정			2차 측정		
측정항목	T-점수	평균	표준편차	T-점수	평균	표준편차
20m 왕복오래 달리기(회)	70	50	5	80	50	2
앉아 윗몸 앞으로 굽히기 (cm)	50	20	5	50	16	2
상대악력(%)	80	55	5	80	60	2

① 심폐지구력 원점수는 1차 측정값이 2차 측정값에 비해 크다.
② 유연성 원점수의 1차와 2차 측정값은 동일하다.
③ 근력 원점수의 1차와 2차 측정값은 동일하다.
④ 근력 원점수의 1차 측정값은 80%이다.

- Z-score: 표준점수(standard score)로서 통계학적으로 정규분포를 만들고 각각의 표준편차상에 어떤 위치를 차지하는지를 나타냄
- Z=(측정수치-평균수치)÷표준편차=(원점수-평균값)÷표준편차
- 1차 측정(오래달리기)
  T=Z×10+50=70 → Z=2
  Z=(원점수-50)÷5=2 → 원점수=60
- 2차 측정(오래달리기)
  T=Z×10+50=80 → Z=3
  Z=(원점수-50)÷2=3 → 원점수=56
  * 원점수를 비교했을 시 1차 측정값이 2차 측정값보다 높음

①

16

심폐지구력 검사의 신뢰도와 타당도에 관한 설명으로 옳은 것은?

① 20m 왕복오래달리기의 검사-재검사 신뢰도 추정은 Spearman의 등위상관계수를 이용한다.
② 20m 왕복오래달리기 검사의 준거지향검사 신뢰도 추정은 일치도계수를 이용한다.
③ 하버드스텝 검사와 운동부하검사 결과 간 내용타당도를 추정하기 위하여 상관계수를 이용한다.
④ 하버드스텝 검사를 2차례 실시하여 얻은 결과 간 상관계수를 산출하는 것은 공인타당도를 추정하기 위함이다.

신뢰도란 동일한 검사 또는 동형의 검사를 반복 시행했을 때 측정하려는 것을 얼마나 안정적으로 일관성 있게 측정하였는지, 검사도구가 오차 없이 정확하게 측정한 정도이고, 타당도란 시험조사 또는 시험의 내용이 측정하고자 하는 요소를 정확하게 측정하는 정도임. 일치도란 한 표본을 여러 번 반복 측정한 결과의 일치 정도를 나타내는 방법임. 준거지향검사는 개인의 수행을 사전에 결정된 준거, 특정 행동에 대한 수행기준과 비교하는 것으로서 20m 왕복오래달리기 검사의 준거지향검사 신뢰도 추정은 일치도 계수를 이용하는 것이 적절함

②

표준화 검사

규준지향 검사	▪ 개개인의 운동수행능력을 특정한 집단의 기록과 비교할 수 있도록 만든 것 ▪ 시간, 횟수, 거리 등 객관적 수치를 파악할 수 있음 ▪ 대상자의 상대적 위치를 파악할 수 있어 결과 중심임
준거지향 검사	▪ 개인의 수행을 사전에 결정된 준거, 특정 행동에 대한 수행기준과 비교하는 것 ▪ 숙련도 검사라고도 함 ▪ 대상자의 점수를 준거에 비교하는 과정 중심임

17

'국민체력100'의 연령대 간 동일 체력요인 측정 방법이 바르게 나열된 것은?

	청소년기 (만 13~18세)	성인기 (만 19~64세)	어르신기 (만 65세 이상)
①	스텝검사	20m 왕복 오래달리기	2분 제자리걷기
②	반복점프	교차윗몸 일으키기	6분 걷기
③	반복옆뛰기	반응시간검사	8자 보행
④	20m 왕복오래 달리기	트레드밀 검사	의자에 앉아 3m 표적 돌아오기

해설

심폐지구력 측정에 청소년기의 스텝검사, 성인기의 20m 왕복오래달리기, 노인기의 2분 제자리걷기가 있음

정답 ①

18

〈보기〉에서 성인의 운동부하검사 시 혈압측정에 관한 설명으로 옳은 것을 모두 고른 것은?

┌─ 보기 ┐

㉠ 이완기 혈압이 115mmHg 이상이면 검사를 중단한다.
㉡ 커프의 공기주머니는 위팔의 최소 80%를 둘러싸야 한다.
㉢ 빈혈증상과 함께 수축기 혈압이 10mmHg 감소하면 검사를 중단한다.
㉣ 낙상 방지를 위해 양손으로 손잡이를 잡은 상태로 심장의 높이에서 측정한다.

└──────┘

① ㉠, ㉢
② ㉠, ㉡, ㉢
③ ㉡, ㉢, ㉣
④ ㉠, ㉡, ㉢, ㉣

해설

팔을 아래로 편안하게 내린 상태에서 심장 높이에서 혈압을 측정해야 함

정답 ②

해설 + **운동검사를 종료해야 하는 증상**

- 협심증: 협심증 또는 협심증 유사 증상 발병
- 작업률 증가에 따른 혈압 변화: 수축기 혈압이 10mmHg 감소하거나, 수축기 혈압이 검사 전 동일한 수준에서 얻은 값 이하로 감소하는 경우
- 과도한 혈압 상승: 수축기 혈압 250mmHg 또는 이완기 혈압 115mmHg
- 관류 불량 징후: 어지럼증, 혼란, 운동 실조, 창백, 청색증, 메스꺼움 또는 차갑고 축축한 피부
- 기타: 숨가쁨, 쌕쌕거림, 다리 경련 또는 파행, 증가한 운동 강도에 따른 심박수 증가의 실패, 촉진 또는 청진에 의한 심장박동의 현저한 변화, 개별 정지 요청, 심한 피로의 신체적 또는 언어적 징후, 검사장비의 고장

19

〈보기〉에서 ACSM(10, 11판)이 제시한 운동 및 운동검사에 관한 설명으로 옳은 것을 모두 고른 것은?

┤ 보기 ├

- ㉠ 상지 림프부종이 있는 유방암 생존자는 1RM검사를 실시한다.
- ㉡ 비운동군 만성신장질환자는 반드시 의료적 허가를 받아야 한다.
- ㉢ 관절염 환자는 발적이 있는 경우 운동검사를 실시하지 않는다.
- ㉣ 관절염 환자는 통증과 피로의 원인이 되는 근력운동을 실시하지 않는다.

① ㉠, ㉣
② ㉡, ㉢
③ ㉠, ㉡, ㉢
④ ㉡, ㉢, ㉣

해설

관절염 환자는 신체활동을 수행하는 데 기능적 제한이 따르지만, 규칙적인 운동을 해야 함. 이를 통해 항염증효과에 따른 체중조절과 건강한 신체구성을 달성하기 위한 노력을 해야 함

정답 ③

해설 ✚ 관절염 환자를 위한 운동검사(* 운동부하검사에도 나옴)

- 고강도 운동은 급성염증(작열감, 부기, 관절 통증)이 있다면 발적(flare)이 사라질 때까지 연기
- 트레드밀 걷기도 가능하지만, 자전거 다리 에르고메트리, 팔 에르고메트리를 이용해서 통증을 최소화하는 운동방법 채택
- 운동검사를 시작하기 전 준비운동(저강도 수준)을 할 수 있는 시간 부여
- 근력과 근지구력의 일반적 검사방법으로 측정 가능하나, 근섬유 동원의 신경억제를 통해 관절의 최대 수의적 근수축 손상이 될 수 있음을 인지

20

〈보기〉에서 근기능과 검사 방법에 관한 설명으로 옳은 것을 모두 고른 것은?

┤ 보기 ├

- ㉠ 근력은 근육이 한번에 힘을 발휘할 수 있는 최대 능력을 말한다.
- ㉡ 근파워는 단위 시간당 힘을 발휘하는 근육의 능력을 말한다.
- ㉢ 유산소성 준비운동과 바른 자세는 근기능 검사의 기본 조건이다.
- ㉣ 근기능 검사는 검사가 이루어지는 근육군과 관절, 근육 작용의 유형, 근육 움직임의 속도에 따라 특수성을 갖는다.

① ㉠, ㉢
② ㉠, ㉡, ㉢
③ ㉡, ㉢, ㉣
④ ㉠, ㉡, ㉢, ㉣

해설

근력은 힘을 발휘하기 위한 근육의 능력이고, 근파워는 운동수행률을 의미함. 근기능 검사의 기본조건으로서 유산소성(심폐체력) 준비운동과 바른 자세가 요구됨. 근기능 검사는 근육군, 관절, 유형, 속도 등에 따른 특수성을 가짐. 참고로 단일운동 트레이닝 단계로서 준비운동(warm-up), 본 운동(conditioning), 정리운동(cool-down)이 있음. 준비운동은 운동 중 사용될 근육군을 이용하여 저강도에서 중강도 활동으로 구성하여 관절가동범위 향상, 운동 중 손상위험을 감소시킴

정답 ④

해설 ✚ 근체력의 구성요소

- 근력(strength): 일정 수축 속도에서 특정 동작 중 발휘할 수 있는 최대 힘의 양
- 근파워(power): 단기간에 최대 힘을 발휘할 수 있는 능력 (힘×속도)
- 근비대(hypertrophy): 근육 크기의 증가
- 국소 근지구력(local muscular endurance): 운동을 지속하기 위해 동원된 근육군의 능력

21

저항운동이 건강에 미치는 이점으로 옳지 않은 것은?

① 골관절염 환자의 통증 저하
② 골격근의 모세혈관 밀도 증가
③ 근비대로 인한 안정 시 대사율 감소
④ 당뇨병 환자의 인슐린 민감도 향상

해설

저항성 트레이닝은 흔히 웨이트트레이닝(헬스)이라 함. 신경근육계의 적응현상을 통해 근력과 파워를 기를 수 있어 성, 연령, 운동종목에 상관없이 거의 모든 사람들에게 도움을 줌. 근비대로 인한 안정 시 대사율을 증가시키는 효과가 있음

정답 ③

해설 ➕ 저항 트레이닝 운동권고(* 운동처방론에도 나옴)

운동 빈도 (Exercise Frequency)	• 초보자: 각 대근육군을 최소 2일 / 주 수행 • 숙련자: 개인별 선호도에 따라 근육군당 주당 횟수 조절
운동 강도 (Exercise Intensity)	• 초보자: 근체력 향상을 위해 1RM의 60∼70%로 8∼12회 반복(※ 근력이란 개인이 한 번에 들어 올릴 수 있는 최대 무게를 의미하고, 1회 최대반복 혹은 1RM(one-repetition maximal)으로 나타냄) • 숙련자: 근체력 향상 목표에 따라 강도 및 반복 횟수 조절
운동 형태(종류) (Exercise Type)	• 단일관절 및 코어운동 포함, 특정 근육군을 위한 다관절 운동 후 실시

22

건강체력검사 시 고려해야 할 신체적 특성으로 옳지 않은 것은?

① 골밀도가 감소한 피검사자에게는 추가적인 안전 예방 조치를 하는 것이 좋다.
② 림프부종의 위험이 있어 압박복을 착용하는 피검사자는 검사 시 탈의시켜야 한다.
③ 고리중쇠관절 불안정(atlantoaxial instability)이 있을 수 있는 다운증후군은 운동참여 전 의료적 승인이 권고된다.
④ C1에서 T5 사이의 척수 손상으로 사지마비를 가진 피검사자의 경우 자율신경계의 반응 이상이 있으므로 의료적 승인이 권고된다.

해설

림프부종은 림프관이 손상돼 팔이나 다리에 부종과 만성 염증이 생기는 질환임. 부종을 감소시키는 치료로서 압박 스타킹, 압박붕대, 압박 펌프 등이 사용되므로 압박복 착용을 통해 검사 중에도 압박요법이 지속적으로 이뤄져야 함

정답 ②

23

다음 〈그림〉은 A, B 집단의 심폐지구력 검사 결과를 나타내는 산점도(scatter plot)이다. 이에 관한 해석으로 옳지 않은 것은?

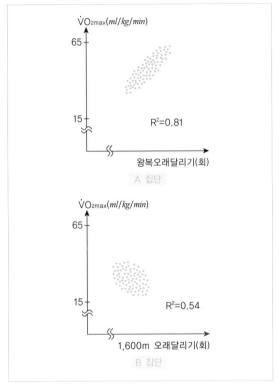

① A 집단이 B 집단에 비해 심폐지구력이 우수하다.
② VO_2max와 1,600m 오래달리기는 부적 상관을 나타내고 있다.
③ 왕복오래달리기가 1,600m 오래달리기보다 심폐지구력 검사로서 더 타당하다.
④ VO_2max 기록의 경우 A 집단의 구성원이 B 집단의 구성원에 비해 더 동질적이다.

> 해설

최대산소섭취량(VO_2max)은 A 집단이 B 집단보다 높게 형성돼 있으므로 심폐지구력이 우수함. 1,600m 오래달리기(초)가 늘어날수록 VO_2max는 줄어드는 부적상관을 보여줌. 왕복오래달리기가 1,600m 오래달리기보다 산점도가 직선형태로 균일하게 돼 있어 심폐지구력 검사로서 더 타당함. VO_2max는 B 집단이 A 집단에 비해 산점도가 뭉쳐 있어 보다 더 동질적인 특성을 지님

> 정답   ④

24

〈보기〉의 ㉠~㉢에 해당하는 값이 바르게 연결된 것은?

> 보기

• Queens 대학 스텝검사는 남성의 경우, 스텝박스 오르내리기를 (㉠)분 동안 분당 (㉡)스텝으로 수행한다.
• 종료 시점부터 (㉢)초를 기다린 후 15초 동안 심박수를 측정하고 4를 곱한 심박수 수치를 회귀방정식에 대입하여 최대산소섭취량을 추정한다.

	㉠	㉡	㉢		㉠	㉡	㉢
①	3	22	5	②	5	22	10
③	3	24	5	④	5	24	10

> 해설

Queens College(McArdle) 스텝 테스트에서 3분 동안 남성은 분당 24스텝, 여성은 분당 22스텝 속도로 수행함[검사대 높이: 41.25cm(16.25in)]. 검사 종료 후 검사 대상자는 그 자리에 서 있게 하고 5초를 기다린 후 15초 동안 심박수를 세고 4를 곱해 분당 심박수를 계산해 공식을 사용해 최대산소섭취량을 계산함

> 정답   ③

> 해설 ✚   스텝 테스트(필드 검사 중)

Astrand-Ryhming 검사	• 여성 33cm, 남성 40cm 높이의 박스를 분당 22.5스텝(한 발만 측정) 속도로 5분 동안 실시함 • 여성이 25.8mL / kg / min, 남성이 29.5mL / kg / min의 산소섭취량이 요구되기 때문에 체력 수준이 낮은 경우, 검사 금기사항을 가지고 있거나 심박수에 영향을 주는 약물 복용 중인 사람에겐 적절한 검사법이 아닐 수 있음 • 심박수는 마지막 1분에 측정하여 모노그램을 사용해 최대산소섭취량을 추정함
YMCA 3분 스텝 테스트	• 30.5cm(12in) 높이의 박스를 사용해 분당 24스텝 속도로 실시함(추정 산소 소비량 25.8mL / kg / min) • 검사 대상자는 검사 종료 후 즉시 자리에 앉아 1분 동안 심박수를 측정함 • 심박수 측정은 운동검사 종료 후 5초 이내 시작해야 함
Queens College (McArdle) 스텝 테스트	• 3분 동안 남성은 분당 24스텝, 여성은 분당 22스텝 속도로 수행함[검사대 높이: 41.25cm(16.25in)] • 검사 종료 후 검사 대상자는 그 자리에 서 있게 하고 5초를 기다린 후 15초 동안 심박수를 세고 4를 곱해 분당 심박수를 계산해 공식을 사용해 최대산소섭취량을 계산함

25

다음 〈표〉는 30대 남성을 대상으로 12주간 운동 처치 전후 체력요인을 측정한 결과값이다. 동연령대와 비교하여 가장 큰 증진 효과가 나타난 체력요인은?

체력 요인	처치 전	처치 후	차이 (처치 후- 처치 전)	30대의 차이 평균	30대의 차이 표준편차
근력(kg)	41	44	3	2.5	0.5
근지구력 (회 / 분)	25	45	20	25.0	5.0
심폐 지구력 (ml / kg / min)	35	50	15	12.0	3.0
체지방률 (%)	30	20	-10	-6.0	2.0

① 근력
② 근지구력
③ 심폐지구력
④ 체지방률

동연령대와 비교하기 위한 Z-score(표준점수, standard score)는 통계학적으로 정규분포를 만들고 각각의 표준편차상에 어떤 위치를 차지하는지를 나타낼 수 있음
• Z
  =(측정수치-평균수치)÷표준편차
  =(처치 후-처치 전)÷표준편차
근력: 3÷0.5=6
근지구력: 20÷5.0=4
심폐지구력: 15÷3.0=5
체지방률: -10÷2.0=-5
* 체지방률은 체중에서 지방이 차지하는 비율로서 마이너스 효과를 나타내 가장 큰 증진효과로 볼 수 있음

④

26

다음 〈그림〉은 A, B 집단 각 200명씩을 대상으로 윗몸일으키기를 측정한 기록 분포도이다. 이에 관한 해석과 결론으로 적절한 것은?

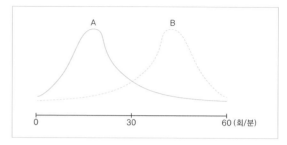

① 검사의 변별력이 A 집단에서 더 낮게 나타났으므로 윗몸일으키기는 A 집단의 근지구력 검사로 적절하지 않다.
② 중강도의 운동프로그램을 적용할 경우 평균으로의 회귀현상 때문에 두 집단의 평균이 30에 가까워지는 변화가 나타난다.
③ 두 집단을 하나의 집단으로 합하면 정규분포가 형성되므로 두 집단을 대상으로 동일한 강도의 근지구력 운동처방을 해야 한다.
④ A 집단과 B 집단에 대한 근지구력 운동프로그램은 다르게 구성하는 것이 효과적이다.

A, B 집단 각각의 최대치와 분포가 다르게 나타났으므로 집단에 맞는 운동 프로그램을 구성하는 것은 효과적임

④

27

〈보기〉에 제시된 남성의 심혈관질환 위험요인 중 옳은 것으로만 묶인 것은?

┤ 보기 ├

ㄱ 부친이 53세에 심근경색 발현, 현재 생존
ㄴ 안정 시 혈압: 120 / 84mmHg
ㄷ 저밀도지단백콜레스테롤: 128mg / dL
ㄹ 고밀도지단백콜레스테롤: 34mg / dL
ㅁ 당화혈색소: 7.5%

① ㄱ, ㄴ, ㅁ
② ㄱ, ㄹ, ㅁ
③ ㄴ, ㄷ, ㄹ
④ ㄴ, ㄹ, ㅁ

해설

가족력으로 부친, 형제 중 55세 이전에 심근경색 혹은 관상동맥혈관 재개통술 이력이 있는 경우, 고밀도지단백콜레스테롤은 남성인 경우 40mg / dL 미만인 경우, 당화혈색소는 5.7% 이상인 경우 양성 위험요인으로 간주함

정답 ②

28

체력검사에 관한 설명으로 옳지 않은 것은?

① 검사 절차의 표준화를 통해 서로 다른 검사자 간에도 일관성 있는 결과를 얻을 수 있다.
② 건강체력검사를 구성하는 세부 검사항목 간 상관관계가 높을수록 검사 전체의 효율성이 높다.
③ 여러 개의 검사항목 간 측정 간격이 짧으면 검사 순서에 따라 체계적인 오차가 발생할 수 있다.
④ 동일한 체력요인을 측정하는 두 검사의 타당도가 동일하다면 검사 시간이 짧고 비용이 저렴한 검사를 선택하는 것이 효율적이다.

해설

상관관계란 두 요인 간 얼마나 관련이 있는가를 의미하는 것으로 검사항목 간의 상관관계가 낮아야 독립적인 분석을 통해 보다 객관적인 수치를 얻을 수 있음

정답 ②

29

다음 〈표〉는 피부두겹법과 수중체중법으로 100명의 비만도를 평가한 결과이다. 이에 대한 해석으로 옳지 않은 것은?

구분		수중체중법		합
		비만	정상	
피부두겹법	비만	26명(26%)	7명(7%)	33명
	정상	4명(4%)	63명(63%)	67명
합		30명	70명	100명

① 피부두겹법으로는 4%가 정상으로 판정되었다.
② 피부두겹법으로는 33명이 비만으로 판정되었다.
③ 수중체중법으로는 30%가 비만으로 판정되었다.
④ 두 측정방법의 비만과 정상 판정 일치도는 89%이다.

해설

피부두겹법은 신체 부위 몇 곳의 피부 두께를 측정하여 체지방률을 추정하는 방법임. 위 표에 따르면 피부두겹법으로 측정한 사람 중 정상 합계가 67명으로 67%가 정상임

정답 ①

30

체력검사에 관한 설명 중 옳지 않은 것은?

① BMI는 근육량이 많은 사람의 비만 정도를 과대추정하는 경향이 있다.
② 근지구력의 현장검사는 무게에 대한 저항운동을 반복하는 횟수로 측정하는 것이 일반적이다.
③ 왕복오래달리기검사(PACER)는 신호음이 울렸을 때 반대쪽 라인에 도달하지 못한 최초의 시점에 측정이 종료된다.
④ 동일한 심폐지구력 검사를 노인과 청소년에게 적용하였을 경우 서로 다른 체력요인을 측정하게 되는 결과가 나타날 수 있다.

해설

심폐지구력 측정종목으로 왕복오래달리기 순서를 살펴보면 다음과 같다. 실시자는 출발지점에서 출발신호 대기→'출발'을 알리는 신호음에 따라 출발→다음 신호음이 울리기 전에 맞은 편의 정해진 위치에 도착→도착 후 바로 뒤로 돌아 뛰지 않고 다음 신호음 대기→신호음 울리면 맞은 편의 출발위치로 다시 이동→맞은 편으로 이동 중일 때 신호음이 울리면 신속히 뒤로 돌아 뛰며 계속 측정에 참여(단, 이 규칙은 처음 한 번만 적용되며 신호가 울리기 전에 1회 이동을 마치지 못한 횟수가 두 번째인 경우 측정 종료)

정답   ③

2020 기출

31

폐기능 검사 항목으로 적절하지 않은 것은?

① 최대 수의 환기량(maximal voluntary ventilation, MVV)
② 강제폐활량(forced vital capacity, FVC)
③ 안정 시 심박수(resting beart rete, HRrest)
④ 최대날숨유량(peak expiratory flow, PEF)

해설

심박수는 심장기능을 검사하는 항목임

정답   ③

해설 ✚   심박수의 운동부하검사 해석(* 운동부하검사에도 나옴)

- 점증적 운동 시 정상적 심박수 반응: 10회 / 1MET / 1분당 상승
- 최대심박수 감소: 연령 증가 및 베타차단제 복용
- MCR(예비대사적 심박수 변동): 운동검사형태 및 프로토콜의 영향을 받지 않음
- 심근관류 이상, 비정상적 심박수 반응: 동시에 나타나면 더 좋지 않은 예후
- 허혈성 심장질환 환자의 사망률 위험 증가, 허혈성 심장질환 위험 증가
  - 운동 후 첫 1분 동안 심박수가 최소 12회 감소하지 않는 경우
  - 활동적 회복기 2분 안에 22회 감소하지 않는 경우
- 부교감신경의 문제: 회복기 동안 심박수 회복이 잘 안 되는 경우

32

〈보기〉의 최신 ACSM에서 제시한 안정 시 혈압측정에 대한 설명으로 적절하지 않은 것을 모두 고른 것은?

| 보기 |

- ㉠ 통상적으로 최소한 2회 측정하고 높은 수치를 사용한다.
- ㉡ 3~5mmHg · sec^{-1}의 속도로 측정기의 압력을 천천히 내린다.
- ㉢ 가면고혈압(masked hypertension)은 병원에서만 고혈압 증상이 나타난다.
- ㉣ 측정 시 팔의 위치가 심장보다 높으면 혈압은 심장 위치에서의 측정값보다 낮게 나타난다.

① ㉠, ㉡, ㉢
② ㉠, ㉡, ㉣
③ ㉡, ㉢, ㉣
④ ㉠, ㉢, ㉣

해설

최소 2회 측정하고 평균값 사용, 2~3mmHg · sec^{-1}의 속도로 천천히 압력 해제, 가면고혈압이란 진료실 측정 혈압은 정상인데, 동측정혈압은 높은 경우를 말함

정답 ①

해설 + 안정 시 혈압검사 절차

① 피검자 발은 바닥, 팔은 심장 높이로 받친 상태, 등받이 의자에 5분 동안 착석(측정 전 최소 30분 동안 담배, 카페인 금지)
② 특수한 상황에서 누운 상태, 기립 상태 측정 가능
③ 커프를 심장 높이에서 위팔 주위에 단단히 감고 위팔동맥과 정렬이 되도록 함(커프 내 공기주머니는 위팔의 최소 80% 둘러싸야 함)
④ 커프 압력을 첫 번째 코로트코프 음(Korotkoff sound)보다 20mmHg 높고 빠르게 부풀림
⑤ 2~3mmHg · s^{-1}의 속도로 천천히 압력을 해제함
⑥ 최소 2회 측정(최소 1분 간격) 후 평균
⑦ 첫 번째 검사에서 양팔의 혈압 측정(양팔측정이 지속적 차이가 있을 때는 더 높은 수치 사용)

33

〈보기〉의 최신 ACSM에서 제시한 1.5마일(2.4km) 달리기 / 걷기 검사를 통해 산출되는 최대산소섭취량은?

| 보기 |

- 성별: 남성
- 체중: 78kg
- 체지방률: 25%
- 1.5마일을 달리는데 걸린 시간: 12분 30초
- 최대산소섭취량(㎖ · kg^{-1} min^{-1})=3.5+483 / 1.5 마일 소요시간(min)

① 42.14㎖ · kg^{-1} min^{-1}
② 42.77㎖ · kg^{-1} min^{-1}
③ 38.92㎖ · kg^{-1} min^{-1}
④ 39.55㎖ · kg^{-1} min^{-1}

해설

최대산소섭취량(㎖ · kg^{-1} min^{-1})
=3.5+483 / 1.5마일 소요시간(min)
=3.5+483 / 12.5
=42.14㎖ · kg^{-1} min^{-1}

정답 ①

해설 + 필드검사(Cooper)

- Cooper 1.5마일(2.4km) 달리기 / 걷기검사
  - 가능한 빠르게 1.5마일을 완주하는 것이 목적임
  - 최대산소섭취량(mL / kg / min)=3.5+483 / 1.5마일 시간(분)
- Cooper 12분 걷기 / 달리기검사
  - 12분 안에 최대한 먼 거리를 이동하는 것이 목적임
  - 최대산소섭취량(mL / kg / min) =[거리(m)−504.9] / 44.73

34

〈보기〉에서 체력검사에 대한 설명으로 적절한 것을 모두 고른 것은?

┤ 보기 ├
- ㉠ 운동자각도(RPB)는 개인 편차가 크기 때문에 적용 시 주의가 필요하다.
- ㉡ 유방암 환자는 상체 운동 전에 팔과 어깨에 대한 건강 체력 검사를 권고한다.
- ㉢ 퀸스대학(Queens Callege) 스텝검사는 분당 28 스텝의 속도로 3분 동안 실시한다.
- ㉣ 척수 손상 환자는 사각형 코트를 도는 수정된 Leger와 Boucher 셔틀검사를 권고한다.

① ㉠, ㉡, ㉢
② ㉠, ㉡, ㉣
③ ㉡, ㉢, ㉣
④ ㉠, ㉢, ㉣

㉢의 Queens College(McArdle) 스텝 테스트는 3분 동안 남성은 분당 24스텝, 여성은 분당 22스텝 속도로 수행하고, 검사 종료 후 검사 대상자는 그 자리에 서 있게 하고 5초를 기다린 후 15초 동안 심박수를 세고 4를 곱해 분당 심박수를 계산해 공식을 사용해 최대산소섭취량을 계산하는 방법임

정답 ②

35

〈보기〉의 최신 ACSM에서 노인의 체력검사 측정 순서로 가장 적절한 것은?

┤ 보기 ├
- ㉠ 30초 의자 앉았다 일어서기(30−second chair stand)
- ㉡ 체지방률(%fat) 측정
- ㉢ 2분 제자리걷기(2−minute step in place)
- ㉣ 의자 앉아 윗몸 앞으로 굽히기(chair sit and reach)

① ㉡ → ㉠ → ㉢ → ㉣
② ㉡ → ㉢ → ㉠ → ㉣
③ ㉣ → ㉡ → ㉠ → ㉢
④ ㉣ → ㉡ → ㉢ → ㉠

측정순서는 인체조성(체지방률) → 심폐지구력(2분 제자리 걷기) → 하지근기능(30초간 의자에 앉았다 일어서기) → 하체유연성(의자 앉아 윗몸 앞으로 굽히기)임

정답 ②

해설 ✚ SFT(미국형 노인체력검사)와 국민체력100(한국형 노인체력검사) 비교

측정항목	SFT(Senior Fitness Test)	국민체력100	비교
근기능(상지)	덤벨 (30초 / 회)	상대악력(%)	차이
근기능(하지)	의자에서 앉았다 일어서기 (30초 / 회)	좌동	−
심폐지구력	6분 걷기(m) 또는 2분 제자리 걷기(회)	좌동	−
유연성(상체)	등 뒤로 두 손 모으기	앉아 윗몸 앞으로 굽히기(cm)	유사
유연성(하체)	의자에 앉아 손 뻗기		
민첩성, 평형성	일어서서 2.44m 왕복하기(초)	의자에 앉아 3m 표적 돌아오기(초)	유사
협응력	−	8자 보행(초)	차이

36

〈보기〉의 심폐지구력 검사에 관한 설명으로 적절한 것을 모두 고른 것은?

| 보기 |

- ㉠ 최근 뇌졸중이 발병했던 대상자의 경우 운동부하 검사를 실시할 수 없다.
- ㉡ 심각한 폐질환 환자는 6분 걷기검사 및 셔틀 보행 검사를 실시한다.
- ㉢ 급성염증이 있다면 발적이 사라질 때까지 운동부하 검사를 연기한다.
- ㉣ 대사증후군 환자는 저강도로 운동을 시작할 때 운동부하검사를 실시하지 않는다.

① ㉠, ㉡, ㉢
② ㉠, ㉡, ㉣
③ ㉠, ㉢, ㉣
④ ㉡, ㉢, ㉣

해설

뇌졸중 환자 대상의 운동부하검사는 상대적 금기사항에 해당되므로 절대로 금지할 사항이 아님

정답 ④

해설 ➕ 증상-제한 최대운동검사 금기사항(* 운동부하검사에도 나옴)

절대적 금기사항	상대적 금기사항
▪ 2일 이내의 급성심근경색증 ▪ 진행 중인 불안정 협심증 ▪ 혈역학적 요인을 동반한 조절되지 않는 심장부정맥 ▪ 활동성 심내막염 ▪ 증상을 동반한 중증 대동맥판협착 ▪ 비대상성 심부전 ▪ 급성폐색전증, 폐경색증, 심부정맥혈전증 ▪ 급성심막염 또는 심막염 ▪ 급성대동맥박리 ▪ 안전하고 적절한 검사를 제한하는 신체적 장애	▪ 폐쇄성 좌측 주 관상동맥협착 ▪ 증상이 불명확한 중등도에서 중증인 대동맥협착 ▪ 조절되지 않는 심실 빠른 부정맥 ▪ 중증이거나 완전 심장차단 ▪ 최근 뇌졸중이나 일과성허혈 발작 ▪ 협조능력이 제한되는 정신 장애 ▪ 안정 시의 수축기 혈압 200 mmHg 이상 또는 이완기 혈압 110mmHg 이상 ▪ 심각한 빈혈, 전해질 불균형, 갑상선기능항진증과 같은 조절되지 않는 의학적 상태

37

〈보기〉에서 운동 시간(X)이 40분일 때 에너지소비량의 예측값($\hat{Y}$)은?

| 보기 |

43세 여성, 체중 54kg, 체지방률 30%인 A회원의 운동시간(X, 분)과 에너지소비량($\hat{Y}$, kcal)의 관계에 대한 선형 회귀식을 추정한 결과 절편(β_0)은 40, 회귀계수(β_1)는 7로 추정되었다.

① 260kcal
② 280kcal
③ 320kcal
④ 340kcal

해설

- 선형 회귀식
  $= ax + b =$ 회귀계수·운동시간 + 절편
  $= 7 \times 40 + 40 = 320$(kcal)

정답 ③

38

〈보기〉의 2분 스텝과 2분 제자리걷기 후 측정한 심박수 자료의 해석으로 가장 적절한 것은? (단, 동일 환경과 시간에 측정함)

| 보기 |

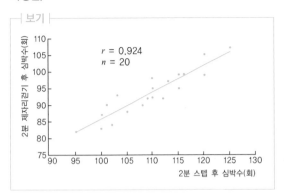

① 2분 스텝으로 2분 제자리걷기 후 심박수를 추정할 수 있다.
② 2분 스텝과 2분 제자리걷기는 부적 상관관계이다.
③ 2분 스텝과 2분 제자리걷기 간에는 매우 낮은 상관이 있다.
④ 2분 스텝 후 심박수가 증가하면 2분 제자리걷기 후 심박수는 감소한다.

> 해설
> 2분 스텝 후 심박수가 늘어날수록 2분 제자리걷기 후 심박수도 늘어나므로 정적관계, 비례하여 증가하고 있음. 상관관계(r) = 0.924(≥9.0)로 나타나 있으므로 상관관계가 매우 높음

> 정답 ①

39

〈보기〉의 ACSM 지침에서 제시한 피하지방 측정 시 피부를 사선으로 집는(folding) 측정부위로만 모두 나열된 것은?

| 보기 |

⊙ 가슴(chest)
ⓒ 넙다리(대퇴, thigh)
ⓒ 위팔세갈래근(상완삼두근, triceps)
ⓔ 어깨뼈아래(견갑골 하단, subscapular)
ⓜ 복부(abdominal)
ⓗ 엉덩뼈능선위(상장골능, supraliac)

① ㉠, ㉡, ㉢   ② ㉢, ㉣, ㉤
③ ㉠, ㉢, ㉥   ④ ㉠, ㉣, ㉥

> 해설
> 피부두겹법에서 가슴 / 가슴근(Chest / Pectoral), 어깨뼈아래(견갑하부, Subscapular), 위엉덩뼈, 엉덩뼈능선(상장골, uprailiac)은 대각선 잡기를 통해 측정함

> 정답 ④

> 해설 ✚ **피부두겹(skinfold) 부위**

복부 (Abdominal)	수직 잡기	▪ 배꼽 오른쪽으로 2cm 지점
위팔세갈래근 (삼두근, Triceps)	수직 잡기	▪ 어깨뼈 봉우리돌기와 주두돌기 중간(위팔의 후방 정중앙 지점)
위팔두갈래근 (이두근, Biceps)	수직 잡기	▪ 위팔의 앞쪽(위팔세갈래 부위를 표시한 높이보다 1cm 높은 지점)
가슴 / 가슴근 (Chest / Pectoral)	대각선 잡기	▪ 전방 겨드랑이 아래와 유두 사이 거리 지점(남성 1 / 2, 여성 1 / 3)
안쪽 장딴지 (Medial calf)	수직 잡기	▪ 종아리의 최대 둘레 부위에서 안쪽 면의 정중앙 라인
안쪽 겨드랑이 (액와종간, Midaxillary)	수직 잡기	▪ 복장뼈(흉골)의 칼돌기에서 중앙 겨드랑이 라인
어깨뼈아래 (견갑하부, Subscapular)	대각선 잡기	▪ 어깨뼈의 하각 아래 1~2cm 지점
위엉덩뼈, 엉덩뼈능선 (상장골, Suprailiac)	대각선 잡기	▪ 엉덩뼈능선 바로 위 지점
넙다리 (Thigh)	수직 잡기	▪ 넙다리 안쪽 정중앙 라인(무릎뼈의 몸쪽 경계와 엉덩이 주름 사이 중간)

40

임신 중 운동을 중단해야 하는 위험요인으로 적절하지 않은
것은?

① 질 출혈
② 태아 움직임 증가
③ 근육 약화
④ 종아리 통증

해설

태아 움직임 증가는 운동 중단 경고 신호와는 거리가 멂

정답 ②

해설 ✚ 임신 중 신체활동 권고사항(* 운동처방론에도 나옴)

구분	미국	미국산부인과협회 (ACOG)	캐나다
빈도	▪150분 이상 / 주	▪20~30분 / 일 이상	▪150분 이상 / 주
강도	▪1주일 내내	▪1주일 거의 매일	▪최소 3일 / 주
시간	▪저강도에서 중 강도 ▪0~10 척도의 운동자각도에서 5~6 수준 ▪대화검사(talk test): 운동 중 말을 할 수 있는 정도	▪중강도 6~20 척도의 운동자 각도에서 13~ 14 수준 ▪대화검사	▪중강도: 심박수 가 눈에 띄게 증 가하는 정도 ▪대화검사
형태	▪유산소 및 근력 강화 운동	▪걷기, 수영, 고 정식 자전거, 저 충격 에어로빅 댄스 변형된 요 가, 필라테스, 달 리기, 라켓 스포 츠 등	▪활기차게 걷기, 고정식 자전거 (중강도), 수영, 수중운동, 적당 한 무게 나르기 등

해설 ✚ 임신 중 운동을 중단해야 하는 경고신호

> 양수 누출, 양막 파열 포함한 기타 질액 손실 / 종아리 통증, 부
> 종 / 흉통 / 어지럼증, 실신, 휴식으로 해결되지 않는 현기증 /
> 두통 / 근육 약화, 평형성에 영향을 미치는 근육 약화 / 주기적
> 으로 발생하는 자궁 수축 통증 / 운동 전 호흡곤란, 휴식 취해
> 도 해결되지 않는 지속적이고 과도한 호흡곤란 / 질 출혈

PART

03

운동처방론

CHAPTER 01 운동처방론 핵심이론

▶ 참고도서

G. Liguori et al. (2022). ACSM'Guidelines for Exercise Testing and Prescription (11th ed.). 김완수 외 옮김(2022). ACSM's 운동검사·운동처방 지침(제11판). 한미의학.

▶ 학습완성도 ☐☐☐☐☐

학습 완성도를 체크해 보세요. 부족하다고 판단되면 위 참고도서를 통해 업그레이드하길 바랍니다.
※ 운동처방론은 건강·체력평가와 운동부하검사와 내용중복이 있음을 이해하며 학습하길 바랍니다.

1 운동처방의 FITT 원칙

① 운동처방을 통해 만성질환의 위험을 줄이고 체력을 증진시킴
② FITT 원칙을 적용해 대부분 성인들에게 유산소 및 저항 운동 프로그램을 제공함

운동 빈도 (Exercise Frequency)	• 지속시간, 운동 강도와 관련됨 • 프로그램 목표, 선호도, 시간적 제약, 기능적 능력에 따라 차이가 있음
운동 강도 (Exercise Intensity)	• 운동하는 농안 인체에서 특정한 생리적, 대사적 변화가 나타나도록 해야 함 • 개인에 따라 목표, 연령, 선호도, 능력, 수준 등을 고려하여 프로그램을 설정해야 함
운동 시간 (Exercise Time)	• 운동 지속시간과 운동 강도는 역의 상관관계임 • 개인의 건강상태, 체력상태, 기능적 능력 등에 따라 시간을 조절해야 함
운동 형태(종류) (Exercise Type)	• 신체 조성, 뼈 건강, 스트레스 수준 등의 변화를 촉진시키기 위한 노력이 필요함 • 유산소 운동을 통해 체지방 감소를 유도하고, 트레이닝을 통해 근육과 뼈를 강화하기 위한 노력이 필요함

③ 또한 운동단계(Exercise Progression)를 적용해 운동처방 계획을 수립함(FITTP)
④ 이 외에도 총 운동량(Volume)과 운동량 증가 및 진행(Progression)을 적용해 FITT-VP 원리를 제시함

🔍⁺ 개념

운동 트레이닝 세션

- 준비운동(warm-up): 운동 중 사용될 근육군을 이용해 저강도에서 중강도 활동으로 구성 / 동적 준비운동(대근육군), 심폐지구력 향상(유산소 운동), 스포츠 또는 장시간 반복횟수가 많은 저항운동은 정적 유연성 운동보다 우수함
- 본 운동(conditioning): 유산소, 저항, 유연성, 스포츠 활동, 10~60분 사이 지속
- 정리운동(cool-down): 산소섭취량, 심박수 복귀, 정적 스트레칭 같은 저강도에서 중강도의 유연성 운동이 도움 됨

2 운동처방의 요소

① 개인의 상태에 따라 최적 운동 프로그램을 제공함
② 운동처방의 원리를 적용함

점진성	• 트레이닝의 양을 점진적으로 늘림
과부하	• 평상시 신체활동보다 더 많은 부하에 의해 자극을 받음
특정성	• 운동형태에 사용된 근육군은 신체의 생리적, 대사적 반응과 적응에 특정적임
개별성	• 연령, 초기 체력수준, 건강상태 등에 따라 운동프로그램을 설계함
특수성	• 개인의 특성에 맞게 설계돼야 효과적임
가역성	• 운동이 중지됐거나 과부하가 발생하지 않을 경우 운동능력이 급속도로 감소하게 됨

③ 운동처방 시 일반적인 고려사항을 숙지함
- 심혈관질환과 근골격 합병증 위험을 최소화하기 위해서 운동참여 전 건강검진과 평가 절차를 수행함(건강·체력평가)
- 처음 시행하는 운동 프로그램은 저강도에서 중강도로 시작하고, 점진적으로 운동량과 운동강도를 증가시킴
- 운동처방 지침에 따라 개별화된 운동 프로그램에 참여시킴
- 개인의 운동 목표, 신체능력, 체력, 건강상태, 일정, 물리적·사회적 환경과 같은 다양한 변수를 고려함

개념

에너지소비량

(1) METs(metabolic equivalent)
- 안정 시 소비 에너지에 대한 활동 중 소비한 에너지 비율
- 1MET란 1분당 체중 1kg이 산소 3.5ml의 섭취량을 의미(1MET = 3.5ml / kg / min)

(2) MET – min
- 수행한 총 신체활동을 정하는 에너지소비량의 지표
- METs 수와 수행한 활동시간(분)의 곱, METs×min
- MET – min / wk 또는 MET – min / day로 표준화함

(3) Kcal
- kal / min = [(METs×3.5ml / kg / min×체중(kg)÷1000)]×5(산소소비량 1L당 5kcal 소비기준)
- kcal / wk 또는 kcal / day로 표준화함
  - 예 운동빈도 3회 / 주, 운동시간 30분 / 회, 운동강도 7METs, 체중 80kg
  : [7METs×3.5ml / kg / min×80kg×30분÷1000]×5 = 294kcal / day
  → 294kcal / day×3회 / 주 = 882kcal / 주

3 체력 향상을 위한 운동처방

심박수법 및 산소섭취량
(1) 목표심박수
- 최대 심박수 이용
  (공식) 목표 심박수 = (220 − 연령) × 운동강도(%)
- Karvornen 공식 이용
  (공식) 목표 심박수 = (최대 심박수 − 안정 시 심박수) × 운동강도(%) + 안정 시 심박수
  - 최대 심박수(HRmax) = 220 − 나이
  - 여유 심박수(HRR) = 최대 심박수(HRmax) − 안정 시 심박수(HRrest)
  - 목표 심박수(THR) = 여유 심박수(HRR) × 운동강도 + 안정 시 심박수(HRest)
(2) 산소섭취량
- 목표산소섭취량(ml / kg / min) = 최대산소섭취량 × 운동강도(%)
- 여유산소섭취량(ml / kg / min) = (최대산소섭취량 − 안정 시 산소섭취량) × 운동강도(%) + 안정 시 산소섭취량

(1) 심폐지구력

① 심폐지구력은 장시간 운동을 지속할 수 있는 능력임
② 심폐체력은 운동수행을 위해 산소를 운반하고 이용하는 심장, 혈관, 폐, 골격근의 기능적인 능력을 의미함
③ 심폐체력(유산소) 운동 권고

운동 빈도 (Exercise Frequency)	• 최소 3일 / 주 • 3~5일 / 주, 주중에 운동 세션을 분산하여 수행
운동 강도 (Exercise Intensity)	• 대부분 성인은 중강도(40~59% HRR), 고강도(60~89% HRR) 운동을 권고
운동 시간 (Exercise Time)	• 중강도 운동은 하루 총 30~60분(150분 / 주 이상) • 고강도 운동은 하루 총 20~60분(75분 / 주 이상), 혹은 중강도와 고강도 운동을 조합하여 수행
운동 형태(종류) (Exercise Type)	• 대부분 성인은 대근육군을 이용하여 지속적, 간헐적 방법의 유산소 운동을 수행

운동자각도

(1) 운동자각도(자각인지도, Rating of Perceived Exertion: RPE)
- 운동 시 변화하는 느낌을 생리학적 반응에 맞추어 등급을 매긴 척도로 심리학자 보그(Borg, G.)에 의해 개발돼 Borg 척도(scale)라고 함
- 운동을 할 때 느끼는 주관적인 감정으로 스스로 운동이 얼마나 힘든지를 주관적으로 측정할 수 있는 지표임
- 6에서 20까지의 숫자 척도로 나타낸 운동 강도로서 6은 최대로 편안한 느낌에 해당하는 최솟값, 20은 최대의 힘을 발휘할 때를 의미함(6~9는 준비운동, 10~12는 가벼운 근력운동, 13~14는 유산소 운동, 15~16는 무산소 운동, 17~20은 최대산소섭취가 필요한 운동임)

(2) OMNI 운동자각의 저항운동 척도
- 0(매우 쉬움), 1, 2(쉬움), 3, 4(다소 쉬움), 5, 6(다소 힘듦), 7, 8(힘듦), 9, 10(매우 힘듦)

(2) 근력 및 근지구력

① 저항 트레이닝
- 근체력이란 근력, 근비대, 근파워와 국소 근지구력을 포괄하는 의미임
- 근수축 운동의 종류로 등척성, 등장성, 등속성 수축운동이 있음
  - 등척성 운동: 근섬유의 길이 변화가 없으면서 힘 발생(자세 유지)
  - 등장성 운동: 구심성 수축의 턱걸이 올라가는 동작(단축성) / 원심성 수축의 턱걸이 내려가는 동작(신장성)
  - 등속성 운동: 관절각이 일정한 속도로 수축하는 재활치료

② 성인대상 저항운동강도 권고
- 근력: 비숙련자 8~12RM(1RM의 평균 60%), 숙련자 1~12RM(80~100% 1RM)
- 근비대(근육량 증가와 유지): 6~20RM의 반복횟수 범위
- 근파워: 운동당 1~3세트, 저강도에 중강도 부하로 3~6회(상체운동 1RM의 30~60%, 하체운동 1RM의 0~60%)
- 근지구력: 15~25회 이상 반복

③ 저항 트레이닝 운동 권고

운동 빈도 (Exercise Frequency)	• 초보자: 각 대근육군을 최소 2일 / 주 수행 • 숙련자: 개인별 선호도에 따라 근육군당 주당 횟수 조절
운동 강도 (Exercise Intensity)	• 초보자: 근체력 향상을 위해 1RM의 60~70%로 8~12회 반복 • 숙련자: 근체력 향상 목표에 따라 강도 및 반복 횟수 조절
운동 형태(종류) (Exercise Type)	• 모든 성인: 하나 이상 근육군에 영향을 주면서 주동근, 길항근을 목표로 하는 다관절 운동 권고 • 단일관절 및 코어운동 포함, 특정 근육군을 위한 다관절 운동 후 실시

※ 근력이란 개인이 한번에 들어 올릴 수 있는 최대 무게를 의미하고, 1회 최대반복 혹은 1RM(one-repetition maximal)으로 나타냄

(3) 유연성

① 스트레칭의 신경생리학적 기초
- 신체의 모든 근육에서 일어나는 상태는 중추신경계로 정보를 전달함
- 역학 수용기에서 근방추는 근육의 길이 변화를 감지, 골지건기관은 근육긴장 변화에 영향을 미침
- 자발성 억제(autogenic inhibition): 근수축 중에서 길항근(주동근의 수축에 반응하여 펴지는 근육)의 이완
- 상호적 억제(reciprocal inhibition): 주동근(움직임을 일으키는 근육)의 수축은 길항근의 반사적 이완을 유발, 이것이 늘어나면서 손상을 예방하는 현상

② 유연성 운동 종류
- 탄성 스트레칭(반동, Ballistic Methods or Bouncing Stretching)
  - 움직이는 신체분절의 탄성을 이용함
  - 주동근의 반복 수축에 대해 길항근의 빠른 신전(폄)을 일으키는 반발적 동작을 함
- 동적 스트레칭(느린 동작, Dynamic or Slow Movement Stretching)
  - 한 자세에서 다른 자세로 자세를 조금씩 변화시킴 / 지나친 주동근 수축은 길항근 통증 유발
  - 활동 시작 권장되는 조절된 스트레칭(운동선수층 주로 사용)
  - 손이 닿는 부위와 관절가동범위를 점진적으로 늘려감(동작을 여러 번 반복)
- 정적 스트레칭(Static Stretching)
  - 근육을 최대 신전(폄) 상태로 놓고, 멈추어 있는 길항근을 수동적으로 신전(폄)시킴
  - 능동적(active) 정적 스트레칭: 근력을 이용하여 스트레칭 자세를 유지(요가)
  - 수동적(passive) 정적 스트레칭: 보조자 혹은 장비(탄력밴드, 발레바) 이용하여 자세를 유지
- 고유수용성신경근촉진(PNF, Proprioceptive Neuromuscular Facilitation)
  - 수축·이완 방식과 같이 해당 근육의 등척성 수축 후 동일한 근육을 정적 스트레칭을 함
  - 느린 역자세-정지-이완법(slow reversal-hold-relax), 수축-이완법(contract-relax), 정지-이완법(hold-relax)

 개념

유연성 운동량 권고
- 불연속적으로 관절당 총 90초 권고, 주당 2~3일 권고(매일 수행이 효과적)
- 당기거나 불편한 지점에서 회당 10~30초 동안 유지(노인은 30~60초 스트레칭 자세 유지 효과적)
- PNF: 최대 수의적 수축의 20~75%로 3~6초 유지하고, 보조자 도움으로 10~30초 동안 스트레칭

③ 유연성 운동 권고

운동 빈도 (Exercise Frequency)	• 2~3일 / 주 이상, 매일 해야 효과적
운동 강도 (Exercise Intensity)	• 약간의 불편함을 느끼는 지점까지 스트레칭(당기는 느낌)
운동 시간 (Exercise Time)	• 대부분 성인은 10~30초 동안 유지하는 정적 스트레칭 권고 • 노인은 30~60초 동안 유지하는 정적 스트레칭이 효과적 • PNF 스트레칭은 3~6초의 저강도에서 중강도로 수축한 후, 10~30초 동안 보조 자에 의한 스트레칭이 적절
운동 형태(종류) (Exercise Type)	• 대근육 – 건 단위를 각각 이용하는 유연성 운동 권고 • 정적 유연성, 동적 유연성, 탄성 유연성, PNF 스트레칭 모두 효과적

4 비만과 운동처방

① 비만도 측정방법: 신체비만지수(체질량지수 BMI) $\geq 25kg / m^2$이면 비만

② 과체중과 비만환자를 위한 FITT 권고사항

구분	유산소 운동	저항 운동	유연성 운동
빈도	• 5일 / 주 이상	• 2~3일 / 주	• 2~3일 / 주 이상
강도	• 중강도(초기): VO_2R 또는 HRR 의 40~59% • 고강도(점진적): VO_2R 또는 HRR 의 60% 이상	• 1RM의 60~70%: 근육량과 근력 향상을 위해 점진적 증가	• 경미한 불편함의 스트레칭(긴장감)
시간	• 30분 / 일(150분 / 주) • 60분 / 일(250~300분 / 주) 이상으로 증가	• 각 대근육군 운동: 8~12회 반복, 2~4세트 실시	• 정적 스트레칭 10~30초, 각 동작당 2~4회 반복
형태	• 대근육군 이용한 지속적이며 율 동적인 운동: 걷기, 자전거 타기, 수영	• 저항 머신, 프리 웨이트	• 정적, 동적, PNF 스트레칭

5 고혈압과 운동처방

① 안정 시 수축기 혈압 140mmHg, 이완기 혈압 90mmHg 이상의 수치일 때 고혈압임

② 운동 시 수축기 혈압 220mmHg 이하, 이완기 혈압은 105mmHg 이하를 유지해야 함

③ 항고혈압제(알파차단제, 칼슘통로차단제, 혈관확장제 등)는 운동 후 급격한 혈압저하 유발을 주의
해야 함

④ 2단계 고혈압 환자(수축기 혈압 160mmHg 이상, 이완기 혈압 100mmHg 이상)나 표적장기
질환(좌심실비대, 망막병증 등)이 있는 경우는 운동검사를 포함한 어떠한 운동도 금지해야 함

⑤ 고혈압 환자를 위한 FITT 권고사항

구분	유산소 운동	저항 운동	유연성 운동
빈도	• 5~7일 / 주 이상	• 2~3일 / 주 이상	• 2~3일 / 주 이상
강도	• 중강도: VO_2R 또는 HRR의 40~59%, RPE 12~13	• 중강도: 1RM의 60~70% – 고령자는 1RM의 80%로 진행 – 초보자는 1RM의 40~50%에서 시작	• 경미한 불편함의 스트레칭(긴장감)
시간	• 지속적이거나 운동시간의 합이 30분 / 일 이상	• 세션당 각 대근육군 운동: 8~12회 반복, 2~4세트 실시, 총 20분 이상	• 정적 스트레칭 10~30초, 2~4회 반복, 총 60초 실시, 10분 이내 실시
형태	• 대근육군 이용한 지속적이며 율동적인 운동: 걷기, 자전거 타기, 수영	• 저항 머신, 프리 웨이트, 탄성 밴드, 체중부가운동	• 정적, 동적, PNF 스트레칭

6 당뇨병과 운동처방

① 혈당조절의 기준으로서 당화혈색소(HbA1c) ≤ 7% 권고 / 운동 전 이상적인 혈당 수치는 90~250mg·dL^{-1}임

② 경구혈당강하제 복용에 따른 저혈당(70mg·dL^{-1} 미만) 유의 / 인슐린 투여, 인슐린 분비를 증가시키는 약물 복용 환자는 필요시 운동 전, 중, 후에 혈당 검사, 식이보충, 약물 복용량 변경

③ 당뇨병 환자를 위한 FITT 권고사항

구분	유산소 운동	저항 운동	유연성 / 평형성 운동
빈도	• 3~7일 / 주(활동 없는 날이 2일 이상 연속되지 않게 함)	• 비연속적 운동: 최소 2일 / 주, 3일 / 주	• 2~3일 / 주 이상
강도	• 중강도와 고강도	• 중강도(1RM의 50~69%)에서 고강도(1RM의 70~85%) 실시	• 유연성: 경미한 불편함의 스트레칭(당기는 느낌) • 평형성: 저강도에서 중강도로 실시
시간	• 중강도와 고강도로 150분 / 주 (제1형, 제2형 당뇨병)	• 최소 8~10가지 운동을 10~15회 반복하여 피로해질 때까지 1~3세트 실시	• 정적 스트레칭 10~30초 유지, 각 동작당 2~4회 반복
형태	• 대근육군 이용한 지속적이며 율동적인 운동: 걷기, 자전거 타기, 수영, 고강도 인터벌 트레이닝	• 저항 머신, 프리 웨이트, 탄성 밴드, 체중부가운동	• 정적, 동적의 스트레칭, 요가

7 고지혈증과 운동처방

① 혈중 지질의 변화로 콜레스테롤 수치의 변화가 생긴 상태(이상지질혈증)
② 지질강하제(스타틴) 복용은 운동 시 근육통이 유발될 수 있으므로 주의
③ 이상지질혈증이 있는 사람을 위한 FITT 권고사항

구분	유산소 운동	저항 운동	유연성 운동
빈도	• 5일 / 주 이상	• 2~3일 / 주	• 2~3일 / 주 이상
강도	• VO₂R 또는 HRR의 40~75%	• 중강도(1RM의 50~69%)에서 고강도(1RM의 70~85%) 실시	• 경미한 불편함의 스트레칭(긴장감)
시간	• 30~60분 / 일 • 50~60분 / 일 권고(체중감량)	• 근력강화: 2~4세트, 8~12회 반복 • 근지구력 강화: 2세트 이하, 12~20회 반복	• 정적 스트레칭 10~30초, 2~4회 반복
형태	• 대근육군 이용한 지속적이며 율동적인 운동: 걷기, 자전거 타기, 수영	• 저항 머신, 프리 웨이트, 체중부가운동	• 정적, 동적, PNF 스트레칭

8 다발성경화증과 운동처방

① 다발성경화증(MS)은 중추신경계의 만성, 염증성, 자가면역질환임
② 심각한 마비가 있을 경우 OMNI 척도를 사용한 국소근육 피로도 평가를 권장함
③ 다발성경화증 환자를 위한 FITT 권고사항

구분	유산소 운동	저항 운동	유연성 운동
빈도	• 2~5일 / 주	• 2일 / 주	• 5~7일 / 주(하루 1~2회)
강도	• 40~70% VO₂R 또는 HRR의 RPE의 12~15	• 1RM의 60~80%	• 스트레칭 부위에 당김, 약간의 불편감 느낄 정도
시간	• 30~60분(강도를 늘리기 전 최소 10분 증가)	• 10~15회 / 세트, 2세트	• 30~60초 유지를 2~4회 반복
형태	• 대근육 활동(걷기, 자전거 타기, 수영)	• 머신프리웨이트, 저항 탄성밴드, 체중을 이용한 다관절, 단관절 운동	• 정적 스트레칭

9 골다공증과 운동처방

① 노년기 때 골다공증 발발, 운동을 통해 뼈의 강도를 높일 수 있음 / 중증의 골다공증 환자는 최대근력검사 금지함 / 정적 스트레칭 권고 / 통증을 유발하지 않는 중강도의 체중지지 운동 권고 / 골절위험 낮은 경증 골다공증 환자는 체중부하 유산소 운동과 고속 저항운동 권장 / 낙상경험 환자에겐 평형성 개선 운동 포함

② 척추 뼈엉성증 환자에게 심폐지구력 검사(고정식 자전거), 중증 척추 골다공증 환자(자전거 다리 에르고미터), 다발성 척추압박골절 환자(트레드밀 걷기), 골다공증 또는 골밀도 낮은 환자(수행중심 이동성 평가, 수정된 낙상효능척도, 체중부하 유산소 운동, 고속 저항운동 권장)

③ 골다공증 환자를 위한 FITT 권고사항

구분	유산소 운동	저항 운동	유연성 운동
빈도	• 4~5일 / 주	• 1~2일 / 주 비연속적으로 시작, 2~3일 / 주 진행	• 5~7일 / 주
강도	• 중강도: VO$_2$R 또는 HRR의 40~59%, CR 3~4	• 해당 저항을 2회 추가 반복이 가능할 때 저항을 조절	• 경미한 불편함의 스트레칭(당기는 느낌)
시간	• 20분부터 시작 • 최소 30분까지 시행(점진적) • 최대 45~60분	• 8~12회 반복, 1세트 시작, 2세트 증가(2주 후)	• 정적 스트레칭 10~30초, 각 운동 2~4회 반복
형태	• 개인별 적절한 유산소 활동: 걷기, 자전거 타기	• 표준장비(지침, 안전)	• 정적 스트레칭

10 심혈관 질환과 운동처방

① 심장 혹은 혈관포함 질병, 고혈압, 관상동맥, 심부전, 관상판막질환, 뇌혈관질환 등 포함

② 심혈관 입원환자를 위한 FITT 권고사항

구분	유산소 운동	유연성 운동
빈도	• 입원 후 처음 3일 동안 2~3회 / 일	• 최소 1회 / 일 이상
강도	• 심근경색 환자: 안정 시 심박수(restHR)+20회 / 분 • 심장수술 후 회복환자: 안정 시 심박수(restHR) +30회 / 분	• 매우 가벼운 스트레칭
시간	• 3~5분 간헐적 걷기에서 점진적 증가 • 휴식시간: 운동시간보다 짧게 더 느리게 걷기	• 주요 관절 모두 최소 30초 실시
형태	• 걷기(트레드밀, 고정식 자전거)	• 관절가동범위, 동적 움직임에 집중

③ 심혈관 외래환자를 위한 FITT 권고사항

구분	유산소 운동	저항 운동	유연성 운동
빈도	• 최소 3~5일 / 주	• 비연속적 2~3일 / 주	• 2~3일 / 주 이상(매일)
강도	• 운동검사 한 경우: HRR, VO_2R 또는 VO_{2peak}의 40~80% • 운동검사를 하지 않은 경우: (안정 시 심박수+20~30회 / 분) 또는 (6~20 RPE 척도 12~16)	• 피로감 없이 각 운동 10~15회 반복 • 6~20 RPE 척도로 11~13 또는 1RM의 40~60%	• 긴장 혹은 약간의 불편함을 느낄 정도
시간	• 20~60분 / 일	• 1~3세트, 대근육근 위주의 8~10가지 운동	• 정적 스트레칭 10~30초, 부위별 4회 이상 반복
형태	• 팔 에르고미터, 상하조합(듀얼액션), 고정식 자전거, 서서 타는 고정식 자전거, 등받이 있는 스텝퍼, 노젓기, 일리티컬, 계단 오르기, 트레드밀	• 사용하기에 안전하고 편안한 장비 선택	• 정적, 동적 스트레칭(팔다리, 허리의 주요관절 위주) • PNF 가능

11 심부전과 운동처방

① 만성 심부전은 활동성 호흡곤란(수축기 장애), 박출률이 보존된 심부전(확장기 기능장애), 또는 이 두 가지 조합으로 나타남
② 말기신부전(ESRD)환자: 운동 초기에는 운동시간과 휴식시간 비율을 1:1로 함 / 목표 운동강도는 운동자각도 9~11(저강도)에서 12~18(중강도) 사이로 함 / 투석 후 운동은 저혈압 반응의 위험을 높일 수 있음
③ 심부전 환자를 위한 FITT 권고사항

구분	유산소 운동	저항 운동	유연성 운동
빈도	• 최소 3~5일 / 주	• 비연속적 1~2일 / 주	• 2~3일 / 주 이상(매일)
강도	• 여유산소섭취량: 40~50% 시작하여 70~80% 진행 • 심박세동 있는 경우: RPE (6~20 척도에서 11~14) 또는 대화검사(talk test)의 지각적 운동강도 사용	• 상체 40% 1RM, 하체 50% 1RM으로 시작하고 몇 주에서 몇 개월에 거쳐 점진적으로 70% 1RM으로 증가	• 긴장 혹은 약간의 불편함을 느낄 정도 스트레칭
시간	• 점진적으로 20~60분 / 일 증가시킴	• 1~2세트, 대근육근 위주 10~15회	• 정적 스트레칭 10~30초, 각 운동 2~4회 반복
형태	• 트레드밀, 자유롭게 걷기, 고정식 자전거 위주의 유산소 운동	• 웨이트 머신, 덤벨, 탄력 밴드	• 정적, 동적 스트레칭 • PNF 스트레칭

12 뇌졸중과 운동처방

① 뇌졸중(뇌혈관 사고) 원인의 허혈성(87%가 혈전증 또는 색전증) 또는 출혈성임

② 뇌졸중 환자를 위한 FITT 권고사항

구분	유산소 운동	저항 운동	유연성 운동
빈도	• 3일 / 주 이상(주당 5일 권장)	• 2일 / 주 이상	• 2~3일 / 주 이상
강도	• 운동검사(GXT) 자료가 있으면 여유심박수의 40~70% • GXT 자료 없거나 심방세동이 있으면 6~20 척도에서 11~14RPE	• 50~70% 1RM	• 당기는 느낌 또는 약간 불편함을 느끼는 수준까지 스트레칭
시간	• 하루 20~60분(점진적 증가)	• 8~15회 반복의 1~3세트	• 10~30초간 정적 스트레칭 각 동작별 2~4회 반복
형태	• 자전거 에르고미터, 반좌위 착석 스텝퍼 기능 및 인지손상에 기초로 수정 • 트레드밀(균형, 보조를 통한 보행 가능시)	• 근력, 지구력, 동작, 평형성의 결함이 있는 환자의 안전향상 시키는 장비, 종목 사용(머신 대 프리웨이트 / 바벨 대 덤벨 / 앉기 대 일어서기)	• 정적, 동적, PNF 스트레칭

13 어린이·청소년의 운동처방

① 운동검사: 트레드밀(7세 이하), 자전거 에르고미터(8세 이상, 125cm 이상)

② 과체중 어린이 유산소 운동강도 설정은 운동자각도 이용 권장 / 특별한 건강상 문제가 없으면 참여 전 임상운동검사를 권장하지 않음 / 어린이 심폐체력 평가는 PACER(왕복오래달리기검사)가 최대산소섭취량보다 실용적임

③ 어린이와 청소년을 위한 FITT 권고사항

구분	유산소 운동	저항 운동	유연성 운동
빈도	• 고강도 운동 3회 / 주 이상(매일)	• 3일 / 주 이상	• 3일 / 주 이상
강도	• 중강도에서 고강도로 운동	• 체중을 저항으로 사용 혹은 8~15회 최대하 반복	• 중등도에서 뼈에 강하게 부하를 주는 다양한 활동
시간	• 하루 60분 이상	• 하루 60분 이상	• 하루 60분 이상
형태	• 즐겁고 성장활동에 적절한 활동: 술래잡기, 달리기 게임, 하이킹, 활기차게 걷기, 뛰기, 뛰어넘기, 줄넘기, 수영, 춤, 자전거 타기, 축구, 농구, 테니스	• 구조화되지 않은 활동: 놀이터 기구에서 놀기, 나무 오르기, 줄다리기 • 구조화된 활동: 팔굽혀 펴기, 윗몸일으키기, 중량 들기, 저항밴드 이용 운동	• 뼈 강화 활동: 달리기, 줄넘기, 농구, 테니스, 저항 트레이닝, 돌차기 놀이

14 여성의 운동처방

① 임산부에겐 최대운동검사 권고하지 않고 최대하운동검사로 최대산소섭취량(VO₂max) 측정, 자전거 에르고미터 권장함

② 정상 분만을 한 경우 4~6주 이후 운동 시작 / 케겔 운동과 같은 골반저 근육 운동(pelvic floor muscle training)은 매일 수행 / 걷기, 수영, 고정식 자전거타기, 저충격 에어로빅 댄스, 달리기 등 안전한 운동 / 임신 초기의 누운 자세 금지(정맥 환류량, 심박출량 감소) / 발살바 조작(valsalva meneuver)이나 장시간 등척성 수축 및 움직이지 않고 서 있기 금지(정맥 환류량 감소, 저혈압 유발)

③ 임신 중 신체활동 권고사항

구분	미국	미국산부인과협회(ACOG)	캐나다
빈도	• 150분 이상 / 주	• 20~30분 / 일 이상	• 150분 이상 / 주
강도	• 1주일 내내	• 1주일, 거의 매일	• 최소 3일 / 주
시간	• 저강도에서 중강도 • 0~10 척도의 운동자각도에서 5~6 수준 • 대화검사(talk test): 운동 중 말을 할 수 있는 정도	• 중강도 6~20 척도의 운동자각도에서 13~14 수준 • 대화검사	• 중강도: 심박수가 눈에 띄게 증가하는 정도 • 대화검사
형태	• 유산소 및 근력강화 운동	• 걷기, 수영, 고정식 자전거, 저충격 에어로빅댄스 변형된 요가, 필라테스, 달리기, 라켓 스포츠 등	• 활기차게 걷기, 고정식 자전거(중강도), 수영, 수중운동, 적당한 무게 나르기 등

> **＋ 개념**
>
> 임신 중 운동을 중단해야 하는 경고신호
>
> 양수 누출, 양막 파열 포함한 기타 질액 손실 / 종아리 통증, 부종 / 흉통 / 어지럼증, 실신, 휴식으로 해결되지 않는 현기증 / 두통 / 근육 약화, 평형성에 영향을 미치는 근육 약화 / 주기적으로 발생하는 자궁 수축 통증 / 운동 전 호흡곤란, 휴식 취해도 해결되지 않는 지속적이고 과도한 호흡곤란 / 질 출혈

15 고령자의 운동처방

① 일반적으로 65세 이상인 사람들과 움직임, 체력, 신체활동에 영향을 미치는 저하된 상태의 신체적 제한이 있는 50~64세 포함함

② 인지능력 감퇴 노인에겐 중강도 신체활동 권장 / 근감소증 노인에겐 우선적으로 근력증가가 필요 / 만성질환 개선을 위해 최소 권장운동량 초과하는 신체활동 실시 / 신체활동 수준을 높임으로써 건강 개선 / 근파워 향상을 위해 저중강도의 단일 관절운동과 다관절 운동 병행

③ 노인을 위한 FITT 권고사항

구분	유산소 운동	저항 운동	유연성 운동
빈도	• 중강도 신체활동: 5일 / 주 이상 • 고강도 신체활동: 3일 / 주 이상 • 중·고강도 복합 신체활동: 3~5일 / 주	• 2일 / 주 이상	• 2일 / 주 이상
강도	• 중강도 신체활동: 5~6 운동자각도 • 고강도 신체활동: 7~8 운동자각도	• 점진적 웨이트 트레이닝 – 저강도 신체활동: 1RM 40~50%(처음 운동시작 노인) – 중강도 신체활동: 1RM 60~70% 또는 5~6 운동자각도 – 고강도 신체활동: 7~8 운동자각도 • 파워트레이닝: 저강도에서 중강도(1RM의 30~60%)	• 근육의 긴장감과 약간의 불편감이 느껴질 정도까지 스트레칭하기
시간	• 중강도 신체활동: 최소 30~60분 / 일 • 고강도 신체활동: 최소 20~30분 / 일 • 중·고강도 복합 신체활동: 시간 누적을 통해 하루 권장 운동 시간 충족 가능	• 점진적 웨이트 트레이닝 – 대근육근으로 8~10종류의 운동 – 초보자: 10~15 반복횟수로 시작하여 8~12회 반복횟수로 1~3세트 증가 • 파워트레이닝: 빠른 속도로 6~10회 반복횟수 실시	• 30~60초 동안 스트레칭하기
형태	• 과도한 정형외과적 스트레스를 유발시키지 않는 운동: 걷기, 수중운동, 고정식 자전거 타기	• 점진적 또는 파워 웨이트 트레이닝 프로그램, 체중부하 유연체조 실시, 계단 오르기, 근력강화(대근육군 사용)	• 느린 움직임으로 유연성 증진 또는 유지시키는 동작 형태: 정적 스트레칭

개념

기타 질환별 운동처방 고려사항

심장의식	▪ 심박수 반응이 늦어지므로 긴 준비운동과 정리운동 고려 ▪ 면역억제요법은 골손실, 당뇨병, 고혈압 유발 가능하므로 정기적인 유산소 운동과 저항운동 필요 ▪ 고강도 유산소 인터벌 트레이닝은 효과가 있음 ▪ 중앙 복장뼈절제술로 인해 상지와 관련된 활동 및 관절가동범위 및 운동량은 최대 12주 동안 수정해야 함
하지말초동맥	▪ 유산소 운동의 강도는 중등도의 통증(파행통증 척도의 4단계 중 3단계) 지점까지 중강도(40~59% VO₂R) 또는 최대보행속도의 50~80%를 권장 ▪ 저항운동은 전신 대근육 위주로 우선하되, 시간제한이 있으면 다리에 중점을 두고 저항운동 강도는 60~80% 1RM, 유연성 운동강도는 긴장 혹은 약간의 불편함 느끼는 수준까지 스트레칭 ▪ 간헐적 파행 증상의 악화가 우려되는 추운 환경에선 더 긴 준비 운동

폐질환	■ 천식환자: 경구스테로이드제로 장기 치료 중이면 근육손실이 발생할 수 있으므로 저항운동이 도움이 됨 / 운동 유발성 기관지 수축은 장기간 운동 또는 고강도 운동에 의해 촉발 가능 / 중강도(40~59% HRR 혹은 VO₂R)로 시작, 1개월 후 60~70%로 올림 ■ 만성폐쇄성폐질환(COPD) 환자: 최고유산소능력 < 60% 운동강도 권장 / 저강도 유산소 운동은 중증 COPD 환자에게 적절 / 중강도에 고강도(최고작업률의 50~80% 또는 Borg 10단계에서 4~6)
관절염	■ 유산소 운동의 목적은 관절 통증 소멸 상태에서 심폐체력 향상시킴 ■ 좌식생활 줄이고 적어도 5분 정도 짧은 운동으로 시작 ■ 저항 트레이닝을 통해 체력 향상, 국부적인 변화(동적 안정성 향상, 관절력 약화)와 전신적인 변화(염증 감소, 내인성 마취 증가)를 통한 만성통증 감소시킴 ■ 유연성 운동을 통해 '아침 경직' 증상 단축(관절가동범위 향상) ■ 정적(일자로 서기 및 한발 서기), 동적(방향바꾸기, 장애물 넘기) 평형성 활동 권장 ■ 국부적인 관절 반응과 불편함 최소화, 적은 증가와 느린 비율로 부하 증가
암환자	■ 말초신경병증의 유방암 환자는 체중부하운동보다 고정식 자전거를 권장(유산소 운동 시 골절의 위험성 인지해야 함) ■ 상지 림프부종 환자의 저항운동 중에 압박복 착용해야 함 ■ 뼈 전이성 병변 환자는 근육 부하를 피해야 함 ■ 낙상, 하지의 신경병증 환자가 악화 시 운동 중단, 대체 운동 고려 ■ 암 생존자: 중강도 150분 / 주, 고강도 75분 / 주 조합 / 중강도~고강도 저항 트레이닝 2일 / 주 이상
섬유근육통	■ 유산소 운동은 1~2일 / 주 시작해서 2~3일 / 주 점진적으로 증가함 / 저강도 시작(30~39% V̇O₂R 혹은 HRR), 중강도(40~59%)로 점진적으로 증가시킴 ■ 저항성 운동은 최소 48시간의 간격으로 주당 2~3일 실시함 / 1RM의 40~80%로 시작해서 1RM의 60~80%로 점진적으로 증가시킴 / 근지구력을 위해서 1RM의 50% 사용함 ■ 증상에 따라 운동강도 조절하도록 가르침(자기조절) ■ 단일유형 트레이닝 포함(수중, 육상혼합운동), 2~3가지 유형의 트레이닝(유산소, 저항, 유연성) 모두 유익함
신장질환	■ 혈액투석 종료 2시간 후에 운동 권고 ■ 개인상태에 따라 혈액투석을 받는 동안 의자에 앉아 하체운동 가능 ■ 운동을 지속적으로 하지 못하는 경우 3~5분씩 간헐적 운동을 처음에는 총 15분 운동할 수 있으며 최대 20~60분 / 일이 축적되도록 함 ■ 말기신장질환(ESRD) 환자에겐 초기강도는 가벼워야 하며(VO₂R의 30~39%), 최소 10~15분 정도 연속활동을 함 ■ 신체활동의 지속시간은 개인이 30분간 연속활동 완료할 때까지 매주 3~5분씩 증가시킴
척수손상	■ 불완전 마비된 근육포함 저항운동 실시 ■ 팔에서 과사용증후군 없으면 근력향상 목적으로 5~10RM 강도 증가 가능 ■ 운동 시 자율신경 반사부전증으로 카테콜아민 분비 증가 ■ 휠체어 이용환자는 미는 동작으로 구성된 상체 저항운동 권고 ■ T6(제6가슴신경) 분절 위쪽 척수손상 환자는 T5~6 아래쪽 손상환자보다 최대심박수, 최대산소섭취량이 더 낮은 강도에서 도달
우울증	■ 13일 이상의 지속 프로그램에서 우울 증상 감소 ■ 45분 정도 운동 세션을 권장함 ■ 공항발작, 심박수 증가, 호흡곤란 유발할 수 있지만 정상적인 반응이므로 잘 설명하고 대비함 ■ 심리요법, 약물요법과 마찬가지로 유산소 운동도 도움이 됨 ■ 모든 운동강도(저중고)에서 효과가 있음

지적장애	■ 항고혈압제, 항경련제, 항우울제, 당뇨병치료제 등 약물복용으로 체중 감소 고려 ■ 간결한 지침, 정확한 시연, 간단한 언어, 지시의 반복을 해야 함 ■ ADHD(주의력결핍 과잉행동장애) 아동은 저항 또는 평형성 트레이닝(산만함 최소화) ■ 주어진 공간의 인원조절, 선호하는 음악 재생, 선택할 수 있는 운동장비 등 환경
알츠하이머 (기억력 감퇴)	■ 경도인지장애가 낮은 환자는 증상의 정도가 낮은 아침 시간에 운동 권장 ■ 운동검사와 운동처방은 항상 의사 또는 신경심리학자 상담을 받아 수행
파킨슨병 (운동능력 감퇴)	■ 경증에서 중등도 환자: 고강도(80~85% HRmax) / 건강상태가 저하된 환자 또는 진행성 파킨슨 환자: 중강도(60~65% HRmax ~ 80~85% HRmax) ■ 유산소 운동(대근육군을 이용한 지속적, 동적 활동: 걷기, 사이클, 수영, 춤) / 저항운동(프리 웨이트 금지, 웨이트 머신 기구 및 밴드 등 기타 저항 장치 사용) / 유연성 운동(모든 대근육군의 느린 정적 스트레칭) ■ 신경 운동: 태극권, 요가, 평형성 트레이닝, 트레이닝 프로그램(다방향 스텝 트레이닝, 계단 내려오기 운동, 앞과 옆으로 뻗기, 장애물, 뒤돌아보기, 적절한 걸음 길이로 걷기, 일어서기 및 앉기)

CHAPTER 02 운동처방론 핵심기출 유형

2023 기출

01

ACSM(11판)에서 권고하는 운동프로그램의 준비운동으로 옳지 않은 것은?

① 최대근력이 요구되는 운동에는 정적 스트레칭이 동적 스트레칭보다 더 효과적이다.
② 유산소운동으로 준비운동을 할 때 운동강도는 중강도 이하이다.
③ 본 운동 동안에 부상 위험을 줄일 수 있다.
④ 준비운동 시간은 15분 미만으로 권장한다.

해설

정적 스트레칭보다 손이 닿는 부위와 관절가동범위를 점진적으로 늘려가면서 동작을 여러 번 반복하는 동적 스트레칭을 통해 최대근력을 향상시킬 수 있음

정답 ①

해설 ✚ 운동 트레이닝 세션

- 준비운동(warm-up): 운동 중 사용될 근육군을 이용해 저강도에서 중강도 활동으로 구성 / 동적 준비운동(대근육군), 심폐지구력 향상(유산소 운동), 스포츠 또는 장시간 반복횟수가 많은 저항운동은 정적 유연성 운동보다 우수함
- 본 운동(conditioning): 유산소, 저항, 유연성, 스포츠 활동, 10~60분 사이 지속
- 정리운동(cool-down): 산소섭취량, 심박수 복귀, 정적 스트레칭 같은 저강도에서 중강도의 유연성 운동이 도움 됨

02

ACSM(11판)이 권고하는 건강한 성인의 저항운동 시 ㉠~㉢에 들어갈 운동강도(Repetition Maximum)를 바르게 나열한 것은?

근력		근비대	근파워	근지구력
비숙련자	숙련자			
8~12 RM	(㉠) RM	(㉡) RM	3~6 RM	(㉢) RM 이상

	㉠	㉡	㉢
①	1~12	6~20	15~25
②	1~12	8~12	20~30
③	6~12	8~12	15~25
④	6~12	6~20	20~30

해설

성인대상으로 권고하는 저항운동강도
- 근력: 비숙련자 8~12RM(1RM의 평균 60%), 숙련자 1~12RM(80~100% 1RM)
- 근비대(근육량 증가와 유지): 6~20RM의 반복횟수 범위
- 근파워: 운동당 1~3세트, 저강도에 중강도 부하로 3~6회 (상체운동 1RM의 30~60%, 하체운동 1RM의 0~60%)
- 근지구력: 15~25회 이상 반복

이 외에도 발살바조작(Valsalva maneuver)이 일어나지 않는 정확한 자세와 방법을 사용해야 하고, 관절의 가동범위를 충분히 활용하고 주동근과 길항근 모두를 단련하는 운동을 포함함

정답 ①

03

〈보기〉에서 ACSM(11판)이 권고하는 유산소운동에 대한 설명으로 옳은 것으로만 모두 고른 것은?

┤ 보기 ├

⊙ 노인: 30~60분 / 일, ≥5일 / 주, 운동자각도 5~6(10점 척도)의 중강도 운동을 권장한다.
ⓒ 청소년: ≥60분 / 일, 7일 / 주, 중강도에서 고강도의 스포츠를 포함한 신체활동을 권장한다.
ⓒ 임산부: ≥ 20~30분 / 일, 3~7일 / 주, 저강도에서 중강도의 운동을 권장한다.
ⓒ 성인: 건강증진을 위한 최소 걸음 수는 10,000보 / 일이다.

① ⊙
② ⊙, ⓒ
③ ⊙, ⓒ, ⓒ
④ ⊙, ⓒ, ⓒ, ⓒ

해설

ⓒ과 같은 걸음 수의 기준은 없음

정답 ③

해설 + 심폐체력(유산소) 운동 권고

운동 빈도 (Exercise Frequency)	▪ 최소 3일 / 주 ▪ 3~5일 / 주, 주중에 운동 세션을 분산하여 수행
운동 강도 (Exercise Intensity)	▪ 대부분 성인은 중강도(40~59% HRR), 고강도(60~89% HRR) 운동을 권고
운동 시간 (Exercise Time)	▪ 중강도 운동은 하루 총 30~60분(150분 / 주 이상) ▪ 고강도 운동은 하루 총 20~60분(75분 / 주 이상), 혹은 중강도와 고강도 운동을 조합하여 수행
운동 형태(종류) (Exercise Type)	▪ 대부분 성인은 대근육군을 이용하여 지속적, 간헐적 방법의 유산소 운동을 수행

대상별 유산소 운동 권고사항

구분	노인	청소년	임산부 미국산부인과협회 (ACOG)
빈도	▪ 중강도 신체활동: 5일 / 주 이상 ▪ 고강도 신체활동: 3일 / 주 이상 ▪ 중·고강도 복합 신체활동: 3~5일 / 주	▪ 고강도 운동 3회 / 주 이상(매일)	▪ 20~30분 / 일 이상
강도	▪ 중강도 신체활동: 5~6 운동자각도 ▪ 고강도 신체활동: 7~8 운동자각도	▪ 중강도에서 고강도로 운동	▪ 1주일, 거의 매일
시간	▪ 중강도 신체활동: 최소 30~60분 / 일 ▪ 고강도 신체활동: 최소 20~30분 / 일 ▪ 중·고강도 복합 신체활동: 시간누적을 통해 하루 권장 운동 시간 충족 가능	▪ 하루 60분 이상	▪ 중강도 6~20 척도의 운동자각도에서 13~14 수준 ▪ 대화검사
형태	▪ 과도한 정형외과적 스트레스를 유발시키지 않는 운동: 걷기, 수중운동, 고정식 자전거 타기	▪ 즐겁고 성장활동에 적절한 활동: 술래잡기, 달리기 게임, 하이킹, 활기차게 걷기, 뛰기, 뛰어넘기, 줄넘기, 수영, 춤, 자전거 타기, 축구, 농구, 테니스	▪ 걷기, 수영, 고정식 자전거, 저충격 에어로빅댄스, 변형된 요가, 필라테스, 달리기, 라켓 스포츠 등

04

〈보기〉에서 ACSM(11판)이 권고하는 어린이와 청소년 운동처방 시 고려사항으로 옳은 것으로만 모두 고른 것은?

| 보기 |

- ㉠ 과체중 어린이의 유산소운동 강도 설정은 운동자각도를 이용할 것을 권장한다.
- ㉡ 특별한 건강상의 문제가 없으면 운동프로그램 참여 전 임상운동검사는 권장하지 않는다.
- ㉢ 어린이의 심폐체력 평가는 최대산소섭취량보다는 PACER가 더 실용적이다.
- ㉣ 과훈련(overtraining)은 저항운동의 부상 원인이 아니다.

① ㉠, ㉡
② ㉢, ㉣
③ ㉠, ㉡, ㉢
④ ㉠, ㉢, ㉣

해설

과훈련은 저항운동의 부상 원인이 됨. 참고로 운동검사는 트레드밀(7세 이하), 자전거 에르고미터(8세 이상, 125cm 이상)를 사용함

정답 ③

해설 ➕ 어린이와 청소년을 위한 FITT 권고사항

구분	유산소 운동	저항 운동	유연성 운동
빈도	▪ 고강도 운동 3회 / 주 이상(매일)	▪ 3일 / 주 이상	▪ 3일 / 주 이상
강도	▪ 중강도에서 고강도로 운동	체중을 저항으로 사용 혹은 8~15회 최대하 반복	중등도에서 뼈에 강하게 부하를 주는 다양한 활동
시간	▪ 하루 60분 이상	▪ 하루 60분 이상	▪ 하루 60분 이상
형태	▪ 즐겁고 성장활동에 적절한 활동: 술래잡기, 달리기 게임, 하이킹, 활기차게 걷기, 뛰기, 뛰어넘기, 줄넘기, 수영, 춤, 자전거타기, 축구, 농구, 테니스	▪ 구조화되지 않은 활동: 놀이터 기구에서 놀기, 나무 오르기, 줄다리기 ▪ 구조화된 활동: 팔굽혀 펴기, 윗몸일으키기, 중량 들기, 저항밴드 이용 운동	▪ 뼈 강화 활동: 달리기, 줄넘기, 농구, 테니스, 저항 트레이닝, 돌차기 놀이

05

체중이 100kg인 비만 남성이 1주일에 1,000MET-min 유산소운동을 했다면 에너지소비량은? (산소 소비 1L당 5kcal 소비 기준으로 계산)

① 1,450kcal
② 1,550kcal
③ 1,650kcal
④ 1,750kcal

해설

[1,000METs×3.5ml / kg / min×100kg×1분÷1,000]×5＝ 1,750kcal / wk

정답 ④

해설 ➕ 에너지소비량

(1) METs(metabolic equivalent)
  ▪ 안정 시 소비 에너지에 대한 활동 중 소비한 에너지 비율
  ▪ 1MET란 1분당 체중 1kg이 산소 3.5ml의 섭취량을 의미 (1MET＝3.5ml / kg / min)
(2) MET-min
  ▪ 수행한 총 신체활동을 정하는 에너지소비량의 지표
  ▪ METs 수와 수행한 활동시간(분)의 곱, METs×min
  ▪ MET-min / wk 또는 MET-min / day로 표준화함
(3) Kcal
  ▪ kal / min＝[(METs×3.5ml / kg / min×체중(kg)÷1,000)]×5(산소소비량 1L당 5kcal 소비기준)
  ▪ kcal / wk 또는 kcal / day로 표준화함
  예 운동빈도 3회 / 주, 운동시간 30분 / 회, 운동강도 7METs, 체중 80kg
  : [7METs×3.5ml / kg / min×80kg×30분÷1,000]×5＝294kcal / day
  →294kcal / day×3회 / 주＝882kcal / 주

06

ACSM(11판)에서 권고하는 신장질환자를 위한 운동처방 시 고려사항으로 옳지 않은 것은?

① 신장이식을 받은 사람은 거부반응 기간에는 운동을 금지해야 한다.
② 일반적으로 혈액투석 종료 2시간 후에 운동을 권고한다.
③ 개인의 상태에 따라 혈액투석을 받는 동안 의자에 앉아 하체운동을 할 수 있다.
④ 지속적인 운동을 할 수 없는 경우 3~5분씩 간헐적 운동을 20~60분 / 일이 축적되도록 한다.

해설

신장이식 수혜자도 거부 반응 기간에는 운동강도를 낮추며 운동을 계속 할 수 있음

정답 ①

해설 + 신장질환 환자 대상 운동처방 권고

- 혈액투석 종료 2시간 후에 운동 권고
- 개인상태에 따라 혈액투석을 받는 동안 의자에 앉아 하체운동 가능
- 운동을 지속적으로 하지 못하는 경우 3~5분씩 간헐적 운동을 처음에는 총 15분 운동할 수 있으며 최대 20~60분 / 일이 축적되도록 함
- 말기신장질환(ESRD) 환자에겐 초기 강도는 가벼워야 하며 (VO₂R의 30~39%), 최소 10~15분 정도 연속활동을 함
- 신체활동의 지속시간은 개인이 30분간 연속활동 완료할 때까지 매주 3~5분씩 증가시킴

07

〈보기〉에서 ACSM(11판)이 권고하는 우울증 환자를 위한 운동처방 시 고려사항으로 옳은 것으로만 모두 고른 것은?

보기

㉠ 유산소운동은 심리요법이나 약물요법만큼 우울 증상을 감소시킬 수 있다.
㉡ 운동은 강도와 상관없이 우울 증상을 완화하는 데 도움이 된다.
㉢ 운동은 즉각적으로 감정 상태에 영향을 미쳐서 우울 증상을 일시적으로 완화할 수 있다.
㉣ 운동이 공황장애가 있는 환자에게 공황발작과 유사한 생리적 변화를 유발할 수 있지만, 정상적인 반응이므로 이를 충분히 설명해야 한다.

① ㉠
② ㉠, ㉡
③ ㉠, ㉡, ㉢
④ ㉠, ㉡, ㉢, ㉣

해설

우울증 환자에게는 13일 이상의 지속 프로그램에서 우울 증상 감소가 이루어짐. 45분 정도 운동 세션을 권장함. 또한 공황발작, 심박수 증가, 호흡곤란을 유발할 수 있지만 정상적인 반응이므로 잘 설명하고 대비하면 됨. 심리요법, 약물요법과 마찬가지로 유산소 운동도 도움이 되고, 모든 운동강도(저중고)에서 효과가 있음

정답 ④

08

〈보기〉에서 당뇨병 환자를 위한 운동처방 시 고려사항으로 옳은 것으로만 모두 고른 것은?

┌─ 보기 ─────────────────────────────┐

㉠ 당뇨병 합병증으로 인한 금기사항이 아니라면 고강도의 유산소운동을 더 많이 강조해야 한다.
㉡ 제2형 당뇨병 환자는 유산소운동을 2일 이상 연속해서 중단하지 않도록 한다.
㉢ 인슐린 또는 혈당강하제는 운동 직전에 사용하도록 해야 한다.
㉣ 공복 시에 운동하는 것을 권장한다.

└──────────────────────────────────┘

① ㉠
② ㉠, ㉡
③ ㉠, ㉡, ㉢
④ ㉠, ㉡, ㉢, ㉣

해설

경구혈당강하제 복용에 따른 저혈당(70mg / dL 미만)에 유의해야 하고, 인슐린 투여 혹은 인슐린 분비를 증가시키는 약물 복용 환자는 필요 시 운동 전, 중, 후에 혈당 검사, 적절한 식이보충과 약물 복용량 변경 등을 해야 함. 참고로 운동 전 이상적인 혈당 수치는 90~250mg / dL임

정답 ②

해설 ✛ 당뇨병 환자를 위한 FITT 권고사항

구분	유산소 운동	저항 운동	유연성 / 평형성 운동
빈도	▪ 3~7일 / 주(활동 없는 날이 2일 이상 연속되지 않게 함)	▪ 비연속적 운동: 최소 2일 / 주, 3일 / 주	▪ 2~3일 / 주 이상
강도	▪ 중강도와 고강도	▪ 중강도(1RM의 50~69%)에서 고강도(1RM의 70~85%) 실시	▪ 유연성: 경미한 불편함의 스트레칭(당기는 느낌) ▪ 평형성: 저강도에서 중강도로 실시
시간	▪ 중강도와 고강도로 150분 / 주(제1형, 제2형 당뇨병)	▪ 최소 8~10가지 운동을 10~15회 반복하여 피로해질 때까지 1~3세트 실시	▪ 정적 스트레칭 10~30초 유지, 각 동작당 2~4회 반복
형태	▪ 대근육군 이용한 지속적이며 율동적인 운동 : 걷기, 자전거 타기, 수영, 고강도 인터벌 트레이닝	▪ 저항 머신, 프리웨이트, 탄성밴드, 체중부가 운동	▪ 정적, 동적의 스트레칭, 요가

03

09

〈보기〉에서 ACSM(11판)이 권고하는 이상지질혈증 환자를 위한 운동처방에 대한 설명으로 옳은 것으로만 모두 고른 것은?

| 보기 |

ⓐ 유산소 운동을 ≥ 5일 / 주 실시할 것을 권고한다.
ⓑ 저항 운동과 유연성 운동은 효과의 일관성이 떨어지므로 유산소 운동의 보조 운동으로 고려한다.
ⓒ 지질강하제((예) 스타틴)를 복용하는 사람은 근육 약화와 통증이 수반될 수 있으므로 유의한다.
ⓓ 고밀도 지단백 콜레스테롤(HDL-C) 수치가 남자는 < 40 mg / dL, 여자는 < 50 mg / dL을 유지하도록 한다.

① ⓐ
② ⓐ, ⓑ
③ ⓐ, ⓑ, ⓒ
④ ⓐ, ⓑ, ⓒ, ⓓ

해설

고밀도 지단백 콜레스테롤(HDL-C) 남성 < 40mg / dL, 여성 < 50mg / dL는 심혈관 질환의 양성 위험요인의 준거(* 건강·체력 평가에 나옴)에 해당됨

정답 ③

해설 ✦ 이상지질혈증이 있는 사람을 위한 FITT 권고사항

구분	유산소 운동	저항 운동	유연성 운동
빈도	▪ 5일 / 주 이상	▪ 2~3일 / 주	▪ 2~3일 / 주 이상
강도	▪ VO_2R 또는 HRR 의 40~75%	▪ 중강도(1RM의 50~69%)에서 고강도(1RM의 70~85%) 실시	▪ 경미한 불편함의 스트레칭(긴장감)
시간	▪ 30~60분 / 일 ▪ 50~60분 / 일 권고(체중감량)	▪ 근력 강화 : 2~4세트, 8~12회 반복 ▪ 근지구력 강화 : 2세트 이하, 12~20회 반복	▪ 정적 스트레칭 10~30초, 2~4회 반복
형태	▪ 대근육군 이용한 지속적이며 율동적인 운동: 걷기, 자전거 타기, 수영	▪ 저항 머신, 프리 웨이트, 체중부가운동	▪ 정적 동적 PNF 스트레칭

10

ACSM(11판)에서 권고하는 과체중과 비만 환자를 위한 운동처방에 대한 설명으로 옳은 것은?

① 저항 운동은 체중감소 효과가 없으므로 권고하지 않는다.
② 체중감량은 1~2개월 동안 초기 체중의 3~10%를 목표로 한다.
③ 유산소 운동은 주당 150분부터 주당 300분 이상으로 점진적으로 증가시킨다.
④ 고강도 유산소 운동은 지방 대사율이 낮으므로 권고하지 않는다.

해설

ACSM(11판)에 따르면 과체중과 비만환자 대상의 유산소 운동 빈도는 주5일 이상, 운동강도는 초기에는 중강도 VO_2R 또는 HRR의 40~59%에서 점진적으로 고강도 VO_2R 또는 HRR의 60% 이상으로 향상시킴. 운동시간은 30분 / 일(150분 / 주)에서 60분 / 일(250~300분 / 주) 이상으로 점진적으로 증가시키고, 운동형태는 대근육군 이용한 지속적이며 율동적인 운동인 걷기, 자전거 타기, 수영 등을 권고함

정답 ③

11

〈보기〉는 ACSM(11판)에서 권고하는 뇌졸중 환자를 위한 유산소 운동에 관한 설명이다. ㉠~㉢에 해당하는 값을 바르게 나열한 것은?

| 보기 |

뇌졸중 환자를 위한 유산소 운동은 주당 3~5일, 여유 심박수의 40~(㉠)%, 심방세동이 있는 경우 운동 자각도(Borg's Scale)의 (㉡) 강도로, 하루 20분 에서 (㉢)분까지 점진적으로 증가하는 운동프로그 램을 권장한다.

	㉠	㉡	㉢
①	60	10~12	50
②	60	11~14	50
③	70	10~12	60
④	70	11~14	60

해설

ACSM(11판)의 뇌졸중 환자를 위한 FITT(빈도, 강도, 시간, 형태) 권고사항에 따라 ④번이 정답임

정답 ④

해설 ✛ 뇌졸중 환자를 위한 FITT 권고사항

구분	유산소 운동	저항 운동	유연성 운동
빈도	▪3일 / 주 이상(주 당 5일 권장)	▪2일 / 주 이상	▪2~3일 / 주 이상
강도	▪운동검사(GXT) 자료가 있으면 여유심박수의 40~70% ▪GXT 자료 없거나 심방세동이 있으면 6~20 척도에서 11~14RPE	▪50~70% 1RM	▪당기는 느낌 또는 약간 불편함을 느끼는 수준까지 스트레칭
시간	▪하루 20~60분 (점진적 증가)	▪8~15회 반복 의 1~3세트	▪10~30초간 정적 스트레칭 각 동작별 2~4회 반복
형태	▪자전거 에르고미터, 반좌위 착석 스텝퍼 기능 및 인지손상에 기초로 수정 ▪트레드밀(균형, 보조를 통한 보행 가능 시)	▪근력, 지구력, 동작, 평형성의 결함이 있는 환자의 안전을 향상시키는 장비, 종목 사용(머신 대 프리웨이트 / 바벨 대 덤벨 / 앉기 대 일어서기)	▪정적 동적 PNF 스트레칭

03

12

ACSM(11판)에서 제시하는 운동처방 구성요소를 모두 포함한 것은?

① 주당 3일 이상, 팽팽하게 당기는 느낌의 지점, 30~60초, 2세트, 정적 유연성

② 주당 2일, 60%1RM, 8~12회 반복, 3세트, 세트 간 3분 휴식, 반복횟수의 증가

③ 주당 4일 이상, 60% VO_2R, 하루 총 30분, 자전거 운동, 1,000MET $- \min \cdot k^{-1}$, 1,000 kcal $\cdot k^{-1}$

④ 주당 3일, 30~40% HRR, 하루 총 50분, 트레드밀 운동, 1,000 kcal $\cdot k^{-1}$, 운동시간의 점진적인 증가

> **해설**

일반적으로 운동처방의 FITT의 원칙 즉, 운동 빈도(Exercise Frequency), 운동 강도(Exercise Intensity), 운동 시간(Exercise Time), 운동 형태(Exercise Type)를 통해 운동 프로그램을 제시하고, 때에 따라 운동단계(Exercise Progression)를 적용해 운동처방 계획을 수립함(FITTP)

> **정답** ④

13

〈보기〉의 대상자가 의료적 허가 없이 운동에 참여할 때, 적절한 목표심박수(% HRR)는?

┤ 보기 ├

• 성별: 여
• 나이: 42세
• 신장: 165cm
• 체중: 76kg
• 체질량지수: 27.9kg / m^2
• 질병 및 위험요인: 무증상 제2형 당뇨병, 비만
• 운동경력: 3개월간의 규칙적인 운동
• 안정 시 심박수: 65회 / 분
• 최대심박수: 169회 / 분

① 96~106회 / 분 ② 107~126회 / 분
③ 127~138회 / 분 ④ 138~145회 / 분

> **해설**

규칙적인 운동에 참여하는 경우 의료적 허가가 필요 없이 운동에 참여할 때, 대사질환 등이 무증상일 때는 중강도 운동(40~59% HRR)을 권장할 수 있음. 목표심박수를 Karvornen 공식에 대입하면 다음과 같음

• 목표 심박수 = (최대 심박수 – 안정 시 심박수) × 운동강도(%) + 안정 시 심박수
• 40% HRR: (169 – 65) × 0.4 + 65 = 106.6 → 107회 / 분
• 59% HRR: (169 – 65) × 0.59 + 65 = 126.36 → 126회 / 분

> **정답** ②

> **해설 +** 운동참여 전 선별 알고리즘(* 건강·체력평가론에도 나옴)

1. 규칙적인 운동에 참여하지 않는 경우		2. 규칙적인 운동에 참여하는 경우	
① 심혈관, 대사성, 신장질환이 없거나 암시하는 증상이나 징후가 없을 때	② 심혈관, 대사성 신장질환이 있거나 무증상일 때		③ 심혈관, 대사성, 신장질환을 암시하는 증상이나 징후가 있을 때
①-1. 의료적 허가가 필요 없음 / 저강도 또는 중강도 운동을 권장함			①-2. 의료적 허가가 필요 없음 / 중강도 또는 고강도 운동을 권장함
②-1. 의료적 허가가 권장됨 / 저강도 또는 중강도 운동을 권장함(의료적 허가)			②-2. 중강도 운동을 위한 의료적 허가가 필요 없음, 고강도 운동을 위한 의료적 허가가 권장됨 / 중강도 운동을 지속함
③-1. 의료적 허가가 권장됨 / 저강도 또는 중강도 운동을 권장함(의료적 허가)			③-2. 운동을 중단하고 의료적 허가를 받아야 함 / 의료적 허가를 받은 후 운동할 수 있음

14

〈보기〉에서 ACSM(11판)이 권고하는 만성 질환자별 운동 처방 시 고려사항으로 옳은 것을 모두 고른 것은?

┌─ 보기 ─────────────────────────────────┐
ⓐ 항고혈압제를 복용하는 고혈압 환자는 운동 종료 후 과도한 혈압 상승이 유발될 수 있으므로 주의해야 한다.
ⓑ 지질강하제(스타틴)를 복용하는 이상지질혈증 환자는 운동 시 근육통이 유발될 수 있으므로 주의해야 한다.
ⓒ 심각한 마비 증상이 있는 다발성경화증 환자는 OMNI 척도를 사용한 국소근육 피로도 평가가 권장된다.
ⓓ 만성폐쇄성폐질환자에게 산소보충요법은 대기호흡에서 동맥혈 산소분압(PaO_2)이 ≤55 mmHg인 경우에 사용할 수 있다.
└───────────────────────────────────────┘

① ⓐ, ⓑ
② ⓑ, ⓒ
③ ⓑ, ⓒ, ⓓ
④ ⓐ, ⓑ, ⓒ, ⓓ

ⓐ에서 설명한 알파차단제, 칼슘통로차단제, 혈관확장제와 같은 항고혈압제는 운동 후 급격한 혈압 저하 유발을 주의해야 함. 이를 위해 점진적으로 혈압과 심박수가 거의 안정 수준이 될 때까지 운동 종료 과정을 관찰해야 함

정답 ③

15

〈보기〉에서 ACSM(11판)이 권고하는 질환별 운동처방 시 고려사항으로 옳은 것을 모두 고른 것은?

┌─ 보기 ─────────────────────────────────┐
ⓐ 제6가슴신경 분절 이상(above T6)의 척수손상 환자에게는 유산소 운동 시 심박수를 활용한다.
ⓑ 경도인지장애가 있는 알츠하이머병 환자는 증상의 정도가 낮은 아침 시간에 운동하는 것을 권장한다.
ⓒ 골절 위험이 낮은 경증 골다공증 환자의 경우 체중부하 유산소 운동과 고속 저항 운동을 권장할 수 있다.
ⓓ 심혈관질환 외래 환자는 운동부하검사 없이 운동자각도를 이용한 유산소 운동과 저항 운동에 참여할 수 없다.
└───────────────────────────────────────┘

① ⓐ, ⓑ
② ⓑ, ⓒ
③ ⓒ, ⓓ
④ ⓐ, ⓓ

T6(제6가슴신경) 수준 이상의 척수손상이 있는 사람은 자율신경반사부전증(수축기 혈압 기준선보다 20~40mmHg의 급격한 증가)이 발생할 가능성 크기 때문에 심박수를 활용한 운동은 적합하지 않음. 심혈관 환자 중 외래환자는 운동검사를 하지 않는 경우에 안정 시 강도에 따라 유산소 운동이 가능함

정답 ②

해설 ➕ 심혈관 외래환자를 위한 FITT 권고사항

구분	유산소 운동	저항 운동	유연성 운동
빈도	▪최소 3~5일/주	▪비연속적 2~3일/주	▪2~3일/주 이상(매일)
강도	▪운동검사 한 경우: HRR, VO_2R 또는 VO_{2peak}의 40~80% ▪운동검사 하지 않은 경우: (안정 시 심박수+20~30회/분) 또는(6~20 RPE 척도 12~16)	▪피로감 없이 각 운동 10~15회 반복 ▪6~20 RPE 척도로 11~13 또는 1RM의 40~60%	▪긴장 혹은 약간의 불편함을 느낄 정도
시간	▪20~60분/일	▪1~3세트, 대근육근 위주의 8~10가지 운동	▪정적 스트레칭 10~30초, 부위별 4회 이상 반복
형태	▪팔 에르고미터, 상하조합(듀얼액션), 고정식 자전거, 서서 타는 고정식 자전거, 등받이 있는 스텝퍼, 노 젓기, 일리티컬, 계단 오르기, 트레드밀	▪사용하기에 안전하고 편안한 장비 선택	▪정적, 동적 스트레칭(팔다리, 허리의 주요관절 위주) ▪PNF 가능

16

〈보기〉의 특성을 나타내는 대상자가 하루 40분, 주 3회의 빈도로 운동했을 때, 운동으로만 사용한 총대사량은?

┌─ 보기 ─┐

- 성별: 남성
- 연령: 42세
- 신장: 174cm
- 체중: 70kg
- 안정 시 혈압: 120 / 80mmHg
- 안정 시 심박수: 60회 / 분
- 최대산소섭취량: 47.5ml / kg / min
- 운동강도: 70% VO_2R

① $1,056\text{MET} - \text{min} \cdot \text{wk}^{-1}$
② $1,140\text{MET} - \text{min} \cdot \text{wk}^{-1}$
③ $1,176\text{MET} - \text{min} \cdot \text{wk}^{-1}$
④ $1,212\text{MET} - \text{min} \cdot \text{wk}^{-1}$

해설
- 목표여유산소섭취량=(최대산소섭취량－안정 시 산소섭취량)× 운동강도＋안정 시 산소섭취량
  =(47.5ml / kg / min－3.5ml / kg / min)×0.7＋3.5ml / kg / min＝34.3ml / kg / min
- 34.3ml / kg / min ÷ 3.5mL / kg / min＝9.8METs (← 1MET ＝3.5mL / kg / min)
- 9.8METs×40분×3회＝1,176MET－min / wk

정답 ③

17

ACSM(11판)에서 권고하는 말초동맥질환자 운동처방 시 고려사항으로 옳지 않은 것은?

① 유산소 운동 시 파행통증 척도의 4단계 중 3단계 지점까지 실시하거나, 최대보행 속도의 40% 이내를 권장한다.
② 심혈관질환으로 사망할 위험이 높기 때문에 진단받은 모든 심혈관질환 위험요인을 관리할 수 있도록 권장한다.
③ 저항운동은 전신 대근육 운동을 우선으로 하되, 시간제한이 있는 경우 다리에 중점을 두고 실시한다.
④ 간헐적 파행 증상의 악화가 우려되는 추운 환경에서는 더욱 긴 준비 운동이 필요하다.

해설
증상을 동반한 하지말초동맥질환자를 위한 FITT 권고(ACSM, 11판)에 따르면 유산소 운동의 강도는 중등도의 통증(파행통증 척도의 4단계 중 3단계)지점까지 중강도(40~59% VO_2R) 또는 최대보행속도의 50~80%를 권장함. 참고로 저항운동의 강도는 60~80% 1RM이고, 유연성 운동의 강도는 긴장 혹은 약간의 불편함을 느끼는 수준까지 스트레칭을 권장함

정답 ①

18

〈보기〉의 특성을 나타내는 대상자에게 의심되는 질환과 ACSM(11판)에서 권고하는 유산소 운동, 저항 운동의 강도를 바르게 나열한 것은?

┤ 보기 ├

- 나이: 51세
- 성별: 남성
- 신장: 162cm
- 체중: 74kg
- 체지방율: 33%
- 혈압(안정 시): 145 / 90mmHg
- 당화혈색소: 5.7%
- BMD T-점수: -1.8

	질환	유산소 운동 강도	저항 운동 강도
①	비만, 고혈압	40~59% VO₂R	1RM의 60~70%
②	비만, 고혈압	40~59% VO2R	1RM의 40~50%
③	비만, 고혈압, 골다공증	40~59% VO₂R	1RM의 40~50%
④	당뇨병, 골다공증	60~70% VO₂R	1RM의 60~70%

해설

체질량지수(케틀레지수 Quetelet index)는 신장을 고려한 체중 평가에 사용(kg / m²)함으로써 저체중은 $18.5kg / m^2$ 미만, 보통은 18.5~$24.9kg / m^2$, 과체중은 25.0~$29.9kg / m^2$, 비만은 $30.0kg / m^2$ 이상으로 정의함. 수축기 혈압 ≥130mm, 이완기 혈압 ≥80mmHg이면 고혈압임. 〈보기〉는 비만과 고혈압에 해당되므로 유산소 운동강도는 40~59% VO₂R, 저항운동 강도는 1RM의 60~70%를 권장함

정답 ①

해설+ 고혈압 환자를 위한 FITT 권고사항

구분	유산소 운동	저항 운동	유연성 운동
빈도	▪5~7일 / 주 이상	▪2~3일 / 주 이상	▪2~3일 / 주 이상
강도	▪중강도: VO₂R 또는 HRR의 40~59%, RPE 12~13	▪중강도: 1RM의 60~70% - 고령자는 1RM의 80%로 진행 - 초보자는 1RM의 40~50%에서 시작	▪경미한 불편함의 스트레칭(긴장감)
시간	▪지속적이거나 운동시간의 합이 30분 / 일 이상	▪세션당 각 대근육군 운동: 8~12회 반복, 2~4세트 실시, 총 20분 이상	▪정적 스트레칭 10~30초, 2~4회 반복, 총 60초 실시, 10분 이내 실시
형태	▪대근육군 이용한 지속적이며 율동적인 운동: 걷기, 자전거 타기, 수영	▪저항 머신, 프리 웨이트, 탄성 밴드, 체중부가운동	▪정적, 동적, PNF 스트레칭

03

19

〈보기〉에서 ACSM(10, 11판)이 권고하는 건강한 임산부 운동처방 시 고려사항으로 옳은 것을 모두 고른 것은?

┌ 보기 ┐

- ㉠ 정상 분만을 한 경우 4~6주 이후부터 운동을 시작할 수 있다.
- ㉡ 요통이 있는 경우 지상운동을 대신하여 수중운동을 추천할 수 있다.
- ㉢ 임신 초기 이후(16주) 누운 자세(supine)의 신체활동은 피하거나 수정해야 한다.
- ㉣ 출산 후 요실금 예방을 위해 골반저 근육 운동(pelvic floor muscle training)은 매일 하는 것을 권장한다.

① ㉠
② ㉠, ㉡
③ ㉠, ㉡, ㉢
④ ㉠, ㉡, ㉢, ㉣

임신 중 운동형태에 대한 고려사항으로 걷기, 수영, 고정식 자전거 타기, 저충격 에어로빅 댄스, 달리기 등 안전한 운동이 요구됨. 케겔 운동과 같은 골반저 근육 운동은 매일 수행할 것을 권고하고 있음. 임신 초기의 누운 자세는 정맥 환류량과 심박출량 감소를 유발할 수 있어 피해야 하고, 발살바 조작(valsalva meneuver, 코와 입을 막고 풍선을 부는 것처럼 숨을 내쉬는 것)이나 장시간 등척성 수축 및 움직이지 않고 서 있기 등의 신체활동은 정맥 환류량이 감소하고 저혈압을 유발할 수 있으므로 피해야 함

정답 ④

해설 ✚ 임신 중 신체활동 권고사항

구분	미국	미국산부인과협회 (ACOG)	캐나다
빈도	▪150분 이상 / 주	▪20~30분 / 일 이상	▪150분 이상 / 주
강도	▪1주일 내내	▪1주일, 거의 매일	▪최소 3일 / 주
시간	▪저강도에서 중강도 ▪0~10 척도의 운동자각도에서 5~6 수준 ▪대화검사(talk test): 운동 중 말을 할 수 있는 정도	▪중강도 6~20 척도의 운동자각도에서 13~14 수준 ▪대화검사	▪중강도: 심박수가 눈에 띄게 증가하는 정도 ▪대화검사
형태	▪유산소 및 근력 강화 운동	▪걷기, 수영, 고정식 자전거, 저충격 에어로빅 댄스, 변형된 요가, 필라테스, 달리기, 라켓 스포츠 등	▪활기차게 걷기, 고정식 자전거(중강도), 수영, 수중운동, 적당한 무게 나르기 등

20

ACSM(11판)에서 권고하는 건강한 노인의 운동처방 시 고려사항으로 옳지 않은 것은?

① 유산소 운동강도는 0~10까지의 운동자각도를 권장한다.

② 건강한 성인에게 권고되는 운동처방 원칙을 적용할 수 있다.

③ 근파워 향상을 위해서는 저중강도 부하를 적용한 느린 속도의 단일 관절운동이 추천된다.

④ 유산소 운동, 저항 운동, 평형성 및 유연성 운동이 포함된 복합 운동프로그램이 추천된다.

> **해설**
>
> 근력은 50세 이후 연령 증가에 따라 급격히 감소하므로 저항 운동이 더 중요해지고, 신체활동의 점진적 증가는 노인의 적응능력과 선호도에 따라 개별화되고 조정돼야 함. 근파워 향상을 위해서 저중강도의 단일 관절운동, 다관절 운동을 병행해야 함

> **정답** ③

21

최신 ACSM에서 권고하는 일반적인 운동처방의 FITT-VP 원리에 포함되지 않은 것은?

① 운동 습관

② 운동 시간

③ 운동 유형

④ 운동 강도

> **해설**
>
> 운동 빈도(Exercise Frequency), 운동 강도(Exercise Intensity), 운동 시간(Exercise Time), 운동 형태(Exercise Type) 외에 총 운동량(Volume)과 운동량 증가 및 진행(Progression)을 적용해 FITT-VP 원리를 제시함

> **정답** ①

22

최신 ACSM에서 권고하는 1RM 근력 검사에 관한 설명으로 옳지 않은 것은?

① 매 3~5분 간격으로 4회 이내로 실시한다.

② 상체운동은 5~10%, 하체운동은 10~20%씩 무게를 증가시킨다.

③ 측정 전에 연습 세션에 참여하지 않도록 주의해야 한다.

④ 최초 검사 시에는 피험자가 예측하고 있는 무게의 50~70%부터 시작한다.

> **해설**
>
> 근력이란 개인이 한번에 들어 올릴 수 있는 최대 무게를 의미하고, 1회 최대반복 혹은 1RM(one-repetition maximal)으로 나타냄. 피검사자가 익숙한 상태, 연습 세션에 참여한 후 검사가 이루어지도록 함

> **정답** ③

> **해설 +** 근력 검사(* 건강·체력평가에도 나옴, ACSM, 11판)
>
> (1) 정적 악력 검사 절차
> - 손가락의 두 번째 관절이 손잡이 아래로 완전히 들어가도록 손잡이를 조절함(계측계를 0으로 설정)
> - 피검사자는 발을 약간 벌려 선 자세로 악력계를 허벅지 높이에서 몸에 붙이지 않은 상태로 전완과 일직선이 되도록 잡음
> - 피검사자는 가능한 호흡을 멈추지 않고, 악력계의 손잡이를 최대한 세게 움켜쥠(단, 손이나 악력계가 신체나 다른 물체에 닿지 않아야 함)
> - 양손 각각 두 번씩 반복 측정함(최대 악력은 양손으로부터 얻은 가장 높은 값 사용, kg 평가)
> (2) 근력 측정을 위한 1회 최대 반복(1RM) 및 다중 최대 반복(RM) 검사 절차
> - 피검사자가 익숙한 상태, 연습 세션에 참여한 후 검사가 이루어지도록 한다.
> - 피검사자는 1RM을 결정하려고 이용하는 특정 운동의 최대하 수준으로 몇 차례 반복하는 준비운동을 실시함
> - 4번의 시도 내에서 1RM(또는 다중 RM)을 결정하며 시도 사이에 3~5분의 휴식 기간을 가짐
> - 시작 무게는 피검사자의 인지된 능력(50~70%) 내에서 선택함
> - 저항 무게는 이 전에 수행했던 무게부터 더 이상 반복 수행을 하지 못할 때까지 상체의 경우 5~10%, 하체의 경우 10~20%씩 점진적으로 증가시킴(모든 반복 수행은 동일한 속도로 실시, 측정 간 관절가동범위 ROM은 일정하게 유지)
> - 성공적으로 들어 올린 최종 중량을 절대 1RM 또는 다중 RM으로 기록한다.

23

〈보기〉에서 최신 ACSM이 권고하는 노인의 운동프로그램 구성 시 고려사항으로 옳은 것을 모두 고른 것은?

| 보기 |

㉠ 인지능력이 감퇴된 노인들은 중강도의 신체활동이 권장된다.
㉡ 근감소증 노인은 유산소 트레이닝을 실시하기 전에 근력 증가가 필요하다.
㉢ 만성질환 개선을 위해 최소 권장운동량을 초과하는 신체활동을 실시해야 한다.
㉣ 유산소성 체력의 향상과 관계없이 신체활동 수준을 높이면 건강이 개선된다.
㉤ 유연성 운동은 느린 정적 스트레칭보다는 빠른 동적 움직임이 더 적절하다.

① ㉠, ㉡
② ㉢, ㉣, ㉤
③ ㉠, ㉡, ㉢, ㉣
④ ㉠, ㉡, ㉢, ㉣, ㉤

해설

㉤에서 설명한 노인에겐 느린 움직임으로 유연성 증진 또는 유지시키는 동작 형태로서 정적 스트레칭이 적합함

정답 ③

해설 ➕ 노인을 위한 FITT 권고사항(ACSM, 11판)

구분	유산소 운동	저항 운동	유연성 운동
빈도	▪ 중강도 신체활동: 5일 / 주 이상 ▪ 고강도 신체활동: 3일 / 주 이상 ▪ 중·고강도 복합 신체활동: 3〜5일 / 주	▪ 2일 / 주 이상	▪ 2일 / 주 이상
강도	▪ 중강도 신체활동: 5〜6 운동자각도 ▪ 고강도 신체활동: 7〜8 운동자각도	▪ 점진적 웨이트 트레이닝 – 저강도 신체활동: 1RM 40〜50%(처음 운동 시작 노인) – 중강도 신체활동: 1RM 60〜70% 또는 5〜6 운동자각도 ▪ 고강도 신체활동: 7〜8 운동자각도 ▪ 파워트레이닝: 저강도에서 중강도(1RM의 30〜60%)	▪ 근육의 긴장감과 약간의 불편감이 느껴질 정도까지 스트레칭하기
시간	▪ 중강도 신체활동: 최소 30〜60분 / 일 ▪ 고강도 신체활동: 최소 20〜30분 / 일 ▪ 중·고강도 복합 신체활동: 시간 누적을 통해 하루 권장 운동 시간 충족 가능	▪ 점진적 웨이트 트레이닝 – 대근육근으로 8〜10종류의 운동 – 초보자: 10〜15 반복횟수로 시작하여 8〜12회 반복횟수로 1〜3세트 증가 ▪ 파워트레이닝: 빠른 속도로 6〜10회 반복횟수 실시	▪ 30〜60초 동안 스트레칭하기
형태	▪ 과도한 정형외과적 스트레스를 유발시키지 않는 운동: 걷기, 수중 운동, 고정식 자전거 타기	▪ 점진적 또는 파워 웨이트 트레이닝 프로그램, 체중부하 유연체조 실시, 계단 오르기, 근력강화(대근육 군 사용)	▪ 느린 움직임으로 유연성 증진 또는 유지시키는 동작 형태: 정적 스트레칭

24

〈보기〉에서 최신 ACSM이 권고하는 저항성 운동에 관한 설명으로 옳은 것을 모두 고른 것은?

┤ 보기 ├

⊙ 단일세트 저항 운동은 근력 개선의 효과가 없다.
⊙ 일반적으로 단일관절 운동이 다관절 운동보다 효과적이다.
⊙ 1RM의 50%(15~25회 반복)의 운동은 근지구력을 개선시킨다.
⊙ 발살바조작(Valsalva maneuver)이 일어나지 않는 정확한 자세와 방법을 사용해야 한다.
⊙ 관절의 가동범위를 충분히 활용하고 주동근과 길항근 모두를 단련하는 운동을 포함한다.

① ⊙, ⓒ
② ⓒ, ⓔ, ⓜ
③ ⊙, ⓒ, ⓒ, ⓔ
④ ⊙, ⓒ, ⓒ, ⓔ, ⓜ

해설

초보자에게는 단일관절 저항 운동이 필요하고, 단일관절 및 코어 운동들을 포함하고 특정 근육군을 위한 다관절 운동 후에 실시함. 즉, 다관절 운동이 단일관절 운동보다 효과적임. ACSM(11판)에 따르면 초보자는 1RM의 60~70%로 8~12회 반복을 권고함

정답 ②

해설 + 저항 트레이닝 운동권고(ACSM, 11판)

운동 빈도 (Exercise Frequency)	■ 초보자: 각 대근육군을 최소 2일 / 주 수행 ■ 숙련자: 개인별 선호도에 따라 근육군당 주당 횟수 조절
운동 강도 (Exercise Intensity)	■ 초보자: 근체력 향상을 위해 1RM의 60~70%로 8~12회 반복 ■ 숙련자: 근체력 향상 목표에 따라 강도 및 반복 횟수 조절
운동 형태(종류) (Exercise Type)	■ 모든 성인: 하나 이상 근육군에 영향을 주면서 주동근, 길항근을 목표로 하는 다관절 운동 권고 ■ 단일관절 및 코어운동 포함, 특정 근육군을 위한 다관절 운동 후 실시

25

〈보기〉에서 대상자가 일주일 동안 운동으로 소비한 총에너지가 1,470kcal라고 할 때 운동강도는?

┤ 보기 ├

• 성별: 남성
• 체중: 70kg
• 운동시간: 1시간
• 운동빈도: 4일 / 주
• 운동형태: 유산소 운동

※ 산소소비량 1L당 5kcal의 소비를 기준으로 계산

① 3METs
② 5METs
③ 7METs
④ 9METs

해설

[(   ) METs×3.5ml / kg / min×70kg×60분÷1,000]×5×4일=1,470kcal / 주

정답 ②

해설 + 에너지소비량(kcal)

- kal / min = [(METs×3.5ml / kg / min × 체중(kg)÷1,000)]×5(산소소비량 1L당 5kcal 소비기준)
- kcal / wk 또는 kcal / day로 표준화함
  - **예** 운동빈도 3회 / 주, 운동시간 30분 / 회, 운동강도 7METs, 체중 80kg
    : [7METs×3.5ml / kg / min×80kg×30분÷1,000]×5=294kcal / day
    → 294kcal / day×3회 / 주=882kcal / 주

26

〈보기〉에서 최신 ACSM이 권고하는 유연성 운동에 관한 설명으로 옳은 것을 모두 고른 것은?

┤ 보기 ├

㉠ 고유수용성신경근촉진(PNF)은 최대 수의적 근수축의 20~75% 강도로 유지하다가 보조자의 도움으로 10~30초간 스트레칭할 것을 권장한다.

㉡ 고유수용성신경근촉진은 일반적으로 등척성 수축을 수행한 후에 동일근육군을 정적으로 스트레칭하는 방법이다.

㉢ 각 동작은 10~30초 동안 약간의 불편한 감이 들도록 유지하는 것이 효과적이다.

㉣ 관절주변의 가동범위(ROM)는 유연성 운동을 수행한 후 즉각적으로 개선된다.

㉤ 정적 스트레칭운동은 근파워와 근력을 일시적으로 향상시킨다.

① ㉠, ㉡

② ㉢, ㉣, ㉤

③ ㉠, ㉡, ㉢, ㉣

④ ㉠, ㉡, ㉢, ㉣, ㉤

해설

㉤에서 설명하고 있는 정적 스트레칭은 특정 근육과 건근을 서서히 스트레칭하여 가벼운 불편감이 초래되는 지점에서 일정 시간 동안 유지하는 것으로 신경 억제, 근건 단위의 경직, 스트레칭에 대한 내성이 감소하면서 가동범위를 향상시킴. 정적 스트레칭을 60초 이상 하면 스프린팅, 최대 수축 등의 운동수행력에서 부정적 결과를 초래함

정답 ③

해설 + 유연성 운동량 권고

- 불연속적으로 관절당 총 90초 권고, 주당 2~3일 권고(매일 수행이 효과적)
- 당기거나 불편한 지점에서 회당 10~30초 동안 유지(노인은 30~60초 스트레칭 자세 유지 효과적)
- PNF: 최대 수의적 수축의 20~75%로 3~6초 유지하고, 보조자 도움으로 10~30초 동안 스트레칭

27

〈보기〉에서 최신 ACSM이 권고하는 척수손상 환자 운동처방 시 고려사항으로 옳은 것을 모두 고른 것은?

┤ 보기 ├

㉠ 불완전 마비된 근육을 포함해서 저항 운동을 실시한다.

㉡ 팔에서 과사용증후군이 없으면 근력 향상 목적으로 5~10RM의 강도로 증가시킬 수 있다.

㉢ 운동 시 자율신경 반사부전증(autonomic dys-reflexia)으로 인해 카테콜아민 분비가 증가된다.

㉣ 휠체어를 이용하는 환자는 당기는 동작보다 미는 동작(예, 벤치프레스)으로 구성된 상체 저항운동이 추천된다.

㉤ 제5~제6가슴신경(T5~T6) 분절 아래쪽의 완전 손상 하지마비 환자는 제6가슴신경(T6) 분절 위쪽의 완전 손상 사지마비 환자보다 더 낮은 강도에서 최대심박수와 최대산소섭취량에 도달한다.

① ㉠, ㉡

② ㉢, ㉣, ㉤

③ ㉠, ㉡, ㉢, ㉣

④ ㉠, ㉡, ㉢, ㉣, ㉤

해설

T6(제6가슴신경) 분절 위쪽 척수손상 환자는 T5~6 아래쪽 손상 환자보다 최대심박수, 최대산소섭취량이 더 낮은 강도에서 도달함

정답 ③

28

최신 ACSM에서 권고하는 고혈압 환자 운동처방 시 고려
사항으로 옳은 것은?

① 알파차단제와 칼슘통로차단제를 복용하는 환자는
운동실시 후 혈압이 과도하게 상승할 수 있으므로
주의해야 한다.
② 2기 고혈압 환자는 의학적인 평가와 적절한 혈압관
리를 받기 전에는 운동검사를 포함한 어떠한 형태의
운동도 참여해서는 안 된다.
③ 운동 시 수축기 혈압은 220mmHg 이하 또는 이완
기 혈압은 110mmHg 이하를 유지해야 한다.
④ 베타차단제는 운동검사 시 환자의 최대산소섭취량
을 증가시키므로 주의해야 한다.

> **해설**
>
> ① 항고혈압제(알파차단제, 칼슘통로차단제, 혈관확장제 등)는
> 운동 후 급격한 혈압 저하 유발을 주의해야 함. ②에서 설명한
> 2단계 고혈압 환자(수축기 혈압 160mmHg 이상, 이완기 혈압
> 100mmHg 이상)나 표적장기 질환(좌심실비대, 망막병증 등)이
> 있는 경우는 운동검사를 포함한 어떠한 운동도 금지해야 함. ③ 운
> 동 시 수축기 혈압 220mmHg 이하, 이완기 혈압은 105mmHg
> 이하를 유지해야 함. ④ 베타차단제는 최대운동능력, 최대산소섭
> 취량을 감소시킴

> **정답** ②

29

〈보기〉에서 최신 ACSM이 권고하는 뼈엉성증(골다공증)
환자 운동처방 시 고려사항으로 적절한 것을 모두 고
른 것은?

---| 보기 |---

㉠ 정적 스트레칭이 추천된다.
㉡ 높은 충격의 고강도 저항성 운동은 피해야 한다.
㉢ 통증을 유발하거나 악화시키지 않는 중강도의 체
  중지지 운동이 권고된다.
㉣ 낙상 경험이 있는 환자의 경우 평형성 개선을 위
  한 운동이 포함되어야 한다.
㉤ 척추 뼈엉성증 환자에게는 심폐지구력 검사를 위해
  트레드밀 대신 고정식 자전거 사용이 추천된다.

① ㉠, ㉡
② ㉢, ㉣, ㉤
③ ㉠, ㉡, ㉢, ㉣
④ ㉠, ㉡, ㉢, ㉣, ㉤

> **해설**
>
> 노년기 때 골다공증 발발, 운동을 통해 뼈의 강도를 높일 수 있음.
> 중증의 골다공증 환자는 최대근력검사를 금지함. 정적 스트레칭
> 을 권고하고, 통증을 유발하지 않는 중강도의 체중지지 운동을 권
> 고함. 골절위험 낮은 경증 골다공증 환자는 체중부하 유산소 운동
> 과 고속 저항운동을 권장하고, 낙상경험 환자에겐 평형성 개선 운
> 동을 포함시킴. 척추 뼈엉성증 환자에게 심폐지구력 검사(고정식
> 자전거), 중증 척추 골다공증 환자(자전거 다리 에르고미터), 다발
> 성 척추압박골절 환자(트레드밀 걷기), 골다공증 또는 골밀도 낮
> 은 환자(수행중심 이동성 평가, 수정된 낙상효능척도, 체중부하
> 유산소 운동, 고속 저항운동 권장)에 맞는 장비 및 방법을 권장함

> **정답** ④

30

〈보기〉의 특성을 나타내는 대상자에게 최신 ACSM이 권고하는 저강도 운동강도로 적절한 것은?

―| 보기 |―

- 나이: 68세
- 성별: 남성
- 체중: 60kg
- 운동경력: 없음
- 벤치프레스를 30kg으로 최대 10회 반복 수행함

※ 1RM 추정 공식=W0(들어올린 중량)+W1,
  W1=W0×0.025×R(반복횟수)

① 11~14kg
② 15~18kg
③ 19~22kg
④ 23~26kg

- 1RM=30+(30×0.025×10)=37.5kg
- ACSM(11판)의 노인을 위한 FITT 권고에 따르면 저항운동에서 저강도 신체활동은 1RM 40~50%이므로 37.5kg의 40~50%인 15~18kg 정도가 적합함

정답 ②

31

최신 ACSM이 제시한 말기신부전(ESRD)환자의 유산소 운동 방법과 고려사항에 대한 지침으로 적절하지 않은 것은?

① 운동 초기에는 운동시간과 휴식시간의 비율을 1 대 1(예 5분 운동, 5분 휴식)로 한다.
② 목표 운동강도는 운동자각도로 9~11(저강도)에서 12~18(중강도) 사이로 한다.
③ 지속적으로 30분 이상 운동이 가능하면 운동강도를 증가시킬 수 있다.
④ 투석 직전 운동은 저혈압 반응의 위험을 높인다.

해설

투석 후 운동은 저혈압 반응의 위험을 높일 수 있음

정답 ④

해설 ✚ 심부전 환자를 위한 FITT 권고사항

구분	유산소 운동	저항 운동	유연성 운동
빈도	▪ 최소 3~5일/주	▪ 비연속적 1~2일/주	▪ 2~3일/주 이상 (매일)
강도	▪ 여유산소섭취량: 40~50% 시작하여 70~80% 진행 ▪ 심박세동 있는 경우: RPE(6~20 척도에서 11~14) 또는 대화검사(talk test)의 지각적 운동강도 사용	▪ 상체 40% 1RM, 하체 50% 1RM으로 시작하고 몇 주에서 몇 개월에 거쳐 점진적으로 70% 1RM으로 증가	▪ 긴장 혹은 약간이 불편함을 느낄 정도 스트레칭
시간	▪ 점진적으로 20~60분/일 증가시킴	▪ 1~2세트, 대근육근 위주 10~15회	▪ 정적 스트레칭 10~30초, 각 운동 2~4회 반복
형태	▪ 트레드밀, 자유롭게 걷기, 고정식 자전거 위주의 유산소 운동	▪ 웨이트 머신, 덤벨, 탄력 밴드	▪ 정적, 동적 스트레칭 ▪ PNF 스트레칭

32

〈보기〉의 괄호 안에 들어갈 값이 바르게 나열된 것은?

| 보기 |

최신 ACSM에서는 관절당 총 60초간의 유연성 운동이 권장되며, 한 번의 유연성 운동은 (㉠)초 동안 스트레칭을 유지하는 것이 좋다. 고유수용성신경촉진(PNF)은 최대 수의적 근수축의 약 (㉡)% 강도로 3~6초간 근수축을 유지하다가 보조자의 도움으로 (㉢)초간 스트레칭할 것을 권장한다.

	㉠	㉡	㉢
①	10~30	20~75	10~30
②	10~30	60~85	30~60
③	30~60	20~75	10~30
④	30~30	60~85	30~60

해설

유연성 운동량은 불연속적으로 관절당 총 90초 권고, 주당 2~3일 권고(매일 수행이 효과적)하고, 당기거나 불편한 지점에서 회당 10~30초 동안 유지(노인은 30~60초 스트레칭 자세 유지 효과적)하면 좋음. PNF는 최대 수의적 수축의 20~75%로 3~6초 유지하고, 보조자 도움으로 10~30초 동안 스트레칭을 권고함

정답 ①

33

〈보기〉에서 최신 ACSM의 건강한 성인을 위한 유산소 운동 시 근거기반 권고 사항에 대한 설명으로 적절한 것을 모두 고른 것은?

| 보기 |

㉠ 빈도(F): 중강도 주당 5일 이상 또는 고강도 주당 3일 이상
㉡ 강도(I): 중강도 또는 고강도 운동
㉢ 시간(T): 중강도 하루 30~60분 또는 고강도 하루 20~60분
㉣ 형태(T): 주요 근육군을 포함하는 규칙적이고 의도적인 운동
㉤ 양(V): 주당 300 MET−min·wk^{-1} 이하의 운동량

① ㉠, ㉡, ㉢
② ㉡, ㉢, ㉣
③ ㉠, ㉡, ㉢, ㉣
④ ㉡, ㉢, ㉣, ㉤

해설

성인은 500~1,000MET−min / wk 이상이 목표 운동량으로 적절하다고 권고함

정답 ③

34

암 환자의 운동처방에 대한 설명 중 적절하지 않은 것으로만 연결된 것은?

┤ 보기 ├

⊙ 말초신경병증의 유방암 환자는 체중부하운동보다 고정식 자전거를 권장한다.
ⓛ 중심정맥관(indwelling central line)을 삽입한 환자는 수영 운동이 권장된다.
ⓒ 유방암환자는 유산소운동 시 골절의 위험성을 인지해야 한다.
ⓔ 림프종 환자에게 저항 운동은 권장하지 않는다.

① ㉠－㉡   ② ㉡－㉣
③ ㉢－㉣   ④ ㉠－㉢

해설

암환자 대상 운동 프로그램에서 말초신경병증의 유방암 환자는 체중부하운동보다 고정식 자전거를 권장(유산소 운동 시 골절의 위험성 인지해야 함)하고, 뼈 전이성 병변 환자는 근육 부하를 피해야 함. 일반적으로 암 생존자에게는 중강도 150분 / 주, 고강도 75분 / 주 조합, 중강도~고강도 저항 트레이닝 2일 / 주 이상이 적합함. ㉡의 중심정맥관 삽입환자를 비롯해 방사선 치료환자, 면역억제 상태 환자에게 수영은 적합하지 않음. ㉣에서 설명한 상지 림프부종 환자에게는 압박복을 착용하게 하고 저항 운동을 권장할 수 있음

정답 ②

35

〈보기〉의 대상자에 대한 여유심박수(HRR)와 여유산소섭취량(V̇O₂R)으로 옳은 것은?

┤ 보기 ├

• 나이: 35세
• 성별: 여성
• 신장: 165cm
• 체중: 60kg
• 안정 시 심박수: 75bpm
• 최대 심박수: 175bpm
• 최대 운동강도: 13METs
• 목표 운동강도: 50~60%의 여유심박수와 여유산소섭취량으로 선정

	HRR	$\dot{V}O_2R$
①	130~145bpm	$24.5\sim30.8ml \cdot kg^{-1} \cdot min^{-1}$
②	125~135bpm	$24.5\sim28.7ml \cdot kg^{-1} \cdot min^{-1}$
③	130~145bpm	$26.3\sim28.7ml \cdot kg^{-1} \cdot min^{-1}$
④	125~135bpm	$26.3\sim30.8ml \cdot kg^{-1} \cdot min^{-1}$

해설

조건의 '목표 운동강도: 50~60%의 여유심박수와 여유산소섭취량'으로 목표심박수를 구함
• 여유심박수(HRR)＝최대 심박수(HRmax)－안정 시 심박수(HRrest)
• 목표 심박수(THR)＝여유심박수(HRR)×운동강도＋안정 시 심박수(HRest)
  목표 운동강도 50%: (175－75)×0.5＋75＝125bpm
  목표 운동강도 60%: (175－75)×0.6＋75＝135bpm
• 여유산소섭취량(ml / kg / min)＝(최대산소섭취량－안정 시 산소섭취량)×운동강도(%)＋안정 시 산소섭취량
• 최대운동강도: 13MET×3.5ml / kg / min＝45.5ml / kg / min
• 목표 운동강도 50%: (45.5ml / kg / min－3.5ml / kg / min)×0.5＋3.5＝24.5ml / kg / min
• 목표 운동강도 60%: (45.5ml / kg / min－3.5ml / kg / min)×0.6＋3.5＝28.7ml / kg / min

정답 ②

해설 ✚   심박수법 및 산소섭취량

(1) 목표심박수
　■ 최대 심박수 이용
　　(공식) 목표 심박수＝(220－연령)×운동강도(%)
　■ Karvornen 공식 이용
　　(공식) 목표 심박수＝(최대 심박수－안정 시 심박수)×운동강도(%)＋안정 시 심박수
　　• 최대 심박수(HRmax)＝220－나이
　　• 여유 심박수(HRR)＝최대 심박수(HRmax)－안정 시 심박수(HRrest)
　　• 목표 심박수(THR)＝여유 심박수(HRR)×운동강도＋안정 시 심박수(HRrest)
(2) 산소섭취량
　■ 목표산소섭취량(ml / kg / min)＝최대산소섭취량×운동강도(%)
　■ 여유산소섭취량(ml / kg / min)＝(최대산소섭취량－안정 시 산소섭취량)×운동강도(%)＋안정 시 산소섭취량
　　* 1MET란 1분당 체중 1kg의 산소 3.5ml 섭취량을 의미(1MET＝3.5ml / kg / min)

36

〈보기〉에서 최신 ACSM이 제시한 섬유근육통 환자의 운동처방 권고사항 중 옳은 것을 모두 고른 것은?

| 보기 |

ⓐ 유산소 운동은 주당 5~7회 실시한다.
ⓑ 산소 운동은 저강도의 달리기 또는 줄넘기를 실시한다.
ⓒ 저항성 운동은 최소 48시간의 간격으로 주당 2~3일 실시한다.
ⓓ 유산소 운동은 < 30% $\dot{V}O_2R$ 혹은 HRR로 시작해서 중강도로 점진적으로 증가시킨다.
ⓔ 저항성 운동은 1RM의 40~80%로 시작해서 1RM의 60~80%로 점진적으로 증가시킨다.

① ⓐ, ⓑ, ⓒ
② ⓑ, ⓒ, ⓓ
③ ⓒ, ⓓ, ⓔ
④ ⓐ, ⓓ, ⓔ

해설

유산소 운동은 1~2일/주 시작해서 2~3일/주 점진적으로 증가시키고, 저강도 시작(30~39% $\dot{V}O_2R$ 혹은 HRR), 중강도(40~59%)로 점진적으로 증가시킴. 저항성 운동은 최소 48시간의 간격으로 주당 2~3일 실시하고, 1RM의 40~80%로 시작해서 1RM의 60~80%로 점진적으로 증가시킴. 근지구력을 위해서 1RM의 50% 사용함

정답 ③

해설 ✚ 섬유근육통 환자의 운동처방 고려사항

- 유산소 운동은 1~2일/주 시작해서 2~3일/주 점진적으로 증가함/저강도 시작(30~39% $\dot{V}O_2R$ 혹은 HRR), 중강도(40~59%)로 점진적으로 증가시킴
- 저항성 운동은 최소 48시간의 간격으로 주당 2~3일 실시함/1RM의 40~80%로 시작해서 1RM의 60~80%로 점진적으로 증가시킴/근지구력을 위해서 1RM의 50% 사용함
- 증상에 따라 운동강도를 조절하도록 가르침(자기조절)
- 단일유형 트레이닝 포함(수중, 육상혼합운동), 2~3가지 유형의 트레이닝(유산소, 저항, 유연성) 모두 유익함

37

〈보기〉에서 제시된 내용을 기반으로 대상자의 질환, 운동형태 및 운동 중 고려사항이 모두 옳은 것은?

| 보기 |

- 성별: 여성
- 나이: 59세
- BMI: 24.2
- 허리둘레: 910cm
- 혈압: 120 / 90mmHg
- 골밀도(T−Score): −1.5
- 당화혈색소: 6.2%
- 중성지방: 145mg·dL^{-1}
- 콜레스테롤: 125mg·dL^{-1}

	질환	운동형태	고려사항
①	당뇨병− 골감소증	체중부하	운동 후 저혈당 주의
②	고혈압− 당뇨병	비체중부하	스타틴 복용자의 근육통 주의
③	고혈압− 골감소증	체중부하	운동 후 혈압 저하 주의
④	대사증후군− 골감소증	비체중부하	높은 충격의 부하운동 주의

해설

안정 시 수축기 혈압 140mmHg, 이완기 혈압 90mmHg 이상의 수치일 때 고혈압이므로 보기에서 이완기 혈압이 90mmHg을 나타내므로 고혈압임. 또한 골밀도(T−Score)가 수치(−1.5)가 마이너스이므로 골감소증으로 추정되므로 골다공증 또는 골밀도 낮은 환자에게 적합한 수행중심 이동성 평가, 수정된 낙상효능척도, 체중부하 유산소 운동, 고속 저항 운동을 권장할 수 있음. 운동 후에 혈압이 떨어지는 것에 주의해야 함

정답 ③

38

〈보기〉와 같이 운동처방을 하였을 경우 일주일 동안의 에너지소비량은?

| 보기 |

- 성별: 여성
- 체중: 60kg
- 운동강도: 6METs
- 운동시간: 1시간
- 운동빈도: 3일 / 주

※ 산소소비량 1L당 5kcal의 소비를 기준으로 계산

① 945kcal
② 1,134kcal
③ 965kcal
④ 1,154kcal

해설

- [6METs×3.5ml / kg / min×60kg×60분÷1,000]×5
  =378kcal / day
- 378kcal / day×3day / wk=1,134kcal / wk

정답   ②

39

최신 ACSM이 제시한 생애주기별 운동처방 시 대상에 따른 강도와 형태가 적절하지 않은 것은?

	대상	강도	형태
①	건강한 성인	중-고강도 가능	모든 형태의 운동 가능
②	소아청소년	고강도 가능	즐겁고 발달에 좋은 모든 운동 가능
③	임산부	높은 체력 수준일 때	하이킹 및 수영 가능
④	노인	고강도 금지	체중부하 운동 불가능

해설

노인 대상 운동 프로그램에서도 체중부하운동을 권고함

정답   ④

40

최신 ACSM이 제시한 건강한 성인 대상 운동프로그램 구성에 대한 설명으로 적절하지 않은 것은?

① 스트레칭: 준비운동과 정리운동 시 관절가동범위 (ROM) 이상의 동적 스트레칭, 최소 10분
② 준비운동: 저강도에서 중강도의 심폐 및 근지구성 운동, 최소 5~10분
③ 본 운동: 유산소 운동, 저항성 운동, 신경근운동 등의 신체활동, 최소 20~60분
④ 정리운동: 중강도 이하의 심폐 및 근지구성 운동, 최소 5~10분

해설

관절가동범위(ROM, range of motion)란 근력과 의지를 이용해 만들어 낼 수 있는 움직임의 범위로 과도한 ROM은 부상을 유발할 수 있음

정답   ①

MEMO

운동부하검사

CHAPTER 01 운동부하검사 핵심이론

▶ 참고도서

G. Liguori et al. (2022). ACSM'Guidelines for Exercise Testing and Prescription (11th ed.). 김완수 외 옮김(2022). ACSM'운동검사·운동처방 지침(제11판). 한미의학.

▶ 학습완성도 ☐ ☐ ☐ ☐ ☐

학습 완성도를 체크해 보세요. 부족하다고 판단되면 위 참고도서를 통해 업그레이드하길 바랍니다.
※ 운동부하검사는 건강·체력평가와 운동처방론과 내용중복이 있음을 이해하며 학습하길 바랍니다.

1 운동부하검사 개요

① 임상운동검사는 표준 프로토콜과 절차에 따라 시행함
② 가장 일반적인 점증적 부하 혹은 일정한 부하로 수행하는 것을 관찰함
③ 트레드밀 또는 고정식 자전거 에르고미터 사용함

2 운동부하검사 목적

① 생리적 반응: 증가하거나 지속되는 대사적 요구에 대해 관찰함
② 내용: 검사 대상자가 ST 분절 하강과 같은 징후, 협심증, 피로와 같은 증상−제한적 징후를 보이는 최대 수준에 도달할 때까지 실시함

 개념

운동부하검사의 적응증
■ 진단, 예후, 생리적 반응 평가는 심혈관 또는 폐 질환이 있는 사람의 치료에 대해 평가하고자 할 때 유용함
■ 허혈성 심장질환에 대해 제시되고 있는 증상들을 평가함

구분	예시
진단	• 질환 또는 비정상적인 생리적 반응이 있는 경우
예후	• 부작용에 대한 위험
운동에 대한 생리적 반응에 대한 평가	• 혈압과 최고운동능력

3 운동부하검사 제외

① 위험도가 낮은 경우 정확성이 떨어지므로 운동검사 실시를 권고하지 않음

② 허혈성 심장질환의 가능성이 높은 사람들은 운동검사를 추천하지 않음

③ 디지털리스 치료를 받고 있는 안정 시 ST 분절 하강이 있는 경우, 안정 시 ST 분절 하강을 동반한 좌심실비대가 있는 경우, 심전도 및 운동검사를 통해 허혈성 심장질환을 진단해 내는 정확성이 떨어짐

④ 심전도의 울프−파킨슨−화이트(Wolff−Parkinson−White; W−P−W) 증후군, 인공 심박동기, 안정 시 1.0mm 이상의 ST 분절 하강, 좌각차단(left bundle branch block, LBBB) 경우 운동검사·심전도만 사용하는 허혈성 심장질환 진단은 유용하지 않음

> **개념**
>
> **운동부하검사를 해야 하는 추가적인 적응증**
>
> 여러 형태의 폐 질환(예 만성폐쇄성질환)의 평가, 운동불내성과 원인을 모르는 호흡곤란, 운동유발성 기관지 수축, 운동유발성 부정맥, 운동 시 심박조율기 또는 심박수의 반응, 수술 전 위험평가, 말초동맥질환으로 인한 절뚝거림, 장애평가, 신체활동 상담 등

4 운동부하검사 금기사항

① 운동부하검사를 통해 얻고자 하는 정보 이외의 불안정한 허혈, 부정맥, 혈역학적 상황, 다른 위험과 관련 있는 상황들을 피하기 위한 내용임

② 증상−제한 최대운동검사 금기사항

절대적 금기사항	상대적 금기사항
• 2일 이내의 급성심근경색증 • 진행 중인 불안정 협심증 • 혈역학적 요인을 동반한 조절되지 않는 심장부정맥 • 활동성 심내막염 • 증상을 동반한 중증 대동맥판협착 • 비대상성 심부전 • 급성폐색전증, 폐경색증, 심부정맥혈전증 • 급성심막염 또는 심막염 • 급성대동맥박리 • 안전하고 적절한 검사를 제한하는 신체적 장애	• 폐쇄성 좌측 주 관상동맥협착 • 증상이 불명확한 중등도에서 중증인 대동맥협착 • 조절되지 않는 심실 빠른 부정맥 • 중증이거나 완전 심장차단 • 최근 뇌졸중이나 일과성허혈발작 • 협조능력이 제한되는 정신장애 • 안정 시의 수축기 혈압 200mmHg 이상 또는 이완기 혈압 110mmHg 이상 • 심각한 빈혈, 전해질 불균형, 갑상선기능항진증과 같은 조절되지 않는 의학적 상태

③ 심장재활을 위한 입원 및 외래환자에 대한 금기사항

- 불안정형 협심증, 통제되지 않은 고혈압(안정 시 수축기 혈압 > 180mmHg, 이완기 혈압 > 110mmHg) 증상이 있으면서 기립성 혈압 > 20mmHg 하강
- 심각한 대동맥 협착(대동맥 판막 면적 < 1.0cm²)
- 조절되지 않는 심방 혹은 심실부정맥 / 조절되지 않는 동성빈맥(> 120beats·min⁻¹)
- 비보상성 심부전
- 심박조율기 미장착된 3도 방실차단
- 활동성 심막염 혹은 심근염
- 최근 색전증(폐 혹은 전신)
- 급성 혈전 정맥염
- 대동맥 박리
- 급성 전신질환 및 발열
- 조절되지 않는 당뇨병
- 운동을 금지할 수 있는 중증 정형외과적 질환
- 급성 갑상선염, 저칼륨 혈증, 고칼륨 혈증 또는 저혈량증
- 중증 심리장애

5 운동부하검사 방식·프로토콜

- 시간이 경과함에 따른 차이를 관찰할 때는 동일한 운동형태의 검사가 적합함
- 준비운동 단계 → 진행 단계 → 지속적 운동 단계: 운동검사에서 가장 적합한 프로토콜로서 단계를 통해 개인의 최고수준으로 상승함
- 유럽에서 자전거 에르고미터, 미국에서는 트레드밀 사용 / 팔 에르고미터, 이중 작용 에르고미터, 좌식형 스테핑 에르고미터: 환자의 균형 문제, 사지절단, 고도비만, 이동능력 장애가 있는 경우 사용됨
- 증상−징후−제한 최대운동검사: 운동검사 시간이 8~12분 소요될 수 있는 운동검사 프로토콜을 선택 권장 / 개인 의료기록, 신체활동 이력, 징후 고려해야 함

(1) 자전거 에르고미터(Cycle Ergometer)

① 국소 근피로 발생하여 트레드밀 운동검사와 비교하면 최고 운동능력(최고산소섭취량 VO_{2peak})이 5~20% 정도 낮게 평가됨

② 과체중 상관없이 사용 편리 / 심전도, 혈압 측정 편리 / 정확도가 높아 측정 용이 / 단, 최대 수치까지 올리기 쉽지 않음(다리 근육 피로)

③ 최대하 운동부하검사 후 회복단계에서 심박수와 혈압이 안정될 때까지 저강도로 지속함

■ Astrand-Rhhming 검사: 6분 동안 진행되는 단일 단계 검사, 페달 속도는 50rpm에 맞추고 운동검사 5분과 6분에 측정한 심박수가 분당 125~170회에 도달하는 것이 목표, 2회 측정한 심박수의 평균값을 노모그램을 이용하여 최대산소섭취량을 추정

남성, 비건강인	300 또는 600kg·m / min	50 또는 100W
남성, 건강인	600 또는 900kg·m / min	100 또는 150W
여성, 비건강인	300 또는 450kg·m / min	50 또는 75W
여성, 건강인	400 또는 600kg·m / min	75 또는 100W

■ 수정된 YMCA 프로토콜: 모나크(Monark) 자전거 에르고미터에서 50rpm의 일정한 속도로 단계마다 3분씩, 2~4단계로 이루어진 연속 운동으로 진행

1단계	피검자가 0.5kg의 저항(25W; 150kgm / min)으로 페달링을 함
2단계	저항값은 1단계의 마지막 1분 동안 측정된 항정 상태 심박수에 의해 결정 •분당심박수 < 80: 2.5kg(125W; 750kgm / min)의 저항으로 설정 •분당심박수 80~89회: 2.0kg(100W; 600kgm / min)의 저항으로 설정 •분당심박수 90~100회: 1.5kg(75W; 450kgm / min)의 저항으로 설정 •분당심박수 > 100회: 1.0kg(50W; 300kgm / min)의 저항으로 설정
3, 4단계	분당심박수 110회와 여유심박수 70%(최대심박수의 85%) 사이에서 두 개의 연속된 항정 상태 심박수를 유도하기 위해 필요에 따라 사용, 2단계에서 사용한 강도에서 0.5kg(25W; 150kgm / min)씩 증가시킴

■ 에너지소비량(ml / kg / min)
• 자전거(다리): 3.5+3.5+(1.8×운동부하)÷체중
• 자전거(팔): 3.5+(3×운동부하)÷체중

(2) 트레드밀 프로토콜(Treadmill Protocols)

① 브루스 프로토콜(Bruce protocol)

• 가장 일반적으로 사용(상대적으로 검사시간 짧음)/ 초기 속도 1.7mph, 경사도(GR) 10% 설정 / 3분마다 0.8~0.9mph씩 증가, 3분마다 경사도 2%씩 증가(GR 10, 12, 14, 16, 18, 20, 22%)
• 첫 단계(~5MET)와 단계 간 증가폭이 커서(~3MET) 유산소 능력과 관련이 있음
• 건강한 사람 대상. 기능적 능력이 낮은 사람(심혈관, 폐질환 등)은 적합하지 않음(최고운동능력 과대평가 가능)

② 수정된 브루스 프로토콜(Modified Bruce)

• 증가 폭을 적게 함/ 초기 속도 1.7mph(운동속도로 고정), 경사도(GR) 0% 설정/ 3분마다 측정, 경사도 초기(9분까지)는 5% 증가, 이후 2% 증가(GR 0, 5, 10, 12, 14, 16, 18, 20, 22%)
• 노인이나 신체가 허약한 사람 대상. 기존 브루스 프로토콜의 증가폭을 줄인 것으로 고위험군, 심혈관질환자 대상으로 사용함

04

③ 노튼 프로토콜(Naughton)
- 초기 속도 1mph, 경사도(GR) 0% 설정/ 2분마다 측정, 경사도 초기(4분까지)는 0% 증가, 이후 3.5% 증가(GR 0, 0, 3.5, 7, 10.5, 14, 17.5)
- 노인, 심혈관질환자, 만성질환자. 운동량 증가율을 낮게 함으로써 여성, 성인병 환자 대상으로 사용함

④ 램프 프로토콜(Ramp)
- 정상인 대상/ 각 단계별로 시간을 짧게 하되, 속도와 경사도 증가량을 낮춤(점증적으로 총 운동의 부하를 증가)
- 20초마다 경사도를 1.2%씩, 속도는 0.1mph씩 증가시킴

TREADMILL PROTOCOLS

METS	CYCLE ERGOMETER	RAMP (PER 30 SEC) MPH / %GR	MODIFILED BRUCE 3 min Stages MPH / %GR	BRUCE 3 min Stages MPH / %GR	NAUGHTON 2 min Stages MPH / %GR	MODIFILD NAUGHTON (CHF) 2 min Stages MPH / %GR
21	FOR 70 KG BODY WEIGTH					
20			6.0 / 22	6.0 / 22		
19	1 WATT = 6.1					
18	Kpm/min		5.5 / 20	5.5 / 20		
17						
16						
15	Kpm/min		5.0 / 18	5.0 / 18		
14						MPH / %GR
13	1500	3.0 / 25.0	4.2 / 16	4.2 / 16		3.0 / 25
12	1350	3.0 / 24.0 · 3.0 / 23.0 · 3.0 / 22.0				3.0 / 22.5
11	1200	3.0 / 21.0 · 3.0 / 20.0 · 3.0 / 19.0				3.0 / 20
10	1050	3.0 / 18.0 · 3.0 / 17.0	3.4 / 14	3.4 / 14		3.0 / 17.5
9	900	3.0 / 16.0 · 3.0 / 15.0 · 3.0 / 14.0			MPH / %GR	3.0 / 15
8		3.0 / 13.0 · 3.0 / 12.0			2 / 17.5	3.0 / 12.5
	750				2 / 14.0	
7		3.0 / 11.0 · 3.0 / 10.0	2.5 / 12	2.5 / 12		3.0 / 10
6	600	3.0 / 9.0 · 3.0 / 8.0 · 3.0 / 7.0				3.0 / 7.5
5	450	3.0 / 6.0 · 3.0 / 5.0	1.7 / 10	1.7 / 10	2 / 10.5	2.0 / 10.5
					2 / 7.0	2.0 / 7.0
4	300	3.0 / 4.0 · 3.0 / 3.0			2 / 3.5	2.0 / 3.5
3	150	3.0 / 2.0 · 3.0 / 1.0 · 3.0 / 0	1.7 / 5		2 / 0	1.5 / 0
2		2.5 / 0 · 2.0 / 0 · 1.5 / 0	1.7 / 0		1 / 0	1.0 / 0
1		1.0 / 0 · 0.5 / 0				

[운동강도와 대사적 요구도에 따라 증상−제한 최대운동검사에서 이용되는 트레드밀과 고정식 자전거 에르고미터 프로토콜]

개념

신체활동 중 에너지소비량(ml / kg / min)

활동	각 요소의 합		
	안정 시 요소	수평요소	수직요소÷저항요소
걷기	3.5	0.1×속도	1.8×속도×경사도
달리기	3.5	0.1×속도	0.9×속도×경사도
스텝 운동	3.5	0.2×분당 스텝 수	1.33×(1.8×스텝속도×분당 스텝 수)
자전거(다리)	3.5	3.5	(1.8×운동부하)÷체중
자전거(팔)	3.5	없음	(3×운동부하)÷체중

 개념

노인 대상 신체기능검사(7종 검사: 건강·체력평가에도 나옴)

측정방법	내용
노인체력검사	■ 7종 검사: 30초간 의자 앉았다 일어서기, 30초간 덤벨 들기, 의자에서 일어나 장애물(8ft) 돌아오기, 6분 걷기, 2분 제자리 걷기, 앉아 윗몸 앞으로 굽히기, 등 뒤로 손닿기 검사
단기 신체기능검사	■ 보행 속도 점수와 평형성 유지 시간 및 의자 앉았다 일어나기 시간 점수를 합산하여 평가하는 다리기능 검사로서 점수범위 0~12까지이며 점수가 높을수록 더 나은 기능을 의미
보행속도검사	■ 평소 보행속도로 짧은 거리(3~10m)를 걷는 두 번의 시도 중 더 나은 속도로 평가
6분 걷기검사	■ 6분 동안 걸을 수 있는 최대거리로 평가, 50m 변화는 상당한 변화로 간주
연속 척도 신체기능검사	■ 무게 있는 물통 나르기, 겉옷 입고 벗기, 바닥에서 일어서기, 계단 오르기, 장보기 등 일상생활의 연속적 수행 ■ 점수범위 0~100까지이며 점수가 높을수록 더 나은 신체기능

6 운동부하검사 관찰

① 관찰변인: 심박수, 심전도, 심장리듬, 혈압, 운동자각도, 임상적 증상·징후, 협심증 증상, 혈액관류 이상, 가스확산 이상, 폐환기 제한

② 심박, 혈압측정 및 심전도 기록: 검사 중 최고 운동 시, 최소 회복기 6분까지 매 분, 매 단계별로 규칙적으로 측정기록을 해야 함

③ 지속관찰: 회복기 동안의 심박수, 혈압, 증상, 심전도의 변화가 안정될 때까지 관찰해야 함

④ 운동자각도의 규칙적 평가: 운동검사 동안과 최고 수준에 도달한 경우에 평가해야 함

⑤ 심근허혈·재분극 변화 관찰: 검사하는 동안 심전도는 심근허혈과 부정맥을 의미하는 재분극의 변화가 있는지 지속 관찰해야 함

⑥ 회복기 관찰: 검사 중, 검사 종료 후 회복기 동안 경미한 두통, 가슴 조임 증상, 호흡곤란, 절뚝거림, 피로 등의 증상이 발생하는지 관찰해야 함

7 운동부하검사 종료

① 심폐운동검사 동안의 호기가스 분석: 최고 운동부하량(트레드밀 속도와 경사 등)에 의한 운동능력 산출의 부정확성을 해결할 수 있음

② 추가자료 확보: 호흡교환율(RER), 환기유도무산소성역치(VAT), 분당환기변화비율(단위시간당 호기량 VE), 운동 중 배출된 이산화탄소(VCO_2) 양의 변화(VE / VCO_2 slope: 환기효율 지표 등)

③ 운동성 호흡곤란의 경우: 산소포화도 저하가 나타날 수 있음

④ 폐 질환자의 경우: 동맥산소포화비율의 직접적인 측정값은 SPO_2와 관계(측정된 $SPO_2 > 85\%$ 로 유지)

⑤ 운동 중 $SpO_2 \geq 5\%$의 절대적 감소가 나타나는 경우: 운동유발성 저산소혈증 발생(동맥혈가스의 추가 검사가 요구됨)

⑥ 검사종료: 저산소혈증 증상·징후, $SpO_2 \leq 80\%$인 경우는 검사 종료해야 함

⊕ 개념

증상-제한 최대운동검사 시 측정

구분	운동검사 전	운동검사 중	운동검사 종료 후
심전도	지속관찰: 누운 자세, 운동 자세 (직립) 때 기록	지속관찰: 각 단계 2분마다(램프 프로토콜), 마지막 5~10초 동안 기록	지속관찰: 운동검사 종료 후, 회복기 60초, 그 이후 매 2분마다 기록
심박수		지속관찰: 매 분의 마지막 5~10초 동안 기록	
혈압		각 단계, 매 2분마다 마지막 30~69초 동안(램프프로토콜) 관찰 기록	운동종료 직후, 회복기 60초의 매 2분마다 측정기록
증상과 징후	지속관찰: 관찰되는 것		지속관찰: 관찰되는 것 해결된 증상 기록
운동자각도	척도에 대한 설명	각 단계, 매 2분마다(램프프로토콜) 마지막 10~15초 동안 기록	최고 운동 직후

개념

운동자각도(자각인지도, Rating of Perceived Exertion: RPE)
- 운동 시 변화하는 느낌을 생리학적 반응에 맞추어 등급을 매긴 척도로 심리학자 보그(G. Borg)에 의해 개발돼 Borg 척도(scale)라고 함
- 운동을 할 때 느끼는 주관적인 감정으로 스스로 운동이 얼마나 힘든지를 주관적으로 측정할 수 있는 지표임
- 6에서 20까지의 숫자 척도로 나타낸 운동 강도로서 6은 최대로 편안한 느낌에 해당하는 최솟값, 20은 최대의 힘을 발휘할 때를 의미함(6~9는 준비운동, 10~12는 가벼운 근력운동, 13~14는 유산소 운동, 15~16는 무산소 운동, 17~20은 최대산소섭취가 필요한 운동임

 개념

증상-제한 최대운동검사 종료 적응증
① 증상-제한 최대운동검사가 목표일 때: 연령으로 예측한 최대심박수의 85%가 검사종료기준으로 사용하면 안 됨
② 최대노력도 또는 임상적 제한의 지점까지 도달 못할 때: 최고 운동능력의 결과값은 과소평가됨

절대적 적응증	상대적 적응증
▪ 이전 심근경색증으로 인한 진단적 Q파가 없는 유도(aVR, aVL, 또는 V1)에서 ST 상승(> 1mm) ▪ 운동강도가 증가에도 다른 허혈 징후가 동반될 때, 수축기 혈압 10mmHg 이상 감소 ▪ 중등도에서 중증의 협심증 ▪ 중추신경계 증상들(운동실조, 어지럼증, 또는 실신에 가까움) ▪ 관류부족 징후(청색증 또는 창백) ▪ 지속되는 심실성빈맥, 운동 중 정상 심박출량 유지를 방해하는 2도 또는 3도 방실차단을 포함한 다른 부정맥 ▪ 심전도와 수축기 혈압 관찰이 어려운 기술적 문제 발생 ▪ 검사대상자의 중단 요청	▪ 과도한 ST 변위(허혈 증상 의심될 때, J지점 후 60~80ms에서 ST 분절이 > 2mm 수평 또는 하강) ▪ 운동강도가 증가, 다른 허혈 소견 없이 수축기 혈압 > 10mmHg 하강(지속적 감소) ▪ 흉통의 증가 ▪ 피로, 호흡곤란, 쌕쌕거림, 다리경련, 파행 ▪ 지속적 심실빈맥 이외의 부정맥, 다초점 심실이소성, 삼중 조기심실수축, 상심실빈맥, 혈역학적 안정성을 방해하거나 다른 이상이 생길 가능성이 있는 서맥 ▪ 과도한 고혈압 반응(수축기 혈압 > 250mmHg 또는 이완기 혈압 > 115mmHg) ▪ 심실빈맥과 구분하기 어려운 각차단 발생 ▪ 동맥혈산소포화도(SpO_2) 80% 이하

8 운동부하검사 이후

① 운동검사 민감도 향상: 운동 직후 검사 대상자가 누운 자세를 취하면 허혈성 심장질환 진단을 위한 운동검사의 민감도는 향상됨
② 저강도 동적회복 실시: 운동 종료에 따른 정맥회귀의 급격한 저하, 회복기 동안 저혈압 유발, 심근으로 인한 관류압 감소에 따라 이차적 허혈이 있을 수 있으므로 정맥혈 회귀 및 혈역학적 안정을 위해 저강도 동적회복을 실시함

9 운동부하검사 해석

(1) 심박수

① 점증적 운동 시 정상적 심박수 반응: 10회 / 1MET / 1분당 상승
② 최대심박수 감소: 연령 증가 및 베타차단제 복용
③ MCR(예비대사적심박수변동): 운동검사형태 및 프로토콜의 영향을 받지 않음
④ 심근관류 이상, 비정상적 심박수 반응: 동시에 나타나면 더 좋지 않은 예후
⑤ 허혈성 심장질환 환자의 사망률 위험증가, 허혈성 심장질환 위험 증가
 • 운동 후 첫 1분 동안 심박수가 최소 12회 감소하지 않는 경우
 • 활동적 회복기 2분 안에 22회 감소하지 않는 경우
⑥ 부교감신경의 문제: 회복기 동안 심박수 회복이 잘 안 되는 경우

(2) 혈압

① 운동 시 정상적 수축기 혈압 반응: 10mmHg / 1MET당 상승
 • 상승: 남자인 경우, 연령이 많은 경우
 • 감소: 혈관확장제, 칼슘채널차단제, 앤지오텐신전환효소억제제, 알파차단제, 베타차단제 복용
② 고혈압: 수축기 혈압 250mmHg 초과(검사 종료 상대적 적응증), 210mmHg 이상(운동 시 남자 수축기 혈압), 190mmHg 이상(운동 시 여자 수축기 혈압), 140mmHg 초과(안정 시 수축기 혈압)
③ 저혈압: 허혈 징후 동반, 예비 증가 후 수축기 혈압이 운동검사 전 안정 시 이하로 감소, 10mmHg까지 감소(비정상적, 심근허혈, 좌심실 기능장애, 신장문제 발생 위험)

> **개념**
>
> 혈압측정 시 오차 요인
> 부정확한 혈압계 / 부적절한 커프 사이즈 / 검사자의 청각 / 커프 압력의 팽창 또는 수축률 / 검사자 경험 / 장비 결함 / 부적절한 청진기 위치 및 압력 / 커프가 심장 높이에 있지 않은 경우 / 생리적 이상(손상된 위팔동맥, 빗장밑동맥도류증후군, 동정맥루) / 검사자의 반응시간 / 주위 소음 / 피검자가 트레드밀 손잡이를 잡거나 팔꿈치를 굽히는 것을 허용했을 경우

(3) 심근산소요구량(RPP, Rate Pressure Product, 심장이 요구하는 산소량)

① RPP＝심박수(운동 중, 휴식기 동안 측정)×수축기 혈압
② 관상동맥 혈류공급 문제 발생: 심근허혈 증상·징후, 허혈성 심장질환
 • 허혈성 역치: 운동 중 이 문제가 발생하는 지점
③ RPP는 허혈성 역치의 반복적 계산 값, 운동부하량보다 신뢰할 수 있는 값
 • 정상: 25,000~40,000mmHg · beats / min
④ 최고 운동(peak exercise) 시: 심근산소요구량, 허혈성 역치는 보고돼야 함

(4) 심전도(ECG, electrocardiogram)

① 심근허혈 징후: J점 이후 80ms 지점에서 ST 분절이 1mm 이상 수평 혹은 하향 하강 시 / 운동 후 회복기 동안에 ST 분절 하강 시 / J점 이후 80ms 지점에서 상향 경사의 ST 분절 하강이 ≥2mm(0.2mV)와 협심증상 보일 시

② 다혈관 질환 징후: 낮은 운동량 혹은 낮은 심근산소요구량(RPP)에서 ST 분절 하강 시

③ 허혈 의심: 서 있는 자세에서 안정 때 ST 분절 하강 시(등전위선 isoelectric line 아래 ST 분절만 고려)

④ 가역적 허혈 또는 비정상적 심근벽 움직임 의심: 심근경색 환자 중 Q파가 있는 유도에서 운동유발성 ST 분절 상승(> 1mm 또는 60ms에 > 1mm)

⑤ 심전도 판독 순서: 심박수 확인 및 심조율 결정 → PR, QRS, QT 간격 측정 → 사지유도에서 평균 QRS축과 평균 T파 축 결정 → P파, QRS복합체, ST분절, T파, U파의 형태학적 이상 관찰 → 심전도 판독

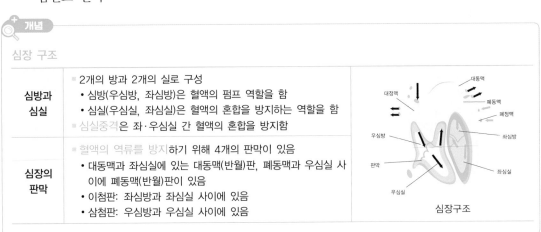

개념

심장 구조

심방과 심실	■ 2개의 방과 2개의 실로 구성 • 심방(우심방, 좌심방)은 혈액의 펌프 역할을 함 • 심실(우심실, 좌심실)은 혈액의 혼합을 방지하는 역할을 함 ■ 심실중격은 좌·우심실 간 혈액의 혼합을 방지함	
심장의 판막	■ 혈액의 역류를 방지하기 위해 4개의 판막이 있음 • 대동맥과 좌심실에 있는 대동맥(반월)판, 폐동맥과 우심실 사이에 폐동맥(반월)판이 있음 • 이첨판: 좌심방과 좌심실 사이에 있음 • 삼첨판: 우심방과 우심실 사이에 있음	심장구조

개념

심장자극 전도체계

동방결절(SA node)	■ 동방결절은 우심방과 상대정맥의 경계에 있음 ■ 규칙적인 전기 자극을 만들어냄(페이스메이커)
방실결절(AV node)	■ 심장근육 섬유의 작은 덩어리, 심장의 우심방 벽에 위치 ■ 방실 속에 있는 방실다발로 빠르게 전달
방실다발(AV bundle)	■ 심실벽에 있는 퍼킨제섬유로 전달(bundle of his)
퍼킨제섬유(Purkinje fibers)	■ 심실 전체로 전달, 자극에 의해 심실 전체가 동시에 수축 ■ 폐동맥과 대동맥을 통해 혈액을 내보냄

심전도

① 심전도 개요
- 심장에서 일어나는 전기적 활동을 피부 표면에서 유도해낸 것으로 심장의 흥분상태 변화를 알려줌
- 정상적인 심전도는 3가지 파로 구성
  - P파(심방의 탈분극): P파가 시작되자마자 심방수축 발생(P wave)
  - QRS파(심실 탈분극): 심실근 전체로 흥분 확산(QRS complex)
  - T파(심실의 재분극): 심실이완기 동안에 발생(T wave)
- 심전도는 2개의 간격과 1분절 발생
  - P-R 간격(혹은 P-Q 간격): 방실결절에 도달한 흥분이 심실로 전도되기까지의 시간적인 지연으로 P파 시작부터 Q파 시작까지의 간격, 방실 결절을 통한 전도속도에 좌우됨(PR interval)
  - Q-T 간격: Q파 시작부터 T파 종결까지의 간격으로 심실의 탈분극에서 재분극까지의 과정임(Q-T interval)
  - S-T 분절: S파의 끝부터 T파 시작까지를 의미하고, ST 분절의 상승 혹은 함몰 현상은 심근허혈, 심장비대, 전도차단, 약물투여 등에 따라 발생함(S-T segment)
- J점(J point): 80ms 이내에 등전선에 도달하는 상향 ST 분절이 등전선보다 하향

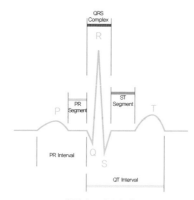

[심전도의 분포]

② 심전도 검사방법

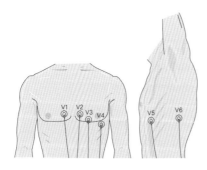

- V1: 4번째 늑간의 우측 흉골 끝 지점
- V2: 4번째 늑간의 좌측 흉골 끝 지점
- V3: V2와 V4 사이
- V4: 5번째 늑간의 쇄골 중앙지점
- V5: 전액와선과 V4와 수평지점
- V6: 중앙액와선과 V4, V5와 수평지점

③ 심전도 리듬

정상 심전도		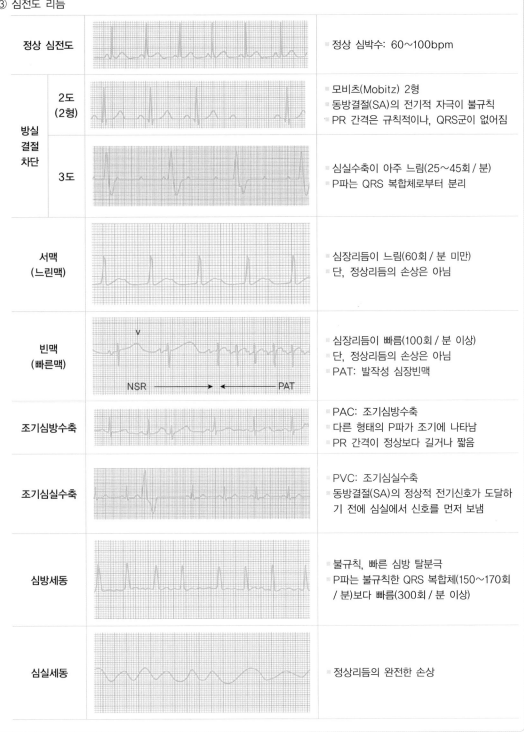	▪ 정상 심박수: 60~100bpm
방실 결절 차단	**2도 (2형)**		▪ 모비츠(Mobitz) 2형 ▪ 동방결절(SA)의 전기적 자극이 불규칙 ▪ PR 간격은 규칙적이나, QRS군이 없어짐
	3도		▪ 심실수축이 아주 느림(25~45회 / 분) ▪ P파는 QRS 복합체로부터 분리
서맥 (느린맥)			▪ 심장리듬이 느림(60회 / 분 미만) ▪ 단, 정상리듬의 손상은 아님
빈맥 (빠른맥)			▪ 심장리듬이 빠름(100회 / 분 이상) ▪ 단, 정상리듬의 손상은 아님 ▪ PAT: 발작성 심장빈맥
조기심방수축			▪ PAC: 조기심방수축 ▪ 다른 형태의 P파가 조기에 나타남 ▪ PR 간격이 정상보다 길거나 짧음
조기심실수축			▪ PVC: 조기심실수축 ▪ 동방결절(SA)의 정상적 전기신호가 도달하기 전에 심실에서 신호를 먼저 보냄
심방세동			▪ 불규칙, 빠른 심방 탈분극 ▪ P파는 불규칙한 QRS 복합체(150~170회 / 분)보다 빠름(300회 / 분 이상)
심실세동			▪ 정상리듬의 완전한 손상

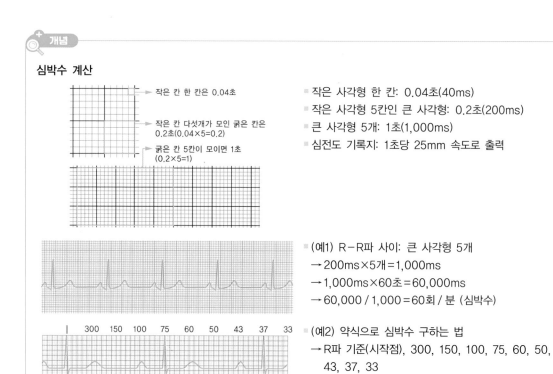

개념

심박수 계산

- 작은 칸 한 칸은 0.04초
- 작은 칸 다섯개가 모인 굵은 칸은 0.2초(0.04×5=0.2)
- 굵은 칸 5칸이 모이면 1초 (0.2×5=1)

- 작은 사각형 한 칸: 0.04초(40ms)
- 작은 사각형 5칸인 큰 사각형: 0.2초(200ms)
- 큰 사각형 5개: 1초(1,000ms)
- 심전도 기록지: 1초당 25mm 속도로 출력

- (예1) R-R파 사이: 큰 사각형 5개
  → 200ms×5개=1,000ms
  → 1,000ms×60초=60,000ms
  → 60,000 / 1,000=60회 / 분 (심박수)

| 300 | 150 | 100 | 75 | 60 | 50 | 43 | 37 | 33 |

- (예2) 약식으로 심박수 구하는 법
  → R파 기준(시작점), 300, 150, 100, 75, 60, 50, 43, 37, 33
  → (예1) 그림에서도 적용해보면 60회 / 분이 됨

(5) 증상

① 일관된 심근허혈 증상(협심증, 호흡곤란) 혹은 혈역학적 불안정성(어지럼증) 발생: 비정상적인 심전도, 심박수, 혈압 이상

② 운동 중 협심증 발생: 허혈성 심장질환 의심

(6) 운동능력

① FRIEND 공식: 최고산소섭취량(VO$_{2peak}$)=45.2−0.35×나이−10.9×성(남성=1, 여성=2)×몸무게(lb)+0.8×키(in)−0.46

② 최고대사당량(peak MET) 또는 최고산소섭취량(VO$_{2peak}$): 연령, 성별에 의해 보정된 값을 사용 (운동능력은 연령에 따라 감소, 남성이 여성보다 높기 때문)

(7) 심폐운동검사

① 심폐운동검사의 유용성

- 호흡곤란이 심상 또는 폐의 병인에 의한 것인지 구분하는 데 유용
- 예후, 심부전 환자의 심장의식 시기를 결정하는 데 도움
- 심혈관, 폐질환 있는 경우 다른 진단을 위해서라도 도움

② 이산화탄소 생성변화에 대한 환기변화 곡선(VE / VCO₂ slope)
- 강력한 예후 예측(특히 심부전일 때)
- 환기성 무산소 역치(VAT), 산소맥(oxygen pulse), 운동량에 따른 산소변화 기울기, 산소섭취효율기울기(OUES), 호기말 이산화탄소분압, 환기예비량, 호흡교환율(RER) 등의 호흡 가스교환 측정을 통해서 값을 얻을 수 있음

(8) 최대 / 최고 심폐스트레스

① 최대운동수준 도달 판단
- 운동강도가 증가하고 있지만 산소섭취량 값이 변화하지 않을 때 또는 심박수가 증가하지 않을 때
- 운동 후 정맥 젖산 농도가 > 8mmol·L^{-1}
- 최고 운동(peak exercise) 시 운동자각도 6∼20 척도에서 > 17 또는 0∼10 척도에서 > 7
- 최고 호흡교환율(RER) ≥ 1.1

10 허혈성 심장질환 진단

(1) 민감도(sensitivity)

① 민감도 = [TP / (TP+FN)]×100
- 허혈성 심장질환 환자가 양성검사가 나온 백분율
- 심근 스트레스, 운동의 심장요구 감소, 허혈 낮추는 약물(베타차단제, 질산염, 칼슘채널차단제), 불충분 심전도 유도 관찰로 낮아짐
② 혈관조영술(angiography) 검사: 최소 1개 혈관이 ≥ 70%의 심혈관 협착일 때 민감도 판정
③ 진양성(TP, True Positive) 검사: 허혈성 심장질환자를 심장허혈(ST 분절 ≥ 1mm 수평적 또는 하향곡선) 양성으로 판정
④ 가음성(FN, False Negative) 검사: 심근허혈 검사는 음성이지만, 환자는 실제 허혈성 심장질환이 있는 경우

(2) 특이도(specificity)

① 특이도 = [TN / (TN+FP)]×100
- 허혈성 심장질환이 없는 환자가 음성검사 나온 백분율
② 진음성(TN, True Negative) 검사: 심근허혈에 대해 음성, 허혈성 심장질환 없는 경우
③ 가양성(FP, False Positive) 검사: 심근허혈에 대해 양성이지만, 허혈성 심장질환 없는 경우

(3) 예측치(predictive value)

① 양성예측치 = [TP / (TP+FP)]×100

- 허혈성 심장질환을 정확하게 식별하는 양성검사 백분율

② 음성예측치＝[TP／(TN＋FN)]×100

- 허혈성 심장질환이 없는 사람을 정확하게 식별하는 음성검사 백분율

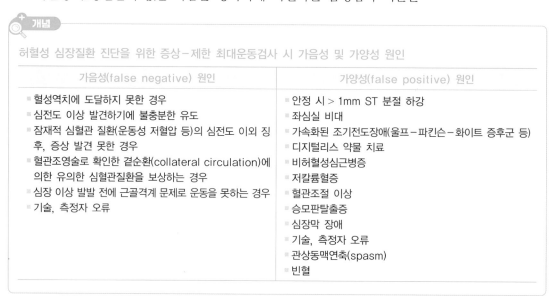

개념

허혈성 심장질환 진단을 위한 증상－제한 최대운동검사 시 가음성 및 가양성 원인

가음성(false negative) 원인	가양성(false positive) 원인
■ 혈성역치에 도달하지 못한 경우 ■ 심전도 이상 발견하기에 불충분한 유도 ■ 잠재적 심혈관 질환(운동성 저혈압 등)의 심전도 이외 징후, 증상 발견 못한 경우 ■ 혈관조영술로 확인한 곁순환(collateral circulation)에 의한 유의한 심혈관질환을 보상하는 경우 ■ 심장 이상 발발 전에 근골격계 문제로 운동을 못하는 경우 ■ 기술, 측정자 오류	■ 안정 시 > 1mm ST 분절 하강 ■ 좌심실 비대 ■ 가속화된 조기전도장애(울프－파킨슨－화이트 증후군 등) ■ 디지털리스 약물 치료 ■ 비허혈성심근병증 ■ 저칼륨혈증 ■ 혈관조절 이상 ■ 승모판탈출증 ■ 심장막 장애 ■ 기술, 측정자 오류 ■ 관상동맥연축(spasm) ■ 빈혈

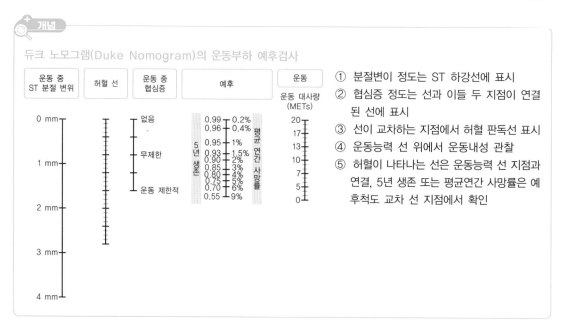

개념

듀크 노모그램(Duke Nomogram)의 운동부하 예후검사

① 분절변이 정도는 ST 하강선에 표시
② 협심증 정도는 선과 이들 두 지점이 연결된 선에 표시
③ 선이 교차하는 지점에서 허혈 판독선 표시
④ 운동능력 선 위에서 운동내성 관찰
⑤ 허혈이 나타나는 선은 운동능력 선 지점과 연결, 5년 생존 또는 평균연간 사망률은 예후척도 교차 선 지점에서 확인

개념

대상별 운동부하검사 고려사항

어린이, 청소년	■ 성인과 비교되는 어린이의 1회 운동에 대한 생리적 반응(절대산소섭취량, 심박수, 심박출량, 호흡수, 호흡교환율 등)의 문제들을 고려함
임산부	■ 금기사항에 대한 의학적 평가 후 의사 감독 하에 최대하운동검사 수행 가능함
노인	■ 최대심박수 공식(220 − 나이)은 과소평가하게 되므로 사용하지 않는 것이 바람직함

개념

만성 질환별 운동부하검사 고려사항

비만	■ 하지 정형외과적 문제가 있는 비만환자는 상체 자전거를 이용함
고혈압	■ 2단계 고혈압 환자(수축기 혈압 ≥160mmHg 또는 이완기 혈압 ≥100mmHg)나 표적 장기질환자(좌심실 비대, 망막병증)는 의학적 평가 없이 운동검사를 포함한 어떠한 운동도 금지하고, 운동 프로그램에 참여하기 전에는 의학적 감독하에 증상제한 운동검사를 권고함
당뇨병	■ 좌업생활 당뇨병 환자는 심전도 스트레스 검사를 받는 것이 바람직함
대사증후군	■ 허리둘레(NCEP 기준: 남 > 102cm, 여 > 88cm / IDF 기준: 남 ≥94cm, 여 ≥80cm) / 인슐린 저항성(≥100mg / dL 또는 경구혈당강하제 복용, 제2형 당뇨병 진단) / 이상지질혈증(HDL 남 < 40mg / dL, 여 < 50mg / dL, HDL−콜레스테롤 개선제 복용) / 중성지방(≥150mg / dL), 높은 혈압(≥130 또는 ≥85mgHg 또는 항고혈압제 복용)
고지혈증	■ 이상지질혈증 환자는 검사 중 심혈관 질환이 잘 감지되지 않으므로 유의함
다발성경화증	■ 심박수(HRR)와 운동자각도(RPE)를 통해 운동강도를 평가함
골다공증	■ 중증 이상의 척추 골다공증 환자는 하체 자전거 에르고미터를 사용함
관절염	■ 급성 염증단계의 환자에겐 최대부하검사와 같은 고강도 운동을 금지함
심혈관 질환	■ 허혈성 심혈관질환자의 칼슘채널차단제 복용은 민감도를 감소시킴
심부전	■ 정상인에 비해 운동능력이 30~40% 낮으므로 노튼(Naughton) 프로토콜 권장함
하지말초동맥	■ 전동 트레드밀 검사는 통증 없이 수행이 가능하므로 최대보행시간 측정을 위해 느린 속도로 시작하여 점진적으로 경사를 높여야 함
폐질환	■ 만성 폐쇄성 폐질환자에겐 경증에서 중등도 8~12분, 중증 이상 환자는 5~9분의 검사시간을 권고함 ■ 운동유발성 기관지 수축환자에겐 운동검사 시 최적의 심폐능력평가를 위해 검사 전 흡입성 기관지 확장제를 투여할 수도 있음
파킨슨병 (운동능력 감퇴)	■ 운동검사 전 심혈관 위험을 평가함

CHAPTER 02 운동부하검사 핵심기출 유형

2023 기출

01

〈보기〉는 운동부하검사 전 심혈관질환 위험분류를 위한 검사 결과이다. ACSM(11판)에서 제시한 심혈관질환 최종 위험요인 수는?

| 보기 |

- 25세 여성
- BMI: $22 \mathrm{kg} \cdot \mathrm{m}^{-2}$
- 주 1~2회 음주
- 주 10개피 정도 흡연
- 안정 시 혈압: 110 / 72mmHg
- 공복 시 혈당(FBG): $95 \mathrm{mg} \cdot \mathrm{dL}^{-1}$
- 총콜레스테롤(TC): $183 \mathrm{mg} \cdot \mathrm{dL}^{-1}$
- 저밀도지단백 콜레스테롤(LDL−C): $103 \mathrm{mg} \cdot \mathrm{dL}^{-1}$
- 고밀도지단백 콜레스테롤(HDL−C): $63 \mathrm{mg} \cdot \mathrm{dL}^{-1}$
- 현재 복용 중인 약물 없음
- 주 3회 스피닝 그룹 운동에 침여
- 부모님 모두 심혈관 질환 병력 없이 건강하게 살아계심

① 0개 ② 1개
③ 2개 ④ 3개

해설

심혈관 질환 위험요인과 준거에 따르면 해당되는 것임

정답 ①

해설 + 심혈관 질환 위험요인과 준거 정의(* 건강·체력평가에도 나옴)

양성 위험 요인	기준(각 기준 중 하나에 해당됐을 시)
연령	▪ 남성 45세 이상 ▪ 여성 55세 이상
가족력	▪ 부친, 형제 중 55세 이전에 심근경색, 관상동맥혈관 재개통술 ▪ 모친 또는 자매 중 65세 이전에 심근경색, 관상동맥혈관 재개통술 ▪ 급사한 가족이 있음
흡연	▪ 현재 흡연자 ▪ 6개월 이내의 금연자 ▪ 간접흡연자
신체활동 부족	▪ 중강도에서 고강도 신체활동이 최소 역치인 500−1,000MET·min / wk ▪ 중강도에서 고강도 신체활동이 75−150min / wk에 미달 ※ METs(대사당량): 다양한 신체활동 강도를 설명할 수 있는 유용하고 편리한 표준화된 방법
체질량 지수 / 허리둘레	▪ 체질량 지수 ≥30kg / m² ▪ 허리둘레 남성 > 102cm(40인치), 여성 > 88cm(35인치)
혈압	▪ 다른 시간대에 2회 이상 측정한 평균 혈압에서 수축기 혈압 ≥130mmHg ▪ 다른 시간대에 2회 이상 측정한 평균 혈압에서 이완기 혈압 ≥80mmHg ▪ 항고혈압 약물 복용
지질	▪ 저밀도 지단백 콜레스테롤(LDL−C) ≥130mg / dL ▪ 고밀도 지단백 콜레스테롤(HDL−C) 남성 < 40mg / dL, 여성 < 50mg / dL ▪ non−HDL−C > 130mg / dL ▪ 지질을 낮추는 약물 복용, 총 혈청 콜레스테롤을 사용할 수 있다면 ≥200mg / dL ※ non−HDL−C: 총 콜레스테롤에서 고밀도 지단백 콜레스테롤을 뺀 것
혈중 포도당	▪ 공복 시 혈장 글루코스 ≥100mg / dL ▪ 경구당부하검사(OGTT)에서 2시간 후 혈장 글루코스 ≥140mg / dL ▪ 당화혈색소(HbA1C) ≥5.7%
음성 위험요인	**기준**
고밀도 지단백 콜레스테롤 (HDL−C)	▪ 60mg / dL 이상

02

〈그림〉의 ㉠, ㉡에 해당하는 ACSM 운동부하검사 프로토콜로 바르게 묶인 것은?

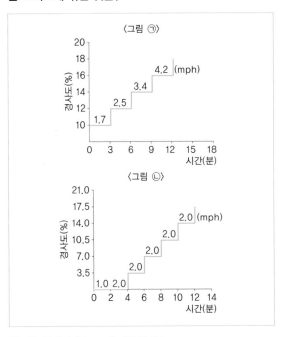

① ㉠ 브루스(Bruce) 프로토콜
　㉡ 수정된 노튼(Modified Naughton) 프로토콜
② ㉠ 수정된 브루스(Modified Bruce) 프로토콜
　㉡ 노튼(Naughton) 프로토콜
③ ㉠ 브루스 프로토콜
　㉡ 노튼 프로토콜
④ ㉠ 수정된 브루스 프로토콜
　㉡ 수정된 노튼 프로토콜

해설

㉠에서 설명한 브루스 프로토콜(Bruce protocol)은 가장 일반적으로 사용하는 방법으로 초기 속도 1.7mph, 경사도(GR) 10% 설정, 3분마다 측정, 경사도 2%씩 증가함. ㉡에서 설명한 노튼 프로토콜(Naughton)은 초기 속도 1mph, 경사도(GR) 0% 설정, 2분마다 측정, 경사도 초기(4분까지)는 0% 증가, 이후 3.5% 증가함

정답 ③

해설✚ 트레드밀 프로토콜(Treadmill Protocols)

① 브루스 프로토콜(Bruce protocol)
- 가장 일반적으로 사용(상대적으로 검사시간 짧음)/ 초기 속도 1.7mph, 경사도(GR) 10% 설정/ 3분마다 0.8~0.9mph씩 증가, 3분마다 경사도 2%씩 증가(GR 10, 12, 14, 16, 18, 20, 22%)
- 첫 단계(~5MET)와 단계 간 증가폭이 커서(~3MET) 유산소 능력과 관련이 있음
- 건강한 사람 대상. 기능적 능력이 낮은 사람(심혈관, 폐질환 등)은 적합하지 않음(최고운동능력 과대평가 가능)

② 수정된 브루스 프로토콜(Modified Bruce)
- 증가 폭을 적게 함/ 초기 속도 1.7mph(운동속도로 고정), 경사도(GR) 0% 설정/ 3분마다 측정, 경사도 초기(9분까지)는 5% 증가, 이후 2% 증가(GR 0, 5, 10, 12, 14, 16, 18, 20, 22%)
- 노인이나 신체가 허약한 사람 대상. 기존 브루스 프로토콜의 증가폭을 줄인 것으로 고위험군, 심혈관질환자 대상으로 사용함

③ 노튼 프로토콜(Naughton)
- 초기 속도 1mph, 경사도(GR) 0% 설정/ 2분마다 측정, 경사도 초기(4분까지)는 0% 증가, 이후 3.5% 증가(GR 0, 0, 3.5, 7, 10.5, 14, 17.5)
- 노인, 심혈관질환자, 만성질환자. 운동량 증가율을 낮게 함으로써 여성, 성인병 환자 대상으로 사용함

④ 램프 프로토콜(Ramp)
- 정상인 대상/ 각 단계별로 시간을 짧게 하되, 속도와 경사도 증가량을 낮춤(점증적으로 총 운동의 부하를 증가)
- 20초마다 경사도를 1.2%씩, 속도는 0.1mph씩 증가시킴

03

〈보기〉에서 미국심장협회(AHA)가 제시한 증상-제한 최대운동검사의 상대적인 중단기준이 옳은 것으로만 모두 고른 것은?

| 보기 |

㉠ 가슴통증의 증가
㉡ 관류부족으로 인한 창백증
㉢ 다리경련이나 절뚝거림 증상
㉣ 중추신경계 이상 증상으로 인한 운동실조

① ㉠, ㉡
② ㉠, ㉢
③ ㉡, ㉣
④ ㉢, ㉣

해설

㉡과 ㉣은 절대적 종료 적응증에 해당됨

정답 ②

해설 ✚ 증상-제한 최대운동검사 종료 적응증

절대적 적응증	상대적 적응증
■ 이전 심근경색증으로 인한 진단적 Q파가 없는 유도(aVR, aVL, 또는 V1)에서 ST 상승 (> 1mm) ■ 운동강도 증가에도 다른 허혈 징후가 동반될 때, 수축기 혈압 10mmHg 이상 감소 ■ 중등도에서 중증의 협심증 ■ 중추신경계 증상들(운동실조, 어지럼증, 또는 실신에 가까움) ■ 관류부족 징후(청색증 또는 창백) ■ 지속되는 심실성빈맥, 운동 중 정상 심박출량 유지를 방해하는 2도 또는 3도 방실차단을 포함한 다른 부정맥 ■ 심전도와 수축기 혈압 관찰이 어려운 기술적 문제 발생 ■ 검사대상자의 중단 요청	■ 과도한 ST 변위(허혈 증상 의심될 때, J지점 후 60~80ms에서 ST 분절이 > 2mm 수평 또는 하강) ■ 운동강도 증가, 다른 허혈소견 없이 수축기 혈압 > 10mmHg 하강(지속적 감소) ■ 흉통의 증가 ■ 피로, 호흡곤란, 쌕쌕거림, 다리경련, 파행 ■ 지속적 심실빈맥 이외의 부정맥, 다초점 심실이소성, 삼중 조기심실수축, 상심실빈맥, 혈역학적 안정성을 방해하거나 다른 이상이 생길 가능성이 있는 서맥 ■ 과도한 고혈압 반응(수축기 혈압 > 250mmHg 또는 이완기 혈압 > 115mmHg) ■ 심실빈맥과 구분하기 어려운 각차단 발생 ■ 동맥혈산소포화도(SpO_2) 80% 이하

04

〈보기〉에서 대상자별 증상-제한 운동부하검사에 대한 설명으로 옳은 것으로만 모두 고른 것은?

| 보기 |

㉠ 어린이와 청소년: 운동 중 생리적 반응은 성인과 다르므로 성인 운동검사의 표준지침을 따르지 않는다.
㉡ 노인: 최대심박수 공식(220-나이)은 노인의 최대심박수를 과소평가하게 되므로 사용하지 않는 것이 바람직하다.
㉢ 임산부: 금기사항에 대한 의학적 평가 후 의사 감독하에 최대하운동검사를 수행할 수 있다.
㉣ 고혈압 환자: 안정 시 수축기혈압이 ≥160mmHg 이거나 이완기혈압이 ≥100mmHg인 경우에는 의사 감독하에도 운동검사를 실시하면 안 된다.

① ㉠, ㉡
② ㉠, ㉣
③ ㉡, ㉢
④ ㉢, ㉣

해설

㉠의 어린이와 청소년은 특별한 건강상 문제가 없으면 참여 전 임상운동검사를 권장하지 않지만, 운동 중 생리적 반응이 성인과 다르기 때문에 성인과 비교되는 어린이의 1회 운동에 대한 생리적 반응(절대산소섭취량, 심박수, 심박출량, 호흡수, 호흡교환율 등)의 문제들을 고려해야 함. ㉣에서 설명한 수축기혈압 ≥160mmHg이거나 이완기혈압 ≥100mmHg은 2단계 고혈압 환자로서 의학적 평가 없이 운동검사를 포함한 어떠한 운동도 금지하고, 운동 프로그램에 참여하기 전에는 의학적 감독하에 증상제한 운동검사를 권고함

정답 ③

05

〈보기〉에서 허혈성 심장질환 진단을 위한 증상-제한 최대
운동검사 시 가음성(false negative)의 원인에 해당하
는 것을 모두 고른 것은?

| 보기 |

㉠ 관상동맥 연축(coronary spasm)이 발생한 경우
㉡ 디지털리스 약물 치료 중인 경우
㉢ 심근허혈 역치 수준에 도달하지 못한 경우
㉣ 심전도 이상을 발견하기에 불충분한 유도(lead)를
　사용한 경우
㉤ 심장 이상이 나타나기 전 근골격계 문제로 중단하
　게 된 경우

① ㉠, ㉡, ㉢
② ㉠, ㉡, ㉣
③ ㉡, ㉢, ㉤
④ ㉢, ㉣, ㉤

해설

㉠, ㉡은 가양성(false positive)의 원인임

정답 ④

해설 + 허혈성 심장질환 진단을 위한 증상-제한 최대운동검
사 시 가음성 및 가양성 원인

가음성(false negative) 원인	가양성(false positive) 원인
▪ 혈성역치에 도달하지 못한 　경우 ▪ 심전도 이상 발견하기에 불 　충분한 유도 ▪ 잠재적 심혈관 질환(운동성 　저혈압 등)의 심전도 이외 징 　후, 증상 발견 못한 경우 ▪ 혈관조영술로 확인한 곁순환 　(collateral circulation)에 　의한 유의한 심혈관질환을 　보상하는 경우 ▪ 심장 이상 발발 전에 근골격계 　문제로 운동을 못하는 경우 ▪ 기술, 측정자 오류	▪ 안정 시 > 1mm ST 분절 하강 ▪ 좌심실 비대 ▪ 가속화된 조기전도장애(울프 　-파킨슨-화이트 증후군 등) ▪ 디지털리스 약물 치료 ▪ 비허혈성심근병증 ▪ 저칼륨혈증 ▪ 혈관조절 이상 ▪ 승모판탈출증 ▪ 심장막 장애 ▪ 기술, 측정자 오류 ▪ 관상동맥연축(spasm) ▪ 빈혈

06

심전도를 이용한 운동부하검사의 민감도가 70%, 특이도
는 80%라고 가정할 때, 총 검사 대상자 10,000명 중
20%가 심장질환자라면 가음성(false negative) 결과
를 받게 되는 인원은?

① 600명
② 1,400명
③ 1,600명
④ 6,400명

해설

• 심장질환자 수: 총 검사자의 20%=2,000명
• 민감도: 허혈성 심장질환 환자가 양성검사가 나온 백분율이므로
2,000명 중 1,400명(70%)으로 나타나 진양성임
• 특이도: 허혈성 심장질환이 없는 환자가 음성검사가 나온 백분
율이므로 8,000명 중 6,400명(80%)으로 나타나 진음성임
• 가음성(FN, False Negative) 검사: 심근허혈 검사는 음성이
지만, 환자는 실제 허혈성 심장질환이 있는 경우이므로 600명
(2,000명~1,400명)이 됨

정답 ①

07

〈보기〉는 수정된 YMCA 자전거 에르고미터 검사 결과이다. 최대산소 섭취량은?

┌─ 보기 ─┐

- 체중: 60kg
- 최대심박수: 180회 / 분
- 1단계 심박수: 78회 / 분
- 2단계 심박수: 130회 / 분
- 3단계 심박수: 140회 / 분
- 4단계 심박수: 150회 / 분

자전거 에르고미터(Mornark®) 산소섭취량
$=7+(1.8×일률*) / 체중$
* 일률(kpm / min)=저항×바퀴 회전당 이동거리×
  분당 페달 회전수

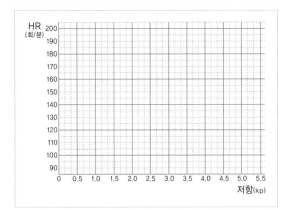

① $38.5\text{ml} \cdot \text{kg}^{-1} \cdot \text{min}^{-1}$
② $43\text{ml} \cdot \text{kg}^{-1} \cdot \text{min}^{-1}$
③ $47.5\text{ml} \cdot \text{kg}^{-1} \cdot \text{min}^{-1}$
④ $52\text{ml} \cdot \text{kg}^{-1} \cdot \text{min}^{-1}$

해설

- 운동량
  - 1단계: 78회 / 분(분당심박수 < 80) → 2단계에선 750kgm / min의 저항으로 설정
  - 3단계: 140회 / 분(심박수) → 300+150=450kgm / min의 저항으로 설정
  - 4단계: 750+450+150+150=1,500
- 산소섭취량(ml / kg / min)
  =7+(1.8×운동부하)÷체중
  =7+(1.8×1500)÷60
  =52ml / kg / min

정답 ④

해설 ✚ **수정된 YMCA 프로토콜**

1 단계	■ 피검자가 0.5kg의 저항(25W; 150kgm / min)으로 페달링을 함
2 단계	■ 저항값은 1단계의 마지막 1분 동안 측정된 항정 상태 심박수에 의해 결정 • 분당심박수 < 80 : 2.5kg(125W; 750kgm / min)의 저항으로 설정 • 분당심박수 80~89회: 2.0kg(100W; 600kgm / min)의 저항으로 설정 • 분당심박수 90~100회: 1.5kg(75W; 450kgm / min)의 저항으로 설정 • 분당심박수 > 100회: 1.0kg(50W; 300kgm / min)의 저항으로 설정
3, 4 단계	■ 분당심박수 110회와 여유심박수 70%(최대심박수의 85%) 사이에서 두 개의 연속된 항정 상태 심박수를 유도하기 위해 필요에 따라 사용, 2단계에서 사용한 강도에서 0.5kg(25W; 150kgm / min)씩 증가시킴

08

최대운동부하검사 시 최고운동강도일 때, 심근산소요구량(RPP)이 정상범위가 아닌 것은?

	성별	나이	심박수	수축기혈압	이완기혈압
①	남성	50세	180회 / 분	230mmHg	84mmHg
②	남성	35세	185회 / 분	200mmHg	86mmHg
③	여성	25세	200회 / 분	190mmHg	80mmHg
④	여성	40세	170회 / 분	160mmHg	60mmHg

해설

- 심근산소요구량(RPP, Rate Pressure Product, 심장이 요구하는 산소량) = 심박수(운동 중, 휴식기 동안 측정) × 수축기 혈압
- 정상: 25,000~40,000mmHg · beats / min
  - ① 180 × 230 = 41,400mmHg · beats / min
  - ② 185 × 200 = 37,000mmHg · beats / min
  - ③ 200 × 190 = 38,000mmHg · beats / min
  - ④ 170 × 160 = 27,200mmHg · beats / min

정답 ①

09

〈그림〉의 심전도 파형은?

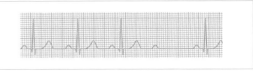

① 1도 방실차단
② 2도 방실차단 type Ⅰ(Wenckebach)
③ 2도 방실차단 type Ⅱ(Mobitz Ⅱ)
④ 3도 방실차단

해설

그림 설명은 2도 방실결절 차단 모비츠(Mobitz) 2형으로 동방결절(SA)의 전기적 자극이 불규직이고, PR 간격은 규칙적이나, QRS군이 없어짐

정답 ③

해설 + 주요 심전도 이상

방실결절차단	2도 (2형)	■ 모비츠(Mobitz) 2형 ■ 동방결절(SA)의 전기적 자극이 불규칙 ■ PR 간격은 규칙적이나, QRS군이 없어짐
	3도	■ 심실수축이 아주 느림(25~45회 / 분) ■ P파는 QRS 복합체로부터 분리
조기심방수축		■ PAC: 조기심장박동 ■ 다른 형태의 P파가 조기에 나타남 ■ PR 간격이 정상보다 길거나 짧음
조기심실수축		■ PVC: 조기심실수축 ■ 동방결절(SA)의 정상적 전기신호가 도달하기 전에 심실에서 신호를 먼저 보냄

04

10

〈그림〉에서 운동부하검사 시 12유도 심전도의 전극부착 부위로 옳지 않은 것은?

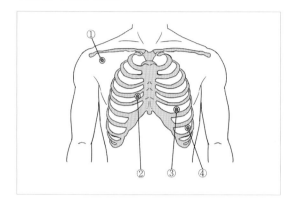

① RA
② V_1
③ V_4
④ V_6

V_6는 중앙액와선과 V_4와 수평지점에 위치해야 함

④

11

운동부하검사의 목적과 설명이 바르게 연결된 것은?

목적		설명
㉠ 진단	ⓐ	최고(유산소)운동능력 평가
㉡ 예후	ⓑ	질환 또는 비정상적 생리적 반응이 있는 경우
㉢ 생리적 반응	ⓒ	부작용에 대한 위험

① ㉠-ⓐ, ㉡-ⓑ, ㉢-ⓒ
② ㉠-ⓑ, ㉡-ⓒ, ㉢-ⓐ
③ ㉠-ⓒ, ㉡-ⓐ, ㉢-ⓑ
④ ㉠-ⓑ, ㉡-ⓐ, ㉢-ⓒ

운동부하검사 목적은 크게 진단목적과 예후·치료목적이 있음. 진단목적은 질환 및 비정상적 생리적 반응 진단, 특별한 증상은 없지만 위험인자 많을 때 검사를 하고, 예후와 치료목적은 부작용에 대한 위협이 있을 때 검사를 하는 것임. 생리적 반응은 유산소운동능력 평가와 같이 신경세포의 운동과 자극에 의해 유발되는 유기체의 모든 행동을 의미함

②

12

〈보기〉의 ㉠~㉢에 해당하는 용어를 바르게 나열한 것은?

---| 보기 |---

- 허혈성 심혈관질환자의 칼슘채널차단제 복용은 (㉠)를 감소시킨다.
- 관상동맥질환자의 운동부하검사 결과 ST분절의 1mm 수평적 하강은 (㉡)을 의미한다.
- (㉢)는 심혈관질환자의 임상운동검사 결과가 양성으로 나타나는 백분율을 의미한다.

	㉠	㉡	㉢
①	특이도	가음성(FN)	민감도
②	민감도	진양성(TP)	특이도
③	특이도	가음성(FN)	특이도
④	민감도	진양성(TP)	민감도

민감도란 허혈성 심장질환 환자가 양성검사가 나온 백분율을 의미하고, 베타차단제, 질산염, 칼슘채널차단제 등은 허혈을 낮추는 약물임. 관상동맥질환자의 운동부하검사 결과 ST분절의 1mm 수평적 하강은 진양성을 의미함

정답 ④

해설 ✚ 민감도, 특이도, 예측치

(1) 민감도(sensitivity): [TP / (TP+FN)]×100
  ▪ 허혈성 심장질환 환자가 양성검사가 나온 백분율
  ▪ 혈관조영술(angiography) 검사: 최소 1개 혈관이 ≥ 70%의 심혈관 협착일 때 민감도 판정
  ▪ 진양성(TP, True Positive) 검사: 허혈성 심장질환자를 심장허혈(ST 분절 ≥1mm 수평적 또는 하향곡선) 양성으로 판정
  ▪ 가음성(FN, False Negative) 검사: 심근허혈 검사는 음성이지만, 환자는 실제 허혈성 심장질환이 있는 경우
(2) 특이도(specificity): [TN / (TN+FP)]×100
  ▪ 허혈성 심장질환이 없는 환자가 음성검사가 나온 백분율
  ▪ 진음성(TN, True Negative) 검사: 심근허혈에 대해 음성, 허혈성 심장질환 없는 경우
  ▪ 가양성(FP, False Positive) 검사: 심근허혈에 대해 양성이지만, 허혈성 심장질환 없는 경우
(3) 예측치(predictive value)
  ① 양성예측치=[TP / (TP+FP)]×100
    ▪ 허혈성 심장질환을 정확하게 식별하는 양성검사 백분율
  ② 음성예측치=[TP / (TN+FN)]×100
    ▪ 허혈성 심장질환이 없는 사람을 정확하게 식별하는 음성검사 백분율

04

13

〈보기〉의 특성을 나타내는 여성을 대상으로 YMCA 하체 에르고미터 프로토콜을 사용하여 최대하운동부하 검사를 실시하였다. 검사 4단계의 운동량과 추정된 산소섭취량으로 옳은 것은?

| 보기 |

• 나이: 34세
• 신장: 164cm
• 체중: 54kg
• 안정 시 심박수: 62회 / 분
• 1단계 심박수: 87회 / 분

	운동량	산소섭취량
①	900 kgm / min	30ml / kg / min
②	900 kgm / min	37ml / kg / min
③	1050 kgm / min	35ml / kg / min
④	1050 kgm / min	42ml / kg / min

㉠ 운동량
  • 1단계 심박수 87회 / 분(분당심박수 80~89회)에선 2.0kg (100W; 600kgm / min)의 저항으로 설정
  • 2단계에서 사용한 강도에서 0.5kg(25W; 150kgm / min)씩 증가시킴
  • 4단계는 600＋150＋150＝900kgm / min
㉡ 산소섭취량(자전거−다리)
  • 3.5＋3.5＋(1.8×운동부하)÷체중＝3.5＋3.5＋ (1.8×900)÷54＝37ml / kg / min

정답 ②

해설＋ **수정된 YMCA 자전거 에르고미터 검사**

수정된 YMCA 프로토콜: 모나크(Monark) 자전거 에르고미터에서 50rpm의 일정한 속도로 단계마다 3분씩, 2~4단계로 이루어진 연속 운동으로 진행

1단계	피검자가 0.5kg의 저항(25W; 150kgm / min)으로 페달링을 함
2단계	저항값은 1단계의 마지막 1분 동안 측정된 항정 상태 심박수에 의해 결정 • 분당심박수 < 80 : 2.5kg(125W; 750kgm / min)의 저항으로 설정 • 분당심박수 80~89회: 2.0kg(100W; 600 kgm / min)의 저항으로 설정 • 분당심박수 90~100회: 1.5kg(75W; 450 kgm / min)의 저항으로 설정 • 분당심박수 < 100회: 1.0kg(50W; 300kgm / min)의 저항으로 설정
3, 4단계	분당심박수 110회와 여유심박수 70%(최대심박수의 85%) 사이에서 두 개의 연속된 항정 상태 심박수를 유도하기 위해 필요에 따라 사용, 2단계에서 사용한 강도에서 0.5kg(25W; 150kgm / min)씩 증가시킴

■ 에너지소비량(ml / kg / min)
  • 자전거(다리): 3.5＋3.5＋(1.8×운동부하)÷체중
  • 자전거(팔): 3.5＋(3×운동부하)÷체중

14

〈보기〉의 질환별 운동검사에 관한 설명 중 옳은 것으로만 묶인 것은?

| 보기 |

- ㉠ 파킨슨병 - 운동검사 전 심혈관 위험을 평가한다.
- ㉡ 다발성경화증 - 운동강도 평가지표는 심박수와 체온을 사용한다.
- ㉢ 고혈압 - 이뇨제 복용 환자는 검사 결과 가음성(FN)이 나타날 수 있다.
- ㉣ 골다공증 - 중증 이상의 척추 골다공증 환자는 하체 자전거 에르고미터를 사용한다.

① ㉠, ㉡
② ㉡, ㉢
③ ㉢, ㉣
④ ㉠, ㉣

해설

다발성경화증은 중추신경계의 만성, 염증성, 자가면역질환으로서 심박수(HR)와 운동자각도(RPE)로 운동강도를 평가하고, 고혈압약 중에 이뇨제는 혈액 중의 염류(나트륨) 배출을 촉진시켜 말초혈관의 저항을 감소시키게 되어 혈압을 낮추는 역할을 하지만, 전해질 불균형, 요산수치 증가, 혈당수치 증가 등의 부작용이 있을 수 있음

정답 ④

15

〈보기〉에서 ACSM(11판)이 제시하는 심전도 판독 단계를 순서대로 바르게 나열한 것은?

| 보기 |

- ㉠ 심박수 확인 및 심조율 결정
- ㉡ PR, QRS, QT 간격 측정
- ㉢ 사지유도에서 평균 QRS 축과 평균 T파 축 결정
- ㉣ P파, QRS복합체, ST분절, T파, U파의 형태학적 이상 관찰
- ㉤ 심전도 판독

① ㉠→㉡→㉢→㉣→㉤
② ㉠→㉢→㉣→㉡→㉤
③ ㉠→㉡→㉣→㉢→㉤
④ ㉠→㉣→㉢→㉡→㉤

해설

심전도 판독단계는 다음과 같다. 정확한 영점조정 및 기록지 속도 점검 → 심박수 확인 및 심조율 결정 → 간격 측정(PR, QRS, QT) → 사지유도에서 평균 QRS 축과 평균 T파 축 결정 → P파, QRS 복합체, ST분절, T파, U파의 형태학적 이상(방실확장, 전도장애, 경색, 재분극의 변화) 관찰 → 현재 심전도 판독 → 과거 심전도와 현재 심전도 비교 → 결론, 임상적 연관, 권고

정답 ①

해설 + 심전도 개요

- 심장에서 일어나는 전기적 활동을 피부 표면에서 유도해낸 것으로 심장의 흥분상태의 변화를 알려줌
- 정상적인 심전도는 3가지 파로 구성
  - P파(심방의 탈분극): P파가 시작되자마자 심방수축 발생(P wave)
  - QRS파(심실 탈분극): 심실근 전체로 흥분 확산(QRS complex)
  - T파(심실의 재분극): 심실이완기 동안에 발생(T wave)
- 심전도는 2개의 간격과 1분절 발생
  - P-R 간격(혹은 P-Q 간격): 방실결절에 도달한 흥분이 심실로 전도되기까지의 시간적인 지연으로 P파 시작부터 Q파 시작까지의 간격, 방실 결절을 통한 전도속도에 좌우됨(PR interval)
  - Q-T 간격: Q파 시작부터 T파 종결까지의 간격으로 심실의 탈분극에서 재분극까지의 과정임(Q-T interval)
  - S-T 분절: S파의 끝부터 T파 시작까지를 의미하고, ST 분절의 상승 혹은 함몰 현상은 심근허혈, 심장비대, 전도차단, 약물투여 등에 따라 발생함(S-T segment)
- J점(J point): 80ms 이내에 등전선에 도달하는 상향 ST 분절이 등전선보다 하향

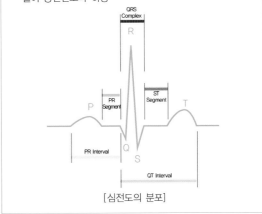

[심전도의 분포]

16

〈보기〉는 건강한 성인에게 나타나는 운동 중 심전도의 일반적 변화이다. 안정 시와 비교하여 ㉠~㉣에 해당하는 변화를 바르게 나열한 것은?

┤ 보기 ├

- 절대적 QT 간격 (㉠)
- QRS파 간격 (㉡)
- 운동 초기 T파 진폭 (㉢)
- 중격 Q파의 진폭 (㉣)

	㉠	㉡	㉢	㉣
①	증가	감소	증가	감소
②	감소	감소	감소	증가
③	증가	증가	증가	감소
④	감소	증가	감소	증가

해설

안정 시에는 Q파 시작부터 T파 종결까지의 간격으로 심실의 탈분극에서 재분극까지의 과정인 QT 간격과 심실근 전체로 흥분확산(QRS complex) 구간인 QRS파(심실 탈분극) 간격이 감소함. 운동 초기 T파 진폭이 감소하면서 중격 Q파의 진폭은 증가함

정답 ②

17

저기능 만성신부전 환자의 운동검사를 대체할 수 있는 〈보기〉의 검사는?

┤ 보기 ├

보행 속도 점수, 평형성 유지 시간 및 의자 앉았다 일어나기 시간 점수를 합산하여 평가하는 검사로서, 점수 범위는 0~12까지이며 점수가 높을수록 기능적으로 우수함을 의미한다.

① 보행속도검사(usual gait speed)
② 노인체력검사(senior fitness test)
③ 단기신체기능검사(short physical performance battery)
④ 연속 척도 신체기능검사(continuous scale physical performance test)

해설

만성 심부전은 활동성 호흡곤란(수축기 장애), 박출률이 보존된 심부전(확장기 기능장애), 또는 이 두 가지 조합으로 나타남. 〈보기〉 설명은 단기 신체기능검사로서 10분 정도 수행함. 이외에도 제시된 다른 검사도 노인과 같이 신체기능검사는 운동이 필요한 약해진 건강상태와 관련된 기능적 제한을 나타내는 기준점으로 사용함

정답 ③

해설 + 노인대상 신체기능검사(7종 검사: 건강·체력평가에도 나옴)

측정방법	내용
노인체력검사	■ 7종 검사: 30초간 의자 앉았다 일어서기, 30초간 덤벨 들기, 의자에서 일어나 장애물(8ft) 돌아오기, 6분 걷기, 2분 제자리 걷기, 앉아윗몸앞으로 굽히기, 등 뒤로 손닿기 검사
단기신체 기능검사	■ 보행 속도 점수와 평형성 유지 시간 및 의자 앉았다 일어나기 시간 점수를 합산하여 평가하는 다리기능 검사로서 점수범위 0~12까지이며 점수가 높을수록 더 나은 기능을 의미
보행속도검사	■ 평소 보행속도로 짧은 거리(3~10m)를 걷는 두 번의 시도 중 더 나은 속도로 평가
6분 걷기 검사	■ 6분 동안 걸을 수 있는 최대거리로 평가, 50m 변화는 상당한 변화로 간주
연속척도신체 기능검사	■ 무게 있는 물통 나르기, 겉옷 입고 벗기, 바닥에서 일어서기, 계단 오르기, 장보기 등 일상생활의 연속적 수행 ■ 점수범위 0~100까지이며 점수가 높을수록 더 나은 신체기능

18

〈보기〉에서 증상-제한 최대운동검사의 절대적 금기사항에 해당하는 것을 모두 고른 것은?

> **보기**
>
> ㉠ 급성 폐색전증
> ㉡ 불안정한 협심증
> ㉢ 3도 방실차단(3° AV block)
> ㉣ 안전한 검사를 제한하는 신체적 장애

① ㉠, ㉡
② ㉡, ㉢
③ ㉠, ㉡, ㉣
④ ㉠, ㉡, ㉢, ㉣

해설

운동부하검사 금기사항으로서 운동부하검사를 통해 얻고자 하는 정보 이외의 불안정한 허혈, 부정맥, 혈역학적 상황, 다른 위험과 관련 있는 상황들을 피하기 위한 내용으로 절대적 금기사항과 상대적 금기사항이 있음. ③번은 절대적 금기사항에 해당이 안 됨

정답 ③

해설 ➕ 증상-제한 최대운동검사 금기사항

절대적 금기사항

- 2일 이내의 급성심근경색증
- 진행 중인 불안정 협심증
- 혈역학적 요인을 동반한 조절되지 않는 심장부정맥
- 활동성 심내막염
- 증상을 동반한 중증 대동맥판협착
- 비대상성 심부전
- 급성폐색전증, 폐경색증, 심부정맥혈전증
- 급성심막염 또는 심막염
- 급성대동맥박리
- 안전하고 적절한 검사를 제한하는 신체적 장애

상대적 금기사항

- 폐쇄성 좌측 주 관상동맥협착
- 증상이 불명확한 중등도에서 중증인 대동맥협착
- 조절되지 않는 심실 빠른 부정맥
- 중증이거나 완전 심장차단
- 최근 뇌졸중이나 일과성허혈발작
- 협조능력이 제한되는 정신장애
- 안정 시의 수축기 혈압 200mmHg 이상 또는 이완기 혈압 110mmHg 이상
- 심각한 빈혈, 전해질 불균형, 갑상선기능항진증과 같은 조절되지 않는 의학적 상태

19

허혈성 심장질환의 진단을 위한 증상-제한 최대운동검사 시, 가양성(FP)의 원인에 해당하지 않는 것은?

① 좌심실 비대(LVH)
② 측정자 또는 감독관의 오류
③ 허혈성 역치에 도달하지 못한 경우
④ 울프-파킨슨-화이트 증후군(WPW syndrome)

해설

가양성(false positive) 원인은 좌심실 비대, '측정자 또는 감독관의 오류', 울프-파킨슨-화이트 증후군(WPW syndrome) 외에도 안정 시 > 1mm ST 분절 하강, 디지털리스 약물 치료, 비허혈성심근병증, 저칼륨혈증, 혈관조절 이상, 승모판탈출증, 심장막장애, 관상동맥연축(spasm), 빈혈 등이 있음. 허혈성 역치에 도달하지 못한 경우는 가음성 원인(false negative)임. 참고로 헷갈릴 수 있는 원인 중 '기술 또는 측정자의 오류'는 가음성 원인임

정답 ③

20

운동부하검사 중 심박수 반응에 관한 설명으로 옳지 않은 것은?

① 베타차단제를 복용하는 경우 최대심박수가 증가한다.
② 운동강도가 1MET 증가할 때마다 심박수는 약 10회/분 정도 증가한다.
③ 허혈성심질환자의 운동 후 회복기에서 느린 심박수 회복은 허혈성심질환의 위험 증가와 관련이 있다.
④ 일반적으로 연령을 고려한 최대심박수 예측공식은 분당 10회 이상의 표준편차가 있음을 고려해야 한다.

해설

베타차단제를 복용하게 되면 최대운동능력이 감소되고 운동 시 심박수 반응이 둔화됨

정답 ①

21

운동부하검사 참여 시 대상자의 유의사항에 관한 설명으로 옳은 것은?

① 최소 검사 3시간 전부터는 카페인 섭취나 흡연을 해서는 안 된다.
② 측정자에게 복용 약물의 약품명과 복용량을 알려줄 필요는 없다.
③ 진단의 목적이라면 평상시 일정대로 약물 복용을 한다.
④ 운동검사로 피로해질 수 있으므로 당일 입원 수속을 한다.

해설

측정자에게 복용약물에 대한 정보를 알려줘야 하고, 진단의 목적이면 약물복용에 대해 의사와의 상의를 해야 함. 운동검사일에 동행자로부터 보호를 받으며 귀가함

정답 ①

22

만성 질환자를 대상으로 운동부하검사를 실시할 때 옳지 않은 것은?

① 좌업생활을 해온 당뇨병 환자는 심전도 스트레스 검사를 받는 것이 바람직하다.
② 이상지질혈증 환자는 검사 중 심혈관질환이 잘 감지되지 않기 때문에 주의해야 한다.
③ 하지 정형외과적 문제가 있는 비만 환자는 상체자전거를 사용할 필요가 있다.
④ 천식 환자는 검사 중 동맥혈산소포화도(SpO_2)가 80% 이하가 되면 대상자의 상태와 상관없이 검사를 중단한다.

해설

동맥혈산소포화도(SpO_2) 80% 이하는 상대적 적응증에 해당함으로 환자의 상태를 고려해서 검사 중단 여부를 판단함

정답 ④

23

〈보기〉에서 운동부하검사 동의서에 관한 설명으로 옳은 것을 모두 고른 것은?

| 보기 |

㉠ 충분한 정보가 포함된 서면 동의서로 이루어지며 반드시 구두로 설명한다.
㉡ 검사의 목적과 위험요인에 대하여 잘 알고 이해할 수 있도록 충분한 정보를 제공한다.
㉢ 검사 대상자가 동의서에 서명을 하면 검사 중 피로감이나 불편감을 느끼더라도 스스로 중단할 수 없다.
㉣ 검사 중에 검사 대상자의 느낌을 신속하게 보고해야 하는 의무가 포함되어 있다.

① ㉠, ㉡, ㉢
② ㉠, ㉡, ㉣
③ ㉢, ㉣
④ ㉠, ㉡, ㉢, ㉣

해설

검사 대상자가 동의서에 서명을 하더라도 검사 중 피로감이나 불편감을 느끼게 되면 스스로 중단할 수 있음

정답 ②

24

〈보기〉에서 운동부하검사의 종료 기준으로 옳은 것을 모두 고른 것은?

| 보기 |

- ㉠ 운동실조
- ㉡ 수축기 혈압 > 220mmHg 또는 이완기 혈압 > 115mmHg
- ㉢ 운동강도가 증가하더라도 수축기 혈압이 5mmHg 이상 감소
- ㉣ 경미한 두통
- ㉤ 불충분한 관류 징후로 인한 냉습한 피부

① ㉠, ㉡, ㉢
② ㉠, ㉣, ㉤
③ ㉠, ㉡, ㉢, ㉣
④ ㉡, ㉢, ㉣, ㉤

해설

㉡에 설명한 과도한 고혈압 반응은 수축기 혈압 > 250mmHg 또는 이완기 혈압 > 115mmHg일 때 상대적 적응증에 해당됨. ㉢에서 설명한 운동강도가 증가에도 다른 허혈 징후가 동반될 때, 수축기 혈압 10mmHg 이상 감소될 때 절대적 적응증이고, 다른 허혈소견 없이 수축기 혈압 > 10mmHg 지속적으로 하강할 때는 상대적 적응증임. 운동실조, 어지럼증 등의 중추신경계 증상들이 나타날 때는 임상운동의 종료기준(절대적 적응증)에 해당됨

정답 ②

25

최신 ACSM에서 권고하는 질환별 운동검사에 관한 권장사항으로 옳은 것은?

	질환	권장사항
①	다발성 경화증	운동강도 설정 시 심박수와 혈압 반응을 활용하는 것이 적절하다.
②	관절염	급성 염증단계에서는 운동검사를 위해 수정된 브루스(modified Bruce) 프로토콜 사용을 권장한다.
③	만성 폐쇄성 폐질환	경증에서 중등도 질환자는 5~9분의 검사시간이 소요되는 프로토콜 사용을 권장한다.
④	심부전	정상인에 비해 운동능력이 30~40% 정도 낮기 때문에 노튼(Naughton) 프로토콜을 권장한다.

해설

다발성경화증 환자에겐 심박수(HRR)와 운동자각도(RPE)를 통해 운동강도를 평가함. 급성 염증단계의 관절염 환자에겐 최대부하검사와 같은 고강도 운동을 금지함. 만성 폐쇄성 폐질환자에게는 경증에서 중등도 8~12분, 중증 이상 환자는 5~9분의 검사시간을 권고함. 노튼 프로토콜(Naughton)은 초기 속도 1mph, 경사도(GR) 0% 설정한 후 2분마다 측정하고, 운동량 증가율을 낮게 함으로써 여성과 성인병 환자 대상으로 사용함

정답 ④

26

〈보기〉에서 최대하 운동부하검사에 관한 설명으로 옳은 것을 모두 고른 것은?

보기

- ㉠ Astrand-Ryhming 자전거 에르고미터 검사는 6분 동안 지속하는 단일단계법이다.
- ㉡ 다양한 검사방법으로 심박수, 혈압, 심전도, 운동능력 외에 주관적인 지표를 살펴볼 수 있다.
- ㉢ 자전거 에르고미터를 이용한 최대하 운동부하검사후 회복기 단계에서는 심박수와 혈압이 운동 전수준이 될 때까지 검사를 지속해야 한다.
- ㉣ 자전거 에르고미터 검사 시 최대산소섭취량은 트레드밀 검사보다 낮게 산출되므로 종료 기준을 트레드밀 검사보다 낮게 설정한다.
- ㉤ 심박수와 운동량의 선형관계를 통해 최대산소섭취량을 예측하면서 부가적인 반응 지표를 구하는 것이 중요하다.

① ㉠, ㉡, ㉢
② ㉠, ㉡, ㉤
③ ㉡, ㉢, ㉤
④ ㉠, ㉢, ㉣, ㉤

해설

자전거 에르고미터는 최대하 운동부하검사 후 회복단계에서 심박수와 혈압이 안정될 때까지 저강도로 지속하고, 국소 근피로가 발생하여 트레드밀 운동검사와 비교하면 최고 운동능력(최고산소섭취량 VO_{2peak})이 5~20% 정도 낮게 평가되나, 이에 따라 종료기준을 트레드밀보다 낮게 설정하지는 않고, 검사 대상자에 따라 종료기준은 달라짐

정답 ②

27

심전도를 이용한 운동부하검사의 민감도가 68%, 특이도가 77%일 때, 총 검사자 1,000명 중 10%가 심장질환자라면 가양성(false positive) 결과는?

① 68명
② 77명
③ 207명
④ 693명

해설

- 심장질환자 수: 총 검사자의 10%=100명
- 민감도: 허혈성 심장질환 환자가 양성검사가 나온 백분율이므로 100명 중 68명(68%)으로 나타나 진양성임
- 특이도: 허혈성 심장질환이 없는 환자가 음성검사가 나온 백분율이므로 900명 중 693명(77%)으로 나타나 진음성임
- 가양성(FP, False Positive) 검사: 심근허혈에 대해 양성이지만, 허혈성 심장질환 없는 경우이므로 207명(900명-693명)이 됨

정답 ③

28

운동부하검사의 측정 변인에 관한 설명으로 옳은 것을 모두 고른 것은?

보기

- ㉠ 맥박산소포화도는 손가락에서 귓불이나 이마로 변경하여 측정하는 것도 유용하다.
- ㉡ 폐질환자의 동맥혈산소포화도(SpO_2)가 5% 이상 감소하는 것은 운동 유발성 저산소혈증으로 비정상적인 반응이다.
- ㉢ 심근산소요구량(RPP)은 운동량보다는 허혈역치를 가늠하는 지표이다.
- ㉣ 허혈 증상이 동반되면서 수축기 혈압이 10mmHg 이상 떨어지면 대상자의 상태에 따라 검사 중단을 결정한다.

① ㉠, ㉡, ㉢
② ㉠, ㉢, ㉣
③ ㉡, ㉣
④ ㉢, ㉣

해설

운동강도 증가에도 다른 허혈 징후가 동반될 때, 수축기 혈압이 10mmHg 이상 감소하면 절대적 적응증에 해당돼 검사 중단을 해야 함

정답 ①

29

운동부하검사를 수행하는 과정에 관한 설명으로 옳은 것은?

① 검사 방법(mode) 선정 시 환자의 선호도는 고려하지 않는다.
② 검사 전에 위험한 상황에 대한 설명은 불안정한 심리상태를 유발시킬 수 있으므로 하지 않는 것이 바람직하다.
③ 폐질환을 위한 평가는 추가적으로 핵의학영상과 초음파영상과 같은 부가적인 영상검사가 필수적이다.
④ 운동유발성 심근허혈을 발견하기 위해서 안정 시에 심전도의 재분극 변화를 관찰한다.

해설

개인에 따라 운동검사에 가장 적합한 프로토콜을 선택하고, 검사 전에 사전 정보를 대상자에게 설명해야 함. 부가적인 영상검사는 필요할 시 의사소견에 따라 선택함

정답 ④

30

운동부하검사 중 혈압 반응에 관한 설명으로 옳지 않은 것은?

① 트레드밀 최대운동검사 시 남녀 간 수축기와 이완기의 혈압 차이는 없다.
② 운동량이 증가할수록 수축기 혈압은 1MET 당 10mmHg 정도 올라간다.
③ 수축기 혈압은 운동 후 회복기 6분 이내에 운동 전 수준으로 낮아진다.
④ 이완기 혈압은 운동강도가 증가해도 크게 변화하지 않는다.

해설

남녀 간 수축기는 210mmHg 이상(운동 시 남자 수축기 혈압), 190mmHg 이상(운동 시 여자 수축기 혈압)인지를 관찰함

정답 ①

31

운동부하검사의 운동 프로토콜에 대한 설명으로 적절하지 않은 것은?

① 프로토콜 선정은 환자의 의료기록과 신체활동 습관 등을 고려하여 선택한다.
② 운동부하검사 전, 중, 후에 나타나는 증상과 징후는 지속해서 관찰하고 기록한다.
③ 자전거 에르고미터 검사는 트레드밀 검사에 비해 최고운동능력이 약 5~20% 높게 나타난다.
④ 증상 및 징후가 제한된 사람의 최대운동검사 시간은 6~12분 정도인 프로토콜 선택이 권고된다.

해설

자전거 에르고미터(Cycle Ergometer)는 국소 근피로가 발생하여 트레드밀 운동검사와 비교하면 최고 운동능력(최고산소섭취량 VO_{2peak})이 5~20% 정도 낮게 평가됨

정답 ③

04

32

〈보기〉의 심근산소요구량(RPP)에 대한 설명 중 옳은 것을 모두 고른 것은?

┌ 보기 ┐

⊙ 심근산소요구량은 심박수와 수축기 혈압 수치를 곱하여 계산한다.

ⓒ 관상동맥 혈류 공급이 충분치 않으면 심근허혈 증상과 징후가 나타난다.

ⓒ 최대 심근산소요구량의 정상범위는 25,000~40,000mmHg·beats·min^{-1}이다.

ⓒ 관상동맥의 혈류 증가는 심박수 증가와 심근 수축에 따른 산소요구량 증가 때문이다.

① ㉠, ㉡
② ㉠, ㉢, ㉣
③ ㉡, ㉢, ㉣
④ ㉠, ㉡, ㉢, ㉣

해설

심근산소요구량[RPP, Rate Pressure Product, 심장이 요구하는 산소량＝심박수(운동 중, 휴식기 동안 측정)×수축기 혈압]은 관상동맥 혈류공급 문제가 발생하면 심근허혈 증상·징후, 허혈성 심장질환이 생길 수 있고, 허혈성 역치는 운동 중 이 문제가 발생하는 지점을 말함. RPP는 허혈성 역치의 반복적 계산 값, 운동부하량보다 신뢰할 수 있는 값으로서 정상범위는 25,000~40,000mmHg·beats / min이고, 최고 운동(peak exercise) 시에는 심근산소요구량과 허혈성 역치는 보고돼야 함

정답 ④

33

혈압 측정 시 오차를 유발하는 요인으로 옳지 않은 것은?

① 피검자의 체온
② 측정기구의 결함
③ 주변의 소음
④ 청진 위치와 압력

해설

혈압 측정 시 오차 요인으로 부정확한 혈압계, 부적절한 커프 사이즈, 검사자의 청각, 커프 압력의 팽창 또는 수축률, 검사자 경험, 장비 결함, 부적절한 청진기 위치 및 압력, 커프가 심장 높이에 있지 않은 경우, 검사자의 반응시간, 주위 소음, 피검자가 트레드밀 손잡이를 잡거나 팔꿈치를 굽히는 것을 허용했을 경우 등이 있음

정답 ①

34

운동부하검사 모니터링에 대한 설명 중 적절하지 않은 것은?

① 운동 후 회복기에는 최소 6분 동안 심박수, 혈압, 심전도를 측정한다.
② 운동강도 증가에도 불구하고 혈압이 변하지 않을 때 수축기 혈압은 재측정하지 않는다.
③ 운동 중 비정상적인 심전도 변화가 나타나면 심박수와 혈압을 추가적으로 측정한다.
④ 운동 중 각 단계 또는 2~3분마다 심박수, 혈압, 심전도를 규칙적으로 기록한다.

해설

운동강도 증가에도 불구하고 혈압이 변하지 않을 때 측정오류를 방지하기 위해 재측정함

정답 ②

35

심전도 기록지의 이동속도가 25mm·sec^{-1}이고, 4개의 심장박동 사이의 간격(R-R interval)이 60mm로 나타났을 때 분당 심박수로 옳은 것은?

① 60beats·min^{-1}
② 80beats·min^{-1}
③ 100beats·min^{-1}
④ 120beats·min^{-1}

해설

심전도 기록지는 1초당 25mm 속도로 이동(1칸 당 5mm)하고, 4개의 심장박동 사이 간격(R-R)이 60mm이므로 4로 나누면 15mm(3칸 간격)가 됨. 약식에 따른 심박수를 구하면 300, 150, 다음에 100회 / 분이 나타남

정답 ③

해설 + 심박수 계산

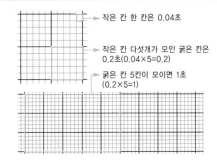

→ 작은 칸 한 칸은 0.04초
→ 작은 칸 다섯개가 모인 굵은 칸은 0.2초(0.04×5=0.2)
→ 굵은 칸 5칸이 모이면 1초 (0.2×5=1)

■ 작은 사각형 한 칸: 0.04초(40ms)
■ 작은 사각형 5칸인 큰 사각형: 0.2초(200ms)
■ 큰 사각형 5개: 1초(1,000ms)
■ 심전도 기록지: 1초당 25mm 속도로 출력

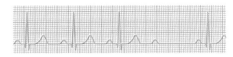

■ (예1) R-R파 사이: 큰 사각형 5개
 → 200ms×5개=1,000ms
 → 1,000ms×60초=60,000ms
 → 60,000 / 1,000=60회 / 분 (심박수)

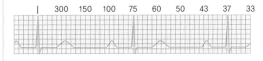

■ (예2) 약식으로 심박수 구하는 법
 → R파 기준(시작점), 300, 150, 100, 75, 60, 50, 43, 37, 33
 → (예1) 그림에서도 적용해보면 60회 / 분이 됨

36

〈보기〉의 괄호 안에 들어갈 대상자가 바르게 나열된 것은?

┤ 보기 ├

- (㉠)의 운동검사 시 최적의 심폐 능력 평가를 위해 검사 전 흡입성 기관지 확장제를 투여할 수도 있다.
- (㉡)의 전동 트레드밀 검사는 통증 없이 수행 가능한 최대 보행시간 측정을 위해 느린 속도로 시작하여 점진적으로 경사를 높여야 한다.
- (㉢)의 경우 최대운동검사 시 연령으로 예측된 최대심박수(HRmax)로 검사 종료 기준을 설정하더라도 검사 동안 이를 초과할 수 있으므로 주의한다.

① ㉠ 운동유발성 기관지 수축환자(exercise-induced bronchoconstriction)
　㉡ 말초동맥질환자(peripheral artery disease)
　㉢ 노인
② ㉠ 폐기종질환자(emphyserma)
　㉡ 뇌혈관질환자
　㉢ 임산부
③ ㉠ 운동유발성 기관지 수축환자
　㉡ 뇌혈관질환자
　㉢ 노인
④ ㉠ 폐기종질환자
　㉡ 말초동맥질환자
　㉢ 임산부

㉠ 운동유발성 기관지 수축환자, ㉡ 말초동맥질환자, ㉢ 노인에 해당됨

정답 ①

해설 ✚ **기타 만성 질환별 운동부하검사 고려사항**

비만	■ 하지 정형외과적 문제가 있는 비만환자는 상체 자전거를 이용함
당뇨병	■ 좌업생활 당뇨병 환자는 심전도 스트레스 검사를 받는 것이 바람직함
고지혈증	■ 이상지질혈증 환자는 검사 중 심혈관 질환이 잘 감지되지 않으므로 유의함
다발성경화증	■ 심박수(HRR)와 운동자각도(RPE)를 통해 운동강도를 평가함
골다공증	■ 중증 이상의 척추 골다공증 환자는 하체 자전거 에르고미터를 사용함
관절염	■ 급성 염증단계의 환자에겐 최대부하검사와 같은 고강도 운동을 금지함
심혈관 질환	■ 허혈성 심혈관질환자의 칼슘채널차단제 복용은 민감도를 감소시킴
심부전	■ 정상인에 비해 운동능력이 30~40% 낮으므로 노튼(Naughton) 프로토콜 권장함

37

아래 표의 괄호 안에 들어갈 값이 바르게 나열된 것은?

| 보기 |

METs	자전거 에르고미터	트레드밀 프로토콜						METs
		수정된 브루스 매 3분마다		브루스 매 3분마다		노튼 매(ⓒ)분 마다		
		속도 (MPH)	경사도 (%)	속도 (MPH)	경사도 (%)	속도 (MPH)	경사도 (%)	
	1 WATT = 6.1 Kpm/min	6.0	22	6.0	22			
		5.5	20	5.5	20			
	FOR 70KG BODY WEIGHT Kpm/min	5.0	18	5.0	18			
16								16
15								15
14								14
13	1500	4.2	16	4.2	16			13
12	1350							12
11	1200	3.4	14	3.4	14			11
10	1050							10
9	900					2	17.5	9
8	750					2	14.0	8
7	600	2.5	12	2.5	12			7
6						2	10.5	6
5	450	1.7	10	1.7	10	2	7.0	5
4	300					2	3.5	4
3	150	1.7	ⓛ			2	0	3
2		ⓐ	0			ⓒ	0	2
1								1

	ⓐ	ⓛ	ⓒ	ⓔ
①	1.2	5	2	1
②	1.2	8	3	2
③	1.7	5	2	1
④	1.7	8	3	2

해설

수정된 브루스 프로토콜(Modified Bruce)은 초기 속도 1.7mph, 경사도(GR) 0% 설정, 3분마다 측정, 경사도 초기(9분까지)는 5% 증가함. 노튼 프로토콜(Naughton)은 초기 속도 1mph, 경사도(GR) 0% 설정, 2분마다 측정함

정답 ③

38

건강한 체중 56kg 여성이 하체 에르고미터를 이용하여 840kgm·min^{-1}의 운동량으로 운동하였다. ACSM 방정식을 사용하여 추정된 산소섭취량으로 옳은 것은?

① 15.0mL·kg^{-1}·min^{-1}

② 27.0mL·kg^{-1}·min^{-1}

③ 30.5mL·kg^{-1}·min^{-1}

④ 34.0mL·kg^{-1}·min^{-1}

해설

- 자전거(다리)

  3.5+3.5+(1.8×운동부하)÷체중

  =3.5+3.5+(1.8×840)÷56

  =34.0mL·kg^{-1}·min^{-1}

정답 ④

04

39

〈보기〉에서 운동부하검사의 특징으로 적절한 것을 모두 고른 것은?

┤ 보기 ├

⊙ 12분 달리기, 1마일 달리기와 같은 필드검사의 경우 심폐체력 수준이 낮은 사람에게는 거의 최대 또는 최대검사가 될 수 있다.
ⓛ 트레드밀 검사로 산소섭취량을 정확하게 측정하기 위해서는 손잡이를 잡아서는 안 된다.
ⓒ 스텝검사 중 혈압은 모니터링하지 않는다.
ⓓ 단일 단계 스텝검사는 7~9METs 이상의 에너지 소비가 요구되어 검사 대상자의 최대운동능력을 초과할 수 있다.

① ⊙, ⓛ
② ⓛ, ⓒ, ⓓ
③ ⊙, ⓒ, ⓓ
④ ⊙, ⓛ, ⓒ, ⓓ

설명 모두 옳음. 추가적으로 설명하면 필드검사는 좌식생활자, 심혈관질환과 근골격계 합병증의 위험이 큰 사람에게는 적합하지 않음. 트레드밀 검사는 고가이며, 운반이 어렵고, 빠른 속도에서 달리는 동안 혈압과 심전도 같은 지표의 측정이 다소 어려운 단점이 있음. 스텝검사는 고정된 스텝 속도와 높이를 사용하는 프로토콜은 개별화된 프로토콜과 비교해 심폐체력 값의 정확도가 떨어지는 경향이 있어 심박수와 혈압을 측정하지 않음

정답 ④

해설 + 심폐체력 평가 검사방식(* 건강·체력평가에도 나옴)

① 트레드밀
- 최대하와 최대운동검사에 사용되고 종종 진단 검사용으로 활용됨
- 대중들에게 친숙하고 걷기에서 달리기 속도까지 개인의 체력 상태에 따라 적용할 수 있음
- 고가이며, 운반이 어렵고, 빠른 속도에서 달리는 동안 혈압과 심전도 같은 지표의 측정이 다소 어려운 단점이 있음
- 트레드밀을 주기적으로 보정해주고, 정확한 대사량 측정을 위해 손잡이를 잡지 않도록 해야 정확한 최대산소섭취량 측정이 가능함

② 기계식 제동 자전거 에르고미터
- 최대하와 최대검사가 가능한 장비로서 부하를 쉽게 조금씩 증가시킬 수 있는 비체중부하검사 방식임
- 장점으로 저렴하고 이동이 가능하며 혈압·심전도 측정이 용이함
- 단점으로 익숙하지 않은 운동방식, 종종 국소 근피로를 가져오고 최대산소섭취량의 과소평가를 초래하기도 함
- 만약 자전거 에르고미터가 보정되어 있지 않거나 적절한 운동량 제공이 어려운 경우 심폐체력을 예측하기 위한 검사용으로 사용해서는 아니 됨

③ 필드검사
- 실험실 밖에서 심박수를 측정해 심폐체력을 예측하기 위해 수행되는 검사 방식임
- 프로토콜에 따라 걷기, 달리기, 스텝 밟기 등으로 구성됨
- 장점으로 한 번에 여러 명의 검사가 가능, 검사 진행을 위한 기술 요구도가 낮고, 비용이 저렴하며, 필요한 장비가 거의 없음
- 단점으로 검사 대상자의 노력을 제어할 수 없고, 검사 종료 기준이 없으며, 검사 중 혈압과 심박수를 측정할 수 없음
- 좌식생활자, 심혈관질환과 근골격계 합병증의 위험이 큰 사람에게는 적합하지 않음
- 12분 달리기, 1마일 달리기와 같은 필드검사의 경우 심폐체력 수준이 낮은 사람에게는 거의 최대 또는 최대검사가 될 수 있음

40

〈보기〉의 괄호 안에 들어갈 공식으로 옳은 것은?

┌─ 보기 ├─
허혈성 심장질환을 정확하게 판단하는(진양성) 양성
예측치는 [⊙ / (ⓒ+ⓒ)]×100으로 계산한다.
└─────

	⊙	ⓒ	ⓒ
①	진양성 (true positive)	진양성	가양성 (false positive)
②	진양성	진양성	가음성 (false negative)
③	진음성 (true negative)	진음성	가양성
④	진음성	진음성	가음성

해설

허혈성 심장질환 환자가 양성검사가 나온 백분율은 민감도로서
허혈성 심장질환자를 심장허혈(ST 분절 ≥ 1mm 수평적 또는 하
향곡선) 양성으로 판정하는 진양성(TP, True Positive)에 대한
설명임

정답 ①

해설 ➕ 민감도, 특이도 및 예측치

┌─────
■ 민감도(sensitivity): [TP / (TP+FN)]×100
  • 진양성(TP, True Positive) 검사: 허혈성 심장질환자를
    심장허혈(ST 분절 ≥ 1mm 수평적 또는 하향곡선) 양성으
    로 판정
  • 가음성(FN, False Negative) 검사: 심근허혈 검사는 음
    성이지만, 환자는 실제 허혈성 심장질환이 있는 경우
■ 특이도(specificity): [TN / (TN+FP)]×100
  • 진음성(TN, True Negative) 검사: 심근허혈에 대해 음
    성, 허혈성 심장질환 없는 경우
  • 가양성(FP, False Positive) 검사: 심근허혈에 대해 양성
    이지만, 허혈성 심장질환 없는 경우
■ 예측치(predictive value)
  • 양성예측치=[TP / (TP+FP)]×100
  • 음성예측치=[TP / (TN+FN)]×100
└─────

CHAPTER
01

운동상해 핵심이론

> **참고도서**

W. E. Prentice (2016). Principles of Athletic Training: A Competency-Based Approcah (15th ed.).
길재호 외(2016). 운동손상학(제15판). 대한미디어.

> **학습완성도** ☐☐☐☐☐

학습 완성도를 체크해 보세요. 부족하다고 판단되면 위 참고도서를 통해 업그레이드하길 바랍니다.
※ 운동상해는 기능해부학과 운동처방론과의 일부 내용중복이 있음을 이해하며 학습하길 바랍니다.

1 스포츠 손상의 예방

① 경기 참가 전 검사
- 경기에 참가하기 전에 심혈관 검사를 통해 스포츠 손상을 미리 예방함
- 가슴통증, 고혈압, 호흡곤란, 피로감 등을 진단하고, 가족 중에 심장질환자나 심장병으로 50세 이전에 사망한 경우가 있는 등 가족력을 포함하여 검사함

② 스포츠 상해 예방
- 예방법: 손상이 발생하지 않도록 사전에 방지(일차 예방) / 손상으로 회복한 선수가 다시 손상을 입지 않도록 방지(이차 예방)
- 준비운동, 정리운동, 테이핑, 보호장비, 훈련 프로그램, 심리적 안정, 충분한 휴식, 영양공급 등 전반적인 사항을 점검함

③ 스포츠 의학팀의 역할과 기능
- 스포츠 의학팀: 운동선수의 체력관리, 재활운동, 손상방지에 목적을 둠 / 경기 중 부상당한 선수를 대상으로 의사, 물리치료사, 트레이너, 스포츠 심리학자, 운동생리학자 등 영역별 전문가들의 도움을 받게 함 / 선수훈련 프로그램 운영을 위해 운영 절차, 시설 설계, 학생선수 부상예방 프로그램, 병원 연계 시스템, 환자 기록 보관 등을 고려함

• 구성원 역할

의사	정형외과, 재활의학과의 전문적 식견을 토대로 스포츠 의학에 관한 손상을 대처함
물리치료사	전기치료, 초음파치료, 도수치료 등 의료장비를 이용하여 치료함
트레이너	운동손상 예방, 손상에 대한 인지 및 평가, 처치, 재활의 과정을 도맡아 함
스포츠 심리학자	부상당한 선수를 포함해 재활과정에서 필요한 심리적 상담을 함
운동생리학자	재활프로그램, 신체구조 분석, 운동생리학적 검사 등의 정보를 제공함

2 스포츠 손상의 위험 관리

① 환경적 고려

분류	내용
열 손상	• 열발진, 열실신, 열경련, 열탈진, 열사병 등이 있음 • 열실신(heat syncope)의 증상 및 징후에는 어지러움, 기절, 체온상승, 정신혼란 등이 있음 • 열사병(heat stroke)에서 초기 빈맥, 저혈압은 체온조절중추가 열 자극을 못 이겨 기능을 상실해서 발생함
한랭 손상	• 저체온증 　–정상체온에서 2℃ 떨어진 35℃ 이하의 심부온도임 　–저체온증을 유발하는 에너지 고갈, 피로, 수면부족 등이 있음 　–저체온증을 예방하기 위해 기온, 날씨, 고도 등을 고려함 • 동상(Frostbite) 　–조직의 온도가 0℃ 이하로 떨어질 때 발생함 　–저린 감각, 이상감각, 화끈거림 등의 증상이 나타남 • 부동성 한랭 손상(Nonfreezing Cold Injuries) 　–참호발(Trenchfoot): 0~15℃ 온도에서 12시간 동안 노출될 때 발생함, 저린 감각, 부종, 감염이 동반됨 　–동창(Chilblains): 피부 표면의 한랭 손상으로 16℃ 이하 온도에 노출될 때 발생함. 부종, 압통, 가려움, 통증을 동반함
고지 손상	• 급성 고산병 　–해발 약 2,400m 이상 고지대에서 발생할 수 있음 　–점진적이고 단계별로 고지대에 거주, 해발 2,400m 이상일 곳에서는 해발 약 300m 높이마다 1일 휴식을 취함. 몸의 정상 수화상태를 유지, 고탄수화물(70~80%) 식사를 하면서 고산병을 감소시킴
수중 손상	• 잠수, 수영 등을 통해 얻어지는 손상

보호용 스포츠 장비
■ 안전기준
• 국제표준화기구(ISO, International Standardization Organization)의 기준을 따름
• 안전사고의 예방을 통해 사고를 줄이기 위한 노력을 함

> ▪ 보호장비
> - 머리 보호: 선수 간 혹은 장비, 용구에 의한 신체적 충돌이 불가피한 스포츠 종목(야구, 스키, 사이클, 아이스하키, 미식축구 등)
> - 안면 보호: 야구 포수, 아이스하키 골키퍼 등은 후두부 보호까지 함
> - 몸통 보호: 스포츠 브래지어 착용으로 땀 흡수, 가슴 흔들림 방지를 함

② 붕대 감기와 테이핑

- 붕대 감기
  - 혈액순환과 관절가동범위를 방해하지 않기 위해 근수축 범위에서 감는 것이 좋음
  - 최소 1/2 정도 겹치게 감고, 붕대감기 적용 후 혈액순환에 방해가 되는지를 확인함(손가락, 발가락 색깔을 통해 확인, 보통 정도의 압박력으로 감음)
- 테이핑 절차: 테이핑 목적 파악, 운동손상부위 보호이면 손상기전 파악 → 테이핑 종류, 크기 결정, 테이핑 부위의 피부상태 점검 → 테이핑 받는 사람에게 절차, 자세, 알레르기 반응에 따른 대처 등을 설명 → 고정기준테이프를 만들고, 1/2 정도 겹치게 테이프를 먼 쪽에서 몸 쪽으로 적용 → 테이핑 후 혈액순환 방해 여부 확인

신축성 접착테이프	• 근육지지, 보강하여 관절에 가하는 스트레스를 줄이고 상해 예방 • 신체의 작은 부위(손가락, 손목, 손 등)의 관절에 사용하기 편리
비신축성 접착테이프	• 스포츠 현장에서 C-테이프라고 부름 • 과도한 관절의 움직임을 제한하기 위해 사용(발목염좌 등)

3 스포츠 손상의 기전

① 치유과정

단계	내용
염증반응단계	• 부종, 발열, 발적, 통증, 기능손실 등으로 나타남(혈관수축과 확장) • 손상된 조직을 치유하기 위한 초기 단계로서 손상부위에서 화학적 매개체(히스타민, 사이토카인 등)이 방출됨(포식작용 phagocytosis 통해 죽은 세포 등을 소화시킴)
섬유조직-형성단계	• 반흔조직(cicatricial tissue, 흉터조직) 회복을 위한 증식, 재생활동이 발생함 • 4~6주 기간 동안 섬유증식기(fibroplasia)가 지속됨 • 염증반응기에 나타났던 증상과 신호들이 사라짐 • 섬유소응고(fibrin clot) 파괴, 섬유아세포, 콜라겐, 모세혈관으로 구성된 육아조직(granulation tissue)이 생성됨
성숙-재형성기	• 반흔조직을 구성하는 콜라겐 섬유의 재배열, 재형성이 나타남 • 반흔조직의 인장강도 증가, 모세혈관 수 감소됨 • 3주 후 강하게 수축되는 혈관이 없는 반흔조직이 남음

② 연부조직의 치료

- 뼈를 제외한 모든 조직으로 상피조직(피부, 혈관의 내막), 결합조직(인대, 연골, 혈관 등), 근육조직(골격근, 심장근 등), 신경조직(뇌, 척수 등)이 있음
- 연골 손상은 발목관절의 목말뼈, 무릎관절의 넙다리뼈 관절융기에서 발생함
- 연골 치료는 2개월 이상이 필요하고 근육의 균형, 적절한 재활훈련이 필요함
- 인대 손상은 72시간 후 부종이 감소하면서 염증세포가 손상 부위에서 활동함
- 인대 치료를 위해 섬유아세포가 활성화되는 시기에 적절한 강도의 인대 스트레칭을 함
- 근육 손상은 스포츠 손상에서 가장 흔하며, 장딴지근, 햄스트링, 넙다리네갈래근, 어깨세모근 등에서 빈번함
- 근육 치료는 반흔조직이 형성된 후, 근육조직의 탄력과 인장력을 회복하기 위해 적절한 강도의 스트레칭, 신장성 근력운동이 필요함
- 힘줄 손상은 만성 손상과 연관이 있고, 아킬레스 힘줄, 무릎힘줄, 팔꿈치관절의 가쪽위관절융기염(테니스 엘보) 등에서 빈번함
- 힘줄 치료는 치유가 어렵고, 손상 후 2주가 지나면 적정 강도의 스트레칭이 필요함

개념

손상의 구조와 특성

■ 기계적 손상
- 외력에 의해 신체의 조직과 기능에 해로운 변화가 발생하는 것을 의미함
- 스포츠 손상을 유발시킬 수 있는 기계적 자극은 압축, 장력, 전단력, 굽힘력, 비틀림이 있음

■ 근육과 건 단위 손상
- 근육좌상(염좌): 좌상, 2도 좌상(근섬유의 부분파열), 3도 좌상(근섬유의 완전파열)
- 근경련, 방위성 근긴장, 근경직, 근통증, 근막통증유발점

■ 관절 손상
- 탈구, 아탈구(탈구와 비슷한 어깨관절 많이 나타남), 뼈관절염
- 윤활낭염: 힘줄염과 뼈, 피부와 뼈, 근육과 다른 근육 사이 마찰로 관절 주변 윤활주머니에서 발생

■ 뼈 손상: 골절(폐쇄골절, 개방골절, 피로골절, 뼈연골증)
- 그린스틱 골절(greenstick): 청소년기 뼈들처럼 골화되지 않는 뼈의 불완전한 파괴(녹색 나뭇가지)
- 분쇄골절(comminuted): 세 개 이상의 골절부위의 조각 발생(강한 충격, 불안정 자세의 추락)
- 선단골절(linear): 뼈의 길이에 따라 갈라지는 곳에 생기는 골절(높은 곳에서의 착지)
- 횡단골절(transverse): 뼈 지지대에서 거의 직각에서 직선 형태로 발생(직접적 외부 가격)
- 사선골절(oblique): 반대쪽 끝이 고정된 상태에서 한쪽 끝의 갑작스러운 자극으로 발생
- 나선골절(spiral): S-형의 갈라짐(미식축구, 스키)
- 충돌골절(impacted): 높은 곳에서의 추락, 충돌 스트레스는 뼈의 한 부분에서 다른 부분으로 전달
- 결출골절(avulsion): 인대, 건의 부착 지점에서 피질로부터 뼈 조직이 분리되는 것
- 분출골절(blowout): 눈이 가격됐을 때 안와(eye orbit) 벽에서 발생
- 톱니상골절(serrated): 두 뼈의 조각이 톱니 모양의 날카로운 가장자리선에서 직접적인 가격으로 발생

- 함몰골절(depressed): 머리 뼈와 같은 평편 뼈에서 발생
- 반충골절(contrecoup): 외상이 발생된 반대 부위에서 발생(머리뼈 골절)
■ 신경 손상: 신경마비, 신경염, 연관통(주변조직의 2차적 발생통증)

4 스포츠 손상의 관리 기술

① 손상에 대한 선수의 반응과 대응
- 선수는 예상하지 못한 손상에 초기에 큰 충격을 받게 됨
- 선수 스스로는 손상을 당하거나 취약할 수 있다는 사실을 받아들이지 않음
- 정서적, 신체적, 사회적 반응들에 대한 상실감, 자책감, 무기력함을 느낌
- 심하게 되면 수면장애, 피로감, 우울증까지 동반하게 됨
- 손상 직후에 대한 적극적인 대처가 필요함
- 빠른 처치를 통해 선수의 심리적 안정을 유도해야 함
- 팀 감독은 선수의 회복 후 경기출전에 대해 긍정적인 메시지를 전달해야 함
- 부모는 재활 후 팀 복귀에 대해 지속적인 관심과 지지를 주어야 함
② 심리재활 프로그램: 매뉴얼 처치, 명상, 음악 감상, 그룹운동 지도 등
- 재활 과정에서 상담자와 내담자 간의 신뢰를 토대로 한 정서적 연결(rapport)이 중요함
- 부상선수에 대한 신속한 처치와 재활을 목적으로 의사, 물리치료사, 트레이너, 스포츠 심리학자, 운동생리학자 등 영역별 전문가 간의 협력(cooperation)이 중요함

스포츠 재활의 기술적 용어
■ 증상(symptom): 선수의 신체나 기능에 있어서 손상이나 질병을 나타낼 것으로 예측되는 변화
■ 징후(sign): 특수한 상황에 대해 결정적이고 확실하며 객관적인 표시(운동선수 검진 때 나타남)
■ 진단(diagnosis): 특수한 상태에 대한 이름
■ 예후(prognosis): 질병상태의 진행과정을 예상하는 것
■ 후유증(sequela): 질병이나 손상 후 나타나는 상태
■ 증후군(syndrome): 상태 혹은 질병을 가리키는 증상들

쇼크(shock)
■ 저혈량성 쇼크(hypovolemic shock): 충분한 혈액공급이 안 돼 산소결핍이 일어날 때 발생
■ 호흡성 쇼크(respiratory shock): 폐의 순환혈액에 충분한 산소공급이 안 될 때 발생
■ 신경성 쇼크(neurogenic shock): 심혈관계 내의 혈관의 확장에 의해 발생

- 심리적 쇼크(psychogenic shock): 혈관의 일시적 확장에 의해 뇌에 충분한 혈액공급이 안 될 때 발생(졸도)
- 심장성 쇼크(cardiogenic shock): 심장이 충분한 양의 혈액을 신체로 보내지 못할 때 발생
- 폐혈성 쇼크(septic shock): 심한 박테리아 감염으로 독소가 혈관 확장을 일으키며 발생
- 과민성 쇼크(anaphylactic shock): 음식물, 벌레, 약물, 먼지, 꽃가루 등 알레르기 반응이 나타날 때 발생
- 대사성 쇼크(metabolic shock): 당뇨병 등 질병과 배뇨, 구토, 설사같은 신체액체의 과도한 상실로 발생

개념

경기장 안팎에서 응급처치

<table>
<tr>
<td rowspan="2">경기장
내에서의
응급처치</td>
<td colspan="2">
■ 의식 유무 확인
• 무의식 환자(기도 확보 · 호흡 · 순환): 목뼈 안정 → 심폐소생술(CPR) → 응급요청
• 의식 환자: 활력징후 확인(근골격계 손상 평가, 경기지속 유무 확인)
  * CAB: 순환 → 기도 → 호흡
■ RICE 처치법: 근골격 손상 때의 응급치료
① Rest: 안정을 취함 / 제한적 활동
② Ice: 얼음찜질을 실시함 / 통증 감소, 혈관의 국소적 표면 수축 촉진
③ Compression: 환부를 압박함 / 출혈과 혈종 감소, 부종(부기) 억제
④ Elevation: 환부를 높이 올려두게 함 / 내출혈 감소, 부종(부기) 감소
■ PRICE 처치법: Protection(보호), Rest, Ice, Compression, Elevation
■ 하임리히법(Heimlich Maneuver): 기도가 폐쇄된 경우 실시
</td>
</tr>
<tr>
<td colspan="2"></td>
</tr>
<tr>
<td rowspan="6">경기장
밖에서의
손상 평가와
처치</td>
<td colspan="2">■ 임상적 진단(HOPS 체제)</td>
</tr>
<tr>
<td>문진
(History)</td>
<td>• 정확한 문진을 위해 부상선수를 안정시킴
• 간단한 질문과 객관적인 해석으로 일관함</td>
</tr>
<tr>
<td>관찰
(Observation)</td>
<td>• 보상작용, 근육방어, 얼굴표정 등을 관찰함</td>
</tr>
<tr>
<td>촉진
(Palpation)</td>
<td>• 뼈와 연골부분에 압력을 가볍게 시작해 점차 증가시킴
• 통증을 호소하는 부분에서 먼 곳에서부터 실시함</td>
</tr>
<tr>
<td>특수검사
(Special Tests)</td>
<td>• 움직임 평가, 관절각도 평가, 도수근력검사, 신경학 검사 등을 실시함</td>
</tr>
<tr>
<td colspan="2">
■ SOAP 손상정보 기록
• 주관적인 평가(Subjective): 부상선수의 주관적인 진술을 토대로 함(손상시간, 기전, 부위 등)
• 객관적인 평가(Objective): 객관적인 육안검사, 촉진, 능동적, 수동적 움직임, 관절의 안정성, 특수
  검사 등을 기록함
• 평가(Assessment): 치료사의 전문적인 판단에 기인함
• 치료계획(Plan): 응급처치법, 추가검진, 재검진 등 소견을 기록함
■ 고정술: 진공 부목, 공기 부목, 반고리 부목 등
■ 치료기기: 한랭치료, 온열치료, 단파 및 극초단파 투열기, 초음파 치료
</td>
</tr>
</table>

05

5 스포츠 손상의 의학적 상태

(1) 발

① 구조: 발은 모두 26개의 뼈로 이루어져 있으며, 14개 발가락뼈, 5개 발허리뼈, 7개 발목뼈로 구성돼 있음 / 발은 지면에 직접적으로 접촉하므로 운동학적 움직임에 의해 스트레스를 받는 구조임 / 러닝, 점핑, 방향전환의 결정적 역할을 하므로 발에서 발생하는 손상을 잘 이해해야 함

② 발 손상 종류와 기전

분류	병인
발목부분 손상	• 거골의 골절: 목발뼈에서 정강뼈의 외회전(external rotation) 등 • 발꿈치뼈 골절: 높은 곳에서 떨어지거나 점프 후 착지에서 주로 발생 • 발꿈치 피로 골절: 장거리 선수들에 많이 나타나며, 발바닥-발꿈치 부분의 지속 통증 • 발꿈치뼈 골단염(Sever's 질환): 신체적으로 활발한 선수에게 발생하는데 아킬레스건에 부착되는 발꿈치뼈(뼈 돌출)의 돌기에서 나타나는 손상 • 발꿈치뼈뒤 활액낭염: 아킬레스건과 종골 사이에서 발생되어 활액낭(bursa)의 염증 • 뒷꿈치 타박상: 스포츠 활동에서 갑작스런 멈춤, 출발에 대한 반응 등 • 입방뼈 아탈구: 회내와 외상이 주요 원인으로 내번동작에 의한 전/외측 발목과 발등의 통증 • 발목굴증후: 발목굽힘근지지띠, 골조직의 바닥면, 터널을 형성하는 내측복사뼈 뒷부분의 조직이 헐거워진 상태 • 발목발허리 골절/탈구: 발허리뼈 기저부의 이동을 유발하는 체중에 의해 전방으로 이동
발허리뼈 부위 손상	• 평발: 발의 과도한 내전에 의한 것으로 발 앞부분이 내반(varus)되어 구조적으로 변형 • 족부 요족: 발의 과도한 회외(supination)에 따라 발생 • 두 번째 발허리뼈 피로골절: Morton's toe(첫째 발허리뼈가 비정상적으로 짧은 상태)에 의해 달리기할 때 체중부하가 두 번째 발허리뼈에 전달 • 세로아치 좌상: 딱딱한 경기장에서 반복된 운동을 통해 발바닥 근육자극에 의한 손상 • 족저근막염: 발바닥근막(plantar fascia)은 체중부하의 결과로 세로아치가 무너지고, 발가락이 신전되는 동안 긴장도가 증가 • Jones 골절: 강하게 딛거나 반복적인 자극처럼 직접적인 힘에 의해 발의 내전과 발바닥 굴곡의 손상으로 발허리뼈의 어느 한 부분에서 발생 • 발허리뼈 피로골절(행군골절 march fracture): 언덕을 달리거나 딱딱한 표면에서 갑작스런 변화의 운동 • 무외지반증: 엄지 외반증(bunion)은 통증이 가장 심하고, 좁거나 짧은 신발 착용으로 발생 • 종자골염: 반복적인 엄지발가락과의 과신전으로 염증 발생 • 발허리뼈 통증: 발바닥 앞부분 통증으로 장딴지근가자미근군의 신장성이 제한될 때 발생 • 발허리뼈 아치 좌상: 발허리뼈가 내려앉거나 평발인 경우 발생 • Mortons 신경증: 발허리뼈 머리 부위 사이에서 발생하며 일반적인 하지 신경장애
발가락 손상	• 발가락 염좌: 유연하지 못한 물체를 걷어찰 때 발생 • 엄지발가락 과신전: 과신전 손상(Turf toe)은 엄지발가락의 발허리뼈지골 염좌 • 발가락뼈 골절과 탈구: 물체를 차거나 계단에서 발생 • 엄지발가락 강직증: 충돌, 능동적, 보조적 발등쪽굴곡(dorsiflexion) 활동 감소로 제1발허리발가락관절의 배측부에 뼈의 자극이 커져서 발생

발가락 손상	• 해머, 망치, 발갈퀴 발가락: 작은 발가락 변형 등 • 발가락 겹침: 부적절하게 조이는 발 관련 용품, 좁은 신발 착용으로 발생 • 발톱, 혈종: 물체를 발로 차거나 발톱 위로 물체가 떨어질 때, 발톱 밑으로 피가 고이면서 발생

③ 손상 예방과 재활

분류	재활
신체 컨디셔닝	• 발의 손상을 재활하는 과정에서 비체중지지가 요구됨 • 수중, 상체 에르고미터 같은 대신할 수 있는 운동이 필요함
체중 지지	• 기계적으로 걸음걸이가 정확하지 않으면 다른 관절 움직임에도 영향을 미침 • 통증을 견딜만하게 되면 제한된 체중지지(weight bearing)를 완전 체중지지로 진행시킴
관절 가동법	• 수동적(manual)인 관절 움직임 기술을 통해 정상화해 나감 • 관절의 가동기법(joint mobilization)을 통해 발에 유용하게 사용해야 함
유연성	• 유연성(flexibility)을 유지하기 위해 족저 근막의 경우 스트레칭 운동이 중요함 • 비복근 – 가지미근군(gastrocnemius – soleus complex)의 스트레칭도 중요함
근력운동	• 발의 근력운동(muscular strength)은 탄성튜빙, 수건운동, 도수저항 방법을 사용할 수 있음 • 물체 들기, 수건 모으기, 발가락 모으고 펴주기, 수건 옆으로 옮기기(scoop) 등이 있음
근신경 조절	• 근신경 폐쇄사슬운동 조절(CKC, closed kinetic chain)이 가장 중요함 • 위킹, 러닝, 다양한 방향 변화를 하는 호핑운동, 밸런스 보드 등이 있음
발보조기와 테이핑	• 보조기는 변형된 발을 교정하는 데 사용되고 선수들의 운동경기에 사용됨 • 테이핑(taping) 기술과 생체역학적으로 비정상적인 발을 부가적으로 지지하기 위해 제공되는 보조기가 필요함
기능적인 회복	• 점진적인 회복을 위해 걷기, 조깅, 달리기 방향전환, 호핑(hopping, 깡총뛰기) 등을 함

(2) 발목, 하지

① 발목의 인대 손상은 매우 흔하게 발생함 / 무릎과 발목 사이를 하지라고 정의하고, 정강뼈(tibia)와 종아리뼈(fibula)라는 두 개의 뼈로 구성됨 / 발목관절은 정강뼈의 먼 쪽, 종아리뼈의 먼 쪽, 목말뼈(talus)로 구성되어 있음

② 발목, 하지 손상 종류와 기전

분류	병인
발목 손상	• 안쪽번짐 발목 염좌: 가장 흔한 손상으로 가쪽 인대의 손상 • 1등급 인대 염좌: 표면이 고르지 않은 곳을 걷거나 구덩이에 갑자기 빠질 때 발생 • 2등급 인대 염좌: 안쪽번짐, 발바닥굽힘, 모음(adduction) 자세에서 발목에 가해지는 힘이 중등도일 때 발생 • 3등급 인대 염좌: 상대적으로 흔하지 않으나, 발목이 힘에 의해 부분이탈(subluxate)됨 • 가쪽번짐 발목 염좌: 안쪽번짐에 비해 드물지만, 정강이뼈 골절을 수반 • 인대결합의 염좌(고도의 발목 염좌): 가쪽회전, 발등굽힘에 힘이 가해지면서 발생 • 발목 골절 및 탈구: 벌림되는 힘이 발에 가해지면 정강뼈, 종아리뼈 가로 골절 발생 • 박리뼈연골염: 목말뼈 원개(talar dome)의 위안쪽 관절 표면에서 발생

하지 손상	• 아킬레스 힘줄 좌상: 발목 염좌, 갑작스러운 발목의 강한 발등굽힘으로 스포츠에서 자주 발생 • 아킬레스 힘줄염: 러닝, 점핑과 같은 반복적인 움직임 동안의 과도한 신장내력(tensile stress)으로 과부하에 의해 발생 • 아킬레스 힘줄의 파열: 급격하게 미는 동작을 통해 앞쪽발의 무릎이 강제적으로 펴지면서 발생 • 종아리힘줄의 아탈구/탈구: 역동적 힘이 발과 발목에 작용하는 활동에서 가장 흔하게 발생(레슬링, 풋볼, 아이스 스케이팅, 스키, 농구, 축구 등) • 앞 정강근 힘줄염: 장기간 동안 내리막을 뛰어 내려가다가 발생 • 뒤 정강근 힘줄염: 회내된 발 또는 과운동성을 가진 환자가 과도한 운동을 할 때 발생 • 종아리근 힘줄염: 흔하지는 않지만 요족(pes cavus)을 가진 사람들이 발의 가장자리에 무게가 실리면서 발생 • 정강이 타박상: 피부 바로 아래 있는 하지 앞면의 약한 부분으로 외부충격으로 발생 • 근육 타박상: 장딴지근 타박은 스포츠에서 흔히 발생 • 다리의 경직과 경련: 피로감, 많은 땀을 흘린 후의 수분 부족, 부적절한 상호 근육의 협응 등 강직성 경련이 발생 • 장딴지근좌상: 빠른 출발, 정지, 간헐적인 점핑 등으로 발생 • 급성다리골절: 모든 다리골절 중 종아리뼈(fibula) 골절이 가장 흔하고, 직접적 혹은 간접적인 외상으로 발생 • 안쪽 정강뼈 스트레스 증후군(MTSS): 모든 러닝 손상의 10~15% 차지, 모든 선수들 다리 통증의 60% 차지, 러닝, 점핑 등 동작에서 발생 • 구획증후근 　-구획 내에 근육과 신경혈관의 압력으로 발생 　-급성 구획 증후군(직접적 외상, 통증, 경직, 팽윤 나타남), 만성 구획 증후군(직접적 외상 없이 운동 후 발생) • 정강뼈 또는 종아리뼈의 피로골절: 장거리 선수들에게 나타나는 과사용 스트레스 손상

③ 손상 예방과 재활

분류	재활
전신운동	• 고정식 자전거, 상지 에르고미터 사용을 통해 발목, 하지 무리가 가지 않게 함 • 수영장에서 물에 뜨는 기구 사용, 수중에서 달리기, 수영 등이 좋음
체중부하	• 손상 직후 비체중부하 또는 목발 사용을 통해 부분적인 체중부하만 가능하게 함 • 목발사용을 통해 근위축(muscle atrophy), 고유감각상실(proprioceptive loss), 순환장애, 힘줄염 등의 치유에 도움을 줌
관절의 가동화	• 초기에는 발등굽힘(dorsiflexion), 발바닥굽힘(plantar flexion)을 증가시키는 데 초점을 둠 • 손상된 관절의 가동은 인위적인 수동적인 관절의 가동방법의 의해 향상됨
유연성	• 초기에는 안쪽번짐, 가쪽번짐을 최소로 실시함 • 수건 스트레칭, 발등굽힘을 위한 서거나 무릎을 꿇는 스트레칭 운동을 통해 관절의 가동범위를 향상시킴
근신경 조절	• 불완전한 표면보드(BAPS)에서 수행하는 운동은 관절 가동범위, 근신경 조절 회복에 도움을 줌 • 앉아서 하는 것이 쉬워지면 서서 평형성 운동을 함

평형성과 자세의 안정	• 한쪽 눈을 감고 한쪽 다리를 들어올리는 동작을 실시함 • BAPS 보드, Bosu 밸런스 트레이너, 라커보드(rocker board), 미니트램펄린, Dynadisc 같은 보조기구를 통해 평형성을 증가시킴
근력 강화	• 초기 재활과정은 발바닥굽힘, 발등굽힘의 등장성 운동을 병행함 • 안쪽번짐-가쪽번짐 등장성 운동을 할 때는 통증 정도를 확인하면서 실시함
테이핑과 보조기	• 발목 지지대 없이 활동할 수 있도록 도움을 줌 • 테이핑은 과도한 부하로부터 손상된 인대를 보호하고, 발목 보조기는 기능적 안정성, 고유 감각, 자세 안정성, 평형성, 신경근육 조절 및 기능적 수행의 향상을 위해 추천됨
기능적인 진행	• 재활 초기에는 부분적인 체중부하 실시함 • 완전한 체중부하는 보행이 절룩거리지 않을 때 시작함
활동으로의 복귀	• 부상발생 이전 근력의 80~90%를 회복시켜야 함 • 손상부위의 스트레스가 점진적으로 증가되는 기능적 활동을 포함함

(3) 무릎, 무릎 관련 구조

① 신체활동 시 큰 스트레스가 가해지는 무릎에서 대다수의 외상이 발생하는 관절임 / 무릎관절 복합체는 넙다리뼈(femur), 정강뼈(tibia), 종아리뼈(fibula), 무릎뼈(patella)로 구성돼 있음 / 무릎은 굽힘(flexion, 굴곡)과 폄(extension, 신전)의 두 가지의 움직임의 원리로 경첩관절(hinge joint)이라고 불림

② 무릎, 무릎 관련 구조 손상 종류와 기전

분류	병인
인대 손상	• 안쪽곁인대 염좌: 안쪽과 가쪽 염좌는 변화하는 각도, 무릎 위치, 이전 손상, 관절을 지나는 근육의 근력, 갑작스런 사고로 인한 힘과 각도, 발의 고정, 경기장 표면 상태 등의 영향으로 발생 • 가쪽곁인대 염좌: 스키를 타다가 snowflow 동작유지에 실패했을 때, 뭉친 눈을 뛰어 넘을 때, 스키의 바깥쪽 날 바깥쪽으로 체중을 지지할 때 발생 • 앞십자인대 염좌: 접촉 또는 비접촉에 의해 발생, 비접촉 기전의 경우 앞십자인대 손상의 80% 차지함 • 뒤십자인대 염좌: 무릎의 90도 굽힘에서 가장 위험, 체중을 앞으로 한 착지, 굽힘된 무릎에 심각한 타격을 받으며 뒤십자인대의 열상이 발생
반달연골 손상	• 바깥굽이힘은 무릎은 모음시키고, 보통 안쪽곁인대의 찢김과 폄을 발생시킴
관절 손상	• 무릎 주름증: 안쪽무릎윤활주름은 두껍고 비순응적, 섬유화되어 있어 손상을 당하기 쉬움 • 무릎뼈연골골절: 안쪽가쪽넙다리뼈, 정강뼈 고평부의 관절 연골을 압박하는 두 방향의 돌림, 직접적인 외상에 의해 발생 • 박리뼈연골염: 관절 연골과 연골하 뼈의 부분적 또는 완전히 분리된 통증을 유발 • 관절 타박상: 무릎관절을 지나가는 근육의 심각한 타격은 장애 상태 유발 • 종아리신경 타박상: 종아리뼈목 뒤로 지나는 종아리 신경의 압박은 발차기, 직접적인 가격에 의해 발생

무릎뼈 손상	• 무릎뼈 골절: 직접적 혹은 간접적인 외상에 의해 발생 • 급성 무릎뼈 아탈구 또는 다발성 탈구: 각각 발들이 감속하고, 일제히 반대방향으로 컷팅(cut)하는 동작할 때 발생 • 무릎 아래 지방체 손상: 정강뼈와 무릎뼈 사이에서 만성적인 무릎굽힘에 의해 자극을 받거나, 외상을 입을만한 직접적인 충격을 받을 때 발생
무릎넙다리통증 증후군	• 무릎뼈연골연화증: 비정상적인 무릎뼈 움직임으로 발생(정확한 원인은 밝혀지지 않음) • 무릎 – 넙다리뼈 스트레스 증후군 　– 넙다리뼈 고랑(femoral groove)에서의 무릎뼈 움직임이 바깥쪽으로 치우쳐서 발생 　– 증가된 Q각은 무릎관절이 굽힘됐을 때 가쪽 관절면 압박력 증가시킴
폄근의 손상 기전	• 라르센요한슨병과 오스굿 – 슐라터병: 성숙하지 못한 무릎에서 나타남(18살 정도의 환자) • 무릎뼈 힘줄염: 점프, 달리고 킥하는 동작에서 폄 근육 무리(extension muscle complex)에 극도의 장력이 발생 • 무릎뼈 힘줄 파열: 갑작스러운 넙다리네갈래 근의 강력과 수축, 몸의 무게로 발생 • IT 밴드 마찰증후군과 거위발 힘줄염 및 주머니염(runner's knee): 무릎의 과사용, 많은 반복으로 발생

③ 손상 예방과 재활

분류	재활
신체 컨디셔닝	• 손상자는 심폐능력 유지를 위해 적정 수준의 활동을 이어감 • 지구력이 향상되지 않으면 완전한 활동으로의 복귀가 어려워짐
체중지지	• 급성 무릎손상 후 하루는 체중지지를 하지 않음 • 재활 보조기를 통해 점진적으로 체중지지를 해야 함
무릎 관절의 가동성	• 관설 섬유화를 줄이기 위해 관절 가동술을 일찍 가동함 • CPM(constant passive motion)은 통증 없는 범위에서 수술 직후 사용됨
유연성	• 수술 후 완전한 관절가동 범위 회복은 무릎재활에서 가장 중요함 • 처치 후 첫날부터 완전한 가동범위를 확보하기 위해 노력해야 함
근육운동	• 근육운동은 등척성 운동에서 등장성(단축성 – 구심성 수축 / 신장성 – 원심성 수축), 등속성 운동을 플라이오메트릭 운동을 하기 위해서 함 • 미니스쿼트, 박스 오르기, 레그프레스, 자전거, 계단 오르기 기구, 튜빙운동과 같은 닫힌 사슬 운동을 함
근신경 조절	• 통증 억제과정, 부기로 인해 근신경 조절능력을 상실함 • 목발 이용 체중지지, 다리펴고 들기, 허벅지 힘주기와 같이 자기수용 조절 노력과 함께 BAPS 보드, 보수보드, tremor 박스, dynadisc는 자기수용 감각과 균형을 이루는 데 도움을 줌
브레이스	• 재활과정 중 무릎 브레이스(bracing)는 움직임을 보호하기 위해 설계됨 • 재활목적의 브레이스는 보통 수술 후 3주에서 6주 정도 착용함

기능적 진행	• 점진적으로 달리기를 해야 회복됨 • 걷기(앞, 뒤, 직선, 곡선), 조깅(직선, 곡선, 오르막, 내리막), 달리기(앞방향, 뒤방향), 전력질주(직선, 곡선, 큰 8자형 곡선, 작은 8자형 곡선, 지그재그, 다리교차 뛰기)로 점차 점진적으로 진행함
활동으로 복귀	• 손상구조를 충분히 치유할 수 있는 기회를 제공함 • 관절운동측정기 평가, 기능수행평가(빠르게 8자 뛰기, 호핑 테스트 등)를 시행함

(4) 넙다리, 엉덩이, 샅고랑부위, 골반

① 넙다리는 엉덩관절과 무릎 사이의 다리 부분임 / 샅고랑부위는 넙다리 위쪽과 안쪽에 있는 부위임 / 넙다리, 엉덩이, 샅고랑부위, 골반은 발목과 무릎보다 비교적 낮은 손상이 발생함

② 넙다리, 엉덩이, 샅고랑부위 및 골반 손상 종류와 기전

분류	병인
넙다리 손상	• 넙다리네갈래근의 타박상 −근육에 대한 압박인 타박상으로 이완된 넙다리에 강한 충격으로 발생 −단축(shortening)을 피하기 위해 굽힘(flexion) 상태에서 냉찜질을 함 • 외상성 골화근육염: 넙다리에 심하거나 반복적인 타격이 가해졌을 때 발생 • 넙다리네갈래근 좌상: 엉덩관절에서 초기 폄(extension) 될 때, 무릎이 굽힘(flexion)된 상태에서 갑작스럽고 강한 수축으로 발생 • 뒤넙다리근 좌상: 넙다리 손상 중 가장 흔한 손상, 뒤넙다리근의 급속한 변화, 엉덩관절의 폄에 의해 발생 • 넙다리뼈 골절: 골다공증 노인, 중년, 청소년기 순으로 나타나며, 잠재적인 합병증까지 유발 • 넙다리뼈 피로골절: 지구력 선수(철인 3종 경기, 마라톤)에게서 과사용으로 자주 발생
엉덩이, 샅고랑부위, 골반	• 엉덩관절: 러닝, 조깅, 가쪽돌림과 함께 비트는 동작에서 발생 • 넙다리들기 윤활주머니염: 넙다리뼈 큰돌기에서의 흔한 질환, 볼기근이 닿는 곳 주변과 엉덩정강인대가 지나는 돌기 위쪽 주변에 염증 발생 • 엉덩관절 염좌: 인체에서 가장 강한 관절로서 손상이 드물지만, 심한 비틀림에 의해 발생 • 엉덩관절 탈구: 드물게 발생, 넙다리뼈의 축을 따라 외상성 힘의 결과로 발생 • 무혈관괴사: 넙다리뼈 몸쪽의 혈액공급 감소로 일시적 혹은 영구적으로 나타나는 질환, 뼈의 혈액공급 감소, 혈관손상 등에 의해 발생 • 엉덩관절 테두리 파열: 러닝, 엉덩이 관절의 회전(pivot)과 같은 반복적인 움직임으로 발생 • 궁둥뼈신경통 / 궁둥구멍근증후군: 궁둥뼈신경 충돌, 허리 디스크, 직접적 외상 등에 의해 발생 (남자 < 여자)

③ 손상 예방과 재활

분류	재활
신체 컨디셔닝	• 운동선수는 전신의 심폐지구력, 근지구력, 근력을 유지해야 함 • 수중운동, 고정식 자전거, 상체 에르고미터를 이용하며 체력 유지함
유연성	• 통증 없이 관절운동범위를 회복하는 것이 중요함 • 정적 스트레칭, 고유수용성 신경근 촉진법(PNF)을 진행함

관절가동	• 90도로 엉덩이를 굽힌 상태에서 넙다리를 아래쪽으로 움직임으로써 벌림과 굽힘을 향상시킴 • 환자를 눕힌 상태에서 골반 아래쪽을 고정시키고 넙다리를 뒤쪽으로 움직이며 체중을 이용함
근력	• 근육이 완전하게 수축될 수 있을 때까지 등척성 운동을 함 • 이후 능동적 등장성 수축, 점증적인 등장성 저항운동, 등속운동 순서로 진행함
근신경 조절	• 근신경 조절은 자세 정렬과 근력 안정성의 적절한 결합으로 이루어짐 • 균형과 폐쇄운동사슬(런지, 한발 스쿼트 등)에 집중함
기능적 진행	• 체중부하 없이 러닝을 수행할 수 있는 수준에서 시작함 • 워킹, 조깅, 슬로우 러닝, 지그재그 러닝, 8자 러닝, 단거리달리기 등을 통해 체중부하를 진행시킴
활동으로의 복귀	• 넙다리와 엉덩이 부위의 통증 없이 완전한 기능으로 보여줘야 복귀함 • 완전한 관절의 운동범위, 근력, 균형능력, 민첩성을 가져야 함

(5) 어깨관절

① 어깨관절은 빗장뼈, 복장뼈, 어깨뼈, 위팔뼈로 구성됨 / 어깨관절은 인체에서 가장 복잡한 부위 중 하나로서 넓은 가동성에 의한 손상이 있음 / 오버헤드 스포츠에서 반복적으로 실시하는 종목에서 어깨손상이 발생함

② 어깨관절에 작용하는 근육과 신경

구분	근육	작용	신경분포 / 신경뿌리
위팔뼈에 작용하는 근육	큰가슴	팔의 굽힘, 모음, 안쪽돌림	안쪽, 가쪽 가슴근신경
	넓은등근	팔의 폄, 모음, 안쪽돌림, 어깨를 아래쪽으로 당기기	가슴등신경
	어깨세모근	팔의 벌림, 앞쪽 근육 굽힘과 안쪽돌림, 뒤쪽 근육 폄과 가쪽돌림	겨드랑신경
	가시위근	팔의 벌림, 약간의 가쪽돌림	가시위신경
	가시아래근	팔의 가쪽돌림, 약간의 모음	
	어깨밑근	팔의 안쪽돌림	어깨밑신경
	큰원근	팔의 모음, 폄, 안쪽돌림	
	작은원근	팔의 가쪽돌림	겨드랑신경
	부리위팔근	팔의 굽힘, 모음	근육피부신경
어깨뼈에 작용하는 근육	등세모근	어깨 올림, 누름, 어깨뼈의 돌림, 모음, 어깨뼈 안정화	척수더부신경 (뇌신경이 아님)
	큰마름근	어깨뼈 모음, 안정, 돌림, 가쪽 각을 낮춤	등쪽어깨신경
	작은마름근		
	어깨올림근	어깨뼈 올림, 어깨뼈를 고정할 때 목을 가쪽으로 굽힘	
	작은가슴근	어깨뼈를 앞쪽 아래 방향으로 당기기	안쪽가슴신경
	앞톱니근	어깨뼈의 안정, 벌림, 돌림	긴가슴신경

③ 어깨관절 손상 종류와 기전

분류	병인
빗장뼈 골절	• 스포츠 현장에서 흔하게 일어남 • 팔을 뻗은 상태로 넘어지거나 어깨 끝으로 넘어질 때, 빗장뼈에 직접적으로 타격을 받을 때 발생함
어깨뼈 골절	• 어깨뼈 골절은 흔하지 않으나, 직접적인 충격으로 발생할 수 있음 • 힘이 위팔뼈에서 어깨뼈로 이전될 때 발생함
위팔뼈 골절	• 위팔뼈의 골간부, 위팔뼈 근위부, 위팔뼈 머리에서 직접 타격을 받을 때 발생
복장빗장인대 염좌	• 발생빈도가 높지 않으나, 어깨관절의 다양한 외상 중 하나임 • 빗장뼈의 충돌, 팔이 뒤로 펴진 상태에서 뒤틀림과 같은 직접적 충격이 어깨와 위팔뼈를 통해 직접적으로 전달되면서 염좌가 발생함
봉우리빗장인대 염좌	• 선수 간에 충돌하는 스포츠에서 흔하게 발생함 • 빗장뼈가 갈비뼈 아래로 누르는 동안 어깨의 끝부분에서의 직접적 충격으로 발생함
오목위팔인대 염좌	• 앞쪽 관절막 염좌는 팔을 강하게 벌리거나 가쪽돌림을 할 때, 직접 타격을 받을 때 발생함
급성 탈구와 아탈구	• 직접적인 충격을 받았을 때 발생함
어깨의 재발성 불안정증	• 외상성, 비외상성, 미세손상(반복 사용), 선천성, 신경근성이 있음 • 야구 투구동작, 테니스 서브동작, 수영 자유형 등의 스포츠 활동은 어깨의 앞쪽 불안정을 일으킴(반면, 수영 배영, 테니스 백핸드 스트로크는 뒤쪽 불안정을 유발)
어깨 충돌	• 역학적인 압박에 의해 발생함
어깨뼈 움직임 장애	• 반복적인 어깨사용을 하는 투구 선수들에게 흔함
유착관절낭염 (굳은 어깨)	• 위팔뼈머리 주변이 딱딱해지고 윤활액이 거의 없어지면서 발생함
가슴문증후군	• 목과 어깨 부위에서의 팔신경얼기, 빗장밑동맥, 빗장밑정맥의 압박으로 유발함
위팔두갈래근 파열	• 단축성 수축, 신장성 수축을 강하게 사용하는 사람들에게 흔히 나타남
두갈래근 힘줄윤활막염	• 오버헤드 선수들에게서 많이 나타남 • 고강도의 반복동작, 반복적 스트레칭으로 발생함
위팔의 타박상	• 흔한 증상이지만, 특히 위팔근, 위팔세갈래근, 위팔두갈래근 등의 가쪽 근육에서 주로 발생함
말초신경손상	• 심한 외상, 신장성 손상, 지속적인 통증, 근육 약화, 마비, 근육 위축이 있을 때 발생할 수 있음

④ 손상 예방과 재활

분류	재활
손상 후 고정	• 손상된 구조물, 손상의 심각도, 보존적 치료 여부, 수술적 치료 여부 등에 따라 고정기간을 고려함
컨디셔닝	• 선수들은 재활기간 중 고강도의 심폐지구력 유지가 필수적임 • 달리기, 속보, 자전거 타기 등은 심폐지구력 유지에 도움을 줌
어깨관절의 가동화	• 일반적인 가동범위 내에서 생리적인 움직임을 회복하기 위해 유지돼야 함 • 어깨가슴관절의 가동성에 대한 운동을 재활 초기에 시행함

유연성	• 통증 없이 자유로운 운동범위를 갖는 것은 어깨재활에 매우 중요함 • Godman의 추운동, 톱질운동, 부드러운 ROM 운동을 즉시 시행함
근력	• 어깨뼈의 벌림과 모음, 들어올림, 내림, 위쪽 회전, 아래쪽 회전, 내밂, 뒷당김 운동을 조화롭게 시행함 • 관성훈련 시스템(intertial training system)은 어깨관절 안정성에 도움을 줌
신경근육의 조절	• 바이오피드백 기술은 특정 근육의 향상에 도움을 줌 • 체조선수, 레슬링선수, 역도 선수들은 상지 폐쇄사슬운동을 해야 함
기능의 향상	• 볼, 라켓에 튜빙을 연결하여 던지거나 동작을 취하게 함 • 볼을 던지거나 서브를 하는 동작은 빠른 스피드 필요, 점진적으로 각속도를 향상시키면서 기능훈련을 함
현장으로의 복귀	• 등속성 검사를 통해 복귀 여부를 객관적으로 평가함

(6) 팔꿈치

① 팔꿈치 관절은 위팔뼈, 노뼈, 자뼈의 3개의 뼈로 구성돼 있고, 위팔자뼈 관절, 위팔노뼈 관절, 근위 노자뼈 관절의 3개 관절로 구성돼 있음 / 팔꿈치 관절주머니는 전방과 후방이 비교적 얇고, 전면은 위팔노근으로, 후면은 위팔세갈래근으로 덮여 있음 / 팔꿈치 손상의 가장 흔한 기전은 반복적으로 머리 위로 올리는 동작, 팔을 뻗고 넘어지는 동작에서 발생함

② 팔꿈치 손상 종류와 기전

분류	병인
타박상	• 팔꿈치의 뾰족한 돌기에 가해지는 지속적인 타격, 깊은 관통상에 의해 발생
팔꿈치머리 윤활낭염	• 윤활주머니의 표층부에 직접적인 타격에 의해 발생
염좌	• 과도한 저항성 운동, 관절의 과다 젖힘에 의해 발생
자쪽곁인대 손상	• 테니스 포핸드 스트로크, 부적절한 골프 스윙으로 인한 팔의 팔꿈치에 발생
가쪽위관절융기염	• 테니스, 투구, 골프, 창던지기, 펜싱같은 반복적인 굽힘과 펴기를 반복하는 선수에게 나타나는 만성적 질환
안쪽위관절융기염	• 반복적인 손목의 강한 굽힘, 팔꿈치 관절의 과도한 외반력을 요구하는 다양한 경기활동에서 발생
팔꿈치 박리성 골연골염	• 원인은 불명확하지만, 앞쪽 표면의 혈액 공급 장애로 인해 발생 • 투구 동작, 라켓류 스포츠를 하는 10~15세 어린 선수에게서 발생
리틀리그 엘보	• 어린 투수의 10~25%에서 발생 • 투구동작 자체로 인한 반복적인 미세손상에 의해 발생
팔꿈치증후군	• 농구, 테니스, 라켓볼, 투창 등 스포츠에서 팔꿈치 터널의 지붕을 형성하는 근막띠가 자신경을 압박해 발생
팔꿈치 탈구	• 손을 뻗고 팔꿈치가 과도하게 젖혀진 상태에서 넘어지거나 팔꿈치가 굽혀진 자세에서 비틀어질 때 발생

팔꿈치 골절	• 손을 뻗은 상태로 넘어지거나 팔꿈치를 굽혀 넘어질 때, 직접적인 타격이 있을 때 발생
볼크만 구축	• 위팔동맥의 손상으로 발생하는 아래팔의 허혈성 구축임 • 운동과 감각 기능의 손실이 발생, 정중신경에 손상을 가져옴
원엎침근 증후군	• 팔꿈치, 바로 그 윗부분에서 정중신경이 포착될 때 발생

③ 손상 예방과 재활

분류	재활
컨디셔닝	• 부상 전 신체수준을 유지하기 위해 전반적인 신체운동을 수행해야 함 • 고정식 자전거, 계단오르기, 일립티컬 등을 통해 심폐순환능력을 유지함
유연성	• 정상 관절운동범위를 회복하는 것이 매우 중요함 • 수동 스트레칭, 고유수용성신경촉진(PNF) 운동을 함
관절 가동	• 관절 섬유증, 유착성 관절낭염, 석회화 힘줄염 등에 기인하여 관절운동범위가 소실될 수 있어 조기 관절 운동이 매우 중요함 • 움직임, 당김 기술로서 통증을 줄임
근력	• 낮은 저항과 많은 반복횟수를 이용함 • PNF 운동, 등속성 운동은 초기 재활의 활동기에 사용될 수 있음
기능적 향상	• PNF 운동, 수영, 풀리 장비, 스포츠 활동을 재연하는 튜빙운동을 함
운동으로의 복귀	• 굽힘, 폄, 뒤침, 업침 가동범위가 정상범위 내로 돌아오면 운동에 복귀함

(7) 아래팔, 손목, 손, 손가락

① 아래팔뼈는 자뼈(ulna)와 노뼈(radius)가 있음 / 손목은 원위부 아래팔과 손의 연결부로 돼 있음

② 아래팔, 손목, 손 및 손가락 손상 종류와 기전

분류	병인
아래팔 손상	• 타박상 : 아래팔은 접촉운동에서 지속적으로 발생 • 아래팔 통증 : 정적 수축이 요구되는 다양한 활동에서 발생 • 아래팔 골절 : 활동적인 아이들이 타박상을 입거나 팔을 뻗은 채 넘어지면서 발생 • 마델룽(Madelung) 변형 : 손목의 비정상적인 발달로서 6~13세 사이에서 발생함(남자 < 여자)
손목 손상	• 손목 염좌 : 손목의 힘줄 손상과 인대 등의 지지구조 손상으로 가장 흔한 부상 • 세모꼴 섬유연골 복합체(TFCC) 손상 : 야구 배트, 라켓 스윙할 때 손목이 강하게 꺾이거나 돌아갈 때 발생 • 활막염(Tenosynovitis) : 손목의 반복동작으로 힘줄과 활막의 과사용에 의해 긴엄지폄근과 짧은엄지폄근에서 발생 • 건염(Tendinitis) : 노쪽, 자쪽 손목굽힘근이 손목동작에 쓰이고, 자전거 등 손바닥이 오래 눌리는 운동에서 과사용으로 인해 발생 • 신경 압박, 포착, 마비 : 손목의 신경은 좁은 공간으로 뻗어있어 압박, 포착되어 신경전달의 문제가 발생 • 손목굴 증후군(Carpal tunnel syndrome) : 8개의 긴 손가락 굽힘 근 힘줄과 활막, 정중신경이 좁은 해부학적 구조 내부로 뻗어 있는데, 이 공간 안의 부족으로 인해 정중신경을 압박하여 발생

05

손목 손상	• 드퀘바인 중후군(deQuervains's syndrome): 협착성 윤활막염으로 손목의 첫 번째 굴이 염증에 의해 수축되고 좁아지면서 발생 • 반달뼈 탈구: 손목이 과신전된 상태에서 넘어지거나 손목뼈가 앞쪽으로 노출될 때 발생 • 키엔복 병(Kienbock's disease): 반달뼈에 혈액 공급이 되지 않아 괴사되는 현상(손목염좌) • 손배뼈 골절(Scaphoid): 손목이 과신전 상태로 넘어질 때 발생 • 갈고리뼈 골절(Hamate): 테니스 라켓, 야구 배트, 하키 스틱, 골프 클럽 등을 들고 부딪치거나 넘어질 때 발생 • 손목 결절종(Ganglion): 손등 부분에 주로 발생하고 윤활막이 손목관절 밖으로 나올 때 발생
손, 손가락 손상	• 손목 손가락 타박상 및 압박 손상: 손과 손가락은 불규칙적 골격구조로 보호역할이 크지 않아 지방과 근육으로 발생 • 방아쇠 손가락, 엄지(Trigger finger or thumb): 반복적인 움직임으로 윤활막염이 손목, 손에서 발생 • 폄근힘줄 파열(Mallet finger): 날아오는 물체에 손가락 끝이 타격을 입을 때 발생 • 단추구멍 변형(Boutonniere): 손가락 폄근의 먼쪽 손가락뼈사이관절(PIP) 힘줄 파열로 발생 / 폄 불가능 • 먼쪽 손가락 굽힘근 힘줄 파열(Jersey finger): 환자가 상대방의 옷을 잡아당길 때 검지손가락의 힘줄이 파열되고 뼈조각 발생 • 뒤피트랑 구축(Dupuytren's constracture): 원인은 불분명하나, 손바닥 널힘줄에 결절이 발생해 손가락이 펴지지 않아 굽힘 변형이 발생 • 게임키퍼 엄지(Gamekeeper's thumb): 스키선수, 태클을 하는 미식축구 선수 등의 엄지 MCP 관절의 자뼈곁인대 염좌 • 손가락 관절 염좌: 농구, 배구, 미식축구 등에서 곁인대 염좌 발생 • 백조목 변형(Swan neck and pseudoboutonnier deformities): PIP 관절의 손바닥 판(인대)은 심한 과신전에 의해 발생 • 몸쪽손가락뼈사이 관절 등쪽 탈구(PIP dorsal dislocation): PIP 관절 탈구는 과신전으로 인해 손바닥 인대가 손상되면서 발생 • 손허리손가락 관절 탈구(MCP dislocation): 비틀리거나 꺾이면서 발생 • 베넷 골절(Bennett's fracture): 엄지의 손목손허리관절의 먼 쪽에서 엄지 관절에서 축 방향 충격으로 벌려지면서 발생 • 먼 쪽, 가운데, 몸 쪽 손가락뼈 골절 및 탈구: 충돌, 직접적인 충격, 나선형으로 꺾이면서 발생

③ 손상 예방과 재활

분류	재활
컨디셔닝	• 컨디셔닝은 심폐지구력, 근력, 유연성, 근신경 조절 등이 포함됨 • 걷기, 달리기, 계단 오르기, 에어로빅, 자전거 타기 등이 있음
관절가동법	• 자뼈를 고정하고 노뼈 머리를 먼 쪽으로 활주시키면 엎침이 증가함
유연성	• 통증 없는 능동 보조와 능동 스트레칭으로 손목의 굽힘, 폄, 자쪽굽힘, 노쪽굽힘을 함
근력 강화	• 무게를 이용하는 저항운동으로 굽힘, 폄, 노쪽굽힘, 자쪽굽힘, 엎침, 뒤침이 포함됨 • 악력 강화를 위해 고무밴드 이용, 악력계로 객관적 측정 가능함
근신경 조절	• 꼬집는 등의 민첩한 동작, 단추 잠그기, 신발끈 묶기, 작은 물체 들어올리기 등을 함
복귀	• 악력이 정상인 손과 동일, ROM이 완전, 민첩성이 갖추었을 때 복귀함

(8) 척주

① 척주(spine)는 33개의 척추뼈(가동추 24, 부동추 9)로 구성돼 있음 / 척주는 인체에서 가장 복합적인 영역 중 하나로 다양한 뼈, 관절, 인대, 근육이 있음

② 척수(spinal cord)는 척주의 중추신경계로서 척수 옆으로 31쌍(목뼈신경 C1-C8, 등뼈신경 T1-T12, 허리뼈신경 L1-L5, 엉치신경 S1-S5, 꼬리신경 1)의 척수신경이 나옴 / L5 신경근 손상이 되면 뒤꿈치 보행이 어렵고, S1 신경근 손상 시 발가락 보행이 어렵게 됨

③ 머리 안(cranial cavity, 두개강) 내 압력이 증가하면 맥박저하, 혈압 상승, 불규칙한 호흡을 유발함

④ 척주 손상 종류와 기전

분류	병인
목뼈 부위 손상	• 목뼈골절: 흔하지 않지만, 척추의 탈골과 골절은 마비를 초래(체조, 아이스하키, 다이빙, 미식축구, 럭비 등) • 목뼈탈골: 흔하지 않지만, 목뼈골절보다는 빈번, 머리의 급격한 굽힘이나 돌림에서 유발(수영장 다이빙 사고, 미식축구 블록과 태클 등) • 목과 등 상부의 급성 좌상: 갑작스런 굽힘, 폄, 돌림으로 발생 • 목부 염좌상(Whiplash, 채찍): 선수가 준비되지 않은 상태에서 태클당하거나 부딪힐 때 발생 • 급성 목 비틀림(Wryneck 기운목, Stiffnec 스티프 넥): 각각의 목뼈를 이어주는 조인트의 윤활막 안에 조직이 물리면서 발생 • 목뼈부 척수와 신경근의 손상: 뼈조각에 의한 찢김, 응혈, 타박상, 목 부위 척수 신경생리적 차단, 척수의 충격 등에 의해 발생 • 목뼈 협착증: 목 부분의 신경코드가 눌릴 수 있는 부위 신경공이 좁아지면서 발생 • 팔신경얼리(완신경총) 신경 실행증: 선수들에게 가장 흔한 질환, 스트레칭 또는 팔신경얼기가 눌려서 발생 • 목뼈 디스크 손상: 비교적 흔하고 추간판 탈출증, 퇴행성 디스크에 의해 발생
등뼈 손상	• 쇼이에르만 질병(척추후만증, Dorsolumber Kyphosis): 3개 이상의 척추뼈의 끝단의 불규칙한 것, 디스크의 비정상에서 발생
허리뼈 손상	• 허리뼈 골절과 탈구: 앞으로 몸통을 너무 많이 구부릴 때, 높은 곳에 떨어지면서 엉덩이로 착지했을 때 발생 • 허리근육의 뒤틀림: 위로 갑자기 무거운 것 들고 젖힐 때, 잘못된 자세로 인해 허리 곡선이 좋지 않을 때 발생 • 근막 통증 증후군: 특정근 내 압점, 방아쇠점을 압박 또는 촉진할 때 발생 • 허리 염좌: 물건을 들어올릴 때, 옮길 때 앞으로 굽히거나 뒤틀릴 때 발생 • 등부위 타박상: 좌상(strain)과 염좌(sprain) 다음으로 발생률이 높고, 등에 심한 충격을 받을 때 발생(축구 등) • 궁둥뼈신경통(sciatica): 척수로부터 삐져나올 만큼의 비정상적인 압력, 스트레칭을 유발하는 염전, 직접타격에 의해 발생 • 허리추간판 탈출: 잘못된 신체기전, 이상, 비정상적인 스트레칭으로 발생(L4-L5 사이가 가장 손상을 많이 받고, L5-S1 디스크가 두 번째 영향을 받음)

허리뼈 손상	• 척추분리증과 척추전위증: 척추 관절돌기의 관절돌기간부(pars interarticularis)의 결함으로 발생
엉치엉덩관절 기능부전	• 엉치엉덩뼈 염좌: 두 발을 비틀 때, 앞으로 비틀거릴 때, 뒤로 넘어질 때, 높은 데서 낮은 데로 한 발로 심하게 착지할 때 등으로 발생
꼬리뼈 손상	• 스포츠에서 꼬리뼈 손상은 흔함 • 직접적인 충격, 강력하게 앉거나 넘어질 때, 상대편 선수에게 차일 때 등에서 발생

⑤ 손상 예방과 재활

• 목 부위 재활

분류	재활
관절동원, 관절 가동화	• 목뼈굽힘동원, 목뼈폄동원, 목뼈돌림동원, 목뼈옆굽이동원, 목뼈당김
유연성 운동	• 목의 정상 각도를 회복해야 하고, 모든 훈련은 통증이 없어야 함 • 스트레칭 훈련(수동적, 능동적 움직임 포함)
강화운동	• 머리를 똑바로 하고 앞을 직시한 채로 훈련을 수행함 • 훈련은 등장성(같은 크기)으로 시행함

• 허리 부위 재활

분류	재활
전신 조건화	• 불편함을 견딜 수 있는 조건이 해결되면 조건화 운동을 재개함 • 수중훈련을 통해 심폐지구력을 유지하고, 체중부하를 감소시킴
관절동원, 관절 가동화	• 관절운동을 통해 관절의 운동성을 개선시킴 • 관절의 부수적인 움식임을 회복함으로써 관절의 통증을 줄임
유연성 운동	• 등의 통증은 허리 부위의 움직임과 관련된 근육들의 유연성이 부족할 때 발생하므로 스트레칭을 필요로 함
강화운동	• 통증을 완화하는 움직임과 자세를 강화해줌 • 폄훈련(등 부위 폄근을 강화), 굽힘훈련(복근 강화)
신경근 조절	• 몸통과 척추의 안정화 훈련을 통해 척추에 반복되는 작은 외상의 누적효과를 최소화함
기능적인 진행	• 누운 자세부터 시작, 엎드린 자세, 무릎운동, 체중부하운동까지 이어짐
활동도 회복	• 허리부위 손상 선수가 충분히 재활하는 데 시간을 할애함

6 스포츠 손상의 재활 운동

모든 재활 프로그램에서 고유수용기와 운동감각의 회복이 중요한 관심사가 됨

(1) 고유수용성

공간에서 관절의 위치를 결정하는 능력으로 PNF 촉진기법을 통해 근력, 유연성, 협응력 증가 및 운동감각적 결여를 감소시킴

① PNF 고유수용기 신경근 자극: 수축과 신전을 교차적으로 행하는 스트레칭 기법
- 느린 역자세-정지-이완법(slow reversal-hold-relax): 스트레칭을 하고자 하는 목적의 길항근(주동근의 수축에 반응하여 펴지는 근육)을 강하게 수축함 → 주동근(움직임을 일으키는 근육)을 강하게 수축함 → 길항근이 한층 더 이완됨 → 이 상태에서 목적하는 길항근을 정적으로 스트레칭을 함
- 이 외에도 수축-이완법(contract-relax), 정지-이완법(hold-relax)이 있음
② PNF 패턴: (3가지 패턴) 굽힘(flexion, 굴곡)과 폄(extension, 신전) / 벌림(abduction, 외전)과 모음(adduction, 내전) / 안쪽돌림(internal rotation, 내측회전)과 가쪽회전(external rotation, 외측회전)
- 상지패턴

구분	D1		D2	
	굽힘 패턴	폄 패턴	굽힘 패턴	폄 패턴
어깨	굽힘, 안쪽돌림, 모음	폄, 안쪽돌림, 벌림	굽힘, 가쪽돌림, 벌림	폄, 안쪽돌림, 모음
아래팔	뒤침(supination)	엎침(pronation)	뒤침(supination)	엎침(pronation)
손목	굽힘, 요측편위	폄	폄, 요측편위	굽힘
손가락	굽힘	폄	폄	굽힘

- 하지패턴

구분	D1		D2	
	굽힘 패턴	폄 패턴	굽힘 패턴	폄 패턴
엉덩이	굽힘, 모음, 가쪽돌림	굽힘, 벌림, 안쪽돌림	폄, 벌림, 안쪽돌림	폄, 모음, 가쪽돌림
발	안쪽 뒤집기 (inversion)	가쪽 뒤집기 (eversion)	가쪽 뒤집기 (eversion)	안쪽 뒤집기 (inversion)
발가락	굽힘	폄	굽힘	굽힘

(2) 운동감각

움직임을 감지하는 능력 / 신경근의 조절이 협응된 움직임을 만들어 냄

(3) 구성요소

유연성, 근력, 근지구력, 파워, 코어안정성, 심폐능력, 고유수용감각, 밸런스, 스피드, 민첩성, 협응력 등

오버트레이닝
- 기능적 오버리칭(functional overreaching): 증가된 훈련이 일시적인 수행 저하를 초래하지만 휴식 후 수행이 향상됨을 의미(단기간 오버리칭)
- 기능부적 오버리칭(nonfunctional overreaching, 비기능적): 강한 훈련으로 수행 저하가 보다 오래가지만 휴식을 취한 후 회복됨을 의미 / 신경 내분비적 증상 / 기능적 오버리칭과 비교해 장기간 휴식 필요함
- 과훈련 증후군(overtraining syndrome): 기능부적 오버리칭과 유사한 기간 동안 운동수행 저하 / 심리적, 내분비적 증상, 신경학적, 면역학적 시스템 이상 / 선수 은퇴까지 이어짐

(4) 기능 향상 프로그램

분류	내용
발	• 비체중지지, 부분적인 체중지지, 완전한 체중지지 • 보행, 정상보행, 발꿈치보행, 발가락보행, 사이드 스텝 / 셔플 슬라이드 • 조깅, 직선코스에서 조깅, 보행하면서 돌기, 완전한 타원형트랙에서 조깅 • 단거리 달리기, 달리기 가속 및 감속, 캐리오카 달리기(carioca) • 호핑(hopping), 두발호핑, 한발호핑, 번갈아가며 호핑 • 구령에 맞춰 컷, 점프, 호핑
발목과 하지	• 걷기, 곡선에서는 걷고 직선에서는 조깅하기, 직선과 곡선 모두에서 조깅하기 • 곡선에서는 조깅하고 직선에서는 러닝하기, 직선과 곡선 모두에서 러닝하기 • 체력 강화를 위한 러닝하기(3~5km / 주, 3회) • 런지 90도, 피봇 180도, 전력질주, 가속질주, 감속질주 • 왕복 슬라이드에서 왕복 달리기까지의 점증하기 • 캐리오카 달리기, 가볍게 뛰기, 점핑하기, 호핑
무릎과 무릎 관련 구조	• 미니스쿼트, 박스 오르기, 레그프레스, 자전거, 계단 오르기 기구, 튜빙운동 • 목발 이용 체중지지, 다리 펴고 들기, 허벅지 힘주기 • BAPS 보드, 보수보드, tremor 박스, dynadisc • 걷기(앞, 뒤, 직선, 곡선), 조깅(직선, 곡선, 오르막, 내리막), 달리기(앞방향, 뒤방향), 전력질주 (직선, 곡선, 큰 8자형 곡선, 작은 8자형 곡선, 지그재그, 다리교차 뛰기) • 관절운동측정기 평가, 기능수행평가(빠르게 8자 뛰기, 호핑 테스트 등)
넙다리, 엉덩이, 샅고랑부위, 골반	• 수중운동, 고정식 자전거, 상체 에르고미터 • 정적 스트레칭, 고유수용성 신경근 촉진법(PNF) • 런지, 한발 스쿼트 • 워킹, 조깅, 슬로우 러닝, 지그재그 러닝, 8자 러닝, 단거리달리기
어깨관절	• 달리기, 속보, 자전거 타기 • Godman의 추운동, 톱질운동, 부드러운 ROM 운동 • 관성훈련 시스템(intertial training system) • 인터벌 훈련프로그램(워밍업, 25회 던지기, 15분 휴식, 워밍업, 25회 던지기, 10분 휴식, 워밍업, 25회 던지기)
팔꿈치	• 고정식 자전거, 계단 오르기, 일립티컬 • 수동 스트레칭, 고유수용성신경촉진(PNF) • 수영, 풀리 장비, 스포츠 활동을 재연하는 튜빙운동

아래팔, 손목, 손, 손가락	• 걷기, 달리기, 계단 오르기, 에어로빅, 자전거 타기 • 손목의 굽힘, 폄, 자쪽 굽힘, 노쪽 굽힘, 고무밴드 이용
척주	• 스트레칭 훈련(수동적, 능동적 움직임 포함), 등장성(같은 크기) 훈련 • 수중훈련, 폄훈련(등 부위 폄근을 강화), 굽힘훈련(복근 강화)

특수검사

분류	내용
발	■ 모튼(Morton) 검사: 눕힌 상태에서 발을 잡고 발허리뼈의 머리 부분에 가로쪽 압력을 가하며 발 앞부분의 통증 유발(양성은 신경종, 동통증후군으로 나타남)
하지	■ 하지정렬검사: 앞에서 볼 때 위앞엉덩뼈가시에서 무릎뼈를 지나 첫 번째 발가락과 두 번째 발가락 사이를 지나는 선이 일치하는지 검사 ■ 충격과 압박 검사: 튜닝 포크(tunning fork) 사용으로 골절의심부위에 진동을 줌 ■ 톰슨(Thompson) 검사: 아킬레스 힘줄의 파열 검사 ■ 호만(Homan) 검사: 정맥에 혈전정맥염이 나타났는지 검사
발목	■ 앞당김 검사: 앞목말종아리인대 손상 여부 검사(덜컥 소리가 나면 양성) ■ 목말뼈 경사 검사: 안쪽번짐, 가쪽번짐 손상 여부 검사 ■ 클레이거(Kleiger) 검사: 삼각인대 손상 여부 검사
무릎	■ 라크만 드로워(Lachman drawer) 검사: 무릎관절을 90도로 굽히고 테스트함 ■ 피벗 시프트(pivot-shift) 검사: 앞가쪽 돌림 불안정성 판별 ■ 절크(jerk) 검사: 피벗 시프트와 반대, 관절이 굽힘 상태에서 펴면서 가쪽 정강뼈위관절면이 줄어들게 함
반달연골 (무릎)	■ 멕머레이(McMurray) 검사: 누운 상태로 다리를 최대한 구부리고 정강뼈를 안쪽으로 돌림 ■ 어플리 컴프레션(Apley Compression) 검사: 엎드린 상태에서 다리를 90도 굽히고 다리 앞쪽과 뒤쪽으로 돌림시킴 ■ 테슬리(Thessaly) 검사: 서 있는 상태에서 측정자는 넘어지지 않게 잡아주고 몸과 무릎을 안쪽과 가쪽으로 돌림함
엉덩이, 샅고랑부위, 골반	■ 켄델(Kendall) 검사: 한 쪽 무릎을 가슴쪽으로 굽힘하고 등은 완전히 편평하게 하고, 다른 쪽 무릎은 테이블 위의 가장자리에서 굽힘함 ■ 르네(Renne) 검사: 서 있는 상태에서 30~40도 정도 무릎을 굽힘하고, 환측 다리로 전체 체중지지, 엉덩정강인대의 긴장도 확인 ■ 노블(Novel) 검사: 누운 자세에서 무릎을 90도로 굽히고, 무릎이 서서히 펴하는 동작하며 검사, 엉덩정강인대의 긴장도 확인 ■ 오버(Ober) 검사: 정상적인 쪽으로 눕고 90도로 굽힘하고 무릎으로 환측 넙다리뼈를 가능한 멀리 벌림하며 검사, 엉덩정강인대의 긴장도 확인 ■ 트렌델렌버그(Trendelenburg) 검사: 환자가 서 있는 동안 건측의 발을 들어올려서 엉덩관절이 굽힘되도록 함 ■ 피리포미스(Piriformis) 검사: 엉덩관절을 60도로 굽힘한 상태에서 환측 다리를 건측 다리 위에 놓음 ■ 엘리(Ely) 검사: 엎드린 자세에서 골반을 안정시키고, 환측 무릎을 굽힘. 엉덩관절에서 넙다리곧은근 긴장도 확인

05

어깨관절	■ 클런크(Clunk) 검사: 팔꿈치를 잡고 다른 한손은 위팔뼈 뒤쪽에 위치시킴(양성은 관절테두리 파열, 오목위팔관절 불안정 검사) ■ 오브라이언(O'Brien) 검사: 오목위팔관절을 90도 구부리고 시상면으로 수평모음 15도로 함(오목위팔관절 불안정 검사) ■ 조브(Jobe) 검사: 손바닥을 아래로 향하게 한 뒤 양팔을 어깨 높이로 들어 올린 상태에서 검사자가 저항을 줌 ■ 니어(Neer) 검사: 팔을 위로 굽힌 상태에서 힘을 가해 위팔뼈머리와 부리어깨봉우리 아치 사이의 연조직 충돌을 유발시킴(어깨충돌검사) ■ 호킨스-케네디(Hawkins-Kennedy) 검사: 위팔뼈를 강하게 안쪽돌림을 한 상태에서 수평모음을 하는 어깨충돌검사(환자가 통증을 느끼면 양성) ■ 드롭암(Drop Arm) 검사: 가능한 팔을 크게 벌리고 90도까지 천천히 내리게 함(가시위근 약화검사) ■ 예가손(Yergason) 검사: 팔꿈치를 90도 굽히고 아래팔을 엎침한 상태에서 환자에게 능동적으로 뒤침운동하게 유도(위팔두갈래근 힘줄 자극검사)
척주	■ 페이버 페트릭 검사: 고관절의 굽힘(flexion), 벌림(abduction), 바깥돌림(external rotation)으로 엉치엉덩관절의 이상을 파악 ■ 팔신경얼기검사: 머리와 어깨 모두 압박부상 존재 여부 파악(목뼈 검사) ■ 목뼈압박검사: 아래쪽으로 목뼈 압박을 통해 손상 여부 파악(목뼈 검사) ■ 스펄링(Spurling) 검사: 목뼈 압박, 측면 구부림, 약간의 폄 사용(목뼈 검사) ■ 커니그(Kernig) 검사: 무릎을 편 채 한쪽 다리를 90도 거상시켜 요통 여부 검사(허리뼈 검사) ■ 부르진스키 검사: 커니그 검사의 수정본으로 목뼈 부위 굽힘 시 증가 여부 파악(통증 증가하면 허리추간판, 신경근 자극에 의한 병증)

2023 기출

01

〈보기〉에서 손상에 대한 조직 반응 중 증식(proliferation) 단계의 특성으로 옳은 것으로만 모두 고른 것은?

┌─ 보기 ┐

㉠ 섬유 증식
㉡ 포식작용
㉢ 혈액 응고
㉣ 육아조직 생성

① ㉠, ㉢
② ㉡, ㉢
③ ㉠, ㉣
④ ㉡, ㉣

해설

섬유조직-형성단계에서 반흔조직 회복을 위해 섬유 증식, 혈액 응고 등의 재생활동이 발생함

정답 ③

해설 ✚ 스포츠 손상의 치유과정

염증반응단계	▪ 부종, 발열, 발적, 통증, 기능손실 등으로 나타남(혈관수축과 확장) ▪ 손상된 조직을 치유하기 위한 초기 단계로서 손상부위에서 화학적 매개체(히스타민, 사이토카인 등)이 방출됨(포식작용 phagocytosis 통해 죽은 세포 등을 소화시킴)
섬유조직- 형성단계	▪ 반흔조직(cicatricial tissue, 흉터조직) 회복을 위한 증식, 재생활동이 발생함 ▪ 4~6주 기간 동안 섬유증식기(fibroplasia)가 지속됨 ▪ 염증반응기에 나타났던 증상과 신호들이 사라짐 ▪ 섬유소응고(fibrin clot) 파괴, 섬유아세포, 콜라겐, 모세혈관으로 구성된 육아조직(granulation tissue)이 생성됨
성숙- 재형성기	▪ 반흔조직을 구성하는 콜라겐 섬유의 재배열, 재형성이 나타남 ▪ 반흔조직의 인장강도 증가, 모세혈관 수 감소됨 ▪ 3주 후 강하게 수축되는 혈관이 없는 반흔조직이 남음

02

운동 중 발생한 골절에 대한 설명으로 옳은 것은?

① 반충(contrecoup)골절: 외상이 발생된 반대 지점에 발생
② 선단(linear)골절: 인대나 근육에 의해 당겨질 때 뼈 조각이 떨어지는 형태로 발생
③ 결출(avulsion)골절: 편평골에서 가장 빈번하며, 직접적으로 가해지는 외상에 의해 발생
④ 함몰(depressed)골절: 주로 뼈의 장축으로 발생하며, 높은 곳에서의 점프 또는 낙상 시 주로 발생

해설

선단골절(linear)은 뼈의 길이에 따라 갈라지는 곳에 생기는 골절(높은 곳에서의 착지)이고, 결출골절(avulsion)은 인대, 건의 부착 지점에서 피질로부터 뼈 조직이 분리되는 것, 함몰골절(depressed)은 머리 뼈와 같은 편평 뼈에서 발생하는 것임

정답 ①

해설 + **뼈 골절**

- 그린스틱 골절(greenstick): 청소년기 뼈들처럼 골화되지 않는 뼈의 불완전한 파괴(녹색 나뭇가지)
- 분쇄골절(comminuted): 세 개 이상의 골절부위의 조각 발생(강한 충격, 불안정 자세의 추락)
- 선단골절(linear): 뼈의 길이에 따라 갈라지는 곳에 생기는 골절(높은 곳에서의 착지)
- 횡단골절(transverse): 뼈 지지대에서 거의 직각에서 직선 형태로 발생(직접적 외부 가격)
- 사선골절(oblique): 반대쪽 끝이 고정된 상태에서 한쪽 끝의 갑작스러운 자극으로 발생
- 나선골절(spiral): S-형의 갈라짐(미식축구, 스키)
- 충돌골절(impacted): 높은 곳에서의 추락, 충돌 스트레스는 뼈의 한 부분에서 다른 부분으로 전달
- 결출골절(avulsion): 인대, 건의 부착 지점에서 피질로부터 뼈 조직이 분리되는 것
- 분출골절(blowout): 눈이 가격됐을 때 안와(eye orbit) 벽에서 발생
- 톱니상골절(serrated): 두 뼈의 조각이 톱니 모양의 날카로운 가장자리선에서 직접적인 가격으로 발생
- 함몰골절(depressed): 머리 뼈와 같은 편평 뼈에서 발생
- 반충골절(contrecoup): 외상이 발생된 반대 부위에서 발생(머리뼈 골절)

03

〈보기〉에서 발목인대를 평가하는 특수검사(special test)로 옳은 것으로만 모두 고른 것은?

보기

㉠ 호만(Homan's) 검사
㉡ 클레이거(Kleiger's) 검사
㉢ 목말뼈 경사(talar tilt) 검사
㉣ 충격(bump) 검사

① ㉠, ㉢
② ㉠, ㉣
③ ㉡, ㉢
④ ㉡, ㉣

해설

㉠의 호만(Homan's) 검사, ㉣의 충격(bump) 검사는 하지 부분의 검사임

정답 ③

해설 + **하지와 발목 검사**

하지	- 하지정렬검사: 앞에서 볼 때 위앞엉덩뼈가시에서 무릎뼈를 지나 첫 번째 발가락과 두 번째 발가락 사이를 지나는 선이 일치하는지 검사 - 충격과 압박 검사: 튜닝 포크(tunning fork) 사용으로 골절의심부위에 진동을 줌 - 봄슨(Thompson) 검사: 아킬레스 힘줄의 파열 검사 - 호만(Homan) 검사: 정맥에 혈전정맥염이 나타났는지 검사
발목	- 앞당김 검사: 앞목말종아리인대 손상 여부 검사(덜컥 소리가 나면 양성) - 목말뼈 경사 검사: 안쪽번짐, 가쪽번짐 손상 여부 검사 - 클레이거(Kleiger) 검사: 삼각인대 손상 여부 검사

184 PART 05 · 운동상해

04

반달연골(meniscus) 손상의 임상적 특징으로 옳지 않은 것은?

① 퇴행성변화로 인해 경미한 손상으로도 파열이 생길 수 있다.
② 수평파열의 경우 부상 직후 통증 및 관절운동범위에 잠김(locking)이 나타난다.
③ 안쪽반달연골은 가쪽반달연골에 비해 움직임이 적으므로 손상의 위험이 높다.
④ 무릎관절 굽힘 시 넙다리뼈의 회전을 동반한 압박력이 가해지고 전단력을 견디지 못할 때 발생한다.

해설

반달연골 손상은 수직, 사선, 횡으로 형성됨. 가장 흔한 손상 기전은 무릎의 폄 또는 굽힘 시 회전력이 동반된 체중부하가 발생할 때임. 30세 이전에는 무릎을 디딘 상태에서 비틀어지는 외상, 스포츠 손상 등에 의해 발생하고, 나이가 들면서 퇴행성 변화에도 발생함. 관절의 잠김은 운동 중 갑자기 무릎이 구부려지지도 않고 펴지지도 않을 때 파열된 연골판 조각이 위아래의 뼈 사이에 끼여 발생함

정답 ②

05

PNF 동작 중 상지의 D2 폄(extension) 패턴에 대한 움직임이 바르게 나열된 것은?

	아래팔 (forearm)	손목 (wrist)	손가락 (fingers)
①	뒤침 (supination)	자쪽굽힘 (ulnar flexion)	굽힘 (flexion)
②	뒤침	노쪽굽힘 (radial flexion)	폄 (extension)
③	엎침 (pronation)	자쪽굽힘	굽힙
④	엎침	노쪽굽힘	폄

해설

상지패턴의 D2 폄은 아래팔은 엎침, 손목은 굽힘, 손가락은 굽힘임

정답 ③

해설 + PNF 패턴

■ 상지패턴

구분	D1		D2	
	굽힘 패턴	폄 패턴	굽힘 패턴	폄 패턴
어깨	굽힘, 안쪽돌림, 모음	폄, 안쪽돌림, 벌림	굽힘, 가쪽돌림, 벌림	폄, 안쪽돌림, 모음
아래팔	뒤침 (supination)	엎침 (pronation)	뒤침 (supination)	엎침 (pronation)
손목	굽힘, 요측편위	폄	폄, 요측편위	굽힘
손가락	굽힘	폄	폄	굽힘

■ 하지패턴

구분	D1		D2	
	굽힘 패턴	폄 패턴	굽힘 패턴	폄 패턴
엉덩이	굽힘, 모음, 가쪽돌림	굽힘, 벌림, 안쪽돌림	폄, 벌림, 안쪽돌림	폄, 모음, 가쪽돌림
발	안쪽 뒤집기 (inversion)	가쪽 뒤집기 (eversion)	가쪽 뒤집기 (eversion)	안쪽 뒤집기 (inversion)
발가락	굽힘	폄	굽힘	굽힘

06

발목 통증 부위와 원인이 바르게 연결되지 않은 것은?

	통증 부위	원인
①	안쪽 (medial)	뒤정강근 건병증 (tibialis posterior tendinopathy)
②	가쪽 (lateral)	종아리근 건병증 (peroneal tendinopathy)
③	발앞부 (forefoot)	발허리발가락관절 염좌 (turf toe)
④	발뒤부 (rearfoot)	리스프랑(Lisfranc) 관절 손상

해설

리스프랑 인대가 손상하는 기전으로 발을 접질린 경우, 발이 구멍에 빠진 경우, 턱을 밟고 넘어진 경우 등으로 발등과 발의 내측을 누르면 통증이 심하게 됨

정답 ④

07

어깨밑 봉우리 충돌 증후군(subacromial impingement syndrome)의 평가법으로 옳은 것으로만 모두 고른 것은?

┌ **보기** ┐

ⓐ 오브라이언(O'Brien) 검사
ⓑ 호킨스(Hawkins) 검사
ⓒ 니어(Neer) 검사
ⓓ 조브(Jobe) 검사
ⓔ 크랭크(Crank) 검사

① ⓐ, ⓑ, ⓒ
② ⓑ, ⓒ, ⓓ
③ ⓒ, ⓓ, ⓔ
④ ⓐ, ⓓ, ⓔ

해설

봉우리빗장관절은 빗장뼈의 바깥쪽 끝과 봉우리돌기가 만나는 평면관절로서 결합력이 다소 약함. 오브라이언(O'Brien) 검사와 크랭크(Crank) 검사는 오목위팔관절 불안정 검사임

• 니어(Neer) 검사: 팔을 위로 굽힌 상태에서 힘을 가해 위팔뼈머리와 부리어깨봉우리 아치 사이의 연조직 충돌을 유발시킴(어깨충돌검사)
• 호킨스-케네디(Hawkins-Kennedy) 검사: 위팔뼈를 강하게 안쪽돌림을 한 상태에서 수평모음을 하는 어깨충돌검사(환자가 통증을 느끼면 양성)
• 조브(Jobe) 검사: 손바닥을 아래로 향하게 한 뒤 양팔을 어깨 높이로 들어 올린 상태에서 검사자가 저항을 줌

정답 ②

08

〈보기〉에서 설명하는 특수검사(special test)로 옳은 것은?

| 보기 |

대상자   검사자

- 반달연골(meniscus) 파열을 알아보기 위한 검사이다.
- 검사자는 대상자 앞에서 넘어지지 않도록 잡아준다.
- 무릎을 5°와 20°로 구부려 정강뼈 위의 넙다리뼈를 안쪽과 가쪽으로 회전시킨다.

① 테슬리(Thessaly) 검사
② 크로스오버(crossover) 검사
③ 어플리 압박(Apley compression) 검사
④ 바깥굽이 / 안쪽굽이 부하(valgus / varus stress) 검사

해설

무릎의 반달연골 검사로 대표적인 것은 맥머레이(누운 상태로 검사), 어플리 컴프레션(엎드린 상태로 검사), 테슬리(서 있는 상태로) 검사가 있음. 〈보기〉는 테슬리 검사임

정답   ①

해설 ✛   반달연골 검사

- 멕머레이(McMurray) 검사: 누운 상태로 다리를 최대한 구부리고 정강뼈를 안쪽으로 돌림
- 어플리 컴프레션(Apley Compression) 검사: 엎드린 상태에서 다리를 90도 굽히고 다리 앞쪽과 뒤쪽으로 돌림시킴
- 테슬리(Thessaly) 검사: 서 있는 상태에서 측정자는 넘어지지 않게 잡아주고 몸과 무릎을 안쪽과 가쪽으로 돌림함

09

〈보기〉에서 특수검사(special test)에 대한 설명으로 옳은 것으로만 모두 고른 것은?

| 보기 |

- ㉠ 엘리(Ely's) 검사－엉덩정강띠(iliotibial band)의 긴장 평가
- ㉡ 노블(Nobel's) 검사－엉덩정강띠의 긴장 평가
- ㉢ 르네(Renne's) 검사－엉덩정강띠의 긴장 평가
- ㉣ 오버(Ober's) 검사－뒤넙다리근(hamstring)의 긴장 평가

① ㉠, ㉡
② ㉡, ㉢
③ ㉢, ㉣
④ ㉠, ㉣

해설

엘리(Ely) 검사는 엎드린 자세에서 골반을 안정시키고, 환측 무릎을 굽혀서 엉덩관절에서 넙다리곧은근의 긴장도를 확인하는 검사이고, 오버(Ober's) 검사는 정상적인 쪽으로 눕고 90도로 굽힘하고 무릎으로 환측 넙다리뼈를 가능한 멀리 벌림하며 검사하는 엉덩정강인대의 긴장도를 확인함

정답   ②

해설 ✛   엉덩이, 샅고랑부위, 골반

- 켄델(Kendall) 검사: 한 쪽 무릎을 가슴쪽으로 굽힘하고 등은 완전히 편평하게 하고, 다른 쪽 무릎은 테이블 위의 가장자리에서 굽힘함
- 르네(Renne) 검사: 서 있는 상태에서 30~40도 정도 무릎을 굽힘하고, 환측 다리로 전체 체중지지, 엉덩정강인대의 긴장도 확인
- 노블(Novel) 검사: 누운 자세에서 무릎을 90도로 굽히고, 무릎이 서서히 펴는 동작하며 검사, 엉덩정강인대의 긴장도 확인
- 오버(Ober) 검사: 정상적인 쪽으로 눕고 90도로 굽힘하고 무릎으로 환측 넙다리뼈를 가능한 멀리 벌림하며 검사, 엉덩정강인대의 긴장도 확인
- 트렌델렌버그(Trendelenburg) 검사: 환자가 서 있는 동안 건측의 발을 들어올려서 엉덩관절이 굽힘되도록 함
- 피리포미스(Piriformis) 검사: 엉덩관절을 60도로 굽힘한 상태에서 환측 다리를 건측 다리 위에 놓음
- 엘리(Ely) 검사: 엎드린 자세에서 골반을 안정시키고, 환측 무릎을 굽힘. 엉덩관절에서 넙다리곧은근 긴장도 확인

10

〈보기〉에서 SOAP의 객관적 기록으로 옳은 것으로만 모두 고른 것은?

┤ 보기 ├

㉠ 심혈관계의 정보(심박수, 혈압) 기록
㉡ 일상적인 상태나 활동 수준 등 기록
㉢ 현재 상태나 주된 불편감(chief complaint) 등 기록
㉣ 인지능력의 정보(시간과 장소인식, 사람인식) 기록

① ㉠, ㉡
② ㉠, ㉣
③ ㉡, ㉢
④ ㉢, ㉣

해설

SOAP 손상정보 기록은 다음과 같다. 〈보기〉에서 객관적인 기록은 ㉠, ㉣에 해당됨
• 주관적인 평가(Subjective): 부상선수의 주관적인 진술을 토대로 함(손상시간, 기전, 부위 등)
• 객관적인 평가(Objective): 객관적인 육안검사, 촉진, 능동적, 수동적 움직임, 관절의 안정성, 특수검사 등을 기록함
• 평가(Assessment): 치료사의 전문적인 판단에 기인함
• 치료계획(Plan): 응급처치법, 추가검진, 재검진 등 소견을 기록함

정답 ②

11

〈보기〉에서 제시된 골절 중 뼈 골절 분류(bone fracture classification) 특성상 동일한 유형으로 묶인 것은?

┤ 보기 ├

㉠ 청소년기에 완전히 골화되지 않은 뼈의 불완전한 골절
㉡ 골절 부위에 세 개 이상의 뼈 조각이 관찰되는 골절
㉢ 나뭇가지처럼 휘어지면서 발생하는 골절
㉣ 외부로부터의 충격으로 뼈 몸통(bone shaft)에 직각 형태로 부러지는 골절

① ㉠, ㉢
② ㉠, ㉣
③ ㉡, ㉢
④ ㉡, ㉣

해설

㉠, ㉢의 설명은 그린스틱 골절(greenstick)로서 청소년기 뼈들처럼 골화되지 않은 뼈의 불완전한 파괴로 나뭇가지를 꺾는 것과 같음. ㉡은 분쇄골절, ㉣은 횡단골절임

정답 ①

12

다음 〈그림〉과 같이 '발뒤꿈치 걷기' 평가의 동작 수행에 어려움이 있을 때 예측할 수 있는 신경근 손상(spinal nerve root lesion) 부위는?

보기

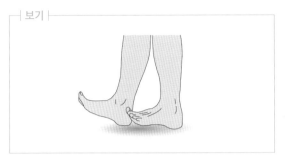

① 등뼈 신경 10−11번(T10−11)
② 허리뼈 신경 1−2번(L1−2)
③ 허리뼈 신경 4−5번(L4−5)
④ 엉치뼈 신경 3−4번(S3−4)

해설

척주(spine)는 33개의 척추뼈(가동추 24, 부동추 9)로 구성돼 있고, 인체에서 가장 복합적인 영역 중 하나로 다양한 뼈, 관절, 인대, 근육이 있음. 척수(spinal cord)는 척주의 중추신경계로서 척수 옆으로 31쌍(목뼈신경 C1−C8, 등뼈신경 T1−T12, 허리뼈 신경 L1−L5, 엉치신경 S1−S5, 꼬리신경 1)의 척수신경이 나옴. L5 신경근 손상이 되면 뒤꿈치 보행이 어렵고, S1 신경근 손상은 발가락보행이 어렵게 됨

정답 ③

13

〈보기〉는 재활 운동프로그램 구성요소에 관한 설명이다. ㉠∼㉢에 해당하는 용어를 바르게 나열한 것은?

보기

• 2도 발목염좌 손상 후 RICE 요법 적용은 (㉠)을 감소시킨다.
• (㉡) 회복을 위해서는 고유수용성 트레이닝 프로그램이 포함되어야 한다.
• (㉢)은 재활프로그램의 후반부에 적용 가능하고, 근력, 토크 및 일량과 같은 근기능을 객관적으로 점검할 수 있다.

	㉠	㉡	㉢
①	부종	평형성	등장성 운동
②	통증	근지구력	등장성 운동
③	통증	평형성	등속성 운동
④	부종	근지구력	등속성 운동

해설

RICE(Rest, Ice, Compression, Elevation) 처치법을 통해 부종과 통증을 가라앉힘. 고유수용성은 공간에서 관절의 위치를 결정하는 능력임. 부상 후에 고유수용감각을 잃게 되므로 평형성 회복 운동이 필요함. 즉, 고유수용 신경근 촉진 기법(PNF)을 통해 평형성, 근력, 유연성, 협응력 증가 및 운동감각적 결여를 감소시킴. 등속성 수축은 속도가 일정한 상태에서 최대의 장력을 발휘하게 함으로써 재활치료에 효과적임

정답 ③

해설 ✚ 근육수축 형태

■ 등척성 수축: 근육의 길이가 변하지 않음
■ 등장성 수축: 근육의 길이가 변함
 • 단축성 수축: 구심성 수축, 저항의 중력을 극복하여 장력 발휘, 발휘 근력이 외력보다 커서 근육의 길이가 짧아짐
 • 신장성 수축: 원심성 수축, 저항의 중력을 극복하지 못하여 근 길이가 증가하고 장력 발휘, 발휘 근력이 외력보다 작아서 근육의 길이가 길어짐
■ 등속성 수축: 속도가 일정한 상태에서 최대의 장력을 발휘하게 함으로써 재활치료에 효과적임

14

〈보기〉의 특수검사(special test)에 관한 설명 중 옳은 것으로만 묶인 것은?

┤보기├

㉠ 트렌델렌버그 검사(Trendelenburg's test)에서 무릎을 올린 쪽에 골반이 아래로 하강하면 양성이다.

㉡ 다리 길이의 기능학적 불일치(functional discrepancy) 측정은 배꼽(umbilicus)에서부터 발목의 안쪽복사(medial malleoli)까지의 길이를 잰다.

㉢ 켄델 검사(Kendall test)는 환자의 허리 만곡 아래에 한 손을 놓고, 한쪽 넙다리는 가슴으로 이동시키며, 척추는 편평하게 만든다.

㉣ 패트릭 검사(Patrick's test)는 무릎의 굽힘(flexion), 엉덩관절의 벌림(abduction)과 안쪽돌림(internal rotation) 상태로 진행된다.

① ㉠, ㉡　　　　　　② ㉠, ㉢

③ ㉡, ㉢　　　　　　④ ㉡, ㉣

해설

㉢에서 설명한 켄델(Kendall) 검사는 한쪽 무릎을 가슴쪽으로 굽힘하고 등은 완전히 편평하게 하며, 다른 쪽 무릎은 테이블 위의 가장자리에서 굽힘 함. ㉣에서 설명한 페이버 페트릭 검사는 고관절의 굽힘(flexion), 벌림(abduction), 바깥돌림(external rotation)으로 엉치엉덩관절의 이상을 파악하는 것임

정답 ①

15

팔꿉관절의 안쪽(medial) 및 가쪽위관절융기염(lateral epicondylitis)에 관한 설명으로 옳지 않은 것은?

① 가쪽위관절융기염이 있는 테니스 선수는 손목을 과다 펴시켜 백핸드 스트로크 강도를 높이는 훈련에 집중해야 한다.

② 가쪽위관절융기염은 손목 폄근(extensor)의 과사용으로 인한 반복적인 미세 손상이 원인이다.

③ 안쪽위관절융기염은 손목의 강한 굽힘(flexion)과 팔꿉치의 과도한 외반력(valgus torque)에 의해 발생한다.

④ 안쪽위관절융기염이 있는 어린 투수들은 공에 스핀을 주는 과도한 손목 굽힘 동작을 피해야 한다.

해설

가쪽위관절융기염은 테니스, 투구, 골프, 창던지기, 펜싱같은 반복적인 굽힘과 펴기를 반복하는 선수에게 나타나므로 백핸드 스트로크 강도를 높이면 안 됨. 반면, 안쪽위관절융기염은 반복적인 손목의 강한 굽힘, 팔꿉치 관절의 과도한 외반력을 요구하는 다양한 경기활동에서 발생함

정답 ①

해설 ✚ 팔꿉치 손상종류와 기전

분류	병인
타박상	▪팔꿉치의 뾰족한 돌기에 가해지는 지속적인 타격, 깊은 관통상에 의해 발생
팔꿉치머리 윤활낭염	▪윤활주머니의 표층부에 직접적인 타격에 의해 발생
염좌	▪과도한 저항성 운동, 관절의 과다 젖힘에 의해 발생
자쪽곁인대 손상	▪테니스 포핸드 스트로크, 부적절한 골프 스윙으로 인한 팔의 팔꿉치에 발생
가쪽위관절 융기염	▪테니스, 투구, 골프, 창던지기, 펜싱같은 반복적인 굽힘과 펴기를 반복하는 선수에게 나타나는 만성적 질환
안쪽위관절 융기염	▪반복적인 손목의 강한 굽힘, 팔꿉치 관절의 과도한 외반력을 요구하는 다양한 경기활동에서 발생
팔꿉치 바리성 골연골염	▪원인은 불명확하지만, 앞쪽 표면의 혈액 공급의 장애로 인해 발생 ▪투구 동작, 라켓류 스포츠를 하는 10~15세 어린 선수에게서 발생
리틀리그 엘보	▪어린 투수의 10~25%에서 발생 ▪투구동작 자체로 인한 반복적인 미세손상에 의해 발생
팔꿉치증후군	▪농구, 테니스, 라켓볼, 투창 등 스포츠에서 팔꿉치 터널의 지붕을 형성하는 근막띠가 자신경을 압박해 발생
팔꿉치 탈구	▪손을 뻗고 팔꿉치가 과도하게 젖혀진 상태에서 넘어지거나 팔꿉치가 굽혀진 자세에서 비틀어질 때 발생
팔꿉치 골절	▪손을 뻗은 상태로 넘어지거나 팔꿉치를 굽혀 넘어질 때, 직접적인 타격이 있을 때 발생
볼크만 구축	▪위팔동맥의 손상으로 발생하는 아래팔의 허혈성 구축임 ▪운동과 감각 기능의 손실이 발생, 정중신경에 손상을 가져옴
원엎침근 증후군	▪팔꿉치, 바로 그 윗부분에서 정중신경이 포착될 때 발생

16

손 및 손가락 손상 유형별 특징이 옳지 않은 것은?

	손상 유형	특징
①	폄근힘줄 파열 (extensor tendon avulsion; Mallet finger)	• 야구 손가락(baseball finger)이라고도 함 • 날아오는 물체로부터 손가락 끝(tip of the finger)에 가해지는 타격이 손상 원인
②	단추구멍 변형 (Boutonniere deformity)	• 검지손가락에 빈번히 발생 • 먼쪽손가락뼈사이관절(DIP) 굽힘(flexion) 불가능
③	뒤피트랑 구축 (Dupuytren's contracture)	• 손바닥널힘줄(palmar apo-neurosis) 결절(nodule) • 넷째와 새끼 손가락 굽힘 (flexion) 변형(deformity)
④	게임키퍼 엄지 (gamekeeper's thumb)	• 엄지(thumb) 손허리손가락관절(MCP) 곁인대(collateral ligament) 염좌(sprain) • 스키선수나 미식축구선수에게 흔히 발생

해설

단추구멍 변형(Boutonniere)은 손가락 폄근의 먼쪽손가락뼈사이관절(PIP) 힘줄 파열로 발생하여 폄이 불가능해지는 손상임

정답 ②

해설 ➕ 손과 손가락 손상

- 손목 손가락 타박상 및 압박 손상: 손과 손가락은 불규칙적 골격구조로 보호역할이 크지 않아 지방과 근육으로 발생
- 방아쇠 손가락, 엄지(Trigger finger or thumb): 반복적인 움직임으로 윤활막염이 손목, 손에서 발생
- 폄근힘줄 파열(Mallet Finger): 날아오는 물체에 손가락 끝이 타격을 입을 때 발생
- 단추구멍 변형(Boutonniere): 손가락 폄근의 먼쪽 손가락뼈사이관절(PIP) 힘줄 파열로 발생 / 폄 불가능
- 먼쪽 손가락 굽힘근 힘줄 파열(Jersey Finger): 환자가 상대방의 옷을 잡아당길 때 검지손가락의 힘줄이 파열되고 뼈 조각 발생
- 뒤피트랑 구축(Dupuytren's constracture): 원인은 불분명하나, 손바닥 널힘줄에 결절이 발생해 손가락이 펴지지 않아 굽힘 변형이 발생
- 게임키퍼 엄지(Gamekeeper's thumb): 스키선수, 태클을 하는 미식축구 선수 등의 엄지 MCP 관절의 자뼈곁인대 염좌
- 손가락 관절 염좌: 농구, 배구, 미식축구 등에서 곁인대 염좌 발생
- 백조목 변형(Swan neck and pseudoboutonnier deformities): PIP 관절의 손바닥 판(인대)은 심한 과신전에 의해 발생
- 몸쪽손가락뼈사이 관절 등쪽 탈구(PIP dorsal dislocation): PIP 관절 탈구는 과신전으로 인해 손바닥 인대가 손상되면서 발생
- 손허리손가락 관절 탈구(MCP dislocation): 비틀리거나 꺾이면서 발생
- 베넷 골절(Bennett's fracture): 엄지의 손목손허리관절의 먼 쪽에서 엄지 관절에서 축 방향 충격으로 벌려지면서 발생
- 먼 쪽, 가운데, 몸 쪽 손가락뼈 골절 및 탈구: 충돌, 직접적인 충격, 나선형으로 꺾이면서 발생

05

17

〈보기〉는 투구 시 가속단계(acceleration phase)에 동원되는 주동근(agonist)과 이와 관련된 신경지배(innervation)에 관한 설명이다. ㉠, ㉡에 해당하는 용어를 바르게 나열한 것은?

| 보기 |

- (㉠) 통증으로 인해 가속단계에서 어깨 관절 동작이 완벽히 이루어지지 않는다.
- (㉠) 근육과 관련된 신경지배는 (㉡)이다.

<table>
<tr><td></td><td>㉠</td><td>㉡</td></tr>
<tr><td>①</td><td>가시위근
(supraspinatus)</td><td>어깨위신경
(suprascapular nerve)</td></tr>
<tr><td>②</td><td>큰원근
(teres major)</td><td>겨드랑신경
(axillary nerve)</td></tr>
<tr><td>③</td><td>어깨밑근
(subscapularis)</td><td>어깨밑신경
(subscapular nerve)</td></tr>
<tr><td>④</td><td>가시아래근
(infraspinatus)</td><td>어깨위신경</td></tr>
</table>

해설

주동근은 움직임을 일으키는 근육의 수축을 말함. 어깨의 회전근개는 어깨밑근, 가시위근, 가시아래근, 작은원근이 있음. 어깨밑근은 팔의 안쪽 돌림 작용을 하고, 어깨밑신경(C5, C6)과 연결돼 있음(③번 정답). 가시위근은 팔의 벌림(약간의 가쪽 돌림) 작용, 가시아래근은 팔의 가쪽 돌림(약간의 모음) 작용을 함

정답 ③

해설 ➕ 어깨관절 중 위팔뼈에 작용하는 근육과 신경

근육	작용	신경분포 / 신경뿌리
큰가슴	팔의 굽힘, 모음, 안쪽돌림	안쪽, 가쪽 가슴근신경
넓은등근	팔의 폄, 모음, 안쪽돌림, 어깨를 아래쪽으로 당기기	가슴등신경
어깨세모근	팔의 벌림, 앞쪽 근육 굽힘과 안쪽 돌림, 뒤쪽 근육 폄과 가쪽돌림	겨드랑신경
가시위근	팔의 벌림, 약간의 가쪽돌림	가시위신경
가시아래근	팔의 가쪽돌림, 약간의 모음	
어깨밑근	팔의 안쪽돌림	어깨밑신경
큰원근	팔의 모음, 폄, 안쪽돌림	
작은원근	팔의 가쪽돌림	겨드랑신경
부리위팔근	팔의 굽힘, 모음	근육피부신경

18

〈보기〉는 야구 투수의 어깨 검사 결과이다. 예측되는 손상을 추가 검사하는 가장 적절한 방법으로 묶인 것은?

| 보기 |

- 투구 시 어깨 통증 호소
- 신경학적 이상 없음
- 특수검사 결과 양성: 니어 검사(Neer's test), 호킨스-케네디 검사 (Hawkins-Kennedy test)
- 특수검사 결과 음성: 오브라이언 검사(O'Brien's test), 클런크 검사 (clunk test), 앞뒤당김 검사 (anterior and posterior drawer test)

① 드롭암 검사(drop arm test), 예가손 검사 (Yergason's test)
② 드롭암 검사, 밀리터리브레이스포지션 검사 (military brace position test)
③ 과다벌림증후군 검사(Allen test), 예가손 검사
④ 밀리터리브레이스포지션 검사, 과다벌림증후군 검사

해설

어깨충돌검사인 니어 검사(Neer's test), 호킨스-케네디 검사 (Hawkins-Kennedy test) 후 양성이 나타났으므로 가시위근 악화검사인 드롭암 검사와 위팔래두갈래 힘줄 자극 검사인 예가손 검사를 진행함

정답 ①

해설 ✚ 어깨관절 부위별 특수검사

- 위팔어깨관절의 불안정 검사: 오목위팔전위검사, 앞쪽당김검사, 뒤쪽당김검사, 고랑(Sulcus)검사, 클런크(Clunk) 검사, 오브라인(O'Brien) 검사, 어깨불안정검사, 재배치검사
- 어깨충돌검사: 니어(Neer) 검사, 호킨스-케네디(Hawkins-Kennedy) 검사, 조브(Jobe) 검사
- 가시위근 악화검사: 드롭암(Drop Arm) 검사, 앰프티캔(empty can) 검사, 앞톱니근 검사
- 위팔두갈래근 자극검사: 예가손(Yegason) 검사, 스피드 검사, 루딩톤(Ludington) 검사
- 가슴문증후군 검사: 앞목갈비근증후군(Adson) 검사, 과다벌림증후군(Allen) 검사, 밀리터리브레이스포지션(Military Brance Position) 검사, 갈비빗장증후군(Roo) 검사, 감각검사

19

〈보기〉는 스포츠 손상의 기술적 용어에 관한 설명이다. ㉠~㉣에 해당하는 용어를 바르게 나열한 것은?

| 보기 |

- (㉠)은/는 선수의 신체 혹은 기능적 손상이나 질병을 예측하는 것으로 선수가 건강운동관리사 혹은 의사에게 (㉡)으로 설명하는 것이다.
- (㉢)은/는 특수한 상황에 대한 결정적이고 (㉣)인 표시이며 운동선수를 검진할 때 나타난다.

	㉠	㉡	㉢	㉣
①	증상 (symptom)	주관적	징후 (sign)	객관적
②	증상	객관적	징후	주관적
③	징후	주관적	증상	객관적
④	징후	객관적	증상	주관적

해설

증상은 손상 혹은 질병을 나타내는 주관적인 설명이고, 징후는 질병의 객관적 척도임

정답 ①

해설 ✚ 스포츠 재활의 기술적 용어

- 증상(symptom): 선수의 신체나 기능에 있어서 손상이나 질병을 나타낼 것으로 예측되는 변화
- 징후(sign): 특수한 상황에 대해 결정적이고 확실하며 객관적인 표시(운동선수 검진 때 나타남)
- 진단(diagnosis): 특수한 상태에 대한 이름
- 예후(prognosis): 질병상태의 진행과정을 예상하는 것
- 후유증(sequela): 질병이나 손상 후 나타나는 상태
- 증후군(syndrome): 상태 혹은 질병을 가리키는 증상들

20

넙다리네갈래근 타박상(contusion)을 입은 환자에 관한 설명으로 옳지 않은 것은?

① 일반적으로 통증이 동반된다.
② 3도 타박상은 다리를 쩔뚝(limp)거린다.
③ 전형적인 증상으로 근육에 멍(bruise)이 나타날 수 있다.
④ 넙다리네갈래근의 단축(shortening)을 피하기 위해 무릎을 완전히 편(extension) 상태에서 냉찜질을 한다.

해설

넙다리네갈래근(quadriceps femoris)은 크고 강력한 무릎 폄 근육임. 넙다리네갈래근의 타박상은 근육에 대한 압박인 타박상으로 이완된 넙다리에 강한 충격으로 발생함. 무릎을 편(extension) 상태가 아니라 굽힘(flexion) 상태에서 냉찜질함으로써 단축 (shortening)을 피해야 함

정답 ④

21

〈보기〉에서 손상조직의 치유과정 중 염증반응 단계 (inflammatory response phase)의 내용으로 옳은 것을 모두 고른 것은?

┤ 보기 ├

ㄱ 포식작용(phagocytosis)
ㄴ 육아조직(granulation tissue) 생성과 혈관 생성
ㄷ 혈관 수축과 혈관 확장
ㄹ 섬유아세포(fibroblast)와 상처 크기 감소

① ㄱ, ㄴ
② ㄱ, ㄷ
③ ㄴ, ㄹ
④ ㄷ, ㄹ

해설

염증반응 단계에서는 부종, 발열, 발적, 통증, 기능손실 등이 나타나고, 손상된 조직을 치유하기 위한 초기 단계로서 손상부위에서 화학적 매개체(히스타민, 사이토카인 등)가 방출됨

정답 ②

해설 ➕ 스포츠 손상의 치유과정

단계	내용
염증반응단계	▪ 부종, 발열, 발적, 통증, 기능손실 등이 나타남 (혈관수축과 확장) ▪ 손상된 조직을 치유하기 위한 초기 단계로서 손상부위에서 화학적 매개체(히스타민, 사이토카인 등)가 방출됨(포식작용 phagocytosis 통해 죽은 세포 등을 소화시킴)
섬유조직－형성단계	▪ 반흔조직(cicatricial tissue, 흉터조직) 회복을 위한 증식, 재생활동이 발생함 ▪ 4~6주 기간 동안 섬유증식기(fibroplasia)가 지속됨 ▪ 염증반응기에 나타났던 증상과 신호들이 사라짐 ▪ 섬유소응고(fibrin clot) 파괴, 섬유아세포, 콜라겐, 모세혈관으로 구성된 육아조직(granulation tissue)이 생성됨
성숙－재형성기	▪ 반흔조직을 구성하는 콜라겐 섬유의 재배열, 재형성이 나타남 ▪ 반흔조직의 인장강도 증가, 모세혈관 수 감소됨 ▪ 3주 후 강하게 수축하는 혈관이 없는 반흔조직이 남음

22

머리 및 목뼈(cervical vertebra) 손상을 입은 환자에 관한 설명으로 옳지 않은 것은?

① 목뼈 골절(fracture)이 의심되는 환자는 지속적으로 머리와 목을 고정시킨다.
② 맥박 저하, 혈압 상승 또는 불규칙한 호흡은 머리 안(cranial cavity) 내 압력이 증가된 것을 의미한다.
③ 안면보호대가 있는 헬맷을 착용하고 있다면, 척추보드로 옮기기 전에 기도평가를 위해 안면보호대를 제거해야 한다.
④ 바빈스키 반사(Babinski's reflex) 검사 시 발가락의 굴곡과 내전은 양성반응을 의미한다.

해설

목뼈골절은 흔하지 않지만 체조, 아이스하키, 다이빙, 미식축구, 럭비 등에서 손상을 입었을 때 척추의 탈골과 골절은 마비를 초래함. 정답은 ④번으로서 바빈스키 반사(babinski)의 양성은 발바닥을 자극하면 발가락이 부채처럼 펴지는 것을 의미함

정답 ④

23

〈보기〉에서 신장 운동(stretching exercise)의 금기사항으로 옳은 것을 모두 고른 것은?

| 보기 |

㉠ 연부조직의 혈종이 관찰될 경우
㉡ 급성염증이나 감염이 있을 경우
㉢ 과가동성(hyper mobility)이 있을 경우
㉣ 연부조직의 단축이 가동범위를 제한할 경우

① ㉠
② ㉠, ㉡
③ ㉠, ㉡, ㉢
④ ㉠, ㉡, ㉢, ㉣

해설

㉣에서 설명한 연부조직의 단축이 가동범위를 제한할 경우에는 신장 운동을 해야 함

정답 ③

24

〈보기〉에서 **구획 증후군(compartment syndrome)**에 관한 설명으로 옳은 것으로만 묶인 것은?

┤ 보기 ├

㉠ 구획 증후군은 깊숙한 부위의 통증과 경직, 팽윤 등을 동반한다.
㉡ 만성 구획 증후군은 직접적 외상 없이 주로 운동 후 발생한다.
㉢ 급성 구획 증후군은 탄력붕대를 이용한 압박이 부종을 조절하는 데 효과적이다.
㉣ 급성 구획 증후군은 황색포도상구균(staphylococcus aureus)의 감염에 의해 나타난다.

① ㉠, ㉡   ② ㉠, ㉢
③ ㉡, ㉣   ④ ㉢, ㉣

해설

구획 증후군은 하지손상으로 구획 내에 근육과 신경혈관의 압력으로 발생함. 급성 구획 증후군(구획크기 감소, 부종, 출혈 등 직접적 외상, 통증, 경직, 팽윤 나타남), 만성 구획 증후군(직접적 외상 없이 운동 후 발생)으로 분류함. 압박붕대는 오히려 압박 구획 크기를 감소시켜 악화시킴

정답 ①

해설 + **하지 손상**

- 아킬레스 힘줄 좌상: 발목 염좌, 갑작스러운 발목의 강한 발등굽힘으로 스포츠에서 자주 발생
- 아킬레스 힘줄염: 러닝, 점핑과 같은 반복적인 움직임 동안의 과도한 신장내력(tensile stress)으로 과부하에 의해 발생
- 아킬레스 힘줄의 파열: 급격하게 미는 동작을 통해 앞쪽발의 무릎이 강제적으로 펴지면서 발생
- 종아리힘줄의 아탈구 / 탈구: 역동적 힘이 발과 발목에 작용하는 활동에서 가장 흔하게 발생(레슬링, 풋볼, 아이스 스케이팅, 스키, 농구, 축구 등)
- 앞 정강근 힘줄염: 장기간 동안 내리막을 뛰어 내려가다가 발생
- 뒤 정강근 힘줄염: 회내된 발 또는 과운동성을 가진 환자가 과도한 운동을 할 때 발생
- 종아리근 힘줄염: 흔하지는 않지만 요족(pes cavus)을 가진 사람들이 발의 가장자리에 무게가 실리면서 발생
- 정강이 타박상: 피부 바로 아래 있는 하지 앞면의 약한 부분으로 외부충격으로 발생
- 근육 타박상: 장딴지근 타박은 스포츠에서 흔히 발생
- 다리의 경직과 경련: 피로감, 많은 땀을 흘린 후의 수분 부족, 부적절한 상호 근육의 협응 등 강직성 경련이 발생
- 장딴지근좌상: 빠른 출발, 정지, 간헐적인 점핑 등으로 발생

- 급성다리골절: 모든 다리골절 중 종아리뼈(fibula) 골절이 가장 흔하고, 직접적 혹은 간접적인 외상으로 발생
- 안쪽 정강뼈 스트레스 증후군(MTSS): 모든 러닝 손상의 10~15% 차지, 모든 선수들 다리 통증의 60% 차지, 러닝, 점핑 등 동작에서 발생
- 구획증후군
  - 구획 내에 근육과 신경혈관의 압력으로 발생
  - 급성 구획 증후군(직접적 외상, 통증, 경직, 팽윤 나타남), 만성 구획 증후군(직접적 외상없이 운동 후 발생)
- 정강뼈 또는 종아리뼈의 피로골절: 장거리 선수들에게 나타나는 과사용 스트레스 손상

25

〈보기〉에서 **목 신경뿌리(cervical nerve root)**의 손상 유무를 알아보는 검사방법으로 옳은 것을 모두 고른 것은?

┤ 보기 ├

㉠ 스펄링검사(spurling test)
㉡ 목뼈압박검사(cervical compression test)
㉢ 팔신경얼기검사(brachial plexus test)
㉣ 커니그검사(Kernig's test)

① ㉠   ② ㉠, ㉡
③ ㉠, ㉡, ㉢   ④ ㉠, ㉡, ㉢, ㉣

해설

커니그검사(Kernig's test)는 허리뼈 검사임

정답 ③

해설 + **척주 검사**

- 페이버 페트릭 검사: 고관절의 굽힘(flexion), 벌림(abduction), 바깥돌림(external rotation)으로 엉치엉덩관절의 이상을 파악
- 팔신경얼기검사: 머리와 어깨 모두 압박부상 존재 여부 파악(목뼈 검사)
- 목뼈압박검사: 아래쪽으로 목뼈 압박을 통해 손상 여부 파악(목뼈 검사)
- 스펄링(Spurling) 검사: 목뼈 압박, 측면 구부림, 약간의 폄 사용(목뼈 검사)
- 커니그(Kernig) 검사: 무릎을 편 채 한쪽 다리를 90도 거상시켜 요통 여부 검사(허리뼈 검사)
- 부르진스키 검사: 커니그 검사의 수정본으로 목뼈 부위 굽힘 시 증가 여부 파악(통증 증가하면 허리추가판, 신경근 자극에 의한 병증)

26

고온 환경에서의 질병 및 손상에 관한 설명으로 옳지 않은 것은?

① 저나트륨혈증(hyponatremia)은 수분의 과다 공급에 의해 발생한다.

② 운동유발 근육경련(muscle cramp)은 운동 중 또는 후에 발생하는 불수의적 근수축이다.

③ 열실신(heat syncope)의 증상 및 징후에는 어지러움, 기절, 체온 상승, 정신혼란 등이 있다.

④ 열사병(heat stroke)에서 초기 빈맥과 저혈압은 높은 말초 저항에 의해 발생한다.

해설

열사병(heat stroke)에서 초기 빈맥, 저혈압은 체온 조절 중추가 열 자극을 못 이겨 기능을 상실해서 발생함

정답 ④

해설 + **스포츠 손상의 환경적 고려**

분류	내용
열 손상	■ 열발진, 열실신, 열경련, 열탈진, 열사병 등이 있음 ■ 열실신(heat syncope)의 증상 및 징후에는 어지러움, 기절, 체온 상승, 정신혼란 등이 있음 ■ 열사병(heat stroke)에서 초기 빈맥, 저혈압은 체온 조절중추가 열 자극을 못 이겨 기능을 상실해서 발생함

한랭
손상
	■ 저체온증
	   －정상체온에서 2℃ 떨어진 35℃ 이하의 심부온도임
	   －저체온증을 유발하는 에너지 고갈, 피로, 수면부족 등이 있음
	   －저체온증을 예방하기 위해 기온, 날씨, 고도 등을 고려함
	■ 동상(Frostbite)
	   －조직의 온도가 0℃ 이하로 떨어질 때 발생함
	   －저린 감각, 이상감각, 화끈거림 등의 증상이 나타남
	■ 부동성 한랭 손상(Nonfreezing Cold Injuries)
	   －참호발(Trenchfoot): 0~15℃ 온도에서 12시간 동안 노출될 때 발생함, 저린 감각, 부종, 감염이 동반됨
	   －동창(Chilblains): 피부 표면의 한랭 손상으로 16℃ 이하 노출될 때 발생함. 부종, 압통, 가려움, 통증을 동반함

고지
손상
	■ 급성 고산병
	   －해발 약 2,400m 이상 고지대에서 발생할 수 있음
	   －점진적이고 단계별로 고지대에 거주, 해발 2,400m 이상인 곳에서는 해발 약 300m 높이마다 1일 휴식을 취함. 몸의 정상 수화상태를 유지, 고탄수화물(70~80%) 식사를 하면서 고산병을 감소시킴

수중 손상	■ 잠수, 수영 등을 통해 얻어지는 손상

27

수중재활운동에 관한 설명으로 옳지 않은 것은?

① 비만인은 지방조직에 의해 부력(buoyancy)이 증가한다.
② 부력과 점성(viscosity)은 신체에 직접적인 영향을 준다.
③ 선 자세에서 위앞엉덩뼈가시(anterior superior iliac spine)까지 침수 시 체중의 약 30%가 지지된다.
④ 수압(hydrostatic pressure)은 정맥순환을 촉진하여 1회 박출량을 증가시킨다.

해설

수중재활은 광범위하게 사용되며 허리까지 침수 시 체중의 약 25~30% 지지, 가슴까지 침수 시 50% 지지됨

정답 ③

해설 + 부위별 수중재활 운동 등

발의 신체 컨디셔닝	▪ 발의 손상을 재활하는 과정에서 비체중지지가 요구됨 ▪ 수중, 상체 에르고미터 같은 대신 할 수 있는 운동이 필요함
발목, 하지의 전신운동	▪ 자전거, 상지 에르고미터 사용을 통해 발목, 하지무리가 가지 않게 함 ▪ 수영장에서 물에 뜨는 기구 사용, 수중에서 달리기, 수영 등이 좋음
넙다리, 엉덩이, 살고랑부위, 골반	▪ 수중운동, 고정식 자전거, 상체 에르고미터 ▪ 정적 스트레칭, 고유수용성 신경근 촉진법(PNF) ▪ 런지, 한발 스쿼트 ▪ 워킹, 조깅, 슬로우 러닝, 지그재그 러닝, 8자 러닝, 단거리달리기
허리부의 재활의 전신 조건화	▪ 불편함을 견딜 수 있는 조건이 해결되면 조건화 운동을 재개함 ▪ 수중훈련을 통해 심폐지구력을 유지하고, 체중부하를 감소시킴
척주 재활	▪ 스트레칭 훈련(수동적, 능동적 움직임 포함), 등장성(같은 크기) 훈련 ▪ 수중훈련, 폄훈련(등 부위 폄근을 강화), 굽힘훈련(복근 강화)

28

무릎넙다리 통증증후군(patellofemoral pain syndrome)의 관절과 근육 기능에 관한 설명으로 옳은 것은?

① 증가된 Q각은 무릎관절이 굽힘되었을 때 안쪽 관절면의 압박력을 증가시킨다.
② 무릎뼈 고위(alta)는 무릎뼈 활주를 감소시키고 보상적으로 정강뼈의 안쪽돌림을 일으킨다.
③ 무릎뼈 저위(baja)는 지방패드를 옆으로 노출시켜 시상면에서 보았을 때 두 개의 봉(hump)을 형성한다.
④ 정강뼈의 가쪽돌림은 활차(condyle) 안 무릎뼈의 가쪽 압박력을 증가시켜 무릎뼈의 회전을 유발한다.

해설

무릎넙다리 통증증후군(patellofemoral pain syndrome)은 무릎넙다리 관절에서 일어나는 모든 종류의 통증을 뜻하고 무릎뼈와 관련이 있는 넙다리 고랑(femoral groove)에서의 비정상적인 무릎뼈 움직임은 두 가지가 있음. 무릎뼈연골연화증은 비정상적인 무릎뼈 움직임으로 발생(정확한 원인은 밝혀지지 않음)하고, 무릎-넙다리뼈 스트레스 증후군은 넙다리뼈 고랑에서의 무릎뼈 움직임이 바깥쪽으로 치우쳐서 발생함. 증가된 Q각은 무릎관절이 굽힘됐을 때 가쪽 관절면 압박력을 증가시킴

정답 ④

29

〈보기〉에서 병적 보행(pathological gait)에 관한 설명으로 옳은 것을 모두 고른 것은?

┌─ 보기 ├─

⊙ 중간볼기근(gluteus medius)이 약하면 한발 입각기(stance phase)에 골반이 틀어지며 균형을 잡기 어렵다.
ⓒ 발목관절의 가동범위가 제한되면 발가락이 지면에 끌리지 않도록 엉덩관절 굽힘을 증가시킨다.
ⓒ 넙다리네갈래근(quadriceps femoris)의 약화 또는 아킬레스건의 경직(stiffness)이 있으면 발뒤꿈치가 땅에서 일찍 떨어지게 된다.
ⓔ 넙다리네갈래근의 과활성화는 부하단계(loading response)에서 무릎 굽힘의 억제를 야기한다.

① ⊙
② ⊙, ⓒ
③ ⊙, ⓒ, ⓒ
④ ⊙, ⓒ, ⓒ, ⓔ

해설

병적 보행의 세 가지 원인은 통증, 중추신경계통 질환, 근육뼈대계통 장애로서 모든 〈보기〉가 해당됨

정답 ④

해설 + 병적 보행(pathological gait, 병리적 걸음양상)의 원인(* 기능해부학에도 나옴)

- 통증: 진통보행(antalgic gait)으로서 체중부하를 회피하려고 함 / 엉덩관절 벌림근육의 활성에 의한 엉덩관절의 압박으로 인한 통증 유발 / 손상된 디딤기 다리에 대한 체중부하를 완화시키기 위해 몸통을 흔들기 다리 쪽으로 약간 기울이게 됨
- 중추신경계통 질환: 뇌혈관 사고(CVA), 파킨슨병, 뇌성마비, 근육 강직(spasticity) 등에 의해 휘돌림(circumduction), 발을 질질 끌려는 경향 동반하게 됨
- 근육뼈대계통 장애: 결합조직과 근육 손상, 비정상적인 관절 구조, 관절의 불안정성, 선천적인 결합조직의 느슨함 등 비정상적인 가동범위는 하나 또는 그 이상의 주변 관절들에게 어떤 형태의 보상작용을 유발할 수 있음

30

〈보기〉와 같은 방법으로 측정하는 관절의 움직임은?

┌─ 보기 ├─

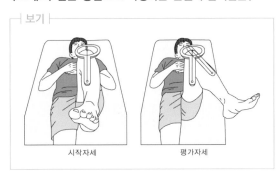

시작자세   평가자세

① 무릎관절 안쪽돌림
② 무릎관절 가쪽돌림
③ 엉덩관절 안쪽돌림
④ 엉덩관절 가쪽돌림

해설

엉덩관절의 안쪽돌림(내측회전, internal rotation)의 관절 움직임으로 측정하는 것임

정답 ③

31

보기는 쇼크(shock)에 대한 설명이다. 괄호 안에 알맞은 용어를 바르게 나열한 것은?

┤ 보기 ├

- (㉠)는 혈액의 상실이 있는 외상에 의해 발생하고, 혈액이 공급되지 않으면 혈압이 떨어진다.
- (㉡)는 폐가 순환 혈액에 충분한 산소를 공급할 수 없을 때 발생한다.
- (㉢)는 심한 박테리아 감염에 의해 발생하며, 박테리아로부터 생겨나는 독소는 신체의 작은 혈관을 확장한다.

	㉠	㉡	㉢
①	저혈량성 쇼크 (hypovolemic shock)	패혈성 쇼크 (septic shock)	호흡성 쇼크 (respiratory shock)
②	저혈량성 쇼크	호흡성 쇼크	패혈성 쇼크
③	패혈성 쇼크	호흡성 쇼크	저혈량성 쇼크
④	패혈성 쇼크	저혈량성 쇼크	호흡성 쇼크

해설

쇼크(shock)란 전신적인 순환장애로 인해 신체 세포와 조직이 대사에 필요한 산소를 공급받지 못하고 이로 인해 세포기능 저하로 나타나는 증후군임.

정답 ②

해설 ✚ 쇼크(shock)

- 저혈량성 쇼크(hypovolemic shock): 충분한 혈액공급이 안 돼 산소결핍이 일어날 때 발생
- 호흡성 쇼크(respiratory shock): 폐의 순환혈액에 충분한 산소공급이 안 될 때 발생
- 신경성 쇼크(neurogenic shock): 심혈관계 내의 혈관의 확장에 의해 발생
- 심리적 쇼크(psychogenic shock): 혈관의 일시적 확장에 의해 뇌에 충분한 혈액공급이 안 될 때 발생(졸도)
- 심장성 쇼크(cardiogenic shock): 심장이 충분한 양의 혈액을 신체로 보내지 못할 때 발생
- 패혈성 쇼크(septic shock): 심한 박테리아 감염으로 독소가 혈관 확장을 일으키며 발생
- 과민성 쇼크(anaphylactic shock): 음식물, 벌레, 약물, 먼지, 꽃가루 등 알레르기 반응이 나타날 때 발생
- 대사성 쇼크(metabolic shock): 당뇨병 등 질병과 배뇨, 구토, 설사 같은 신체액체의 과도한 상실로 발생

32

〈보기〉 중 어깨 관련 손상평가 방법을 모두 고른 것은?

┤ 보기 ├

- ㉠ 라크만 검사(Lachman test)
- ㉡ 호킨스-케네디 검사(Hawkins-Kennedy test)
- ㉢ 엠프티 캔 검사(empty can test)
- ㉣ 피벗 시프트 검사(pivot-shift test)

① ㉠, ㉡ ② ㉡, ㉢
③ ㉢, ㉣ ④ ㉠, ㉣

해설

라크만 검사와 피벗 시프트 검사는 무릎부위 검사임

정답 ②

해설 ✚ 어깨관절 검사

- 클런크(Clunk) 검사: 팔꿈치를 잡고 다른 한손은 위팔뼈 뒤쪽에 위치시킴(양성은 관절테두리 파열, 오목위팔관절 불안정 검사)
- 오브라이언(O'Brien) 검사: 오목위팔관절을 90도 구부리고 시상면으로 수평모음 15도로 함(오목위팔관절 불안정 검사)
- 조브(Jobe) 검사: 손바닥을 아래로 향하게 한 뒤 양팔을 어깨 높이로 들어 올린 상태에서 검사자가 저항을 줌
- 니어(Neer) 검사: 팔을 위로 굽힌 상태에서 힘을 가해 위팔뼈머리와 부리어깨봉우리 아치 사이의 연조직 충돌을 유발시킴(어깨충돌검사)
- 호킨스-케네디(Hawkins-Kennedy) 검사: 위팔뼈를 강하게 안쪽돌림을 한 상태에서 수평모음을 하는 어깨충돌검사(환자가 통증을 느끼면 양성)
- 드롭암(Drop Arm) 검사: 가능한 팔을 크게 벌리고 90도까지 천천히 내리게 함(가시위근 약화검사)
- 예가손(Yergason) 검사: 팔꿈치를 90도 굽히고 아래팔을 엎친 상태에서 환자에게 능동적으로 뒤침운동하게 유도(위팔두갈래근 힘줄 자극검사)

33

〈보기〉는 운동 중 갑자기 쓰러져 맥박이 없는 사람에 대한 1차 응급처치 방법이다. 적용 순서를 바르게 나열한 것은?

┤보기├

- 기도확보(airway)
- 인공호흡(breathing)
- 가슴압박(compression)

① 가슴압박－기도확보－인공호흡
② 가슴압박－인공호흡－기도확보
③ 기도확보－가슴압박－인공호흡
④ 기도확보－인공호흡－가슴압박

해설

미국심장협회(American Heart Association)에선 심폐소생술(CPR) 자격을 갖춘 사람에게 CAB(순환－기도－호흡)의 처치 순서 습득을 권고함

정답 ①

34

엎드린 자세에서 목말뼈밑(거골하, subtalar) 중립을 평가하는 방법으로 옳지 않은 것은?

① 평가를 받는 사람 다리 길이의 1/3 정도가 테이블 밖으로 나오게 한 상태에서 평가한다.
② 아킬레스건(Achilles tendon)의 시작점으로부터 발꿈치(종골, calcaneus)의 원위부(distal)까지 선을 그어 이등분한다.
③ 목말뼈(거골, talus)가 목말뼈밑 관절 내에서 안쪽과 바깥쪽이 똑같이 만져지는 위치이다.
④ 목말뼈밑 관절이 중립 위치가 되었을 때 발허리뼈 머리(중족골두, metatarsal head)가 보일 수 있도록 발바닥쪽 굽힘(plantar flexion)을 한다.

해설

목말뼈는 중요한 체중지지 뼈로 발꿈치뼈 위에 있으며 하지와 발 사이를 연결하고 있음. 발허리뼈는 발가락뼈와 발목뼈 사이에 있으며 거의 움직임이 허용되지 않지만 체중을 지지할 때 인대의 탄성을 제공함. 목말뼈의 가장 위쪽 관절면이 전면보다 뒤쪽으로 좁아지므로 발등쪽 굽힘(움직임 범위 10도)이 제한돼 있으므로 목말뼈밑 중립을 평가하고자 할 때 발허리뼈 머리가 보일 수 있도록 발등쪽 굽힘을 통해 해야 함. 참고로 완전 발등쪽 굽힘 동작에서 안쪽곁인대의 전면이 팽팽하게 긴장되면서 목말뼈의 모양 때문에 발바닥쪽 굽힘(움직임 범위 23도)과 안쪽돌림(내측회전, internal rotation)이 동시에 일어남

정답 ④

35

〈보기〉에서 설명하는 고유수용기 신경근 자극(proprioceptive neuromuscular facilitation, PNF) 기법은?

┤보기├

- 주동근의 등장성 수축 후 길항근의 등척성 수축을 시행한다.
- 주동근이 수축하는 동안 길항근이 이완된다.
- 길항근의 유연성이 제한 요소일 때 사용된다.

① 정지－이완법(hold－relax)
② 수축－이완법(contract－relax)
③ 정지－정지－수축－이완법(hold－hold－contract－relax)
④ 느린 역자세－정지－이완법(slow reversal－hold－relax)

해설

〈보기〉는 느린 역자세－정지－이완법(slow reversal－hold－relax)을 설명함. 스트레칭을 하고자 하는 목적의 길항근(주동근의 수축에 반응하여 펴지는 근육)을 강하게 수축함→주동근(움직임을 유발하는 근육)을 강하게 수축함→길항근이 한층 더 이완됨→이 상태에서 목적하는 길항근을 정적으로 스트레칭을 함

정답 ④

36

근골격계 부상에 대한 〈보기〉의 아이스(ice) 적용에 대한 설명으로 옳은 것을 모두 고른 것은?

| 보기 |

ㄱ 형성된 부종 제거에 효과적이다.
ㄴ 반대-자극 효과(counter-irritant effect)는 적용에 의한 통증 감소를 설명할 수 있다.
ㄷ 관절부상에 의해 억제된 근기능(arthrogenous muscle inhibition)의 활성화를 위해 사용된다.

① ㄱ, ㄴ
② ㄴ, ㄷ
③ ㄱ, ㄷ
④ ㄱ, ㄴ, ㄷ

해설

근골격 손상 때 응급치료인 RICE 처치법으로 Rest(안정을 취함), Ice(얼음찜질을 실시함), Compression(환부를 압박함), Elevation(환부를 높이 올려두게 함) 순서로 진행함. Rest는 제한적 활동을 통해 스트레스를 줄이고, Ice는 통증 감소, 혈관의 국소적 표면 수축 촉진을 함. Compression은 출혈과 혈종 감소, 부종(부기)을 억제하고, Elevation은 내출혈 감소, 부종(부기)을 감소하게 함

정답 ②

37

〈그림〉과 같이 하지는 이완된 상태로 스트레치 운동(passive stretch exercise)을 할 때, 〈보기〉의 설명을 참 혹은 거짓으로 바르게 판단한 것은?

| 보기 |

ㄱ 자발성(autogenic)보다 상호적(reciprocal) 억제(inhibition)에 의해 스트레치된다.
ㄴ 무릎관절의 관절낭(joint capsule)은 힘줄(tendon)보다 많은 장력(tension)을 받는다.
ㄷ 스트레치 후 약 6초가 지나면 골지건기관(Golgi tendon organ)이 Ib 구심성신호(Ib afferent)를 보내기 시작한다.

	ㄱ	ㄴ	ㄷ
①	참	참	참
②	거짓	참	거짓
③	참	거짓	거짓
④	거짓	거짓	참

해설

스트레칭의 신경생리학적 기초로서 신체의 모든 근육에서 일어나는 상태는 중추신경계로 정보를 전달함. 역학 수용기에서 근방추는 근육의 길이 변화를 감지, 골지건기관은 근육긴장 변화에 영향을 미침. 자발성 억제(autogenic inhibition)는 근 수축 중에서 길항근(주동근의 수축에 반응하여 펴지는 근육)의 이완을 뜻하고, 상호적 억제(reciprocal inhibition)는 주동근(움직임을 유발하는 근육)의 수축으로 길항근의 반사적 이완을 유발, 이것이 늘어나면서 손상을 예방하는 현상을 말함. ㄱ에서 설명하는 탄력밴드를 활용한 수동적 정적 스트레칭은 길항근의 이완이므로 자발성 억제임. ㄷ에서 설명하는 근육의 신전이 최소 6초 동안 지속되면 골지관기관으로부터의 신호는 근방추 신호보다 우선시되고, 근방추 신호와 달리 길항근의 반사를 이완시키며, 이는 근육의 스트레칭을 가능하게 하는 보호기전 역할을 함. 즉, 수축 중 길항근의 이완인 자발성 억제가 됨

정답 ②

해설 + 유연성(* 운동처방론에도 나옴)

■ 탄성 스트레칭(반동, 반발 Ballistic Methods or Bouncing Stretching)
• 움직이는 신체분절의 탄성을 이용함
• 주동근(움직임을 유발하는 근육)의 반복 수축에 대해 길항근(주동근의 수축에 반응하여 펴지는 근육)의 빠른 신전(폄)을 일으키는 반발적 동작을 함
■ 동적 스트레칭(느린 동작, Dynamic or Slow Movement Stretching)
• 한 자세에서 다른 자세로 자세를 조금씩 변화시킴 / 지나친 주동근 수축은 길항근 통증 유발
• 활동 시작 시 권장되는 조절된 스트레칭(운동선수층 주로 사용)
• 손이 닿는 부위와 관절가동범위를 점진적으로 늘려감(동작을 여러 번 반복)
■ 정적 스트레칭(Static Stretching)
• 근육을 최대 신전(폄) 상태로 놓고, 멈추어 있는 길항근을 수동적으로 신전(폄) 시킴
• 능동적(active) 정적 스트레칭: 근력을 이용하여 스트레칭 자세를 유지(요가)
• 수동적(passive) 정적 스트레칭: 보조자 혹은 장비(탄력밴드, 발레바)를 이용하여 자세를 유지
■ 고유수용성신경근촉진(PNF, Proprioceptive Neuromuscular Facilitation)
• 수축·이완 방식과 같이 해당 근육의 등척성 수축 후 동일한 근육을 정적 스트레칭을 함
• 느린 역자세–정지–이완법(slow reversal–hold–relax), 수축–이완법(contract–relax), 정지–이완법(hold–relax)

38

〈보기〉는 고강도 훈련과 회복의 불균형이 반복됨으로써 나타나는 운동상해의 단계이다. 단계별 진행순서와 회복시간이 짧은 것부터 나열한 것은?

| 보기 |

㉠ 오버트레이닝(overtraining)
㉡ 기능부적 오버리칭(nonfunctional overreaching)
㉢ 기능적 오버리칭(functional overreaching)

	진행순서	회복시간
①	㉠ → ㉡ → ㉢	㉠ → ㉡ → ㉢
②	㉠ → ㉡ → ㉢	㉢ → ㉡ → ㉠
③	㉢ → ㉡ → ㉠	㉠ → ㉡ → ㉢
④	㉢ → ㉡ → ㉠	㉢ → ㉡ → ㉠

해설

기능적 오버리칭 → 기능부적 오버리칭 → 과훈련 증후군으로 갈수록 회복속도가 느려짐

정답 ④

해설 + 오버트레이닝

■ 기능적 오버리칭(functional overreaching): 증가된 훈련이 일시적인 수행 저하를 초래하지만 휴식 후 수행이 향상됨을 의미(단기간 오버리칭)
■ 기능부적 오버리칭(nonfunctional overreaching, 비기능적 오버리칭): 강한 훈련으로 수행 저하가 보다 오래가지만 휴식을 취한 후 회복됨을 의미 / 신경 내분비적 증상 / 기능적 오버리칭과 비교해 장기간 휴식 필요함
■ 과훈련 증후군(overtraining syndrome): 기능부적 오버리칭과 유사한 기간 동안 운동수행 저하 / 심리적, 내분비적 증상, 신경학적, 면역학적 시스템 이상 / 선수 은퇴까지 이어짐

05

39

〈보기〉는 손상 후 염증기간 동안 형성되는 부종에 대한 설명이다. 괄호 안에 들어갈 적절한 용어는?

┤보기├

( )에 형성된 세포 잔해(tissue debris)와 유리단백질(free protein)로 인해 세포 삼투압(tissue oncotic pressure)이 증가한다.

① 림프(lymph)
② 혈관(blood vessel)
③ 세포 내 공간(intracelluler space)
④ 세포 사이 공간(intercelluler space)

해설

부종(몸이 부어 있는 상태)은 치유를 방해하는 요인으로서 세포 사이 공간에 형성된 세포 사이 질내 체액이 비정상적으로 증가해 나타나는 증상임. 해당 부위가 부풀어 올라 압력이 증가하면 치유가 더뎌지고 조직분리가 일어남. 또한 신경근 조절이 억제되고 반사적인 신경변화도 일어나면서 영양공급도 나빠짐

정답 ④

40

내번발목염좌(inversion ankle sprain)를 예방하기 위한 발목테이핑 과정을 설명한 것으로 옳지 않은 것은?

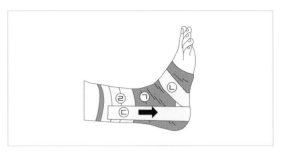

① ㉠은 피부보호를 위한 것이다.
② ㉡보다 원위부(distal)에는 테이프를 더 감지 않는다.
③ ㉢ 테이핑 시 가쪽에서 안쪽으로(화살표 방향) 감아준다.
④ ㉣ 테이프는 이전 테이프의 1/2 정도를 겹치게 감는다.

해설

발목 손상은 안쪽번짐 발목 염좌가 가장 흔한 손상으로 가쪽인대의 손상을 가져옴. 즉, 테이프를 감을 때 안쪽에서 가쪽(바깥쪽)으로 감아줘야 함

정답 ③

해설 + 테이핑 절차

테이핑 목적 파악, 운동손상부위 보호이면 손상기전 파악 → 테이핑 종류, 크기 결정, 테이핑 부위의 피부상태 점검 → 테이핑 받는 사람에게 절차, 자세, 알레르기 반응에 따른 대처 등을 설명 → 고정기준테이프를 만들고, 1/2 정도 겹치게 테이프를 먼 쪽에서 몸 쪽으로 적용 → 테이핑 후 혈액순환 방해 여부 확인

MEMO

PART

06

기능해부학
(운동역학 포함)

CHAPTER 01 기능해부학(운동역학 포함) 핵심이론

> **참고도서**

D. A. Neumann (2017). Kinesiology of the Musculoskeletal System: Foundation for Rehabilitation (3rd ed.). 채윤원 외 옮김(2018). 뉴만 KINESIOLOGY: 근육뼈대계통의 기능해부학 및 운동학(제3판). 범문에듀케이션.

> **학습완성도** ☐☐☐☐☐

학습 완성도를 체크해 보세요. 부족하다고 판단되면 위 참고도서를 통해 업그레이드하길 바랍니다.
※ 기능해부학은 운동상해와 내용 중복이 있음을 이해하며 학습하길 바랍니다.

1 기능해부학의 개요

(1) 근골격계

근육과 골격을 총칭하는 단어로 골격을 서로 연결하여 운동에 도움을 줌

(2) 근육

골격이 움직일 수 있게 하는 관절을 유기적으로 움직이게 도움

① 방추근육(fusiform muscles): 서로에 대해 혹은 중심 힘줄에 대해 평행하게 주행하는 근섬유
(위팔두갈래근 등) / 해부학적 단면적과 생리학적 단면적이 같음

② 깃근육(pennate muscle): 중심 힘줄에 대해 비스듬히 부착되는 근섬유(넙다리곧은근 등) / 해
부학적 단면적이 같다면 깃근육이 주어진 면적에 대해 많은 수의 근섬유를 갖고 있으므로 방추
근육보다 큰 힘을 냄

(3) 해부학적 자세와 축(Axis)

① 해부학적 자세
  - 시선은 전방을 향하고, 인체를 곧게 세운 직립자세임
  - 각 분절의 운동축과 운동면은 해부학적 자세를 기준으로 함

② 해부학적 축과 운동면

인체의 축 (Axis)	• 전후축: 인체의 전후를 지나는 축(sagittal axis) • 좌우축: 인체의 좌우를 지나는 축(frontal axis) • 수직축: 인체 꼭대기에서 바닥까지 지나는 축 (longitudinal axis)	

운동면
(Plane)
	• 시상면: 인체를 전·후방으로 통과, 좌우로 나누는 면
	  (정중면, sagittal plane)
	• 이마면: 인체를 측면으로 통과, 전후로 나누는 면
	  (관상면, 전두면, frontal plane)
	• 수평면: 인체를 상하로 나누는 면
	  (가로면, 횡단면, transverse plane)
		인체의 축과 운동면

(4) 움직관절

경첩관절, 회전관절, 타원관절, 절구관절, 평면관절, 안장관절, 융기관절

① 경첩관절 (hinge joint)	• 문의 경첩(hinge)처럼 한 방향으로만 회전이 가능 • 위팔자관절, 손가락(발가락)뼈사이 관절 ※ 자유도 1도(굽힙 – 폄)
② 회전관절 (pivot joint, 중쇠관절)	• 뼈 위에 다른 뼈의 구멍이 끼워져 있어 회전이 가능 • 첫째와 둘째 목뼈끼리 연결돼 있어 머리가 회전 • 위팔노관절, 고리중쇠관절
③ 타원관절 (ellipsoidal joint)	• 타원처럼 한쪽 뼈는 볼록, 다른 뼈는 움푹하게 패어 있음 • 노손목관절 ※ 자유도 2도(굽힘 – 폄, 벌림 – 모음)
④ 절구관절 (ball-and-socket joint)	• 한 뼈의 관절면은 공(전구) 모양, 다른 뼈는 절구(소켓) 모양 • 오목위팔관절, 엉덩넙다리(엉덩)관절 • 구관절(spheroid joint)이라고도 함 ※ 자유도 3도(굽힘 – 폄, 벌림 – 모음, 안쪽돌림 – 가쪽돌림)
⑤ 평면관절 (plane joint)	• 두 관절면이 거의 평면 • 손목뼈사이관절과 발목뼈사이관절, 둘째~다섯째손가락의 손목허리관절(수정된 평면관절) • 축이 없는 관절(non-axial joint), 미끄럼관절(gliding joint)이라고도 함
⑥ 안장관절 (saddle joint)	• 관절면이 말안장같이 생김 • 관절하고 있는 다른 뼈가 앞뒤 이동, 좌우로 회전 가능 • 엄지의 손목손허리관절, 복장빗장관절 ※ 자유도 2도(양축관절)
⑦ 융기관절 (condyloid joint)	• 절구관절과 매우 유사함 • 손허리손가락관절, 정강넙다리(무릎)관절 ※ 자유도 2도(굽힘-폄, 벌림-모음 또는 안쪽돌림-가쪽돌림)

06

(5) 관절운동

굽힘 & 폄(Flexion & Extension)/ 발등쪽굽힘 & 발바닥쪽굽힘(Dorsiflexion & Plantar flexion)/ 벌림 & 모음(abduction & adduction)/ 가쪽들림 & 안쪽들림(eversion & inversion)/ 안쪽돌림 & 가쪽돌림(internal rotation & external rotation)/ 엎침 & 뒤침(pronation & supination)/ 부채꼴 돌리기 & 휘돌리기(circumduction & rotation)/ 맞서기(opposing)

(6) 가동범위

① 관절에서 뼈가 움직일 수 있는 범위를 각도로 측정한 것
② 엉덩관절의 가동범위는 약 90도, 무릎관절의 가동범위는 약 130도임
③ 능동적 가동범위: 자기 스스로 움직일 수 있는 범위
④ 수동적 가동범위: 다른 사람이 힘을 주어서 도와줄 때의 범위로 능동적 가동범위보다 넓음

열린운동학적 사슬(open kinematic chain)과 닫힌운동학적 사슬(closed kinematic chain)
- 열린운동학적 사슬: 다리에서 발과 같이 운동형상학적 사슬의 먼쪽분절이 지면 혹은 다른 고정된 물체에 고정돼 있지 않은 상황 / 먼쪽분절이 움직이기에 자유로움
- 닫힌운동학적 사슬: 먼쪽분절이 지면 혹은 다른 고정된 물체에 고정돼 있는 상황 / 몸쪽분절이 움직이기에 자유로움

2 팔의 구조와 기능

(1) 손, 손목

① 손의 구조
- 손목에는 8개의 손목뼈가 있음 / 손에는 5개의 손허리뼈(metacarpal)가 있음
- 손목손허리관절(carpometacarpal joint, CMC joint): 손허리뼈(metacarpal)의 몸쪽끝 부위와 손목뼈(carpal)의 먼쪽줄 사이에 형성된 관절
  - 둘째, 셋째 손가락 CMC: 안정성으로 손의 중심 역할
  - 넷째, 다섯째 손가락 CMC: 오므리는 동작의 가동성으로 엄지와의 상호작용 강화하며 잡기 효율성 증가
- 손허리손가락관절(metacarpophalangeal joint, MCP joint): 손허리뼈와 몸쪽손가락뼈 사이에 형성된 관절
- 각각의 손가락에는 두 개의 손가락뼈사이관절(interphalangeal joint)인 몸쪽손가락뼈사이 관절(proximal interphalangeal joint, PIP joint)과 먼쪽손가락뼈사이관절(distal interphalangeal joint, DIP joint)이 있음

- 엄지는 두 개의 손가락뼈만을 갖고 있어, 하나의 손가락뼈사이관절(interphalangeal joint, IP joint)만을 가짐

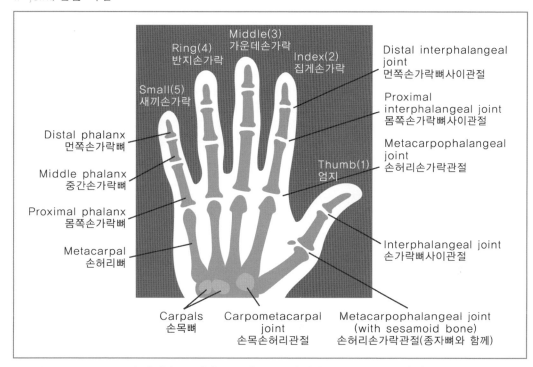

② 손에 있는 근육의 기능: 손가락을 조절하는 근육들은 외재성(extrinsic) 근육과 내재성(intrinsic) 근육으로 분류

손가락의 외재성 굽힘근육	
얕은손가락굽힘근 (flexor digitorum superficialis)	일차적 작용은 몸쪽손가락뼈사이관절(PIP joint) 굽힘이지만 자신이 지나간 모든 관절을 굽힘시킬 수 있음
깊은손가락굽힘근 (flexor digitorum profundus)	• 먼쪽손가락뼈사이관절(DIP joint)은 굽힘시키는 유일한 근육이지만 얕은손가락굽힘근과 마찬가지로 모든 관절 굽힘에 관여할 수 있음 • 집게손가락으로 가는 힘줄만 독립적 조절 가능
긴엄지굽힘근 (flexor pollicis longus)	엄지의 손가락뼈사이관절(IP joint)을 굽힘시키는 유일한 근육이며 엄지의 손허리손가락 관절(MCP), 손목손허리관절(CMC joint)에서 상당한 굽힘 토크를 발휘
손가락의 외재성 폄근육	

- 손가락폄근(extensor digitorum), 집게폄근(extensor indicis), 새끼폄근(extensor digiti minimi)이 있음
- 손가락 굽힘근육은 손가락집(digital sheath)에 둘러싸인 상태로 단 하나의 뼈 부착부위를 향해 주행하지만, 손목의 먼쪽으로 주행하는 폄근육의 힘줄은 손가락집이나 도르래 시스템이 없음
- 폄근육의 힘줄은 각 손가락의 등쪽면을 따라 위치하고 있는 결합조직의 섬유확장(fibrous expansion)으로 통합되는데, 이를 폄근육기전(extensor mechanism)이라고 함

손의 내재성 근육	
엄지두덩의 근육	• 짧은엄지벌림근(abductor pollicis brevis), 짧은엄지굽힘근(flexor pollicis brevis), 엄지맞섬근(opponeus pollicis) • 엄지두덩 근육의 일차적 책임은 잡기 동작을 촉진하기 위해 다양한 양의 맞섬 상태로 엄지를 위치시키는 것임
새끼두덩의 근육	• 새끼굽힘근(flexor digiti minimi), 새끼벌림근(abductor digiti minimi), 새끼맞섬근(opponeus digiti minimi), 짧은손바닥근(palmaris brevis) • 공통적 기능은 손의 자쪽모서리를 상승시켜 '컵' 모양을 만드는 것임 • 이는 먼쪽가로활을 깊게 해주어 잡고 있는 물체와의 손가락 접촉을 강화시키고, 필요에 따라 새끼벌림근은 좀 더 큰 것을 잡기 위한 동작을 조절하기 위해 새끼손가락을 펼칠 수 있음
엄지모음근 (adductor pollicis)	• 엄지모음근(adductor pollicis)은 둘째와 셋째 손허리뼈의 바닥쪽인 엄지의 물갈퀴 공간의 깊은 쪽에 놓인 갈래가 2개인 근육임 • 엄지모음근은 손목손허리관절(CMC joint)에서 가장 큰 굽힘과 모음의 결합 동작을 만들어내는 근육임
벌레근 (lumbrical)	• 깊은손가락굽힘근의 힘줄로부터 시작되는 4개의 가는 근육임 • 손에 있는 모든 내재성 근육 중 벌레근은 근육 길이에 대한 가장 긴 섬유 길이 비율을 가지고 있으나 단면적은 가장 작은데, 이는 벌레근이 비교적 긴 거리에 대해 단지 적은 양의 힘만을 생산해낼 수 있다는 것을 의미함
뼈사이근 (interossei muscle)	• 손허리뼈사이에 위치함 • 뼈사이근은 손허리손가락관절(MCP joint)에서 작용하여 손가락을 쫙 펴게(벌림) 하거나 다시 모이게 함(모음)

③ 손목

- **노손목관절**(radiocarpal joint): 노뼈의 먼쪽 끝 부위와 손목뼈의 몸쪽줄 사이에 위치
- **손목뼈중간관절**(midcarpal joint): 노손목관절의 바로 먼쪽에 있으며 손목뼈의 몸쪽줄과 먼쪽줄을 연결
- 동작의 예
  - 손목폄근의 장력은 쥐는 힘에 비례함
  - 열쇠 집기: 엄지모음근과 첫 번째 뼈사이근의 힘이 필요함

개념

세모섬유연골복합체(TFCC)

- TFCC: 관절원반(세모섬유연골), 먼쪽노자관절주머니인대(distal radioulna capsular ligament), 바닥쪽자손목인대(palmar ulnocarpal ligament), 자쪽곁인대(ulnar collateral ligament), 자쪽손목폄근의 힘줄을 에워싸고 있는 근막집(sheath of tendon of extensor carpi ulnaris)으로 구성됨
- 자손목공간(ulnocarpal space): 표준방사선 상 빈 공간으로 보여도 사실 5개의 연결조직들로 채워져 있음 / 세모섬유연골복합체(triangular fibrocartilage complex)라고 부름

■ TFCC의 전반적인 일차적 기능: 노뼈와 자뼈의 먼쪽 끝부분을 단단하게 결합시킴 / 노뼈가 손목뼈와 함께 고정된 자뼈(ulna)에 대해 자유롭게 돌림운동(supination과 pronation) 할 수 있도록 허용하는 기능 / 먼쪽노자관절(distal radioulnar joint)의 일차적 안정자임 / 손의 자쪽면을 강화함 / 노손목관절(radiocarpal joint)의 오목함에 일부 기여함 / 손에서 아래팔로 자연스럽게 가로지르는 압박력의 일부를 전달하는 데 도움이 됨 / 손목을 가로지르는 전체 압박력의 약 20%는 TFCC의 섬유연골성 원반을 통해 지나감

(2) 팔꿈치와 아래팔

① 뒤침근육(supinator muscle, 뒤침근)
- 일차적인 뒤침근육: 뒤침근(supnator), 위팔두갈래근(biceps brachii)
- 이차적인 뒤침근육: 노쪽의 손목 폄근육들, 긴엄지폄근, 집게폄근, 위팔노근

② 엎침근육
- 일차적인 엎침근육: 원엎침근(pronator teres), 네모엎침근(pronator quadratus)
- 이차적인 엎침근육: 노쪽손목굽힘근, 긴손바닥근, 위팔노근

 개념

자뼈(ulna)와 노뼈(radius)
- 기능: 자뼈와 노뼈는 아래팔 내에서 서로 관절하여 몸쪽노자관절과 먼쪽노자관절을 형성 / 어깨에서의 운동 없이 손바닥을 위로 향하게(뒤침) 혹은 아래로 향하게(엎침) 함 / 이는 팔꿈치에서의 굽힘과 폄을 동반 혹은 없이도 수행 / 손 배치 다양성 향상 / 팔의 전반적 기능 향상
- 자뼈: 두드러진 돌기가 있는 두꺼운 몸쪽 끝 부분을 가짐 / 자뼈와 노뼈 사이에 있는 뼈사이막을 중심띠를 통해 노뼈에 전달된 압박력이 몸쪽으로 이동되면서 자뼈쪽으로 전이되어 부하를 분산시킴
- 노뼈: 완전히 뒤침된 위치에서 자뼈의 가쪽에 평행하게 놓임

(3) 어깨복합체

① 어깨복합체(shoulder complex) 내에 있는 4개의 관절
- 복장빗장관절(SC joint, sternoclavicular joint)
  - 빗장뼈(clavicle)의 안쪽끝, 복장뼈(sternum)의 빗장관절면(clavicular facet), 첫째갈비뼈연골의 위쪽모서리로 구성된 복잡한 관절임
  - SC joint를 안정화시키는 조직: 앞복장빗장인대와 뒤복장빗장인대, 빗장사이인대, 갈비빗장인대, 관절원반, 목빗근, 복장방패근, 복장목뿔근, 빗장밑근
- 봉우리빗장관절(AC joint, acromioclavicular joint)
  - 빗장뼈의 가쪽끝과 어깨뼈 봉우리 사이의 관절임 / AC joint는 미끄럼관절(gliding joint, 평면관절)로서 관절면들의 외형이 주로 편평하다는 것이 반영된 것임
  - AC joint를 안정화시키는 조직: 위·아래관절주머니인대, 부리빗장인대, 관절원반(존재할 때), 어깨세모근과 위등세모근

- 어깨가슴관절(ST joint, scapulothoracic joint)
  - 그 자체가 진짜 관절(true joint)이라기보다는 어깨뼈의 앞면과 가슴의 뒤−가쪽벽 사이의 접촉부위임
  - 어깨뼈의 평균적인 안정자세(resting posture)는 약 10도의 앞쪽기울임, 5~10도의 위쪽 돌림, 어깨면(scapular plane)과 일치한 약 30~40도의 안쪽돌림임
- 오목위팔관절(GH joint, glenohumeral joint)
  - 위팔뼈머리(humeral head)의 비교적 큰 볼록면과 관절오목(glenoid fossa)의 얕은 오목면 사이에 형성된 관절임
  - GH joint는 ball−and−socket joint이지만 골프공이 25센트짜리 동전을 누르고 있는 것과 같이 위팔뼈머리가 관절오목에 비해 2배 가까이 크며, 넓은 가동성을 가진 관절임
  - GH joint는 섬유성 관절주머니(fibrous capsule)에 둘러싸여 있고, 관절주머니 안쪽 벽에는 윤활막(synovial membrane)이 놓여 있음
  - 돌림근띠(rotator cuff) 근육들: 능동적인 동작동안 관절의 안정성 유지의 중요한 역할(GH 관절의 동적인 안정자) / 가시위근은 위팔뼈머리의 위쪽 굴림 유발 / 가시아래근과 어깨밑근은 오목위팔관절의 능동 벌림 동안 위팔뼈머리에 대해 아래쪽을 당기는 힘 발휘 / 작은원근은 위팔뼈머리의 가쪽돌림 유발 / 가시아래근, 어깨밑근과 작은원근은 위팔뼈머리의 위쪽 굴림을 제한하기 위한 내림 힘 발휘

개념

GH joint의 자유도: **굽힘과 모음(flexion, extension), 벌림과 모음(abduction, adduction), 안쪽돌림과 가쪽돌림(internal rotation, external rotation), 수평모음과 수평벌림(horizontal adduction, abduction)**
- 벌림: 볼록한 위팔뼈머리가 위쪽으로 구르기와 동시에 아래쪽으로 미끄러짐을 함
- 모음: 반대 방향으로 일어남

어깨위팔리듬
- 건강한 어깨의 경우, 오목위팔관절(GH joint)과 어깨가슴관절(ST joint) 사이의 위쪽돌림 사이에는 자연적인 운동 형상학적 리듬 또는 타이밍이 존재함(어깨위팔리듬, scapulohumeral rhythm)
- 어깨위팔리듬은 약 30도의 벌림 이후 2:1의 비율로 일정하게 유지되면 일어남
- 어깨가 3도 벌림을 할 때마다 2도는 오목위팔관절(GH joint)의 벌림, 1도는 어깨가슴관절(ST joint)의 위쪽돌림으로 일어남

어깨의 완전한 벌림과 관계된 6가지의 운동형상학적 원리
- 일반적인 2:1의 어깨위팔리듬에 근거해, 능동적인 약 180도의 어깨 벌림은 120도의 오목위팔관절(GH joint) 벌림과 60도의 어깨가슴관절(ST joint)의 위쪽돌림의 동시 발생 결과로 일어남
- 완전한 어깨 벌림 동안 60도의 어깨뼈 위쪽돌림은 봉우리빗장관절(AC joint)의 위쪽돌림과 결합된 복장빗장관절(SC joint)의 올림의 동시 발생 결과로 일어남
- 어깨 벌림 동안 빗장뼈는 복장빗장관절(SC joint)에서 뒤당김함

- 완전한 어깨 벌림 동안 위쪽으로 돌림하는 어깨뼈는 뒤쪽으로 기울임하고 일관성은 적지만 약간 가쪽으로 돌림함
- 어깨 벌림 동안 빗장뼈는 자신의 축에 대해 뒤쪽으로 돌림함
- 어깨 벌림 동안 오목위팔관절(GH joint)은 가쪽으로 돌림함

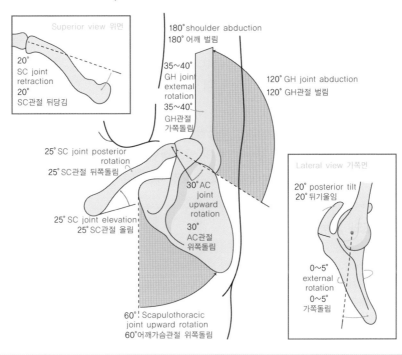

② 올림근육
- ST joint의 올림근육(elevator): 위등세모근(upper trapezius), 어깨올림근(levator scap-ulae), 마름근(Rhomboids) / 이 근육들은 팔이음뼈(어깨뼈와 빗장뼈, Shoulder girdle)와 팔의 자세를 지지함
- 팔이음뼈에 대한 근육 지지 상실: ST joint 안정 자세를 결정하는 힘은 중력이 됨 / 이 자세는 어깨 영역에 위치한 다른 구조들에 손상을 유발하는 스트레스를 만들 수 있음

③ 내림근육
- ST joint의 내림근육(depressor): 아래등세모근(lower trapezius), 넓은등근(latissimus dorsi), 작은가슴근(pectoralis minor), 빗장밑근(subclavius) / 이 중 빗장밑근은 내림보다는 SC joint를 압박해 안정화에 기여하는 역할이 큼
- 아래등세모근과 작은가슴근은 어깨뼈에 대해 직접적으로 작용함 / 넓은등근은 위팔뼈를 아래쪽으로 당김으로써 팔이음뼈(shoulder girdle)를 간접적으로 내림시킴 / 만약 팔의 내림이 물리적으로 차단된다면 내림 근육에 의한 힘은 고정된 어깨뼈와 팔에 대해 가슴의 올림을 유발함

④ 내밈근육
- ST joint에서 가장 중요한 내밈근육은 앞톱니근(serratus anterior)임 / 이 근육은 앞쪽으로 밀기와 손 뻗기 활동을 할 수 있게 함
- 다른 어떤 근육도 이 역할을 제대로 제공할 수 없기 때문에 앞톱니근의 약화가 있는 사람은 앞쪽으로 밀기 동작 수행이 어렵게 됨 / 앞톱니근의 다른 중요 작용은 푸쉬업 마지막 단계를 증폭시키는 역할을 함 / 작은가슴근(pectoralis minor)은 내밈보다는 타이트해져 어깨뼈 뒤당김(retraction)을 제한하는 역할이 더 큼
⑤ 뒤당김근육
- 중간등세모근(middle trapezius), 마름근들(rhomboids), 아래등세모근(lower trapezius)
- 이 근육들이 협력적으로 수축해 어깨뼈의 일차적인 retraction 근육으로 기능, 어깨뼈를 몸통뼈대(axial skeleton)에 동역학적으로 고정시킴

3 몸통뼈대의 구조와 기능

① 척주의 기능
- 목뼈(cervical spine)
  - 고리중쇠관절에서 큰 각도의 축돌림이 허용됨
  - 듣기, 보기, 냄새 맡기, 평형을 포함한 많은 중요 기능의 위치로 머리를 위치시키는 큰 가동범위를 보임
- 등뼈(thoracic spine)
  - 갈비뼈에 의한 안정화 효과, 돌기관절들의 일반적인 이마면 방향을 반영함
  - 가슴과 그 안의 장기들을 보호함
- 등허리뼈(thoracolumbar spine)
  - 목등이음부의 수평면과 이마면에서 허리뼈 영역의 거의 시상면으로 돌기관절의 방향이 점차적으로 변화함
  - 허리뼈 영역의 거의 시상면과 수직방향은 굽힘과 폄에 유리하지만 축돌림은 제한됨
- 허리뼈(lumber spine)
  - 엉덩관절의 굽힘 및 폄과 협력하여 전체 몸통의 시상면 운동을 위한 일차적인 중심점을 형성함

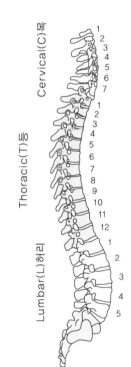

② 척주의 인대

명칭	기능
황색인대 (ligamentum flavum)	척주 사이 굽힘의 끝범위 제한, 완화
가시끝인대 (supraspinous ligament) / 가시사이인대 (interspinous ligament)	굽힘 제한
가로돌기사이인대 (intertransverse ligament)	반대쪽 가쪽굽힘과 앞쪽굽힘 제한
앞세로인대 (anterior longitudinal ligament)	목뼈와 허리뼈 영역의 폄, 과도한 척추앞굽음 제한, 척추원반의 앞면 강화
뒤세로인대 (posterior longitudinal ligament)	굽힘제한, 척추원반의 뒷면 강화
돌기관절들의 관절주머니	돌기관절 강화

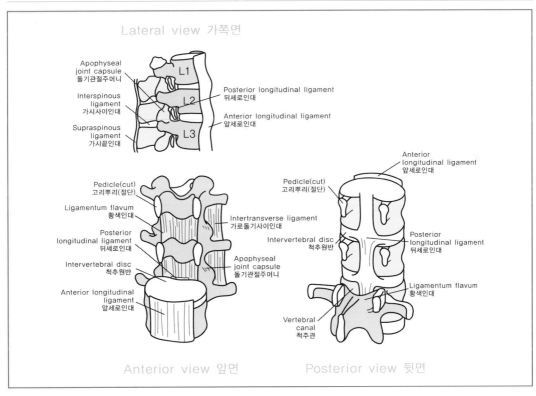

③ 들숨의 근육
  • 가로막(diaphragm)
    – 배안(abdominal cavity)과 가슴안(thoracic cavity)을 분리시키는 둥근 천장 모양의 얇은 근육힘줄 조직판
    – 환기과정 작업의 60~80% 수행하는 가장 중요한 들숨의 근육
    – 들숨 동안 수축하는 가로막 천장은 낮아짐
  • 목갈비근(scalenes): 앞목갈비근, 중간목갈비근, 뒤목갈비근이 있고, 양쪽 수축은 위쪽 갈비뼈들 및 복장뼈를 올리며 가슴 속 용적을 증가시킴
  • 갈비사이근(intercostales): 바깥갈비사이근(external intercostals), 속갈비사이근(intercostals interni)이 있고, 들숨의 일차적인 근육임

4 다리의 구조와 기능

(1) 발과 발목

① 발목(ankle): 정강뼈(tibia), 종아리뼈(fibula), 목발뼈(talus) 사이의 관절인 목말종아리뼈(talocrural joint)를 의미함
② 목말밑관절(subtalar joint): 목말뼈관절 밑에 놓인 관절로서 비체중지지 활동 동안에 일어난 엎침(pronation)과 뒤침(supination)은 고정된 목말뼈에 대해 발꿈치뼈가 움직임으로써 일어남
③ 가로발목뼈관절(transverse tarsal joint)
  • 발목뼈중간관절(midtarsal joint), 쇼파르관절(Chopart's joint)이라고도 부름
  • 해부학적으로 목말발배관절(talonavicular joint), 발꿈치입방관절(calaneocuboid joint)로 구성됨
  • 고르지 못한 지면에 서 있는 동안 발 중간부의 엎침(pronation)과 뒤침(supination)이 일어날 수 있게 해줌

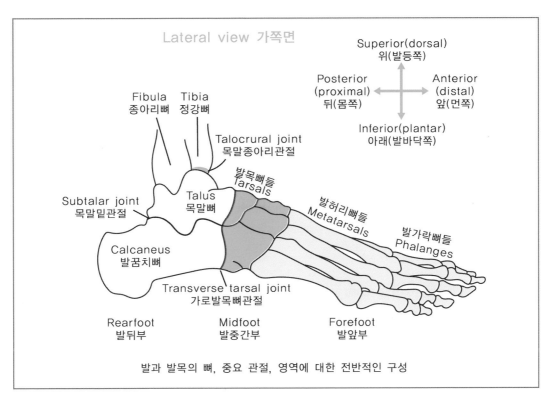

발과 발목의 뼈, 중요 관절, 영역에 대한 전반적인 구성

④ 외재성 근육과 내재성 근육

외재성 근육	내재성 근육
• 앞쪽구획 근육 　－근육: 앞정강근, 긴발가락폄근, 긴엄지폄근, 셋째종 　　아리근 　－신경지배: 종아리신경의 깊은 가지 • 아래다리의 가쪽구획(가쪽들림근육) 　－근육: 긴종아리근, 짧은종아리근 　－신경지배: 종아리신경의 얕은 가지 • 아래다리의 뒤쪽구획에 있는 근육 　－얕은 무리(발바닥쪽굽힘근육): 장딴지근, 가자미근, 　　장딴지빗근 　－깊은 무리(안쪽들림근육): 뒤정강근, 긴발가락굽힘 　　근, 긴엄지굽힘근 　－신경지배: 정강신경	• 첫째 층: 짧은발가락굽힘근, 엄지벌림근, 새끼벌림근 • 둘째 층: 발바닥네모근, 벌레근 • 셋째 층: 엄지모음근, 짧은엄지굽힘근, 새끼굽힘근 • 넷째 층: 바닥쪽사이근(3개), 등쪽뼈사이근(4개)

⑤ 동작의 예
- 발등굽힘(dorsiflexion)
  - 앞관절 주머니 느슨해짐 / 미끄러짐(slide)과 구르기(roll)는 반대방향으로 나타남
  - 아킬레스힘줄, 뒤관절주머니, 세모인대의 뒤정강목말섬유 늘어남
- 정강신경(tibial nerve) 손상: 안쪽발바닥신경과 가쪽발바닥신경으로 두 갈래로 나눠지고, 정강신경의 중간부분이 손상하게 되면 발바닥굽힘과 발가락 굽힘이 어렵게 됨
- 깊은 가지 종아리신경 손상: 발바닥쪽 굽힘을 제한함
- 얕은 가지 종아리신경 손상: 발의 안쪽들림을 제한함
- 안쪽과 가쪽발바닥신경 손상: 발허리발가락관절의 과다폄 제한, 발가락뼈사이관절의 굽힘을 제한함

(2) 무릎

① 정강넙다리관절(tibiofemoral joint)의 가쪽과 안쪽 구획, 무릎넙다리관절(patellofemoral joint)로 구성됨
② 반달연골
- 안쪽반달연골(medial meniscus)과 가쪽반달연골(lateral meniscus)은 무릎관절(knee joint) 내에 위치한 초승달 모양의 섬유연골성 구조임
- 반달연골(meniscus)은 앞뿔(anterior horn)과 뒤뿔(posterior horn)로 알려진 반달연골(meniscus)의 끝 부위에 의해 정강뼈(tibia)의 융기사이영역(intercondylar region)에 고정됨
③ 네갈래근 각도(quadriceps angle, Q각)
- Q각은 무릎뼈에 대한 넙다리네갈래근(대퇴사두근, quadriceps femoris)의 상대적 가쪽 당김을 일반적으로 측정할 수 있는 지표임
- Q-각이 클수록, 무릎뼈(슬개골, patellar)에 대한 근육의 가쪽(외측, lateral) 당김도 커지고, 무릎넙다리관절(슬개대퇴관절, patellofemoral joint)에서의 접촉면 증가로 무릎 스트레스를 증가시킴
- 여성(15~18도)이 남성(12~14도)보다 Q각이 큼

④ 정강넙다리관절(tibiofemoral joint)

뼈운동형상학	관절운동형상학
• 굽힘과 펌: 안-가쪽 돌림축에 대해 넙다리뼈(femur)에 대한 정강뼈(tibia)의 움직임 / 정강뼈(tibia)에 대한 넙다리뼈(femur)의 움직임으로 일어남 / 굽힘과 펌을 위한 안-가쪽 돌림축은 고정되어 있는 것이 아닌, 넙다리뼈관절융기들 내에서 이동하는 '축폐선(evolute)'이 일어남 • 안쪽과 가쪽(축)돌림: 무릎이 완전히 폄된 상태에서는 정강뼈(tibia)와 넙다리뼈(femur) 사이에서 실질적으로 일어나는 축돌림은 거의 없지만, 무릎 굽힘이 커질수록 확실히 증가함 / 무릎 축돌림의 명칭은 먼쪽 넙다리뼈(distal femur)의 앞쪽에 대한 정강뼈거친선(tibial tuberosity)의 위치에 근거함	• 무릎의 폄: 넙다리뼈(femur)에 대한 정강뼈(tibia)의 폄(extension)동안 정강뼈(tibia)의 관절면은 넙다리뼈관절융기에 대해 앞쪽으로 굴림(roll)과 미끄러짐(slide)을 함 / 반달연골(meniscus)은 네갈래근(quadriceps) 수축에 의해 앞쪽으로 당겨짐 / 네갈래근(quadriceps)은 넙다리뼈관절융기의 굴림(roll)을 안내하고 넙다리뼈(femur)의 미끄러짐(slide)에 의해 유발된 수평 전단력에 대해 반달연골(meniscus)을 안정화시킴 • 무릎의 굽힘: 무릎 굽힘(knee flexion)의 관절운동형상학은 폄(extension)과는 반대 방식으로 일어남 / 완전히 폄(extension) 되어 잠긴 무릎을 풀기 위해 관절은 우선 안쪽으로 약간 돌림 해야 하는데, 이를 오금근(popliteus)이 추진함

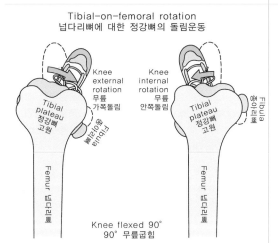

Tibial-on-femoral rotation
넙다리뼈에 대한 정강뼈의 돌림운동

Knee external rotation 무릎 가쪽돌림
Knee internal rotation 무릎 안쪽돌림
Tibial plateau 정강뼈 고원
Fibula 종아리뼈
Femur 넙다리뼈
Knee flexed 90° 90° 무릎굽힘

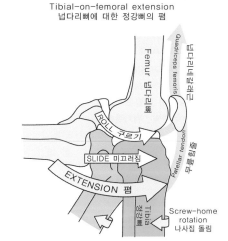

Tibial-on-femoral extension
넙다리뼈에 대한 정강뼈의 폄

Femur 넙다리뼈
Quadriceps femoris 넙다리네갈래근
ROLL 구르기
SLIDE 미끄러짐
EXTENSION 폄
Patellar tendon 무릎힘줄
Tibia 정강뼈
Screw-home rotation 나사집 돌림

🔍 개념

무릎의 '나사집' 돌림(screw-home rotation)
- 완전히 폄(extension)된 상태로 무릎이 잠기기 위해서는 약 10도의 가쪽돌림(external rotation)이 요구됨
- 돌림성 잠김작용(rotary locking action): 무릎 폄(knee extension)의 마지막 30도 동안 관찰할 수 있는 무릎의 비틀림에 근거함
- 결합형 돌림(conjunct rotation): 굽힘(flexion)과 폄(extension)의 운동형상학과 역학적으로 관련되어 나타나나, 독립적으로 수행될 수 없음
- 가쪽돌림(external rotation)과 폄(extension)의 결합은 성인 무릎의 전반적인 접촉 면적을 최대화 시키는데, 최종적인 무릎 폄(knee extension) 위치는 관절의 일치성을 증가시키고 안정성을 뒷받침해줌
  • 나사집 돌림의 역학 추진 인자: 안쪽넙다리뼈관절 융기의 형태(가장 중요한 인자), 앞십자인대의 수동 장력, 네갈래근의 약간의 가쪽당김

⑤ 무릎 인대기능과 손상기전

구조	기능	손상기전
안쪽곁인대 medial collateral ligament	• 밖굽이(벌림, valgus force) 저항 • 무릎 폄(knee extension) 저항 • 끝범위 축돌림(특히 무릎의 가쪽돌림 lat- eral rotation)에 저항함	• 발이 지면에 고정된 상태에서 밖굽이 (valgus force)를 만드는 힘 • 무릎의 심각한 과다폄 (hyperextension)
가쪽곁인대 lateal collateral ligament	• 안굽이(모음, varus force) 저항 • 무릎 폄(knee extension) 저항 • 끝범위 축돌림에 저항함	• 발이 지면에 고정된 상태에서 안굽이(varus force)를 만드는 힘 • 무릎의 심각한 과다폄 (hyperextension)
뒤관절주머니	• 무릎 폄(knee extension) 저항 • 빗오금인대는 무릎의 가쪽돌림(lateral rotation)에 저항함 • 뒤–가쪽관절주머니는 안굽이(varus force) 저항	• 과다폄(hyperextension) 또는 무릎의 가쪽돌림(lateral rotation)과 과다폄 (hyperextension)의 결합
앞십자인대 ACL (anterior cruciate ligament) –2개의 다발로 구성 (앞안쪽다발, 뒤가쪽다발)	• 대부분의 섬유들은 폄(extension) [정 강뼈(tibia)의 과도한 앞쪽 병진운동, 넙 다리뼈(femur)의 뒤쪽 병진운동 또는 이 것들의 결합]에 저항함 • 과도한 안굽이(varus), 밖굽이 (valgus), 축돌림 저항 • 무릎관절의 고유수용감각(proprioception) 기능에 도움을 줌 • 무릎관절의 굽힘(flexion) 시 굴림(roll) 과 미끄러짐(slide)에 관여함	• 발이 지면에 견고히 고정된 상태에서 큰 안굽이(valgus force)를 만드는 힘 • 발이 지면에 견고히 고정된 상태에서 무릎 어느 방향의 돌림에서나 큰 축돌림 토크 • 특히 거의 또는 완전히 폄 (extension) 된 무릎 상태에서 강력한 네갈래근 수축 이 연루된 위의 것들의 결합 • 심각한 무릎의 과다폄 (hyperextension)
뒤십자인대 PCL (posterior cruciate ligament) –2개의 다발로 구성 (앞가쪽다발, 뒤안쪽다발)	• 대부분의 섬유들은 무릎 굽힘(flexion) [정강뼈(tibia)의 뒤쪽 병진운동, 넙다리 뼈(femur)의 앞쪽 병진운동 또는 이것들 의 결합]에 저항함 • 극단적인 안굽이(varus), 밖굽이(valgus), 축돌림에 저항 • 무릎관절의 굽힘(flexion) 시 굴림 (roll) 과 미끄러짐(slide)에 저항함	• 몸쪽 정강뼈(tibia)가 지면에 닿는 것과 같이 완전히 굽힘 (flexion)된 무릎(발목 발바닥 굽힘 ankle plantar flexion 상태)으로 넘어짐 • 특히 무릎이 굽힘(flexion)된 동안 정강 뼈(tibia)의 강력한 뒤쪽 병진운동 또는 넙다리뼈(femur)의 앞쪽 병진운동을 유 발하는 사고 • 발이 지면에 견고히 고정된 상태에서 특 히 무릎이 굽힘(flexion)된 동안 무릎에 적용된 큰 축돌림 또는 밖굽이–안굽이 (valgus–varus)로 적용된 토크 • 관절의 뒷면에 큰 틈을 유발하는 무릎의 심각한 과다폄 (hyperextension)

⑥ 무릎의 폄근육: 넙다리네갈래근

- 넙다리네갈래근(quadriceps femoris)은 크고 강력한 무릎 폄근육임 / 단면적이 뒤넙다리근보다 2.8배나 큼 / 큰넓은근들(vastus group)은 무릎 전체 폄 토크 중 80%를 생산, 넙다리곧은근은 약 20%를 생산함
- 등척성(isometric) 활성을 통해 네갈래근은 무릎 안정, 보호에 대해 도움이 됨 / 편심성(eccentric, 신장성) 활성을 통해 네갈래근은 앉기, 쪼그려 앉기, 점프 후 착지와 같은 동작 시 신체 질량 중심의 하강 속도를 조절하고, 무릎에 대한 충격 흡수의 기능을 제공, 걷기의 발꿈치 닿기(heel contact phase)에서 무릎 굽힘의 크기를 조절하게 됨 / 동심성(concentric, 단축성) 수축을 통해 정강뼈(tibia)나 넙다리뼈(femur)를 무릎 폄(knee extension)으로 가속시킴(오르막길 달리기, 점프, 앉은 자세에서 일어서기 등)

⑦ 무릎의 굽힘-돌림근육

- 굽힘-돌림근육의 중요한 작용은 걷기나 달리기의 흔듦기(swing phase) 동안 종아리를 가속, 감속시키는 것임
- 햄스트링(hamstring)의 중요한 기능으로 걷기의 후기 흔듦기에서 전진하고 있는 종아리를 감속시키고, 편심성 활성을 통해 근육은 완전한 무릎 폄(knee extension) 충격을 완화시키는 데 도움이 됨

> **개념**
>
> 무릎의 비정상적 정렬
> - 안굽이 무릎: 정상 속도로 평탄한 지면을 걸을 때, 무릎의 관절반작용력은 체중의 약 2.5~3배에 달하는데, 이는 걷기의 초기 디딤기와 후기 디딤기에서 최대가 됨
> - 과도한 밖굽이 무릎(excessive genu valgum): 충돌 무릎(knock-knee)이라고도 하며 이전의 손상, 유전, 높은 신체질량 지수, 인대 느슨함이 연루됨 / 다리 양쪽 끝 부위에서의 비정상적인 정렬이나 근육 약화에 의해 초래되거나 악화됨
> - Sagittal plane 젖힌 무릎: 무릎은 중립을 넘어 5~10도의 부가적인 폄(extension)을 할 수 있음 / 중립에서 10도를 넘어선 과다폄(hyperextension)을 흔히 젖힌 무릎(genu recurvatum)이라 함 / 무릎 뒤쪽 구조들에서 광범위한 느슨함으로 발생 / 좀 더 심각한 젖힌 무릎의 일차적 원인은 무릎의 뒤쪽 구조들을 과신장시키는 만성적인 과도한 무릎 폄(knee extension) 토크임

(3) 엉덩관절

① 엉덩관절 벌림근육은 엉덩관절의 안쪽돌림근육 또는 가쪽돌림근육으로 작용을 함
② 엉덩관절의 운동 형상학

- 골반에 대한 넙다리뼈의 엉덩관절 골운동형상학: 상대적으로 고정된 골반에 대해 넙다리뼈의 회전운동
- 넙다리뼈에 대한 골반의 엉덩관절 골운동형상학: 상대적으로 고정된 넙다리뼈에 대한 골반과 그 위에 놓인 체간의 회전운동

일차적 엉덩관절 벌림근육
- 중간볼기근(gluteus medius): 앞볼기근선의 위쪽인 엉덩뼈의 바깥면에서 시작하는 넓은 근육
- 작은볼기근(gluteus minimus): 중간볼기근의 깊은쪽과 약간 앞쪽에 놓임 / 걷기의 디딤기에 있어 엉덩관절 안정화 역할 / 앞쪽 섬유들은 안쪽돌림과 굽힘에 기여 / 대부분의 뒤쪽섬유들은 가쪽돌림에 기여
- 넙다리근막긴장근(tensor fasciae latae)

이차적 엉덩관절 벌림근육
궁둥구멍근, 넙다리빗근, 넙다리곧은근, 큰볼기근

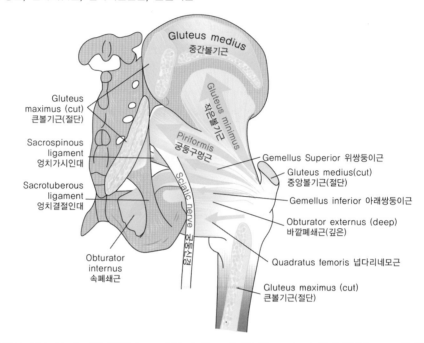

무릎과 엉덩관절 동작의 예
- 축구공을 오른발로 차고, 왼발을 디딜 때
  - 오른쪽 무릎관절의 굴림(roll)과 미끄러짐(slide)은 같은 방향임(운동형상학적 사슬 open kinematic chain)
  - 물체가 외부로부터 힘을 받으면 물체는 힘의 방향으로 가속됨(뉴턴의 제2법칙)
  - 공을 찰 때 오른쪽 다리의 두덩근과 긴모음근의 골반에 대한 넙다리뼈의 모음이 일어남
  - 땅을 딛고 있는 왼쪽 다리의 큰모음근의 넙다리뼈에 대한 골반모음이 일어남
  - 왼쪽 중간볼기근(gluteus medius, 앞볼기근선의 위쪽인 엉덩뼈의 바깥면에서 시작하는 넓은 근육)의 넙다리뼈에 대한 골반의 엉덩관절 모음을 감속시킴

5 인체역학

(1) 운동학과 운동역학

운동학(Kinematics = 운동형상학)	운동역학(Kinetics)
• 시·공간을 고려하여 움직임을 연구하는 학문 • 운동의 형태에 관한 분석방법, 힘과는 관계없이 인체운동을 보고 측정, 분석함 • 운동의 결과와 운동의 형태에 관한 변위, 속도, 가속도, 각속도 등이 연구대상임(즉, 힘이나 토크와 관련된 역학적 요인을 제외) • 골프 드라이빙 스윙 시 클럽헤드의 최대속도 계산 • 축구에서 드리블하는 동안의 이동 거리 측정 • 100m 달리기 시 신체 중심의 구간별 속도 측정 • 멀리뛰기 발구름 시 발목관절의 각도 측정 • 자유투 시 농구공이 날아가는 궤적 측정 • 야구 스윙 시 배트의 각속도 측정 • 테니스 스트로크 동작 시 팔꿈치 각도 측정	• 교과목 명칭인 운동역학(스포츠생체역학, sports bio-mechanics)과 헷갈릴 수 있으나 키네틱스(Kinetics)는 힘과 토크에 관련된 요인들로 취급(운동학＋힘, 토크) • 힘의 작용을 연구하는 학문 • 운동을 유발하는 힘을 측정, 분석함 • 운동의 원인이 되는 힘과 무게중심, 관절각 등에 초점을 두어 인체와 주변 환경 사이의 작용 등이 연구대상임 • 테니스 포핸드 스트로크에서 그립(Grip) 압력 크기 측정 • 스쿼트 동작에서 대퇴사두근의 근활성도 측정 • 축구 헤딩 후 착지 시 무릎관절의 모멘트 계산 • 보행 시 지면반력 측정

(2) 각운동의 운동학적 분석

- 각속력: 각속도의 절대값으로 항상 양의 값을 가짐

$$\text{각속력(도 / 초)} = \frac{\text{회전한 각거리}}{\text{걸린 시간}}$$

- 각속도
  - 벡터양으로 어떤 순간에서 각변위의 변화율을 의미함
  - 평균 각속도: 일정시간 동안 각 변위의 변화율로 방향과 함께 나타내는 물리량

$$\text{각속력(도 / 초)} = \frac{\text{회전한 각변위}}{\text{걸린 시간}}$$

- 각가속도
  - 원운동을 하는 물체에 힘의 모멘트가 작용하여 속도나 방향을 변화시킬 때 생기는 물리량(angular acceleration)
  - 각속도가 변하는 것을 각가속도가 있다라고 함. 단, 운동역학에서는 각가속도가 있는 운동은 취급하지 않음. 즉, 운동역학에서는 각가속도＝0인 운동(각속도가 일정한 운동)만 취급함
  - 평균 각가속도: 일정시간 동안 각속도의 변화율

$$\text{각가속도} = \frac{\text{나중 각속도} - \text{처음 각속도}}{\text{걸린 시간}}$$

(3) 선운동의 운동역학적 분석

① 힘(Force): 움직임을 일으키는 원인으로 크기와 방향이 모두 있는 벡터 물리량이고, 단위는 뉴턴(N)으로 표시함[F＝질량(m)×가속도(a)]

06

힘의 종류

내력	▪ 어떤 물체의 외부에 힘을 가했을 때 형상을 유지하기 위해 내부에서 버티는 힘
외력	▪ 외부에서 물체에 가하는 힘
마찰력	▪ 물체가 다른 물체의 접촉면에 생기는 운동을 방해하는 반대방향의 힘 ▪ 접촉면이 거칠수록 마찰력이 큼 ▪ 접촉면의 형태와 성분(재질)은 마찰계수에 영향을 미침
중력	▪ 인체나 물체를 지구 중심방향으로 끌어당기는 힘 ▪ 물체의 질량과 중력가속도의 곱 ▪ 물체의 질량에 비례, 거리의 제곱에 반비례 ▪ 중력이 가장 큰 곳은 지구표면(지각)이고, 여기서 멀어질수록 중력은 거리의 제곱에 비례하여 줄어듦
압력	▪ 물체가 누르는 힘으로 중력에 비례, 접촉면적에 반비례함 ※ 운동 예시 −복싱 글러브는 맨주먹보다 접촉면이 넓기 때문에 상해를 줄일 수 있음
부력	▪ 물속에 잠긴 물체에 중력 반대방향인 위로 작용하는 힘
항력	▪ 공기나 물속을 움직이는 물체운동의 반대방향으로 작용하는 저항력

양력	▪ 유체 속의 물체에 운동방향의 수직방향으로 작용하는 힘
	
	※ 운동 예시
	 • 공이 백스핀으로 날아가는 경우(야구 커브볼, 테니스, 골프, 축구 등)
	  −공이 날아가는 방향과 반대방향의 회전을 하는 경우 정상적인 포물선 궤도보다 상향으로 감
	  −공의 위쪽은 바람방향과 공 회전방향이 일치하여 속도가 빨라지고 압력이 낮아짐
	  −공의 아래쪽은 바람방향과 공 회전방향이 반대가 되어 속도가 느려지고 압력이 높아짐
	  −즉, 속도가 느린 쪽(압력 高)에서 속도가 빠른 쪽(압력 低)으로 미는 힘이 발생함(베르누이 정리)
	  −이는 공이 회전하는 방향으로 휘어지면서 날아감(마그누스 효과)

② 선운동량과 충격량

선운동의 공식: 충격량＝운동량

힘(F)×t(시간)＝질량(m)×속도의 변화량(△v)

• 선운동량

−일정한 질량을 가진 어떤 물체의 운동량 변화는 속도의 변화를 의미함 / 물체의 질량과 속도의 함수로서 더 큰 질량을 지닌 물체, 더 빠른 속도의 물체일수록 운동량이 큼 / 충돌 전후의 운동량은 일정함. 즉, 선운동량이 보존됨 / 운동량과 충격량의 단위는 같음(N·s 또는 kg·m／s)

−선운동량 공식: 운동량(M)＝질량(m)×속도(v)

• 선운동 충격량

−물체에 힘을 작용하여 운동 상태를 바꿀 때 가한 충격의 정도인 물리량을 의미함 / 물체가 받는 힘의 효과를 나타내는 물리량 / 물체가 받는 힘과 시간을 곱한 값(힘＝충격력) / 질량이 변하지 않을 때 속도의 변화량에 비례함 / 질량(스칼라량)과 속도(벡터량)의 곱인 운동량(벡터량)에 대한 변화량임 / 동일한 충격량 생성조건에서 작용시간(접촉시간, 충격시간)을 늘리

면 충격력은 감소하고, 작용시간을 줄이면 충격력(힘)은 증가함(예 태권도 격파, 권투선수 타격) / 충격량은 운동량의 변화량이므로 운동량과 물리량이 같음. 즉, 단위가 운동량과 같음(N·s 또는 kg·m/s)

선운동 충격량

= 힘(F)×시간(t)=충격력×작용 시간

= 질량(m)×속도의 변화량(△v)

= 충돌 후 운동량−충돌 전 운동량=운동의 변화량

(4) 각운동의 운동역학적 분석

① 토크(힘의 모멘트, 회전효과)

- 돌림힘이라고도 하고, 회전력을 의미함(torque, moment of force) / 가해진 힘과 축에서 힘의 작용선까지 수직거리의 곱
- 힘의 토크(T, 힘의 모멘트, 힘의 회전능률)=힘의 크기×받침점에서 힘점까지의 거리=작용하는 힘(F)×모멘트암(d, 힘의 작용선부터 회전축까지의 거리)

② 관성모멘트(=질량관성모멘트, mass moment of inertia)

- 회전하는 물체는 계속 회전하려고 하고, 회전하지 않는 물체는 계속 그 상태로 있으려고 함. 회전운동에서 외부에 가해진 회전력에 대해 물체의 운동 상태를 변화시키지 않으려는 저항 특성, 즉 물체의 한 점을 축으로 삼아 그 물체를 회전시키려 할 때 잘 회전되지 않으려는 성질(각운동의 관성, 회전관성, moment of inertia)
- 질량이 회전축으로부터 멀리 분포될수록 커짐(예 피겨 스케이트 선수가 회전할 때 양팔을 벌리고 있으면 관성모멘트(회전관성)가 커지는 반면, 양팔을 최대한 모으면 관성모멘트(회전관성)가 작아져서 회전속도가 빨라짐 / 어떤 물체를 회전시키려 할 때 잘 돌아가지 않으려는 속성. 즉, 관성모멘트를 줄여야 회전력을 키울 수 있고, 회전속도도 빨라짐 / 관성모멘트 크기는 물체의 질량과 회전반경이 클수록 증가함[관성모멘트(I)=질량(m)×회전반경^2(r^2)]

개념

무게중심과 안정성

- 무게중심점: 무게중심점(COG, Center of Gravity)은 모든 물체가 중력에 의해 작용하는 회전력의 합이 0(zero)이 되는 지점
  - 여자는 남자보다 골반이 넓고 어깨 폭이 좁으므로 무게중심이 남자보다 낮음 / 서양인은 동양인에 비해 하지장의 길이가 길기 때문에 무게중심이 동양인보다 높음 / 인체의 무게중심이 높으면 불안정해짐 / 자유롭게 움직이는 분절은 인체 전체의 무게중심점의 위치를 수시로 변하게 함
  - 경기력 향상을 위한 무게중심 활용: 높이뛰기 선수가 바를 효과적으로 넘기 위해 배면뛰기 기술을 구사함 / 레슬링 선수가 안정성 증가를 위해 무게중심을 낮춤 / 배구 스파이크 시 타점을 높이기 위해 무게중심을 높임
- 안정성: 인체와 물체가 정적 또는 동적자세의 균형을 잃지 않으려는 상태임 / 운동성과 상반된 개념으로 운동 상태가 변할 때의 저항성을 뜻함
- 안정성의 향상 조건: 기저면이 넓을수록, 무게중심이 낮을수록, 수직중심선이 기저면 중앙에 가까울수록, 몸무게가 무거울수록 안정성 향상
- 무게중심과 안정성: 안정성은 인체나 물체의 무게 중심 높이와 반비례함 / 무게중심이 낮으면 안정성이 높아짐 / 무게중심이 높으면 안정성이 떨어짐

- 수직중심선: 무게중심을 지나는 수직선이 기저면의 어디에 위치하느냐에 따라 안정성은 달라짐 / 수직중심선의 위치가 기저면 중앙에 가까울수록 안정성이 높아짐 / 수직중심선의 위치가 기저면 바깥으로 나갈수록 안정성이 떨어짐

(5) 인체 지레의 원리

 개념

근육의 작용

- 주동근(작용근, agonist): 특정 움직임의 시작과 실행에 가장 직접적으로 관계되는 근육 혹은 근육무리
- 길항근(대항근, antagonist): 특정 주동근의 반대작용을 갖는 근육 혹은 근육무리
- 협동근(협력근, synergist): 특정 움직임이 실행되는 동안 서로 협력하는 근육들
  - 근육의 짝힘(force-couple): 둘 또는 그 이상의 근육들이 서로 다른 선형방향으로 동시에 힘을 발생시키지만, 그 결과 발생하는 토크는 돌림운동과 같은 방향으로 작용할 때 형성됨(엉덩관절의 굽힘근육과 허리 폄근육 / 어깨뼈 위쪽돌림 시 위등세모근과 앞톱니근 / 골반 앞기울기 시 척추세움근과 엉덩허리근 / 골반 뒤기울기 시 배곧은근과 큰볼기근)

개념

근육 수축 형태

정적 수축	등척성 수축 (isometric contraction)		<ul><li>근섬유 길이 변화 없음</li><li>관절각의 변화 없이 힘 발생</li><li>정적인 신체 위치 유지</li><li>시간소비가 적고 특별한 장비 필요 없음</li></ul> 예 자세 유지, 플랭크 운동
동적 수축	등장성 수축 (isotonic contraction)	단축성 수축 (concentric contraction) =동심성	<ul><li>구심성(=동심성) 수축으로 저항의 중력을 극복하여 장력 발휘</li><li>장력이 일정하고, 근 길이가 감소함</li></ul> 예 턱걸이 올라갈 때, 덤벨 올리기, 윗몸 일으키기
		신장성 수축 (eccentric contraction) =편심성	<ul><li>원심성(=편심성) 수축으로 저항의 중력을 극복하지 못하여 근 길이가 증가하고 장력 발휘</li><li>장력은 일정하고, 근 길이가 늘어남. 즉, 근육의 길이가 길어지면서도 힘을 발휘</li><li>부상과 근 염증의 주원인으로 통증과 부종 유발</li><li>수축속도가 빠를수록 힘이 더 증가함</li><li>동일 근육에서 단축성 수축보다 같은 속도에서 더 큰 힘을 발휘</li></ul> 예 턱걸이 내려갈 때(덤벨 내리기, 윗몸 일으키기 중 내릴 때)
	등속성 수축 (isokinetic contraction)		<ul><li>관절각이 일정한 속도로 수축</li><li>속도가 일정한 상태에서 최대의 장력 발휘</li></ul> 예 재활치료

① 1종 지레
- 힘점(F)·받침점(A)·작용점(R): 받침점이 힘점과 작용점 사이에 위치
- 시소, 저울, 장도리, 삽질(땅 속 흙을 파낼 때)
- 목관절 신전(목뼈 1번 관절에서 위쪽등세모근의 근력과 머리 하중이 형성), 브이(V)자 윗몸 일으키기
② 2종 지레
- 받침점(A)·작용점(R)·힘점(F): 받침점이 있고 그 다음에 작용점, 힘점 위치
- 외발 손수레, 병따개, 작두, 손톱깎기(덮개부분)
- 발뒤꿈치 들고 서기, 팔굽혀펴기
③ 3종 지레
- 받침점(A)·힘점(F)·작용점(R): 받침점, 힘점, 작용점(저항) 순서로 위치
- 핀셋, 젓가락, 손톱깎기(손톱이 깎이는 부분), 삽질(흙을 퍼서 들어 올리는 동작)
- 팔꿈치 굴곡, 윗몸 일으키기

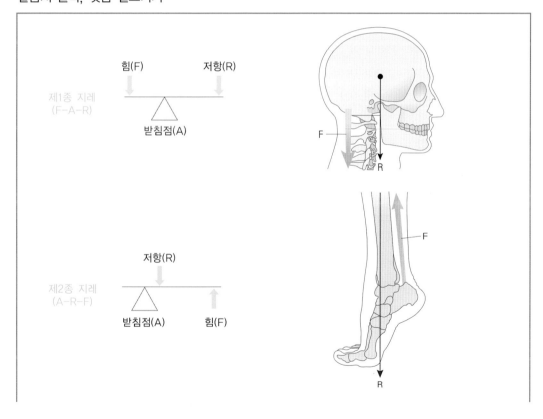

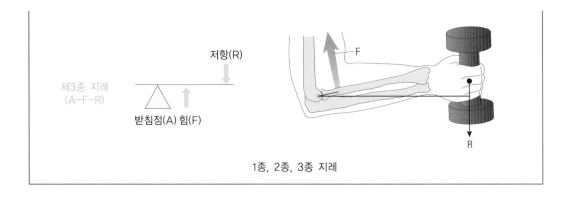

저항(R)

F

제3종 지레
(A-F-R)

받침점(A) 힘(F)

R

1종, 2종, 3종 지레

6 자세의 인체역학

① 자세 조절을 위해서는 신체의 지각과 반응이 필요함 / 근골격계와 신경계가 필요함

② 기립자세 조절을 위해서는 감각전략(시각, 체성감각, 전정계통 등), 운동전략(자동적 자세반응, 선행적 자세반응, 수의적 자세반응), 정적 기립자세의 운동조절(인체의 정렬, 자세긴장, 근긴장)이 필요함

③ 정적 자세(static posture): 물리적 자세로 움직임을 위한 기본적인 토대임

④ 동적 자세(dynamic posture): 기능적인 동작을 수행하기 위해 균형 유지, 안정적 자세를 유지하는 능력임(관성, 균형 등)

7 보행의 인체역학

① 정상적인 보행주기
- 걸음(step): 한쪽 발뒤꿈치에서 다른 쪽 발뒤꿈치로 움직이는 것임(걸음 수 / 분)
- 활보(stride)
  - 한쪽 발뒤꿈치가 닿는 것에서부터 또 다시 같은 발 뒤꿈치가 닿기까지 동작임
  - 활보는 걸음의 한 주기가 됨

② 보행주기 세분화: 지면과의 접촉 여부에 따라 디딤기(stance phase, 입각기)와 흔듦기(swing phase, 유각기)로 구분함
- 디딤기: 발이 지면에 닿아 있는 상태(발뒤꿈치 닿기, 발바닥 닿기, 중간 디딤기, 발뒤꿈치 떼기, 발가락 떼기), 걸음주기의 60%
- 흔듦기: 보행 주기 중 발이 지면과 떨어져 있는 상태(초기 흔듦기, 중기 흔듦기, 후기 흔듦기), 걸음주기의 40%

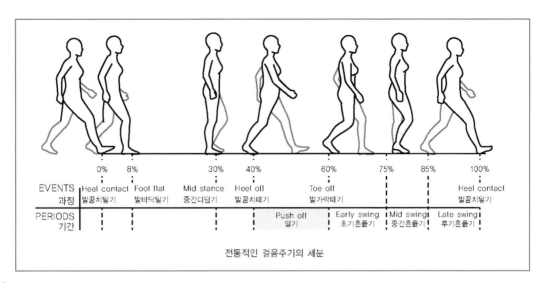

EVENTS 과정	Heel contact 발꿈치닿기	Foot flat 발바닥닿기	Mid stance 중간디딤기	Heel off 발꿈치떼기	Toe off 발가락떼기			Heel contact 발꿈치닿기
PERIODS 기간					Push off 밀기	Early swing 초기흔듦기	Mid swing 중간흔듦기	Late swing 후기흔듦기

전통적인 걸음주기의 세분

> ### 개념
>
> 병적 보행(pathological gait, 병리적 걸음양상)의 원인
> - 통증: 진통보행(antalgic gait)으로서 체중부하를 회피하려고 함 / 엉덩관절 벌림근육의 활성에 의한 엉덩관절의 압박으로 인한 통증 유발 / 손상된 디딤기 다리에 대한 체중부하를 완화시키기 위해 몸통을 흔듦기 다리쪽으로 약간 기울이게 됨
> - 중추신경계통 질환: 뇌혈관 사고(CVA), 파킨슨병, 뇌성마비, 근육 강직(spasticity) 등에 의해 휘돌림(circumduction), 발을 질질 끌려는 경향을 동반하게 됨
> - 근육뼈대계통 장애: 결합조직과 근육 손상, 비정상적인 관절구조, 관절의 불안정성, 선천적인 결합조직의 느슨함 등 비정상적인 가동범위는 하나 또는 그 이상의 주변 관절들에 어떤 형태의 보상작용을 유발할 수 있음

8 주행(달리기)의 인체역학

① 걷는 운동에 비해 지면에 접촉하는 시간이 짧고, 두 발의 지지가 없으며 한 발의 지지와 두 발의 비약 행위를 이룸

② 달리기 동작 분석
- 달리기는 발이 지면에 접촉되어 있는 지지기와 체공기로 구분됨
- 회복국면(recovery phase): 발이 지면을 이룩하여 다음 착지를 위해 전방으로 되돌리는 단계

CHAPTER 02 기능해부학(운동역학 포함) 핵심기출 유형

2023 기출

01

안정성에 대한 설명으로 옳지 않은 것은?

① 체중이 가벼운 씨름 선수가 무거운 씨름 선수보다 안정성이 높다.
② 유도 선수는 안정성을 높이기 위해 기저면(base of support)을 넓힌다.
③ 등산 시 스틱 사용으로 기저면을 넓게 하여 안정성을 높일 수 있다.
④ 야구 투수는 투구 방향으로 기저면을 넓게 하여 안정성을 높일 수 있다.

해설

기저면이 넓을수록, 무게중심이 낮을수록, 수직중심선이 기저면 중앙에 가까울수록, 몸무게가 무거울수록 안정성이 향상됨

정답 ①

02

운동역학적(kinetics) 변인(variable)에 해당하는 것은?

① 충격량(impulse)
② 각속도(angular velocity)
③ 관절가동범위(joint range of motion)
④ 한걸음 길이(stride length)

해설

운동역학은 운동을 유발하는 힘을 측정하고 분석하는 것으로 충격량이 해당됨

정답 ①

해설 ＋ **운동학과 운동역학**

운동학(Kinematics)	운동역학(Kinetics)
• 시·공간을 고려하여 움직임을 연구하는 학문 • 운동의 형태에 관한 분석방법, 힘과는 관계없이 인체운동을 보고 측정, 분석함 • 운동의 결과와 운동의 형태에 관한 변위, 속도, 가속도, 각속도 등이 연구대상임(즉, 힘이나 토크와 관련된 역학적 요인을 제외) • 골프 드라이빙 스윙 시 클럽 헤드의 최대속도 계산 • 축구에서 드리블하는 동안의 이동 거리 측정 • 100m 달리기 시 신체 중심의 구간별 속도 측정 • 멀리뛰기 발구름 시 발목관절의 각도 측정 • 자유투 시 농구공이 날아가는 궤적 측정 • 야구 스윙 시 배트의 각속도 측정 • 테니스 스트로크 동작 시 팔꿈치 각도 측정	• 교과목 명칭인 운동역학(스포츠생체역학, sports bio-mechanics)과 헷갈릴 수 있으나 키네딕스(Kinetics)는 힘과 토크에 관련된 요인들로 취급(운동학＋힘, 토크) • 힘의 작용을 연구하는 학문 • 운동을 유발하는 힘을 측정, 분석함 • 운동의 원인이 되는 힘과 무게중심, 관절각 등에 초점을 두어 인체와 주변 환경 사이의 작용 등이 연구대상임 • 테니스 포핸드 스트로크에서 그립(Grip) 압력 크기 측정 • 스쿼트 동작에서 대퇴사두근의 근활성도 측정 • 축구 헤딩 후 착지 시 무릎관절의 모멘트 계산 • 보행 시 지면반력 측정

03

〈보기〉의 ⑤~ⓒ 안에 들어갈 용어를 바르게 나열한 것은?

| 보기 |

들숨(inspiration) 시 가로막(diaphragm)은 (⑤)
하고, 바깥갈비사이근(external intercostals)의
(ⓛ)은 가슴안(thoracic cavity) 용적을 (ⓒ)시킨다.

	⑤	ⓛ	ⓒ
①	이완	수축	증가
②	이완	이완	감소
③	수축	수축	증가
④	수축	이완	삼소

해설

안정들숨(quiet inspiration)의 근육은 가로막, 목갈비근, 갈비
사이근임. 들숨의 일차적인 근육들로서 들숨 시 가로막과 바깥갈
비사이근은 수축하고, 가슴 안의 용적을 증가시킴

정답 ③

해설 ✚ 들숨의 근육

- 가로막(diaphragm): 배 안(abdominal cavity)과 가슴 안
  (thoracic cavity)을 분리시키는 둥근 천장 모양의 얇은 근
  육힘줄 조직판/ 환기과정 작업의 60~80% 수행하는 가장
  중요한 들숨의 근육/ 들숨 동안 수축하는 가로막 천장은 낮
  아짐
- 목갈비근(scalenes): 앞목갈비근, 중간목갈비근, 뒤목갈비
  근이 있고, 양쪽 수축은 위쪽 갈비뼈들 및 복장뼈를 올리며
  가슴 속 용적을 증가시킴
- 갈비사이근(intercostales): 바깥갈비사이근(external
  intercostals), 속갈비사이근(intercostals interni)이 있
  고, 들숨의 일차적인 근육임

04

인체 해부학적 구조와 기능에 대한 설명으로 옳지 않은
것은?

① 넙다리곧은근(rectus femoris)은 골반(pelvic)의
   전방경사(anteriortilt)를 일으킨다.
② 오금근(popliteus)의 이는곳(origin)은 먼쪽 넙다
   리뼈의 뒤가쪽이고, 닿는곳(insertion)은 정강뼈
   몸쪽 뒤안쪽이다.
③ 긴종아리근(peroneous longus)은 가쪽번짐(eversion)
   과 발바닥 굽힘(plantar flexion)을 일으킨다.
④ 앞십자인대(anterior cruciate ligament)는 한
   개의 섬유 다발(bundle)로 구성되어 있고, 뒤십자
   인대(posterior cruciate ligament)는 두 개의
   섬유 다발로 구성되어 있다.

해설

앞십자인대와 뒤십자인대는 무릎에 대한 다양한 운동면에서 동적
인 안정성을 제공하고 무릎의 고유감각에 기여함. 앞십자인대 내
에 2개의 섬유다발(앞안쪽다발, 뒤가쪽다발)로 구성돼 있고, 무릎
관절의 고유수용감각(proprioception) 기능에 도움을 줌. 뒤십
자인대도 2개의 다발(앞가쪽다발, 뒤안쪽다발)로 구성돼 있음

정답 ④

05

〈그림〉과 같은 노르딕햄스트링 운동수행 시 사용되는 근육과 근수축 종류가 옳은 것은?

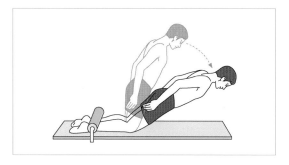

	근육	근수축 종류
①	넙다리두갈래근 (biceps femoris)	단축성 (concentric)
②	반막모양근 (semimembranosus)	신장성 (eccentric)
③	장딴지근 (gastrocnemius)	단축성
④	중간넓은근 (vastus intermedius)	신장성

해설

뒤넙다리근(반막근, 반힘줄근, 넙다리두갈래근의 긴갈래)은 궁둥뼈결절의 몸쪽에 부착이 돼 있음. 반막근(semimembranosus)은 정강뼈 안쪽관절융기의 뒤쪽의 먼쪽에 부착됨. 무릎을 굽힘시키는 작용 외에도 안쪽 뒤덥다리근(반막근, 반힘줄근)은 무릎을 안쪽돌림시킴. 이 근육은 신장성 수축으로 원심성 수축에 따라 저항의 중력을 극복하지 못하여 근 길이가 증가하면서 장력을 발휘함

정답 ②

06

보행 시 나타나는 장애 유형에 대한 보상작용이 옳지 않은 것은?

	장애 유형	보상작용
①	발 처짐 (foot drop)	과도한 무릎과 엉덩관절 굽힘 (excessive knee and hip flexion)
②	무릎 굽힘 구축 (knee flexion contracture)	엉덩관절 휘돌림 (hip circumduction)
③	네갈래근 약화 (quadriceps weakness)	앞쪽 몸통 기울임 (forward trunk lean)
④	발목 발바닥 굽힘 구축 (ankle plantar flexion contracture)	중간디딤기 무릎 과다폄 (knee hyperextension in mid stance), 말기디딤기 앞쪽 몸통 기울임 (forward trunk lean in terminal stance)

해설

위 상황에서 장애(impairment)란 생리학적, 해부학적 구조 및 기능 상실, 비정상을 의미함. ②에서 설명한 무릎 굽힘 구축은 디딤기 다리의 웅크린 걸음을 하려고 함. 흔듦기 동안 발가락이 땅에 걸리지 않기 위해 반대쪽 디리를 과도하게 무릎을 굽히거니 엉덩관절의 굽힘을 하고자 함

정답 ②

해설 ➕ **병적 보행(pathological gait, 병리적 걸음양상)의 원인**

- 통증: 진통보행(antalgic gait)으로서 체중부하를 회피하려고 함/ 엉덩관절 벌림근육의 활성에 의한 엉덩관절의 압박으로 인한 통증 유발/ 손상된 디딤기 다리에 대한 체중부하를 완화시키기 위해 몸통을 흔듦기 다리쪽으로 약간 기울이게 됨
- 중추신경계통 질환: 뇌혈관 사고(CVA), 파킨슨병, 뇌성마비, 근육 강직(spasticity) 등에 의해 휘돌림(circumduction), 발을 질질 끌려는 경향을 동반하게 됨
- 근육뼈대계통 장애: 결합조직과 근육 손상, 비정상적인 관절 구조, 관절의 불안정성, 선천적인 결합조직의 느슨함 등 비정상적인 가동범위는 하나 또는 그 이상의 주변 관절들에 어떤 형태의 보상작용을 유발할 수 있음

07

보행 시 말기 디딤기(terminal stance) 구간에서 가장 적게 활성화되는 근육은?

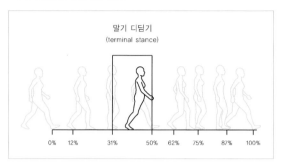

① 가자미근(soleus)
② 장딴지근(gastrocnemius)
③ 앞정강근(tibialis anterior)
④ 긴발가락굽힘근(flexor digitorum longus)

해설

가자미근, 장딴지근, 긴발가락굽힘근은 아래다리의 뒤쪽구획(posterior compartment)에 있는 근육이고, 앞정강근은 외재성의 앞쪽구획(anterior compartment) 근육임. 디딤기란 발뒤꿈치닿기에서부터 발가락떼기까지 발이 지면에 닿아 있는 상태로서 말기디딤기는 발가락을 떼기 직전이므로 뒤쪽구획 근육이 앞쪽구획 근육보다 활성화됨

정답 ③

해설 + 다리의 외재성 및 내재성 근육

외재성 근육	• 앞쪽구획 근육 − 근육: 앞정강근, 긴발가락폄근, 김엄지폄근, 셋째 종아리근 − 신경지배: 종아리신경의 깊은 가지 • 아래다리의 가쪽구획(가쪽들림근육) − 근육: 긴종아리근, 짧은종아리근 − 신경지배: 종아리신경의 얕은 가지 • 아래다리의 뒤쪽구획에 있는 근육 − 얕은 무리(발바닥쪽굽힘근육): 장딴지근, 가자미근, 장딴지빗근 − 깊은 무리(안쪽들림근육): 뒤정강근, 긴발가락굽힘근, 긴엄지굽힘근 − 신경지배: 정강신경
내재성 근육	• 첫째 층: 짧은발가락굽힘근, 엄지벌림근, 새끼벌림근 • 둘째 층: 발바닥네모근, 벌레근 • 셋째 층: 엄지모음근, 짧은엄지굽힘근, 새끼굽힘근 • 넷째 층: 바닥쪽사이근(3개), 등쪽뼈사이근(4개)

08

오목위팔(glenohumeral, GH) 관절에서 관절주머니의 위쪽 구조들(superior capsular structures, SCS)과 중력(gravity, G)의 힘 벡터 결합은 관절오목에 대해 압박력(comprehension force, CF)을 발생시켜 GH 관절의 수동적 안정성을 높인다. 이때 SCS에 해당하지 않는 것은?

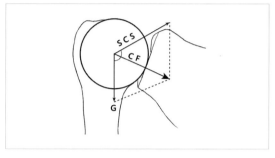

① 가시위근(supraspinatus)
② 관절주머니인대(capsular ligament)
③ 위팔가로인대(transverse humeral ligament)
④ 부리위팔인대(coracohumeral ligament)

해설

가시위근은 오목위팔관절에서 팔을 들어올리는 근육이고, 관절주머니인대는 다양한 정도로 길어지거나 비틀리며 이 때 발생하는 수동장력은 GH 관절을 위한 역학적 지지를 발생시키고 돌림운동과 병진운동의 끝범위를 제한시킴. 부리위팔인대는 큰 결절의 앞면 또는 위관절주머니 및 가시위근힘줄과 섞여 있음. 위팔뼈머리의 아래쪽 병진운동과 가쪽돌림에 대한 제한을 제공함

정답 ③

09

동일한 사람이 동일한 장소에서 허리의 굽힘만으로 윗몸일
으키기 운동을 한다고 가정할 때, 경사도를 (가)에서 (나)로
변경 시 힘이 더 소모되는 이유는?

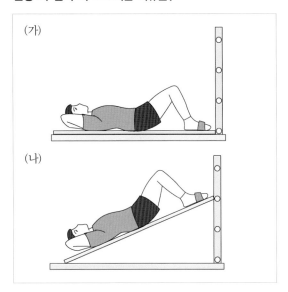

(가)

(나)

① 몸통 관성의 변화
② 몸통 질량의 변화
③ 몸통 중력가속도의 변화
④ 몸통 무게중심의 수직 이동거리 변화

해설

- 무게중심점: 무게중심점(COG, Center of Gravity)은 모든
  물체가 중력에 의해 작용하는 회전력의 합이 0(zero)이 되는
  지점임. 초기의 무게중심에서 수직이동거리가 생겼기 때문에 힘
  이 더 소모됨
- 토크(힘의 모멘트, 회전효과)
  - 돌림힘이라고도 하고, 회전력을 의미함(torque, moment of
    force)/ 가해진 힘과 축에서 힘의 작용선까지 수직거리의 곱
  - 힘의 토크(T, 힘의 모멘트, 힘의 회전능률)=힘의 크기×받침
    점에서 힘점까지의 거리=작용하는 힘(F)×모멘트암(d, 힘의
    작용선부터 회전축까지의 거리)

정답 ④

10

〈보기〉의 ㉠~㉣ 안에 들어갈 용어로 옳은 것은?

보기

일반적으로, 힘줄(tendon)은 (㉠)와/과 (㉡)를 연
결하고, 인대(ligament)는 (㉢)와/과 (㉣)를 연결
한다.

	㉠	㉡	㉢	㉣
①	근육	뼈	뼈	뼈
②	뼈	뼈	근육	뼈
③	근육	뼈	연골	뼈
④	연골	뼈	뼈	뼈

해설

힘줄은 근육과 뼈를 잇는 기능을 하고 근육의 수축력을 이용해 관
절이 움직임. 인대는 뼈와 뼈 사이에 부착된 결합조직이므로 과도
한 움직임으로부터 관절을 보호함

정답 ①

11

골프채의 무게가 같다고 가정할 때, 샤프트(shaft)의 길이와 강도(stiffness)에 따른 역학적 변화에 관한 설명으로 옳은 것은?

① 샤프트의 길이가 길수록 관성모멘트는 더 커진다.
② 샤프트의 강도가 강할수록(more stiffness) 탄성력은 더 커진다.
③ 샤프트의 길이가 길수록 회전속도는 더 커진다.
④ 샤프트의 강도가 약할수록(more flexible) 정교함(control)은 더 좋아진다.

해설

회전하는 물체는 계속 회전하려고 하고, 회전하지 않는 물체는 계속 그 상태로 있으려고 함. 회전운동에서 외부에 가해진 회전력에 대해 물체의 운동 상태를 변화시키지 않으려는 저항 특성, 즉 물체의 한 점을 축으로 삼아 그 물체를 회전시키려 할 때 잘 회전되지 않으려는 성질(각운동의 관성, 회전관성, moment of inertia)로서 관성모멘트를 줄여야 회전력을 키울 수 있고, 회전속도도 빨라짐

정답 ①

12

〈보기〉는 오른쪽 다리(넙다리+종아리+발)의 분절별 무게중심 좌표와 무게를 나타낸 그림과 표이다. 오른쪽 다리의 무게중심 좌표는?

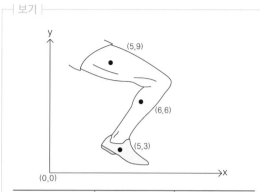

	중심 좌표 (x , y)	무게 (kg)
넙다리	5 , 9	5
종아리	6 , 6	4
발(신발 포함)	5 , 3	1

① (5.2 , 6.9) ② (5.2 , 7.2)
③ (5.4 , 6.9) ④ (5.4 , 7.2)

해설

x좌표: $10 \times x = (6 \times 5) + (4 \times 6) \rightarrow x = 5.4$
y좌표: $10 \times y = (1 \times 3) + (4 \times 6) + (5 \times 9) \rightarrow y = 7.2$

정답 ④

13

〈보기〉는 골프의 스윙 동작을 분석한 그림과 결과이다. 탑 스윙 정점(A지점)에서 임팩트 시점(B 지점)을 지나가는 스윙을 할 때, B지점에서 골프채 헤드의 접선속도는? (단, 골프채 손잡이 끝을 기준으로 일정한 각속도로 단일 평면상에서 스윙하였다고 가정함)

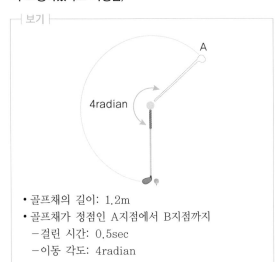

| 보기 |

- 골프채의 길이: 1.2m
- 골프채가 정점인 A지점에서 B지점까지
  - 걸린 시간: 0.5sec
  - 이동 각도: 4radian

① 2.4m/sec
② 9.6m/sec
③ 24m/sec
④ 96m/sec

해설

각속도는 벡터양(크기와 방향)으로 어떤 순간에서 각변위의 변화율을 의미함

각속도
= 회전한 각 변위 ÷ 걸린 시간
= (1.2×4) ÷ 0.5 = 9.6m/sec

정답 ②

14

다음 〈그림〉과 같이 무릎을 펼 때, 무릎의 나사집 돌림 (screw-home rotation) 동작을 일으키는 주된 원인으로 옳은 것은?

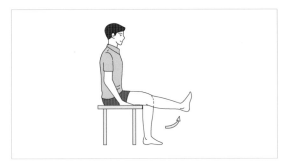

① 넙다리네갈래근(quadriceps femoris)의 안쪽당김 때문이다.
② 뒤십자인대(PCL)에서의 장력이 작용하기 때문이다.
③ 안쪽넙다리뼈관절융기(medial femoral condyle)의 형태 때문이다.
④ 안쪽반달연골(medial meniscus)이 안쪽곁인대와 견고하게 부착되어 있기 때문이다.

해설

무릎의 나사집 돌림은 돌림성 잠김작용(rotary locking action)으로 무릎 폄(knee extension)의 마지막 30도 동안 관찰할 수 있는 무릎의 비틀림에 근거함. ③번에서 설명한 나사집 돌림의 역학 추진 인자로 안쪽넙다리뼈관절융기의 형태(가장 중요한 인자), 앞십자인대의 수동 장력, 네갈래근의 약간의 가쪽당김이 있음

정답 ③

해설 ✚ 무릎의 나사집 돌림(screw-home rotation)

- 완전히 폄(extension)된 상태로 무릎이 잠기기 위해서는 약 10도의 가쪽돌림(external rotation)이 요구됨
- 돌림성 잠김작용(rotary locking action): 무릎 폄(knee extension)의 마지막 30도 동안 관찰할 수 있는 무릎의 비틀림에 근거함
- 결합형 돌림(conjunct rotation): 굽힘(flexion)과 폄 (extension)의 운동형상학과 역학적으로 관련되어 나타나나, 독립적으로 수행될 수 없음
- 가쪽돌림(external rotation)과 폄(extension)의 결합은 성인 무릎의 전반적인 접촉 면적을 최대화 시키는데, 최종적인 무릎 폄(knee extension) 위치는 관절의 일치성을 증가 시키고 안정성을 뒷받침해줌
- ※ 나사집 돌림의 역학 추진 인자: 안쪽넙다리뼈관절융기의 형태(가장 중요한 인자), 앞십자인대의 수동 장력, 네갈래근의 약간의 가쪽당김

15

인체의 무게중심에 관한 설명으로 옳지 않은 것은?

① 무게가 모든 방향에서 균형을 이루고 있는 한 지점이다.
② 윗몸일으키기 동작에서 팔의 자세에 따라 무게중심의 위치는 달라진다.
③ 높이뛰기 종목에서 배면뛰기 기술은 '무게중심이 신체 밖에도 존재할 수 있다'는 것을 이용한 것이다.
④ 수영 자유형 시, 인체의 무게중심과 부력중심까지의 거리가 커질수록 물의 저항을 덜 받는다.

해설

무게중심점(COG, Center of Gravity)은 모든 물체가 중력에 의해 작용하는 회전력의 합이 0(zero)이 되는 지점임. 경기력 향상을 위한 무게중심 활용으로 높이뛰기 선수가 바를 효과적으로 넘기 위해 배면뛰기 기술을 구사하거나 레슬링 선수가 안정성 증가를 위해 무게중심을 낮춘 경우, 배구 스파이크 시 타점을 높이기 위해 무게중심을 높이는 경우 등이 있음. ④와 같이 인체의 무게중심과 부력중심까지 거리가 커질수록 물의 저항을 더 크게 받게 됨

정답 ④

16

다음 〈그림〉처럼 발등굽힘(dorsiflexion)을 하는 동안 나타나는 관절 구조에 관한 설명으로 옳지 않은 것은?

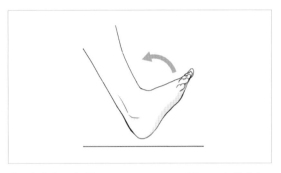

① 앞관절주머니(anterior capsule)는 느슨해진다.
② 미끄러짐(slide)과 구르기(roll)는 같은 방향으로 나타난다.
③ 아킬레스힘줄(Achilies tendon)과 뒤관절주머니(posterior capsule)가 늘어난다.
④ 세모인대(deltoid ligament)의 뒤정강목말섬유(posterior tibiotalar fibers)가 늘어난다.

해설

발등굽힘을 할 때 목말뼈는 종아리 앞쪽으로 구르기를 하고 뒤쪽으로 미끄러짐을 하므로 반대방향임

정답 ②

17

짝힘(couple force)에 관한 설명으로 옳은 것은?

① 골반 앞기울기 시 엉덩관절 굽힘근과 넙다리네갈래
근은 짝힘이다.

② 어깨뼈의 앞기울기(anterior tilt) 시 앞톱니근
(serratus anterior)과 간등세모근(middle tra-
pezius)은 짝힘이다.

③ 골반 앞기울기 시 작용하는 배곧은근(rectus ab-
dominal)과 큰볼기근(gluteus maximus)은 짝힘
이다.

④ 어깨뼈의 위쪽돌림(scapular upward rotation)
시 위등세모근(upper trapezius)과 앞톱니근은
짝힘이다

해설

근육의 짝힘(force-couple)의 근육 협동의 예로서 둘 또는 그
이상의 근육들이 서로 다른 선형방향으로 동시에 힘을 발생시키
지만, 그 결과 발생하는 토크는 돌림운동과 같은 방향으로 작용할
때 형성되는 것임. 예를 들어 엉덩관절의 굽힘근육과 허리 폄근육
은 시상면에서 양쪽 엉덩관절에 대해 골반을 돌림운동시키는 짝
힘을 형성함. 이 외에도 어깨뼈 위쪽돌림 시 위등세모근과 앞톱니
근, 골반 앞기울기 시 척추세움근과 엉덩허리근, 골반 뒤기울기
시 배곧은근과 큰볼기근의 상호작용에서도 나타남

정답 ④

18

손의 쥐는 동작에 관한 설명으로 옳은 것은?

① 손목폄근(wrist extensor muscle)의 장력은 쥐는
힘에 반비례한다.

② 얕은손가락굽힘근(flexor digitorum superficialis
muscle)은 손가락끝마디 뼈사이 관절(DIP joint)
을 굽힌다.

③ 4, 5번째 손목손허리관절(CMC joint)은 엄지와의
기능적 상호작용을 강화하고 잡기 효율성을 증가시
킨다.

④ 열쇠 집기는 엄지굽힘근(flexor pollicis)과 두 번
째 등쪽뼈사이근(dorsal interosseus)의 힘을 필
요로 한다.

해설

손목손허리관절(carpometacarpal joint, CMC joint)은 5개의
손허리뼈(metacarpal)의 몸쪽 끝 부위와 손목뼈(carpal)의 먼
쪽줄 사이에 형성된 관절로서 둘째와 셋째 손가락 CMC는 안정
성으로 손의 중심 역할을 하고, 넷째와 다섯째 손가락 CMC는 오
므리는 동작의 가동성으로 엄지와의 상호작용을 강화하며 잡기
효율성 증가시킴. ①에서 설명하는 손목폄근의 장력은 쥐는 힘에
비례, ②에서 설명하는 얕은손가락굽힘근은 일차적 작용은 몸쪽
손가락뼈사이관절(PIP joint) 굽힘이지만 자신이 지나간 모든 관
절을 굽힘시킬 수 있음. ④에서 설명하는 열쇠 집기는 엄지모음근
(손목손허리관절(CMC joint)에서 가장 큰 굽힘과 모음의 결합 동
작을 만들어내는 근육)과 첫 번째 뼈사이근(손허리손가락관절
(MCP joint)에서 작용하여 손가락을 짝 펴게 하거나 다시 모이게
하는 근육)의 힘이 필요함

정답 ③

19

발목과 발의 신경손상에 따른 변형이 옳지 않은 것은?

① 정강신경(tibial nerve)의 중간부분 손상−발가락 뼈사이관절(interphalangeal joint)의 굽힘
② 종아리신경의 깊은 가지(deep fibular branch) 손상−목말종아리관절(talocrural joint)의 발바 닥쪽 굽힘
③ 종아리신경의 얕은 가지(superficial fibular branch) 손상−발의 안쪽들림(inversion)
④ 안쪽과 가쪽발바닥신경(medial & lateral plantar nerve) 손상−발허리발가락관절(metatarsophalangeal joint)의 과다폄

해설

아래다리의 뒤쪽구획에 있는 근육에는 얕은 무리(발바닥쪽굽힘근 육)에 장딴지근, 가자미근, 장딴지빗근이 있고, 깊은 무리(안쪽들 림근육)에 뒤정강근, 긴발가락굽힘근, 긴엄지굽힘근이 있음. 또한 신경지배는 정강신경이 담당함. 정강신경은 안쪽발바닥신경과 가 쪽발바닥신경으로 두 갈래로 나뉘고, 정강신경의 중간부분이 손상하게 되면 발바닥굽힘과 발가락 굽힘을 제한함

정답 ①

20

다음 〈그림〉과 같이 오른발 안쪽면을 이용하여 공을 차는 동작에서 나타나는 근육 작용에 관한 설명으로 옳지 않은 것은?

① 오른쪽 두덩근(pectineus)의 골반에 대한 넙다리 뼈 모음
② 왼쪽 중간볼기근(gluteus medius)의 골반에 대한 넙다리뼈 모음
③ 오른쪽 긴모음근(adductor longus)의 골반에 대한 넙다리뼈 모음
④ 왼쪽 큰모음근(adductor magnus)의 넙다리뼈에 대한 골반 모음

해설

공을 찰 때 오른쪽 다리의 두덩근과 긴모음근의 골반에 대한 넙다 리뼈의 모음이 일어나고, 땅을 딛고 있는 왼쪽 다리의 큰모음근의 넙다리뼈에 대한 골반모음이 일어남. 왼쪽 중간볼기근(gluteus medius, 앞볼기근선의 위쪽인 엉덩뼈의 바깥면에서 시작하는 넓은 근육)의 넙다리뼈에 대한 골반의 엉덩관절 모음을 감속시킴

정답 ②

21

운동학(kinematics)의 변인(variable)에 해당하지 않는 것은?

① 보폭(step length)
② 관절각도(joint angle)
③ 지면반력(ground reaction force)
④ 관절각속도(joint angular velocity)

해설

운동학은 운동의 형태에 관한 분석방법으로 힘과는 관계없이 인체운동을 보고 측정 분석함. 반면, 지면반력은 운동역학으로 운동을 유발하는 힘을 측정하고 분석함

정답 ③

22

〈보기〉는 일반적인 주행(running) 동작에 관한 그림과 설명이다. ㉠~㉢의 참과 거짓 여부를 바르게 나열한 것은?

┌ 보기 ┐

발 닿기   발 떨어지기   발 닿기

㉠ A~C 구간: 체중 이상의 지면반력(ground reaction force)이 발생한다.
㉡ A~F 구간: 보폭(step length)을 나타낸다.
㉢ C~F 구간: 전체(A~F 구간)의 60% 정도를 차지한다.

	㉠	㉡	㉢
①	참	거짓	참
②	거짓	참	거짓
③	참	거짓	거짓
④	거짓	참	참

해설

걸음(step)은 한쪽 발뒤꿈치에서 다른 쪽 발뒤꿈치로 움직이는 것임(걸음 수/분). 〈보기〉 그림은 활보(stride)로서 한쪽 발뒤꿈치가 닿는 것에서부터 또 다시 같은 발 뒤꿈치가 닿기까지 동작으로 걸음의 한 주기를 나타냄

정답 ①

23

〈보기〉는 근육 모양(muscle shape)에 관한 설명이다.
㉠~㉢에 해당하는 용어를 바르게 나열한 것은?

┌─ 보기 ─────────────────────────────┐

• 넙다리곧은근(rectus femoris)은 (㉠)이다.
• (㉡)의 해부학적 단면적(anatomical cross-sectional area)과 생리학적 단면적(physiological cross-sectional area)은 같다.
• 해부학적 단면적이 같다면 깃근육(penniform muscle)은 방추근육(fusiform muscle)보다 (㉢) 힘을 낸다.

└──────────────────────────────────┘

	㉠	㉡	㉢
①	깃근육	깃근육	작은
②	방추근육	방추근육	큰
③	깃근육	방추근육	큰
④	방추근육	깃근육	작은

해설

㉠은 깃근육(pennate muscle)으로 중심 힘줄에 대해 비스듬히 부착되는 근섬유임. ㉡은 위팔두갈래근과 같은 방추근육(fusiform muscles)으로 서로에 대해 혹은 중심 힘줄에 대해 평행하게 주행하는 근섬유를 말함. 해부학적 단면적이 같다면 깃근육이 주어진 면적에 대해 많은 수의 근섬유를 갖고 있으므로 방추근육보다 큰 힘을 냄

정답 ③

24

앞십자인대(anterior cruciate ligament)에 관한 설명으로 옳지 않은 것은?

① 뒤십자인대(posterior cruciate ligament)에 비해 길이가 짧다.
② 무릎관절의 고유수용감각(proprioception) 기능에 도움을 준다.
③ 무릎관절의 과신전(hyperextension)에 의해 부상을 입을 수 있다.
④ 무릎관절의 굽힘(flexion) 시 굴림(roll)과 미끄러짐(slide)에 관여한다.

해설

앞십자인대(anterior cruciate ligament)는 뒤십자인대(posterior cruciate ligament)에 비해 길이가 가늘고 깊

정답 ①

해설 ✚ 무릎 인대기능과 손상기전

구조	기능	손상기전
앞십자인대 ACL (anterior cruciate ligament) −2개의 다발로 구성 (앞안쪽다발, 뒤가쪽다발)	• 대부분의 섬유들은 폄(extension) [정강뼈(tibia)의 과도한 앞쪽 병진운동, 넙다리뼈(femur)의 뒤쪽 병진운동 또는 이것들의 결합]에 저항함 • 과도한 안굽이(varus), 밖굽이 (valgus), 축돌림 저항 • 무릎관절의 고유수용감각(proprioception) 기능에 도움을 줌 • 무릎관절의 굽힘(flexion) 시 굴림(roll)과 미끄러짐(slide)에 관여함	• 발이 지면에 견고히 고정된 상태에서 큰 안굽이(valgus force)를 만드는 힘 • 발이 지면에 견고히 고정된 상태에서 무릎 어느 방향의 돌림에서나 큰 축돌림 토크 • 특히 거의 또는 완전히 폄(extension)된 무릎 상태에서 강력한 네갈래근 수축이 연루된 위의 것들의 결합 • 심각한 무릎의 과다폄(hyperextension)
뒤십자인대 PCL (posterior cruciate ligament) −2개의 다발로 구성 (앞가쪽다발, 뒤안쪽다발)	• 대부분의 섬유들은 무릎 굽힘(flexion) [정강뼈(tibia)의 뒤쪽 병진운동, 넙다리뼈(femur)의 앞쪽 병진운동 또는 이것들의 결합]에 저항함 • 극단적인 안굽이(varus), 밖굽이(valgus), 축돌림에 저항 • 무릎관절의 굽힘(flexion) 시 굴림(roll)과 미끄러짐(slide)에 저항함	• 몸쪽 정강뼈(tibia)가 지면에 닿는 것과 같이 완전히 굽힘(flexion)된 무릎(발목 발바닥 굽힘 ankle plantar flexion 상태)으로 넘어짐 • 특히 무릎이 굽힘(flexion)된 동안 정강뼈(tibia)의 강력한 뒤쪽 병진운동 또는 넙다리뼈(femur)의 앞쪽 병진운동을 유발하는 사고 • 발이 지면에 견고히 고정된 상태에서 특히 무릎이 굽힘(flexion)된 동안 무릎에 적용된 큰 축돌림 또는 밖굽이 −안굽이(valgus−varus)로 적용된 토크 • 관절의 뒤면에 큰 틈을 유발하는 무릎의 심각한 과다폄(hyperextension)

25

〈보기〉는 축구공을 차는 동작을 구분하여 나타낸 그림과 설명이다. ㉠과 ㉡에 해당하는 용어를 바르게 나열한 것은?

| 보기 |

〈A〉   〈B〉

• 〈그림 A〉에서 〈그림 B〉를 수행하는 동안 오른쪽 무릎관절의 굴림과 미끄러짐은 (㉠) 방향이다.
• 뉴튼의 제2법칙에 따르면, 〈그림 B〉에서 축구공의 가속도는 축구공에 가해진 힘의 크기와 (㉡)관계에 있다.

	㉠	㉡
①	반대	비례
②	같은	반비례
③	같은	비례
④	반대	반비례

해설

축구공을 오른발로 차고, 왼발을 디딜 때 오른쪽 무릎관절의 굴림(roll)과 미끄러짐(slide)은 같은 방향임(운동형상학적 사슬 open kinematic chain). 물체가 외부로부터 힘을 받으면 물체는 힘의 방향으로 가속됨(뉴턴의 제2법칙, 가속도의 법칙). 즉, 가속도의 크기는 힘에 비례하고 질량에 반비례함(F=ma)

정답 ③

26

〈보기〉에서 오목위팔관절(glenohumeral joint)의 능동 벌림(abduction) 동안 돌림근띠 근육들(rotator cuff muscle group)의 기능에 관한 설명으로 옳은 것을 모두 고른 것은?

| 보기 |

㉠ 가시위근(supraspinatus): 위팔뼈머리(humeral head)의 위쪽 굴림(superior roll) 유발
㉡ 가시아래근(infraspinatus)과 어깨밑근(subscapularis): 위팔뼈머리의 안쪽돌림(내회전, internal rotation) 유발
㉢ 작은원근(teres minor): 위팔뼈머리의 가쪽돌림(external rotation) 유발
㉣ 가시아래근, 어깨밑근, 작은원근: 위팔뼈머리의 위쪽 굴림을 제한하기 위한 내림 힘(downward force) 발휘

① ㉠, ㉡   ② ㉢, ㉣
③ ㉠, ㉡, ㉢   ④ ㉠, ㉢, ㉣

해설

돌림근띠(rotator cuff) 근육들은 능동적인 동작동안 관절의 안정성 유지의 중요한 역할을 함(GH 관절의 동적인 안정자). ㉠에서 설명한 가시위근은 위팔뼈머리의 위쪽 굴림을 유발, ㉡에서 설명한 가시아래근과 어깨밑근은 오목위팔관절의 능동 벌림 동안 위팔뼈머리에 대해 아래쪽을 당기는 힘을 발휘, ㉢에서 설명한 작은원근은 위팔뼈머리의 가쪽돌림을 유발, ㉣에서 설명한 가시아래근, 어깨밑근과 작은원근은 위팔뼈머리의 위쪽 굴림을 제한하기 위한 내림 힘을 발휘함

정답 ④

27

〈보기〉는 지면반력기 위에서 실시한 반동점프(countermovement jump)와 착지의 구분동작과 수직지면반력(vertical ground reaction force, VGRF)을 나타낸 그래프이다. ㉠~㉢의 설명 중 옳은 것을 모두 고른 것은?

| 보기 |

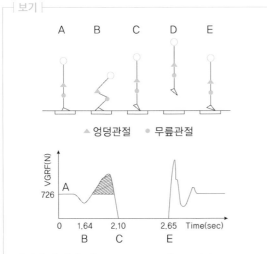

▲ 엉덩관절　● 무릎관절

데이터 수집빈도(sampling rate): 1,000Hz
㉠ 대상자의 질량은 약 74kg이다.
㉡ C~E 구간의 데이터 개수는 55개이다.
㉢ 그래프의 사선 영역은 수직점프를 위한 충격량 (impulse)을 의미한다.

① ㉠, ㉡　　　　　　② ㉡, ㉢
③ ㉠, ㉢　　　　　　④ ㉠, ㉡, ㉢

> **해설**
> • ㉠: 수직지면반력＝질량(m)×중력가속도(g) → 726＝m×9.8 → m＝74kg
> • ㉡: (2.65−2.10)×1,000(데이터 수집빈도)＝550개
> • ㉢: 충격량＝힘×시간 → 그래프 세로축(힘)과 가로축(시간)이 이루는 면적이 곧 충격량

> **정답** ③

> **해설 +** 충격량

> ■ 물체에 힘을 작용하여 운동 상태를 바꿀 때 가한 충격의 정도인 물리량을 의미함/ 물체가 받는 힘의 효과를 나타내는 물리량/ 물체가 받는 힘과 시간을 곱한 값(힘＝충격력)/ 질량이 변하지 않을 때 속도의 변화량에 비례함/ 질량(스칼라량)과 속도(벡터)의 곱인 운동량(벡터량)에 대한 변화량임/ 동일한 충격량 생성조건에서 작용시간(접촉시간, 충격시간)

을 늘리면 충격력은 감소하고, 작용시간을 줄이면 충격력 (힘)은 증가함(예 자태권도 격파, 권투선수 타격)/ 충격량은 운동량의 변화량이므로 운동량과 물리량이 같음. 즉, 단위가 운동량과 같음(N·s 또는 kg·m/s)
> ■ 충격량 공식: 충격량＝힘×시간＝충격력×작용 시간＝질량×속도의 변화량＝충돌 후 운동량−충돌 전 운동량＝운동의 변화량

28

그림에서 ㉠~㉣ 중 내적 모멘트 암(internal moment arm)이 가장 긴 자세는? (단, 내적 토크(internal torque)＝뒤넙다리근(hamstring muscle)의 내적 힘 (internal force)×내적 모멘트 암)

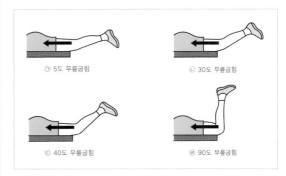

㉠ 5도 무릎굽힘　　　　㉡ 30도 무릎굽힘
㉢ 40도 무릎굽힘　　　　㉣ 90도 무릎굽힘

① ㉠　　　　　　② ㉡
③ ㉢　　　　　　④ ㉣

> **해설**
> 토크(힘의 모멘트, 회전효과)란 돌림힘이라고도 하고, 회전력을 의미함(torque, moment of force). 즉, 가해진 힘과 축에서 힘의 작용선까지 수직거리의 곱
> • 힘의 토크(T, 힘의 모멘트, 힘의 회전능률)＝힘의 크기×받침점에서 힘점까지의 거리＝작용하는 힘(F)×모멘트암(d, 힘의 작용선부터 회전축까지의 거리)
> • 즉, 토크의 2가지 요소는 작용하는 힘과 모멘트 암이기 때문에 〈보기〉 모두 동일한 토크값이 나오려면 무릎이 90도로 굽힘돼 있을 때 모멘트 암의 길이가 가장 길어야 함

> **정답** ④

29

그림은 근육길이의 변화 속도와 최대 힘의 관계를 나타낸 것이다. ㉠~㉢에 해당하는 근육 수축유형을 바르게 나열한 것은?

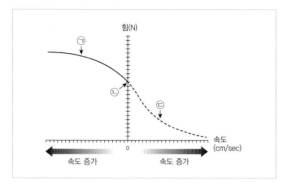

	㉠	㉡	㉢
①	등척성 (isometric contraction)	단축성 (concentric contraction)	신장성 (eccentric contraction)
②	단축성	신장성	등척성
③	신장성	등척성	단축성
④	등척성	신장성	단축성

해설

㉠은 신장성으로 근내 장력은 일정하고, 근 길이가 늘어남. 즉, 근육의 길이가 길어지면서도 힘을 발휘하는 것으로 그래프에서 속도가 증가하면 힘도 증가함. ㉡은 등척성으로 근섬유 길이 변화 없음. ㉢은 단축성으로 근내 장력이 일정하고, 근 길이가 감소함. 즉, 그래프에서 속도가 증가하면 힘은 줄어듦

정답 ③

해설 + 근육 수축 형태

정적 수축	등척성 수축 (isometric contraction)		▪ 근섬유 길이 변화 없음 ▪ 관절각의 변화 없이 힘 발생 ▪ 정적인 신체 위치 유지 ▪ 시간소비가 적고 특별한 장비 필요 없음 예 자세 유지
동적 수축	등장성 수축 (isotonic contraction)	단축성 수축 (concentric contraction) =동심성	▪ 구심성 수축으로 저항의 중력을 극복하여 장력 발휘 ▪ 근내 장력이 일정하고, 근 길이가 감소함 예 턱걸이 올라갈 때
		신장성 수축 (eccentric contraction) =편심성	▪ 원심성 수축으로 저항의 중력을 극복하지 못하여 근 길이가 증가하고 장력 발휘 ▪ 근내 장력은 일정하고, 근 길이가 늘어남. 즉, 근육의 길이가 길어지면서도 힘을 발휘 ▪ 부상과 근 염증의 주원인으로 통증과 부종 유발 ▪ 수축속도가 빠를수록 힘이 더 증가함 ▪ 동일 근육에서 단축성 수축보다 같은 속도에서 더 큰 힘을 발휘 예 턱걸이 내려갈 때
	등속성 수축 (isokinetic contraction)		▪ 관절각이 일정한 속도로 수축 ▪ 속도가 일정한 상태에서 최대의 장력 발휘 예 재활치료

30

아래다리(lower leg)의 뒤쪽구획(posterior compartment)에 해당하는 근육이 아닌 것은?

① 장딴지근(gastrocnemius)
② 가자미근(soleus)
③ 긴발가락굽힘근(flexor digitorum longus)
④ 앞정강근(tibialis anterior)

해설

앞정강근(tibialis anterior)은 앞쪽구획 근육에 해당됨

정답 ④

31

〈보기〉의 힘의 종류와 효과에 대한 설명 중 적절한 것으로만 나열된 것은?

| 보기 |

㉠ 양력은 물체의 운동 방향에 대해 반대로 작용하는 힘으로 물체가 공기 중에서 뜨게 하는 역할을 한다.
㉡ 중력은 두 물체가 접촉 시에 발생하는 힘으로 물체를 당기는 힘이다.
㉢ 원운동하고 있는 물체의 원심력은 질량이 크고, 속도가 빠를수록 크다.
㉣ 부력은 중력의 반대 방향(수직 상방)으로 작용하는 힘이다.

① ㉠, ㉡
② ㉠, ㉣
③ ㉡, ㉢
④ ㉢, ㉣

해설

㉠은 공기나 물속을 움직이는 물체운동의 반대방향으로 작용하는 저항력인 항력에 대한 설명이고, ㉡은 질량을 가진 모든 인체나 물체들을 지구 중심방향으로 끌어당기는 힘으로 접촉 여부와 관련 없음

정답 ④

해설 ✚	힘의 종류
내력	• 어떤 물체의 외부에 힘을 가했을 때 형상을 유지하기 위해 내부에서 버티는 힘
외력	• 외부에서 물체에 가하는 힘
마찰력	• 물체가 다른 물체의 접촉면에 생기는 운동을 방해하는 반대방향의 힘 • 접촉면이 거칠수록 마찰력이 큼 • 접촉면의 형태와 성분(재질)은 마찰계수에 영향을 미침
중력	• 인체나 물체를 지구 중심방향으로 끌어당기는 힘 • 물체의 질량과 중력가속도의 곱 • 물체의 질량에 비례, 거리의 제곱에 반비례 • 중력이 가장 큰 곳은 지구표면(지각)이고, 여기서 멀어질수록 중력은 거리의 제곱에 비례하여 줄어듦
압력	• 물체가 누르는 힘으로 중력에 비례, 접촉면적에 반비례함 ※ 운동 예시 　복싱 글러브는 맨주먹보다 접촉면적이 넓기 때문에 상해를 줄일 수 있음
부력	• 물속에 잠긴 물체에 중력 반대방향인 위로 작용하는 힘
항력	• 공기나 물속을 움직이는 물체운동의 반대방향으로 작용하는 저항력
양력	• 유체 속의 물체에 운동방향의 수직방향으로 작용하는 힘 ※ 운동 예시 • 공이 백스핀으로 날아가는 경우(야구 커브볼, 테니스, 골프, 축구 등) 　– 공이 날아가는 방향과 반대방향의 회전을 하는 경우 정상적인 포물선 궤도보다 상향으로 감 　– 공의 위쪽은 바람방향과 공 회전방향이 일치하여 속도가 빨라지고 압력이 낮아짐 　– 공의 아래쪽은 바람방향과 공 회전방향이 반대가 되어 속도가 느려지고 압력이 높아짐 　– 즉, 속도가 느린 쪽(압력 高)에서 속도가 빠른 쪽(압력 低)으로 미는 힘이 발생함(베르누이 정리) 　– 이는 공이 회전하는 방향으로 휘어지면서 날아감(마그누스 효과)

06

32

〈보기〉에서 턱걸이 동작 수행 시 철봉대 위로 턱이 올라갔다가 천천히 시작자세로 내려가는 단계에서 위팔의 작용근(agonist)–근수축 형태가 바르게 연결된 것은?

┤ 보기 ├

ⓐ 위팔두갈래근(상완이두근, biceps brachii)
ⓑ 위팔세갈래근(상완삼두근, triceps brachii)
ⓐ 단축성(concentric)
ⓑ 신장성(eccentric)

① ㉠–ⓐ
② ㉠–ⓑ
③ ㉡–ⓐ
④ ㉡–ⓑ

해설

작용근(agonist, 주동근)은 특정 움직임의 시작과 실행에 가장 직접적으로 관계되는 근육 혹은 근육무리를 말함. 위팔두갈래근은 팔꿈치에 있는 안쪽과 가쪽 돌림축의 앞축으로 지나가는 힘을 생산하므로 팔꿈치의 굽힘작용을 함. 턱걸이를 하고 천천히 내려갈 때 원심성 수축으로 저항의 중력을 극복하지 못하고 근 길이가 증가하며 장력을 발휘하는 신장성 수축임

정답 ②

33

〈보기〉의 물속에 잠겨 있는 물체에 대한 설명 중 적절한 것으로만 나열된 것은?

┤ 보기 ├

㉠ 물체는 중력의 반대 방향으로 힘을 받으며, 그 힘의 크기는 물에 잠긴 물체의 부피만큼의 물의 무게와 같다.
㉡ 물체의 부력중심과 무게중심이 동일 수직선상에 위치할 때 신체의 회전이 멈추게 된다.
㉢ 물체가 물에서 뜨거나 가라앉는 현상은 물체의 비중에 의해 결정된다.
㉣ 수영 시 머리가 물 밖에 있을 때보다 물속에 잠길 경우 부력은 작아진다.

① ㉠, ㉡, ㉢
② ㉠, ㉡, ㉣
③ ㉠, ㉢, ㉣
④ ㉡, ㉢, ㉣

해설

자유롭게 움직이는 분절은 인체 전체의 무게중심점의 위치를 수시로 변하게 함. 수영 시 머리가 물 밖에 있을 때가 잠겨있을 때보다 부력이 작아짐

정답 ①

34

〈보기〉의 노뼈(요골, radius)와 자뼈(골, ulna) 사이에 위치한 뼈사이막(interosseous membrane)의 중심띠(centralband)와 관련된 설명 중 옳은 것을 모두 고른 것은?

┌ 보기 ┐

- ㉠ 노뼈에 전달된 압박력이 몸쪽으로 이동되면서 자뼈쪽으로 전이되어 부하를 분산시키는 역할을 한다.
- ㉡ 엎침(pronation)일 때 위팔자관절(완척관절, humeroulnar joint)에 더 큰 부하가 전달되어 관절의 퇴행 발생 가능성을 높인다.
- ㉢ 무릎힘줄(patellar tendon)과 유사한 장력을 갖는다.
- ㉣ 노뼈에서 자뼈의 근위(proximal)쪽을 향해 약 30도 기울어져 뻗어있다.

① ㉠, ㉢
② ㉠, ㉣
③ ㉡, ㉢
④ ㉡, ㉣

해설

자뼈와 노뼈는 아래팔 내에서 서로 관절하여 몸쪽 노자관절과 먼쪽 노자관절을 형성함으로써 어깨에서의 운동 없이 손바닥을 위로 향하게(뒤침) 혹은 아래로 향하게(엎침) 함. 이는 팔꿈치에서의 굽힘과 폄을 동반 혹은 없이도 수행하게 하고 손 배치의 다양성과 팔의 전반적 기능을 향상시킴. ㉡에서 설명한 엎침일 때 더 큰 부하가 발생하지 않음. ㉣에서 설명한 노뼈에서 자뼈쪽을 향해 약 20도 기울어져 있음

정답 ①

35

가로발목뼈관절(횡족근관절, transverse tarsal joint)을 구성하는 뼈가 아닌 것은?

① 입방뼈(입방골, cuboid)
② 발배뼈(주상골, navicular)
③ 발꿈치뼈(종골, calcaneus)
④ 안쪽쐐기뼈(내측설상골, medial cuneiform)

해설

안쪽쐐기뼈는 먼쪽발목뼈사이 관절을 구성하는 뼈임

정답 ④

06

36

척추(spine)의 인대(ligament) 중 황색인대(황인대. ligamentum flavum)에 관한 설명으로 옳은 것은?

① 척추 전체에 걸쳐 위쪽과 아래쪽 분절을 연결하고 있으며 척수(spinal cord)의 바로 뒤쪽에 있다.

② 가시돌기(극돌기, spinous process)들의 촉진 (palpation)을 어렵게 하는 원인이다.

③ 척추에 부착된 인대 중 길이가 가장 길다.

④ 중쇠뼈(축추골. axis)와 엉치뼈(천골, sacrum) 사이에서 척추뼈몸통(척추체, vertebral body) 뒷면 전체에 걸쳐 부착되어 있다

해설

황색인대는 허리뼈 영역에서 가장 두껍고 척수의 바로 뒤쪽에 위치함(①번 정답). ②번은 가시돌기들의 끝부분에 부착된 가시끝인대에 대한 설명으로 인접 가시돌기들의 벌어짐에 저항하므로 가시사이인대와 같이 굽힘에 저항함. ③번 설명은 앞세로인대로서 뒤통수뼈의 뇌바닥부와 엉치뼈를 포함한 모든 척추뼈 몸통 앞면의 전체 길이에 걸쳐 부착돼 있음. ④번은 뒤세로인대에 대한 설명임

정답 ①

해설 ✚ 척주의 인대 기능

명칭	기능
황색인대 (ligamentum flavum)	척주사이 굽힘의 끝범위 제한, 완화
가시끝인대 (supraspinous ligament)/ 가시사이인대 (interspinous ligament)	굽힘 제한
가로돌기사이인대 (intertransverse ligament)	반대쪽 가쪽굽힘과 앞쪽굽힘 제한
앞세로인대 (anterior longitudinal ligament)	목뼈와 허리뼈 영역의 폄, 과도한 척추앞굽음 제한, 척추원반의 앞면 강화
뒤세로인대 (posterior longitudinal ligament)	굽힘제한, 척추원반의 뒷면 강화
돌기관절들의 관절주머니	돌기관절 강화

37

〈보기〉는 해부학적 자세에서 어깨관절 복합체(shoulder complex)의 180도 벌림(외전, abduction) 시 운동형상학적관계인 '어깨위팔리듬(scapulohumeral rhythm)을 나타내고 있다. 〈보기〉에서 '어깨위팔리듬' 시 움직임(각도, degree[angle])이 큰 순서대로 옳게 나열한 것은?

| 보기 |

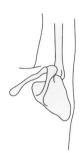

- ㉠ 복장빗장관절(흉쇄관절, sternoclavicular)의 뒤당김(retraction)
- ㉡ 어깨가슴관절(견흉관절, scapulothoracic) 위쪽돌림(upward rotation)
- ㉢ 오목위팔관절(관절와상완관절, glenohumeral) 벌림(abduction)
- ㉣ 오목위팔관절 가쪽돌림(external rotation)

① ㉡ > ㉢ > ㉠ > ㉣
② ㉢ > ㉣ > ㉡ > ㉠
③ ㉢ > ㉡ > ㉣ > ㉠
④ ㉢ > ㉡ > ㉠ > ㉣

해설

오목위팔관절 벌림(120도) > 어깨가슴관절 위쪽돌림(60도) > 오목위팔관절 가쪽돌림(30~45도) > 복장빗장관절의 뒤당김(20도)

정답 ③

해설 + 어깨의 완전한 벌림과 관계된 6가지의 운동형상학적 원리

- 일반적인 2:1의 어깨위팔리듬에 근거해, 능동적인 약 180도의 어깨 벌림은 120도의 오목위팔관절 GH joint 벌림과 60도의 어깨가슴관절 ST joint의 위쪽돌림의 동시 발생 결과로 일어남
- 완전한 어깨 벌림 동안 60도의 어깨뼈 위쪽돌림은 봉우리빗장관절 AC joint의 위쪽돌림과 결합된 복장빗장관절 SC joint의 올림의 동시 발생 결과로 일어남
- 어깨 벌림 동안 빗장뼈는 복장빗장관절 SC joint에서 뒤당김함
- 완전한 어깨 벌림 동안 위쪽으로 돌림하는 어깨뼈는 뒤쪽으로 기울임하고 일관성은 적지만 약간 가쪽으로 돌림함
- 어깨 벌림 동안 빗장뼈는 자신의 축에 대해 뒤쪽으로 돌림함
- 어깨 벌림 동안 오목위팔관절 GH joint는 가쪽으로 돌림함

38

〈보기〉의 무릎관절 '나사 – 집 돌림(screw–home rotation)' 현상에 관한 설명으로 옳은 것을 모두 고른 것은?

| 보기 |

- ㉠ 앞십자인대(전방십자인대, anterior cruciate ligament)의 장력에 영향을 받는다.
- ㉡ 넙다리네갈래근(대퇴사두근, quadriceps)의 안쪽(medial) 당김(pull)에 의해 추진된다.
- ㉢ 돌림성 잠김작용(rotary locking action)은 무릎 폄(무릎신전, knee extension)의 마지막 10도에서 시작된다.
- ㉣ 정강뼈(경골, tibia) 바깥 돌림(외회전, external rotation)과 무릎 폄의 결합은 성인 무릎의 접촉 면을 최대화시킨다.

① ㉠, ㉡
② ㉠, ㉣
③ ㉡, ㉢
④ ㉢, ㉣

해설

㉣의 가쪽돌림(external rotation)과 폄(extension)의 결합은 성인 무릎의 전반적인 접촉 면적을 최대화 시키는데, 최종적인 무릎 폄(knee extension) 위치는 관절의 일치성을 증가시키고 안정성을 뒷받침해줌. 나사집 돌림의 역학 추진 인자는 안쪽넙다리뼈관절 융기의 형태(가장 중요한 인자), 앞십자인대의 수동 장력, 그리고 ㉡에서 설명하고 있는 네갈래근의 약간의 가쪽당김임. ㉢에서 설명하고 있는 돌림성 잠김작용(rotary locking action)은 무릎 폄(knee extension)의 마지막 30도 동안 관찰할 수 있는 무릎의 비틀림에 근거함

정답 ②

39

〈보기〉는 하지의 열린사슬(open kinetic chain)에서 발목관절(talocrural joint)의 발등굽힘(배측굴곡, dorsiflexion) 동작 시 관절면의 움직임(arthrokimematics)에 대한 설명이다. 〈보기〉의 ㉠과 ㉡에 들어갈 용어로 옳은 것은?

| 보기 |

- 움직이는 뼈는 목말뼈(거골, talus)이며, 관절면의 형태는 (㉠)이다.
- 미끄러짐(슬라이딩, sliding)과 굴림(회전, rolling)은 (㉡) 방향으로 움직인다.

	㉠	㉡
①	볼록(convex)	반대
②	볼록(convex)	같다
③	오목(concave)	반대
④	오목(concave)	같다

해설

열린운동학적 사슬은 다리에서 발과 같이 운동형상학적사슬의 먼쪽분절이 지면 혹은 다른 고정된 물체에 고정돼 있지 않은 상황으로 먼쪽분절이 움직이기에 자유로운 상태를 말함. 목말뼈는 발목관절이 발등굽힘을 하는 동안 볼록하게 되고, 오목한 종아리뼈에서 앞쪽으로 굴림(rolling), 뒤쪽으로 미끄러짐(slide)을 하게 됨

정답 ①

해설 ✚ 발과 발목

- 발목(ankle): 정강뼈(tibia), 종아리뼈(fibula), 목말뼈(talus) 사이의 관절인 목말종아리뼈(talocrural joint)를 의미함
- 목말밑관절(subtalar joint): 목말뼈관절 밑에 놓인 관절로서 비체중지지 활동 동안에 일어난 엎침(pronation)과 뒤침(supination)은 고정된 목말뼈에 대해 발꿈치뼈가 움직임으로써 일어남
- 가로발목관절(transverse tarsal joint)
  - 발목뼈중간관절(midtarsal joint), 쇼파르관절(Chopart's joint)이라고도 부름

- 해부학적으로 목말발배관절(talonavicular joint), 발꿈치입방관절(calaneocuboid joint)로 구성됨
- 고르지 못한 지면에 서 있는 동안 발 중간부의 엎침(pronation)과 뒤침(supination)이 일어날 수 있게 해줌

40

Q-각(Q-angle)과 관련된 설명으로 옳은 것을 〈보기〉에서 모두 고른 것은?

| 보기 |

- ㉠ Q-각이 클수록, 무릎뼈(슬개골, patellar)에 대한 근육의 가쪽(외측, lateral) 당김도 커진다.
- ㉡ Q-각의 증가는 무릎넙다리관절(슬개대퇴관절, patellofemoral joint)에서의 접촉면 증가로 무릎 스트레스 감소에 중요한 역할을 한다.
- ㉢ 남성이 여성보다 일반적으로 Q-각이 크다.
- ㉣ Q각은 무릎뼈에 대한 넙다리네갈래근(대퇴사두근, quadriceps femoris)의 상대적 가쪽 당김을 일반적으로 측정할 수 있는 지표이다.

① ㉠, ㉡
② ㉠, ㉣
③ ㉡, ㉢
④ ㉢, ㉣

해설

Q각은 무릎뼈에 대한 넙다리네갈래근(대퇴사두근, quadriceps femoris)의 상대적 가쪽 당김을 일반적으로 측정할 수 있는 지표임. Q-각이 클수록 무릎뼈(슬개골, patellar)에 대한 근육의 가쪽(외측, lateral) 당김도 커지고, 무릎넙다리관절(슬개대퇴관절, patellofemoral joint)에서의 접촉면 증가로 무릎 스트레스를 증가시킴. 여성(15~18도)이 남성(12~14도)보다 Q각이 큼

정답 ②

MEMO

a health exercise manager

PART

07

병태생리학

병태생리학 핵심이론

> 참고도서

R. J. Huber et al. (2021). Gould's Pathophysiology for the Health Professions (6th ed.). 최명애 외 옮김 (2021). 보건의료인을 위한 병태생리학(제6판). 계축문화사.

> 학습완성도 ☐☐☐☐☐

학습 완성도를 체크해 보세요. 부족하다고 판단되면 위 참고도서를 통해 업그레이드하길 바랍니다.
※ 병태생리학은 운동생리학, 운동부하검사, 운동상해와 내용중복이 있음을 이해하며 학습하길 바랍니다.

1 질병 기전

① 원인: 병원체 요인(화학적, 물리적, 생물학적), 숙주요인(생물학적, 생활형태 등), 환경요인 (물리적, 사회적, 생물학적)

② 감염: 불현감염(뚜렷한 증상 없음), 증상감염(잠복기 → 전구기 → 발병기 → 회복기)

③ 염증: 미생물감염(세균, 바이러스 등), 물리적(화상, 방사선 등), 화학적(산, 알칼리 등), 면역 반응, 조직 괴사(허혈)에 따라 급성염증과 만성염증이 있음
  - 정상: 혈류 → 정상적인 제액이동 → 혈액에 잔류하는 세포들
  - 염증: 손상 → 세포가 화학매개체 방출 → 혈관 확장(혈류 증가) → 모세혈관 투과성 증가 → 백혈구가 손상부위로 이동 → 포식(치유준비의 과정으로 조직파편 제거)

④ 회복기전: 염증손상 치유과정(염증반응기 → 섬유형성기 → 숙성재형성기), 면역
  - 수복(resolution): 조직 손상이 심하지 않을 때 일어남
  - 재생(regeneration): 손상된 조직의 세포가 유사분열을 할 수 있을 때 발생하는 치유임
  - 결합조직으로 대치된 조직: 광범위한 조직 손상이나 세포들의 유사분열을 할 수 없을 때 발생 함 / 콜라겐은 반흔 조직의 기초성분이 되는 단백질로서 복구의 기반을 마련함

염증 반응에서의 화학 매개체

매개물질	근원	작용
히스타민	비만세포 과립	▪ 혈관 확장, 모세혈관 투과성 증가
화학주성인자		▪ 중성구를 염증부위로 유도
류코트리엔	비만세포 내 아라키돈산 합성	▪ 혈관 확장, 모세혈관 투과성 증가, 화학주성
프로스타글란딘		▪ 혈관 확장, 모세혈관 투과성 증가, 통증, 발열, 히스타민 작용 강화
사이토카인	T-림프구, 대식세포	▪ 혈장 단백질, 적혈구 침강속도 증가, 열, 화학주성, 백혈구증가증 유도
혈소판활성인자	혈소판 세포막	▪ 중성구 활성화, 혈소판 응집
키닌	혈장 단백질 활성화	▪ 혈관 확장, 모세혈관 투과성 증가, 통증, 화학주성
보체계	혈장 단백질 연속단계 활성화	▪ 혈관 확장, 모세혈관 투과성 증가, 화학주성, 히스타민 분비 증가

개념

바이러스

▪ 구성: 단백질 껍질, 캡시드(capsid), DNA 또는 RNA로 되어 있는 핵
▪ 대부분 바이러스는 DNA를 갖고 있으나, 인간면역결핍바이러스(HIV)와 같은 레트로바이러스(retro virus)는 RNA만 갖고 있음
▪ 바이러스 복제: 바이러스 → 숙주 세포에 부착돼 침입 → 껍질 벗음(바이러스의 DNA 또는 RNA가 숙주 세포의 핵에 침입하여 숙주 세포의 DNA를 통제) → 숙주 세포가 바이러스의 구성물질을 합성 → 새로운 바이러스를 조립

2 신생물과 암

① 신생물: 새로 생기는 이상 조직, 병적으로 생기는 종양
② 종류
- 양성종양: 성장속도 느리고 전이 안 됨 / 정상세포보다 빠르게 재생되는 분화된 세포로서 피막으로 쌓여 있는 상태로 팽창되지만 전이되지 않음
- 악성종양: 성장속도 빠르고 전이되며 암을 말함 / 미분화된 세포로 구성 / 세포자살(apoptosis)을 회피하는 능력 / 혈관신생(angiogenesis)이 특징적임

개념

악성종양의 전이(speed of malignant tumors)

▪ 파종(seeding): 체액이나 피막을 따라 암이 진행되는 것이고 보통 체강 내 발생
▪ 침윤(invasion): 국소적으로 종양세포가 인접 조직으로 자라면서 정상세포를 파괴하는 것
▪ 전이(metastasis): 혈관, 림프관을 통해 멀리 있는 부위로 퍼지는 것

침윤(invasion)과 전이(metastasis) 과정

종양 아래의 기저막 침입 → 세포 외 기질을 통한 이동 → 혈관 또는 림프관으로의 침범 → 순환하는 혈액 또는 림프절 내에서 생존과 정지 → 순환계에 의한 새로운 조직 부위로 탈출

③ 암 유발인자: 흡연, 성별, 가족력, 고지방 저섬유질 식단, 만성 알코올 중독, 장기간 햇빛 노출, 스트레스 등

④ 치료: 항암치료(수술요법, 화학요법, 방사선 요법, 면역요법 등), 운동요법

3 부정맥

① 부정맥의 원인과 분류

구분	분류	내용
빈맥성 부정맥	동성빈맥	• 동결절에서 시작된 자극이 분당 100회 이상으로 나타나지만 치료하지 않음
	심방세동	• 급성(알코올, 운동, 격한 운동), 만성(고혈압, 관상동맥질환, 만성폐질환, 선천성 심장병)으로 발작적으로 계속 나타나며 심장의 박출량이 감소함
	발작성 상실성 빈맥	• 심장 내 심실과 심방 사이의 비정상적인 전기회로가 있어 발생함(과로, 과음, 카페인 과다복용, 흡연, 심한 운동, 스트레스)
	심실성 빈맥	• 심실에서 정상보다 빠르게 뛰는 현상임(심근경색증, 병인 심근증, 저혈압, 체내 대사 이상)
서맥성 부정맥	동성서맥	• 심박수가 분당 60회 이하로 뛰지만, 병적인 상태로 단정하지 않음
	동결절 기능부전 증후군	• 전기 자극 생성과 심방 안에서의 전달 문제로 발생함(나이로 인한 퇴행적 변화, 심장질환, 약물)
	방실차단	• 특별한 원인 없이 발생(만성판막 질환, 약물, 대동맥 협착증, 관상동맥질환)

② 부정맥의 증상 및 치료법(*심전도 분석 – 운동부하검사 참조)

구분	증상	치료법
빈맥성 부정맥	• 심방세동: 심방의 빠른 박동과 불규칙적으로 가슴이 두근거림, 호흡곤란, 졸도로 이어질 수 있음	• 심방세동의 원인 차단: 폐렴, 알코올 중독, 고열, 심부전증, 심낭염, 갑상선기능항진증 등 • 약물 투여: 칼슘길항제, 디지털리스, 베타 차단제
	• 발작성 상심실성 빈맥: 가슴통증, 두근거림, 현기증, 구토	• 경동맥을 누름(응급 시) • 항부정맥제 투여(정맥)
	• 심실성 빈맥: 저혈압, 무력감, 졸도, 심장마비, 급사	• 항부정맥제 투여(정맥) • 직류전기충격요법(응급 시)
서맥성 부정맥	• 동결절 기능부전 증후군: 의식 혼미, 어지러움증, 무력감	• 약물 투여 • 영구적인 심장박동기 삽입
	• 방실차단 • 심실박동수 40 이하(3도 방실차단)가 되면 피로감, 무력감, 경련 발생	• 일시적 심장박동기 삽입(2도 방실차단 시)

4 관상동맥질환

① 관상동맥의 원인과 분류

- 관상동맥 중 하나 이상이 혈관경련으로 좁아진 상태를 의미함 / 가슴통증, 현기증, 호흡곤란 등을 느낌
- 협심증: 관상동맥이 좁아지고, 동맥 내 혈전이 생기거나 동맥이 수축하면서 가슴에 통증을 느낌
- 심근경색: 관상동맥이 막혀 심근에 괴사가 일어나는 질환
- 급성관상동맥증후근: 관상동맥의 경화반(plaque) 파열 및 혈전과 관련 / cTnI(Cardiac troponin I)와 cTnT(Cardiac troponin T)의 비정상적인 증가와 ST 분절 상승이 발생함

② 퇴행적 변화

분류		내용
죽상경화증	원인	• 지질, 세포, 섬유소, 세포 파편 등으로 구성된 플라크(plaque)인 죽종(atheroma)이 큰 동맥의 내벽에 형성된 것임 • 혈관 내벽 내피손상으로 혈구세포인 혈소판이 응집됨 • 펩타이드 생산으로 인해 혈관이 좁아짐에 따라 혈류 장애를 일으킴 • 산화된 LDL-콜레스테롤은 혈관벽 안으로 침착하여 죽종 형성 • 종양괴사인자알파(TNF-α)는 염증성 사이토카인으로 죽종형성유전자 발현 촉진 • C-반응성단백질(CRP)은 간세포에서 인터루킨-6(IL-6)에 의해 증가되며 염증물질의 최종부산물로 관상동맥질환자에게 증가될 수 있음
	죽종 형성과정	• 동맥 내피세포 손상 → 손상부위 염증 발생, C-반응단백질(CRP) 수치 증가 → 단핵구, 대식세포(큰포식세포)와 같은 혈구세포와 지질이 동맥혈관의 내막, 중막(근육층)에 축적 → 평활근 세포 증식 → 플라크 형성, 염증 지속 → 손상된 동맥벽 표면에 혈소판 부착, 혈전 형성, 동맥 부분 폐쇄 → 손상된 동맥 부위에 섬유조직을 따라 지질 지속 축적, 프로스타글란딘 유리돼 염증, 혈관경력 촉진 → 혈소판 응집, 혈전 확장
	죽상경화증 진행	• 손상된 내피세포 → 지방선조(fatty streak) 및 지질형성 → 섬유판(섬유성 플라크, fibrous plaque) → 합병증 병변
동맥경화증		• 혈관 중간층에 퇴행적 변화가 일어남 • 혈관의 탄력성이 줄어들면서 퇴행적 질환이 나타남(노화현상)

③ 주요 질환의 원인과 증상

구분	분류	내용
협심증	원인과 기전	• 추운 날씨, 혈압 상승, 심실비대
	증상	• 안정형 협심증: 증상의 악화 없이 2~3개월 이상 지속 / 운동 중 심근부담률 증가 • 불안정형 협심증(=경색적 협심증 pre-infarction angina) 　-발병한지 2개월 미만, 심근경색증과 구별하기 힘듦 　-관상동맥의 70% 이상 폐쇄(새벽, 아침에 흉통 발생) / 관상동맥의 플라크(plaque) 파열로 혈전이 생성되면서 나타남 　-ST분절의 변화, T파의 역위가 발생 • 이형 협심증: 안정 시에 관상동맥 경련 유발 • 무증상 심근 허혈: 통증 없음

심근경색	원인과 기전	• 관상동맥(심장근육에 혈액 공급 역할) 괴사 • 심박출량이 감소되어 관상동맥의 관류가 저하 • 급성심근경색을 진단하는 혈중표지자인 트로포닌 I와 T는 높은 민감성을 나타냄
	증상	• 급성(안색이 창백하게 변함, 식은땀, 맥박 증가) • 흉통, 소화불량, 호흡곤란, 구토, 현기증, 피로감 등 발생 • 심각한 허혈이나 손상이 진행될 때 ST 분절 상승, 의미 있는 Q파 심근경색 관찰

④ 관상동맥의 치료와 예방

구분	진단	치료	예방
협심증	• 심전도와 운동부하 검사 • 심장 초음파 • 심장 동위원소 검사 • 홀터(Holter) 심전도 검사	• 약물 요법: 칼슘 차단제, 베타 차단제, 나이트 레이트제제, 저용량 아스피린 • 수술 요법: 경피적 관상동맥 성형술, 관상동맥 우회술	• 운동을 통한 사전 예방: 비만, 고혈압, 고지혈증, 관상동맥질환, 당뇨병 예방
심근경색	• 갑작스럽게 식은땀, 맥박이 증가 • 30분에서 수 시간 동안 지속 • 크레아틴인산활성효소(CK-MB) 24시간(심근경색 후) 혈청농도 최대 • 아스파르테이트 아미노전달효소(AST) 48시간(심근경색 후) 혈청농도 최대 • 젖산탈수소효소(LDH-1) 72시간(심근경색 후) 혈청농도 최대	• 응급 요법: 심근경색 후 1시간 내에 심방세동이 발현될 수 있으므로 빠른 시간 내 심폐소생술 실시(뇌사방지) • 약물 요법: 혈전 용해제 투여 (정맥 또는 관상동맥)	• 운동을 통해 심근의 운동 수행 능력을 향상 - 유산소 운동 - 30~60분 3회씩 / 주 최대 심박수의 65% 수행

5 고혈압

① 고혈압의 원인과 분류
- 최고혈압이나 최저혈압이 평균치보다 높은 상태를 의미함
  - 1단계(경증): 수축기 혈압 140~159mmHg 혹은 이완기 혈압 90~99mmHg
  - 2단계(중등): 수축기 혈압 160~179mmHg 혹은 이완기 혈압 100~109mmHg
  - 3단계(중증): 수축기 혈압 180mmHg 이상 혹은 이완기 혈압 110mmHg 이상
- 고혈압은 성인에서 수축기 혈압이 140mmHg 이상이거나 이완기 혈압이 90mmHg 이상일 때를 말함
② 고혈압의 기전과 위험인자
- 혈압은 심박출량과 말초저항에 의해 결정됨
- 남자 > 여자, 흑인 > 백인에서 고혈압 유지(DBP 115mmHg 이상)
- 식염 10g / 일 이상, 흡연 10개 / 일 이상, 혈당 120mg / dL 이상

③ 고혈압 분류

구분	내용
본태성 고혈압	• 소동맥의 직경 감소에 의한 말초저항의 증가 • 혈관 수축의 증가로 신장으로의 혈류 증가 • 전체 고혈압의 80~90% 차지, 유전적 요인 • 짠 음식, 술, 담배, 스트레스 • 비만자는 3배 이상 발생
속발성 (이차성) 고혈압	• 내분비계 이상(신장질환 심혈관질환, 부신피질종양 등) • 대동맥 협착증, 노인성 동맥경화, 뇌종양 등 • 음주, 흡연, 항정신성 약물, 경구피임제 등에서 일시적 혈압 상승 유발

④ 고혈압의 증상 및 진단

증상		• 두통, 어지럼증, 피로감, 흉부 동통, 마비증세, 경련 등 • 갈색종은 절반이 발작적 고혈압 발생(두통, 발한, 심계항진)
진단	정상혈압	• 120 / 80mgHg 이하
	고혈압	• 140 / 90mmHg 이상(수축기와 이완기 중 한쪽만 높아도 고혈압)
	경계성 고혈압	• 정상혈압과 고혈압 사이로 고혈압으로 간주
	수축기 혈압	• 측정 시 환경에 따라 다른 수치를 나타냄(SBP)
	이완기 혈압	• 거의 항상 일정한 수치를 나타냄(DBP)

⑤ 고혈압의 치료와 예방

분류	내용
식사요법	• 식염 제한, 정상체중 유지 • 칼륨 함유량 많은 과일, 야채, 콩 등 단백질 섭취
생활요법	• 알코올 제한, 금연 • 규칙적인 생활, 섬유질 수분 섭취
약물치료	• 160 / 100mgHg 이상일 경우 • 이뇨제, 베타 차단제, 칼슘 길항제, ACE 억제제, 알파 차단제

⑥ 운동요법(※ 고혈압 환자를 위한 FITT 권고사항, 운동처방론 참조)
• 유산소 운동을 통해 혈압을 낮추고 동맥경화를 방지하게 함
• 비만을 예방하고 체중유지 및 감소를 통해 혈압감소를 유도함

6 심부전

① 원인: 노령, 고혈압, 관상동맥질환, 심장판막질환, 당뇨, 비만, 폐기능 장애, 흡연, 심전도 이상

② 울혈성 심부전(CHF, congestive heart failure): 심장이 신체대사 요구에 맞게 충분한 혈액을 박출하지 못할 때 나타남 / 다른 질병의 합병증으로 발생 / 디곡신(digoxin)으로 증상 완화 / 이뇨제, 예후 개선을 위해 ACE 억제제, 베타차단제 사용함

③ 분류

분류	내용
좌심부전	• 좌심실 기능부전 • 폐에서 넘어온 혈액을 받아 전신으로 보내는 역할을 못함 • 심박출량 감소(체순환 좌심실 → 대동맥 문제)
우심부전	• 우심실 기능부전 • 전신을 순환하고 돌아온 정맥혈을 받아 폐로 보내주는 역할을 못함 • 폐동맥판막증, 폐동맥색전증 등 발생(폐순환 우심실 → 폐동맥 문제)

④ 심부전의 증상 및 치료법

증상	진단	치료	예방
• 좌심부전 증상: 호흡곤란, 무기력증, 허약, 야간뇨, 중추신경계 이상, 빈맥, 발한 • 우심부전 증상: 사지부종, 오심, 구토, 복부 팽만감	• 심전도 진단 • 흉부 방사선 촬영 • 관상동맥 조영술 • 운동부하검사 • 심장 초음파 검사 등	• 약물 치료: 강심제, 이뇨제, 항응고제, 베타 차단제, 안지오텐신 전환효소 억제제, 안지오텐신 수용체 차단제 • 수술 요법: 심장 재동기화 치료, 삽입형 제세동기 삽입술, 좌심실 보조 장치, 심장이식수술	• 운동을 통한 예방 –유산소 운동(걷기)에서 시작 –주관적 운동강도 수행('약간 힘들다'느낌) –근력운동 20회씩 2세트

7 만성 폐쇄성 폐질환

① 만성폐쇄형 폐질환(COPD)은 호흡된 공기의 흐름에 만성적으로 폐쇄를 가져오는 폐질환임

② 만성기관지염은 점액샘의 부종에 의해 기관지벽이 두꺼워져 기관지 내강을 좁게 함 / 기관지 상피조직의 술잔세포(goblet cell)의 수를 증가시킴

③ 폐기종은 엘라스틱용해 활성이 증가되거나 항엘라스틱 활성이 감소될 경우 발생함

④ 원인 및 분류

구분	분류	내용
만성 폐쇄성 폐질환	원인과 기전	• 흡연, 대기오염, 유전적 영향, 호흡기 감염(유아기) • 만성 기관지염: 세기관지 염증, 기관지 점막이 붓고 기도폐쇄 발생, 점액의 과도한 분비, 비가역적 기관지 변화, 기관지벽의 섬유화 • 폐기종: 호흡세기관지 약화, 허파꽈리(폐포, alveolus)벽과 허파꽈리중격의 파괴, 폐포 지주능력 상실, 숨을 내실 때 기류의 폐쇄 발생, 엘라스틱용해 활성 증가 때 발생, 항엘라스타 활성 감소 때 발생 / 과다 환기, 호흡협력근 사용, 술통형가슴이 특징적으로 나타남 / 기관지확장제, 항생제 및 산소요법 등의 증상완화방법이 있음

	증상	• 만성 폐쇄성 질환
		  −40대 환자 중 15% 정도는 소아기 때 천식음을 동반, 호흡곤란 경험한 병력
		  −70% 이하의 FEV1 / FVC 비율이 측정
		  −FEV1 예상수치의 80% 미만
		• 만성 기관지염: 기도점액 분비 증가, 객담 동반한 기침 2년 연속 지속
		• 폐기종
		  −40대부터 운동 시 호흡곤란 느낌
		  −들숨보다 날숨에 어려워함
		  −체중 감소, 흡기보다 호기 시 폐쇄로 인한 호흡 에너지를 많이 사용함

⑤ 만성 폐쇄성 폐질환의 증상 및 치료법

분류	내용
약물요법	• 기관지 확장제 사용(기도폐색 시) • 베타2−아드레날린수용체 자극체로 천식 또는 만성 폐쇄성 폐질환과 같은 호흡기 질환에 사용 • 인플루엔자 백신 접종을 통해 독감예방(매년 가을)
운동요법	• 복식호흡 • 유산소 운동(심혈관계 기능, 폐기능 개선) • 운동자각도(RPE) 이용

8 천식 및 운동성 천식

① 천식은 호흡곤란, 거친 숨소리 등의 증상이 반복적이고, 발작적으로 나타나는 질환으로 다양한 자극에 대해 기도의 반응성이 높아지는 특성이 있는 호흡기 질병임
② 자극요인에 의해 활성화된 포식세포, 비만세포, 호산구, 호염기구 등에 의해 발생함
③ 천식은 유전적, 환경적 요인이 합쳐져 발생하는 대표적인 알레르기 질환임(원인물질: 알레르겐) / 천식−급성발작: 점막의 부종 → 점액 마개 → 기관지 경련(근수축) → 세기관지 폐쇄
④ 기도염증에 의한 기전, 염증성 물질의 분비 등에 따라 발생 / 아토피성(atopic) 천식은 전형적으로 면역글로불린 E(IgE) 매개 과민반응이 나타남 / 속효성 $\beta2$−아드레날린성 효능제인 알부테롤(albuterol)을 사용함
⑤ 기관지 폐색의 원인: 기관지 평활근의 수축 / 기관지벽의 부종, 충혈, 염증세포의 침윤 / 기관지 강내의 점액전

⑥ 분류 및 원인

분류	내용
알레르기성 천식	• 과민 반응, 면역 반응 소견을 보임 • 비만세포에 IgE가 반응 → 히스타민, 키닌, 프로스타글란딘 등의 화학매개체를 유리하게 됨 → 염증, 기관지 경련, 부종, 점액분비 증가 유발 → 미주신경 가지를 자극하여 반사적인 기관지 수축 유발
특발성 천식	• 알레르기성 과민 반응 소견이 없음 • 바이러스 감염, 체내 흡입되는 공기 오염원에 따라 발생함
운동유발성 천식	• 모든 천식 환자 중 70~80%에서 발생함 • 천식 환자가 아닌 아토피 환자의 30~40%에서 발생함 • 힘든 운동 6~8분 경과 후 기침, 흉부 압박, 호흡곤란 증상이 5~10분 지속 • 운동유발성 기관지 천식 중증도 분류 　－경도: FEV1 10~25% 감소 　－중등도: FEV1 25~30% 감소 　－중증: FEV1 50% 이상 감소

⑦ 천식, 운동성 천식의 증상 및 치료법

증상	진단	치료	예방
• 발작적 기침 • 호흡곤란 • 천명	• 폐기능 검사 • 기관지 유발시험 • 피부단자시험	▪ 비약물적 요법 　－회피요법, 면역요법, 산소요법 등 ▪ 약물요법 　－기관지 확장제 　－항염증제(코르티코스테로이드) 　－항알레르기제	▪ 운동수행이 기관지 이완의 대체 역할 담당 ▪ 수영: 기관지 수축이 거의 발생하지 않음

9 기흉

① 기흉의 원인과 분류

분류	내용
일차성 자연기흉	• 원발성 자연기흉으로서 외적인 요인 없이 발생함 • 일차성 자연기흉 환자의 90%가 흡연자로 나타남
이차성 자연기흉	• 속발성 자연기흉임 • 만성 폐쇄성 폐질환, 폐렴, 천식 등을 앓고 있는 경우에 발생함
외상성 기흉	• 자상, 낙상, 교통사고 등에 따라 발생함 • 흉간 내 공기가 차 있는 단순 기흉, 칼이나 총 등에 의해 흉곽에 외상을 입은 경우 개방성 기흉이 발생함
의원성 기흉	• 폐의 실질적인 손상에 따라 발생함(병원에서 중심정맥도관 삽입술 등)
긴장성 기흉	• 숨을 들이쉴 때는 흉강 속으로 공기 유입됨 • 다만, 내쉴 때는 흉강 속의 공기가 배출되지 않을 때 발생함(흉강 속의 압력 상승)

② 기흉의 증상 및 치료법

증상	• 흉통은 보통 24시간 이내 사라짐 • 호흡곤란은 기흉 정도에 따라 다름
진단	• 흉부 X선 촬영 • CT 촬영
치료	• 일차치료: 흉관 삽관을 통해 폐의 팽창을 효과적으로 이룸 • 화학치료: 활석가루, 요오드화 오일, 자가 혈액을 이용함 • 수술치료: 혈흉, 농흉 등 합병증이 있는 경우 수술함 • 운동치료: 수술 후 맑은 공기 속에서 적당한 운동을 함

10 경추 추간판탈출증

① 경추 추간판탈출증(목 디스크)의 원인
- 외상, 만성적인 자극에 따라 발생함
- 경추 추간판의 노화, 자세 불균형에 따라 발생함
- 수핵 내의 수분 함량 감소로 인한 추간판 탄력 및 충격 흡수 능력 저하에 따라 발생함

② 경추 추간판탈출증의 증상

분류	내용
4~5번 경부 추간판탈출증	• 5번 경추신경(C5)이 압박됨 • 어깨와 삼각근 부위에서 증상이 발생함
5~6번 경부 추간판탈출증	• 6번 경추신경(C6)이 압박됨 • 팔의 바깥쪽, 엄지와 두 번째 손가락에서 증상이 발생함
6~7번 경부 추간판탈출증	• 7번 경추신경(C7)이 압박됨 • 팔의 뒤쪽, 가운데 손가락에서 증상이 발생함
7번 경추~1번 흉추 간 추간판탈출증	• 8번 경추신경(C8)이 압박됨 • 넷째, 다섯째 손가락, 아래팔의 안쪽 부위에서 발생함

- 목뼈(경추) 척수증: 경추 추간판탈출증(목 디스크)이 혼동할 수 있는 증상임 / 주먹을 쥐었다 펴는 동작 어려움 / 보행 장애 / 감각 이상, 상지 및 하지 근력 약화 / 대소변 장애 동반 가능

③ 진단 및 치료

진단	• 요추 단순 X선 검사 • CT, MRI 촬영(자기공명검사) • 근력, 감각, 반사검사 등
치료	• 보존적 요법: 2~3주간 적극적인 신체활동 중지, 절대 안정, 더운 물 찜질 등 • 수술적 요법: 신경차단술, 경막외신경성형술, 고주파 수핵성형술 등 • 운동적 요법: 등척성 운동을 통해 목, 어깨 근육 강화, 유연성 운동 등

11 요부 추간판탈출증

① 요부 추간판탈출증의 원인

- 흡연과 비만으로 발생함 / 퇴행적인 변화, 반복적인 외상에 따라 발생함
- 수핵 내의 수분함량이 감소하여 추간판 탄력과 충격흡수 능력이 감소하여 발생함

② 요부 추간판탈출증의 증상

분류	내용
4~5번 요추 간 추간판탈출증	• 4번 요추신경(L4), 5번 요추신경(L5)이 압박됨 • 엉덩이 부위에서 다리 뒤쪽 약간 바깥쪽, 발등, 엄지발가락에서 증상이 발생함
5번 요추~1번 천추 간 추간판탈출증	• 5번 요추신경(L5), 1번 천추신경(S1)이 압박됨 • 엉덩이 부위에서 다리 뒤쪽 정중앙, 종아리쪽, 발바닥, 새끼발가락에서 증상이 발생함

③ 진단과 치료

진단	• 요추 단순 X선 검사 • CT, MRI 촬영(자기공명검사) • 방사선 검사 • 대퇴신경 견인검사 등
치료	• 보존적 요법: 허리 견인, 마사지, 초음파, 전기치료 등 • 수술적 요법: 하지마비가 지속되는 경우 • 운동적 요법: 등척성 운동을 통해 허리 주변 근육, 복근강화 운동, 유산소 걷기 운동 등

12 만성 요통

① 만성 요통의 원인과 분류

분류	내용
비기질적 요통	• 기능적, 정서적, 정신적 원인에 의해 발생함(긴장, 불안 등)
기질적 요통	• 골격, 근육질환, 골반질환 등에 의해 발생함(척추, 주변조직 등) • 사고, 척추질환, 노화, 심한 운동, 운동 부족 등에 의해 발생함

② 만성 요통의 증상 및 치료법

증상	진단	치료
▪ 비기질적 요통 　- 휴식할 때도 통증을 호소 　- 무기력, 저림 현상 등 ▪ 기질적 요통 　- 전반적인 허리 통증	이학적 검사 전기생리검사 방사선학적 검사 등	▪ 생활요법 　- 절대안정, 소염진통제 사용, 근육이완제 사용, 더운 물 찜질 등 ▪ 운동요법 　- 복부, 허리근육 강화 　- 몸통, 하지관절 유연성 회복운동 등

13 척추측만증

① 척추측만증의 원인

구분	분류	내용
구조적 측면	특발성 척추측만증	• 전체 측만증의 85~90%를 차지, 원인을 알 수 없음
	선천성 척추측만증	• 태아시기 때 척추 생성과정에 이상이 생겨 발생함
	신경 근육성 척추측만증	• 중추신경계, 신경학적 이상으로 발생함
	신경섬유종성 측만증	• 신경섬유종이 척추뼈에 침범하여 발생함
기능적 측면(비구조적)		• 심한 허리 디스크와 다리 길이 차이에 따라 발생함

② 척추측만증(scoliosis, 척추옆굽음증)의 증상 및 치료법

증상	• 척추 기형으로만 그치기도 하지만, 종종 요통을 호소함 • 심하게 되면 폐활량 감소, 호흡곤란이 있을 수 있음 • 척추뒤옆굽음증(hyphoscoliosis): 척추옆굽음증(scoliosis)과 척추뒤굽음증(hyphosis)이 동시에 발생
진단	• 육안검사: 어깨 높이가 다르거나, 견갑골이 튀어나와 보임 • 아담스검사(Adams Test): 선 자세에서 허리를 90도 굽힌 뒤 등의 높이를 관찰함 • 콥스 각(Cobb's Angle) X−선 검사: 척주가 얼마나 휘었는지 평가함

치료	• 생활요법: 잘못된 자세와 습관을 바로잡음
	• 운동요법: 척추측만증의 만곡도(Cobb's Angle)가 20도 미만일 경우 4~6개월마다 관찰, 자세교정
	• 보조기 요법: 척추측만증의 만곡도(Cobb's Angle)가 20~40도 사이인 경우 3차원적 보조기 착용하여 교정운동 병행
	• 수술 요법
	  −척추측만증의 만곡도(Cobb's Angle)가 45도 이상일 경우 척추유합술 시행
	  −몸통, 하지관절 유연성 회복운동 등

14 골다공증

① 골다공증의 원인

- 뼈의 강도가 약해져서 쉽게 골절되는 골격계의 질환임 / 넙다리뼈 골밀도는 다른 부위 골절을 예측하는 데 좋은 지표임
- 뼈의 양이 감소하고 질적인 변화로 인해 뼈의 강도가 약해진 상태임
- 칼슘섭취 부족, 카페인 과다 섭취, 흡연, 알코올, 동물성 단백질 과다 섭취 등에 따른 원인
- 골다공증 위험도를 증가시키는 질환으로 쿠싱증후군(Cushing's syndrome), 에디슨병, 비만세포증(mastocytosis) 등이 있음

07

② 분류와 특성

분류	내용
제1형 골다공증	• 폐경 후 골다공증으로 에스트로겐이 결핍하게 되고, 칼슘 흡수가 낮아지면서 발생함 • 척추, 손목에 골절이 발생함
제2형 골다공증	• 노인성 골다공증으로 비타민 D 생성이 노화에 따라 적어지고, 칼슘 흡수가 낮아지면서 발생함 • 대퇴골에 골절이 발생함
이차성 골다공증	• 갑상선 기능항진증, 부갑상선 기능항진증, 류마티스성 관절염 등 다른 질환에 따라 발생함

③ 골밀도 검사
- 정상(> -1.0), 골감소증($-1.0 \sim -2.5$), 골다공증(< -2.5), 심한 골다공증(< -2.5와 골절 동반)의 골밀도 진단 수치가 있음
- 초음파, CT(전산화단층촬영) 등으로 골밀도 검사를 실시함

④ 치료 및 예방

생활요법	• 적절한 칼슘 섭취(1,500~1,800mg), 신체활동 • 1주일에 2회씩 약 15분 정도 햇볕쬐기(비타민 D 합성)
약물요법	• 골흡수 억제 치료제: 에스트로겐, 칼시토닌, 비스포스포네이트 등 　▪ 골형성 촉진제: 부갑상선 호르몬, 불소화나트륨 등
운동요법	• 등장성 웨이트 트레이닝, 유산소성 지구력 운동 단, 수영은 부력에 의해 뼈조직에 무게가 실리지 않아 적합하지 않음 ※ 골다공증 환자를 위한 FITT 권고사항(운동처방론 참조)

15 관절염

① 관절염의 원인
- 골관절염은 가동관절에 있는 뼈 바깥부분의 연골조직이 얇아지는 결과임
- 류마스티성 관절염은 환부에 만성적인 염증으로 여성에게 많이 발생함
- 류마티스성 관절염(RA) 과정: 활막염, 염증 재발 및 활액막 세포 증식 → 활막에서 형성된 육아조직(판누스, pannus)이 형성되고 관절 연골로 퍼져나감 → 판누스에서 나온 효소에 의해 연골에서 미란(erosion)이 발생 → 뼈끝 사이의 판누스는 섬유성으로 변화되고 움직임을 제한함 → 관절이 고정(관절강직, ankylosis)되고 변형됨

② 원인과 분류

분류	내용
퇴행성 관절염	• 관절연골이 닳아 없어지면서 국소적인 퇴행성 변화가 나타남 • 고령, 비만, 유전, 호르몬, 관절 모양, 성별(여성 > 남성) 등의 원인이 있음 • 통증, 뻣뻣함, 이상음, 관절변형 등의 증상으로 나타남
류마티스성 관절염	• 염증이 관절 연골의 표면으로 확대되어 연골을 파괴시킴 • 침범된 관절 부위에 비정상적인 면역반응이 일어나 활액막에 염증이 나타남 • 피로감, 전신무력감, 관절통 유발함, 40~50대 여성에게서 주로 발생함 • 관절에 균이 없지만 염증반응으로 인해 자각면역작용의 이상이 생김 • 염증반응으로 관절종창과 통증 유발, 관절 가동범위의 제한, 관절의 아탈구, 골성강직 등의 변형 유발, 가동성 소실

③ 관절염의 진단 및 치료법

구분	진단	치료

퇴행성 관절염	• 임상기준 6개 중 3개 이상 충족 시
	  −50세 이상
	  −이상음
	  −관절의 압통
	  −강직현상(30분 내)
	  −관절뼈의 비대(종창)
	  −열감이 없어야 함
		• 관절보호: 보조기, 지팡이 등
		• 약물치료: 진통소염제, 관절내강주사
		• 물리치료: 전기치료, 열 등
		• 수술치료: 관절세척, 인공관절 치환술 등
		• 운동치료
		  −관절연골, 관절주위 인대, 근육 강화
		  −수영, 걷기, 고정식 자전거 타기 등

류마티스성 관절염	• 진단기준 7개 중 4개 이상 충족 시
	  −조조 강직(1시간 이상)
	  −류마티스인자 양성
	  −3개 이상 관절의 관절염
	  −수부관절의 관절염
	  −수부 X−ray상의 골결핍증
	  −류마티스 결절
	  −대칭성 관절염
		• 약물치료: 항류마티스제, 비스테로이드성 항염증제
		• 수술치료: 관절고정술, 관절성형술, 활막절제술
		• 운동치료: 근력소실 예방, 가동범위 개선에 초점을 맞춘 운동(운동과부하 금지)

16 당뇨병

① 당뇨병의 원인
- 인슐린의 분비량이 부족하거나 정상적인 기능이 이루어지지 않는 등 대사질환의 일종임
- 신진대사의 장애로서 심하면 심장병, 수족 절단, 뇌졸중, 신장질환 등을 유발할 수 있음
- 노인에게 흔한 질병으로 II형 당뇨병을 앓는 전체 인구의 약 50%가 65세 이상임
- 공복(8시간 금식 후) 혈당수치가 126mg / dL 이상, 당화혈색소 6.5% 이상이면 당뇨병으로 진단함(정상 공복 혈당은 110 이하)

- 경구내당검사(OGTT) 2시간 이후 혈당이 200mg / dL 이상, 식사와 무관하게 측정한 혈당이 200mg / dL 이상일 경우 당뇨병으로 진단함

② 당뇨병의 분류
- Ⅰ형 당뇨병: 신체의 인슐린을 생성하는 췌장의 베타세포 파괴로 인슐린이 절대 부족(소아, 사춘기 무렵 발생) / 당뇨병성 케톤산증(인슐린 사용 중단 시 발생, 산−염기 불균형 발생, 지방대사 증가)은 호흡 시 아세톤 냄새가 남
- Ⅱ형 당뇨병: 췌장에서 인슐린이 분비가 되지만 체내에서 제대로 작용하지 못함(성인, 전체 당뇨병의 90~95% 이상 차지) / 고삼투성 고혈당 비케톤 혼수상태의 합병증 발생 가능 / 중추신경계 증상, 심한 탈수 증세

③ 당뇨병의 치료 및 예방법
- 식사요법: 탄수화물 55~60%, 지방 20~25%, 단백질 15~20%, 칼로리 제한
- 약물요법: 경구 혈당강하제, 인슐린 투여
- 운동요법: ※ 당뇨병 환자를 위한 FITT 권고사항(운동처방론 참조)
  - 가벼운 운동으로 시작하여 강도를 점진적으로 높임
  - 식후에 운동을 하는 것이 좋고, 인슐린 주사를 맞은 뒤에는 1시간 후 운동을 함 / 운동 전 공복혈당 250−300 mg / dL 이상이고, 소변검사에서 케톤체가 확인되면 인슐린 투여량을 늘리고 운동을 연기해야 함
  - 제Ⅰ형 당뇨병환자의 경우 피하 주사된 인슐린의 흡수는 운동에 의해 가속화 될 수 있음
  - 운동은 근육 세포 내의 당수송체−4(GLUT−4)의 전위를 증가시켜 세포막에 당수송체−4의 발현을 증가시킴 / 운동 시 근육에서는 일인산키나제(AMPK)가 활성되어 ATP의 재생을 증가시켜 당 수송 속도를 증가시킴

17 이상지질혈증

① 이상지질혈증의 원인
- 혈청 속에서 지방성분이 너무 많아 혈청이 뿌옇게 흐려진 상태(고지혈증)
- 혈중 호모시스테인 수치를 증가시키고 동맥경화증을 촉진시키는 요인으로 심혈관 질환, 당뇨, 고혈압 등 만성질환 동반 가능
- 총콜레스테롤 240mg / dL 이상, LDL(저밀도지단백콜레스테롤) 160mg / dL 이상, HDL(고밀도지단백콜레스테롤) 40mg / dL 미만, 중성지방 200mg / dL 이상일 경우 고질혈증으로 진단함 / LDL이 10% 증가하면 관상동맥 질환의 위험도가 20% 정도 증가함

② 이상지질혈증의 분류
- 1차성 이상지질혈증: 유전성의 원인

- 2차성 이상지질혈증: 포화지방 과다 섭취, 신증후군, 만성 간질환, 갑상선 기능 저하 등
③ 이상지질혈증의 증상 및 치료법
- 약물요법: 스타틴 계열 약물, 에제티미브, 니아신, 피브레이트 등(콜레스테롤 합성 억제)
- 운동요법: ※ 고지혈증 환자를 위한 FITT 권고사항(운동처방론 참조)
 - 5~10분간의 준비운동, 5~10분간의 정리운동으로 구분하여 시행함
 - 규칙적인 운동을 통해 LDL(저밀도지단백콜레스테롤) 감소, HDL(고밀도지단백콜레스테롤) 증가, 인슐린 감수성 증가, 포도당 대사 개선을 촉진시킴

18 대사증후군

① 대사증후군의 원인
- 만성적인 대사 장애로 인해 대표적인 다섯 가지 질환(고혈압, 고질혈증, 비만, 내당능장애, 심혈관계 죽상동맥경화증) 질환이 한꺼번에 나타남
- 체내의 인슐린 작용이 원활하지 않기 때문에 인슐린저항성 증후군이라고 함
② 증상 및 진단기준
- 대사증후군은 대체로 무증상으로 나타남
- 5가지 지표 중 3가지 이상일 때 대사증후군으로 진단함(미국 콜레스테롤 교육프로그램, NCEP)

복부 비만	남성 허리둘레 102cm(동양인 90cm) 이상, 여성 허리둘레 88cm(동양인 85cm) 이상
중성지방	혈관 내 중성지방 150mg / dL 이상 또는 고지혈증 치료약제 복용
고밀도 콜레스테롤	남성 40mg / dL 미만, 여성 50mg / dL 미만 또는 고지혈증 치료약제 복용
공복혈당	100mg / dL 이상 또는 당뇨병 치료약제 복용
혈압	수축기 130mg/dL 이상 또는 이완기 85mg/dL 이상, 또는 고혈압 치료약제 복용

③ 대사증후군의 치료법

약물요법	체중조절계(비만), 메포민(인슐린 저항성), 스타틴(고지혈증), ACE 억제제(고혈압), 아스피린(항응고) 등
식이요법	500~1,000kcal의 칼로리를 덜 섭취, 1년 이내 5~10% 체중감량 권고
운동요법	30분 5일 / 주 중강도 유산소 운동, 8~10가지의 무산소 운동

뇌졸중

뇌혈관질환

- 뇌에 혈액을 공급하는 뇌혈관이 터지거나 막혀서 생기는 이상임
  - 고혈압과 동맥류: 혈관 파열로 인한 출혈의 대표적인 원인임
  - 뇌출혈: 동맥류, 동정맥기형과 같은 구조적인 혈관 비정상과 연관됨
  - 뇌경색: 색전증, 혈전증, 관류의 감소로 인한 혈관 막힘 등이 있음
  - 뇌색전증(embolization): 발생원인은 혈전이고 판막질환과 심방세동이 중요한 예후인자임

① 뇌졸중의 원인
- 뇌기능이 부분적 또는 전체적으로 급속하게 발생하게 되는 장애를 말함
- 뇌혈관이 막혀서 발생하는 뇌경색, 뇌혈관의 파열로 인해 뇌 조직 내부로 혈액이 유출되어 발생하는 뇌출혈을 포함하는 개념임
- 위험인자로는 고혈압, 당뇨, 심혈관질환, 가족력, 흡연, 비만, 인종 등이 있음
- 반신불수, 감각 이상 및 소실, 언어장애, 안면신경마비, 시각장애, 두통, 구토 등의 증상으로 나타남

② 분류와 특성

분류	내용
출혈성 뇌졸중	• 혈관이 파괴되어 혈액이 혈관 밖으로 유출됨(뇌출혈) • 외상, 혈관 이상으로 발생함
폐쇄성 뇌졸중	• 허혈이 발생하여 뇌혈관이 좁아지다가 막힘(뇌경색) • 중풍으로도 불리며 고지혈증 등을 동반하여 혈관 축소가 발생함
일과성 허혈 발작(TIA)	• 24시간 이내의 증상과 발현기간으로 일과성 허혈 발작이라고 함 • 2~15분 동안 증상이 지속되다가 24시간 이내에 회복되기도 함 • 뇌 일부에 혈액공급이 일시적으로 감소되어 신경세포의 비가역적 변화가 일어날 수 있음
뇌동맥류	• 윌리스 동맥환(circle of Wilis)의 갈림(분기, bifurcation) 부위에 흔히 발생함 • 극심한 두통, 시각장애 증상 / 결찰, 코일 삽입으로 치료 가능함

③ 뇌졸중의 진단 및 치료법

진단	• CT(전산화 단층촬영), MRI(자기공명영상), 혈관조영술, 초음파 검사 등
치료	• 약물치료: 혈전용해제, 항응고제, 항혈소판제제 • 뇌동맥류 치료: 클립결찰술(clipping), 코일색전술(coil embolization)
운동요법	• 뇌졸중에 따른 신체적 마비는 근육 약화와 관절 수축으로 이어짐 • 수동적 관절운동, 능동적 관절운동, 균형운동 등을 실시하여 약화된 신체기능을 회복하게 함 ※ 뇌졸중 환자를 위한 FITT 권고사항(운동처방론 참조)

20 파킨슨병

① 파킨슨병의 진단과 검사

- 만성퇴행성질환(Chronic Degenerative Disorders)으로 신경 세포들의 어떤 원인에 의해 소멸하게 되어 뇌 기능의 이상을 일으키는 질병임(진전마비, 운동능력 감퇴)
- 진행성 퇴행성 질병으로 추체외로(extrapyramidal) 활동이 소실돼 운동기능에 영향을 줌
- 도파민 신경세포의 소실로 인해 발생하는 신경계의 만성 진행성 퇴행성 질환임
- 체형 변화로 인한 부작용을 근력운동으로 지연시킬 수 있음
- 경직, 떨림, 균형유지의 장애, 보행장애, 자율신경계 장애, 서동증(천천히 움직임)의 증상으로 나타남(파킨슨병의 4대 증상: 떨림, 경직, 자세 이상, 운동완서)

② 진단과 검사

- 혼(Hoehn)과 야(Yahr)의 척도: 5단계로 구분(1 - 떨림, 경직이 한쪽 팔 혹은 다리 / 2 - 떨림, 경직이 양쪽 팔다리 / 3 - 넘어질 듯 비틀거림 / 4 - 혼자 잘 일어서지 못하고 보조기구 필요 / 5 - 누워서만 지냄)
- 뇌 MRI(뇌 자기공명영상촬영), SPECT(단일혈류광자방출단층촬영), PET(양전자방출단층촬영)

③ 파킨슨병의 치료 및 예방

약물치료	• 아만타딘, 항콜린제제, 엘도파, 데프레닐 등 • 레보도파(levodopa)가 대표적인 치료약물이나, 부작용으로 운동 시 서맥 발생
수술치료	• 심부자극술, 이식수술 등
운동치료	• 환자의 운동능력이 최대한 발휘되도록 하는 목적(호전시키는 목적이 아님) • 관절이 굳지 않게 하기 위해 걷기, 몸을 곧게 뻗기, 근력운동이 필요함 ※ 파킨슨병 환자를 위한 FITT 권고사항(운동처방론 참조)

개념

기타 만성퇴행성 질환

분류	내용
다발성경화증 (MD, multiple sclerosis)	▪ 뇌, 척수, 뇌신경의 뉴런에서 점진적인 탈수초를 수반하는 질병 ▪ 중추신경계의 말이집(myelin)이 선택적으로 손상되는 자가면역질환 ▪ 소뇌(균형감 상실, 운동실조와 떨림), 뇌신경(복시, 시력상실), 운동신경로(허약, 마비), 감각신경로 손상(감각 이상 - 쑤심, 작열감)
근위축측삭경화증 (ALS, 근육위축가쪽경화증)	▪ 대뇌피질의 상부운동뉴런 소실 및 경련성마비 ▪ 40~60대 남성에서 특히 발발하며 루게릭병(Lou Gehrig's disease)이라고도 함
중증근무력증 (Myasthenia Gravis)	▪ 자가면역질환으로 신경접합부의 아세틸콜린수용체를 손상시킴 ▪ 아세틸콜린수용체에 대한 IgG 자가항체가 형성돼 수용체 부위를 차단, 파괴함으로써 근육을 자극하지 못하는 질환

헌팅톤병 (HD, Huntington's Disease)	▪ 유전질환으로 중년이 될 때까지 나타나지 않음 ▪ 점진적으로 뇌가 위축되면서 신경세포의 퇴행이 나타나고, 대뇌기저핵과 전두엽의 대뇌피 질에서 발생함

21 알츠하이머병(치매)

① 알츠하이머병의 원인

- 치매를 일으키는 퇴행성 뇌질환으로 서서히 발병하여 기억력을 포함한 인지기능의 약화가 점진적으로 진행되는 병(기억력 감퇴) / 노인성 치매를 유발하는 병
- 기억장애, 언어장애, 판단력 장애, 우울증, 조급증, 실행증(일상생활의 행동에 어려움), 실인증(사물 구별 어려움), 감정변화 등의 증상으로 나타남
- 신체검사, 신경학적 검사, 뇌 영상검사, 신경심리검사, 혈액검사, DSM−IV(인지기능검사) 등을 통해 진단함
- 베타 아밀로이드(β−amyloid)는 뇌에 침착되어 뇌 세포를 파괴시킴
- 뇌 세포의 골격 유지에 중요한 타우 단백질(tau protein)의 염증반응도 관련됨

② 원인과 종류

분류	내용
알츠하이머형 치매	• 신경세포가 점차적으로 퇴화되며, 완치가 어려움(유전적 요인 약 40~50%) • 뇌실 확장, 대뇌 고랑(sulci) 폭이 넓어 보임
혈관성 치매	• 혈관 질환에 의해 생기며, 다발성 뇌경색이 있음 • 완치가 어려우나 악화되는 것을 방지할 수 있음

③ 알츠하이머병의 증상 및 치료법

약물치료	• 콜린성 신경전달계통, 정신행동 치료 약물, 신경세포 보호 약물 등
식이치료	• 오메가3(좋은 지방) 섭취, 비타민, 항산화식품 섭취 등
운동치료	• 운동을 통해 노화를 늦춤 • 퇴행성 뇌신경 질환의 진행을 막는 데 도움을 줌 ※ 알츠하이머병 환자를 위한 FITT 권고사항(운동처방론 참조)

CHAPTER 02 병태생리학 핵심기출 유형

01

〈보기〉의 ㉠~㉢에 해당하는 용어를 바르게 나열한 것은?

┤보기├

알레르기(allergy) 반응 발생 시 항원-항체 반응이 일어난다. IgE항체는 (㉠)에 결합하고, (㉡)의 과립에서는 (㉢)이 분비된다. 발열, 발적의 증상이 나타나고, 혈관 투과성이 항진되어 부종을 만들어 기관별 위치에 따라 여러 가지 증상이 나타난다.

	㉠	㉡	㉢
①	비만세포	비만세포	히스타민
②	단핵구	단핵구	도파민
③	대식세포	단핵구	아세틸콜린
④	대식세포	비만세포	도파민

해설

천식은 호흡곤란, 거친 숨소리 등의 증상이 반복적이고, 발작적으로 나타나는 질환으로 다양한 자극에 대해 기도의 반응성이 높아지는 특성이 있음. 알레르기성 천식은 비만세포에 IgE가 반응 → 히스타민, 키닌, 프로스타글란딘 등의 화학매개체를 유리하게 됨 → 염증, 기관지 경련, 부종, 점액분비 증가 유발 → 미주신경 가지를 자극하여 반사적인 기관지 수축을 유발함

정답 ①

02

〈보기〉의 암세포 침윤(invasion)과 전이(metastasis)의 과정이 순서대로 바르게 나열된 것은?

┤보기├

㉠ 종양 아래의 기저막 침입
㉡ 세포 외 기질을 통한 이동
㉢ 혈관 또는 림프관으로의 침범
㉣ 순환하는 혈액 또는 림프절 내에서 생존과 정지
㉤ 순환계에 의한 새로운 조직 부위로 탈출

① ㉠-㉡-㉢-㉣-㉤
② ㉡-㉢-㉠-㉤-㉣
③ ㉢-㉣-㉤-㉠-㉡
④ ㉣-㉤-㉠-㉡-㉢

해설

악성종양은 성장속도가 빠르고 전이되는 암을 말함. 미분화된 세포로 구성이 되고, 세포자살(apoptosis)을 회피하는 능력과 혈관신생(angiogenesis)이 특징적임. 침윤(invasion)은 국소적으로 종양세포가 인접 조직으로 자라면서 정상세포를 파괴하는 것이고, 전이(metastasis)는 혈관과 림프관을 통해 멀리 있는 부위로 퍼지는 것을 의미함. 침윤과 전이 과정은 종양 아래의 기저막 침입 → 세포 외 기질을 통한 이동 → 혈관 또는 림프관으로의 침범 → 순환하는 혈액 또는 림프절 내에서 생존과 정지 → 순환계에 의한 새로운 조직 부위로의 탈출로 이어짐

정답 ①

〈보기〉에서 만성폐쇄성폐질환(COPD)에 대한 설명으로 옳지 않은 것으로만 고른 것은?

┤ 보기 ├

- ㉠ 만성기관지염은 점액샘의 부종에 의해 기관지벽이 두꺼워져 기관지 내강을 좁게 한다.
- ㉡ 만성기관지염은 기관지 상피조직의 술잔세포(goblet cell)의 수를 증가시킨다.
- ㉢ 폐기종은 종말세기관지 말단의 공기강이 영구적으로 축소되는 질환이다.
- ㉣ 폐기종은 엘라스틱용해 활성이 증가되거나 항엘라스틱 활성이 감소될 경우 발생한다.
- ㉤ 흡연은 메티오닌 잔기를 산화시켜 알파1-안티트립신(α1-AT) 활성 증가를 통해 COPD를 발생시킨다.

① ㉠, ㉡
② ㉡, ㉣
③ ㉢, ㉣
④ ㉢, ㉤

해설

만성폐쇄형 폐질환(COPD)은 호흡된 공기의 흐름에 만성적으로 폐쇄를 가져오는 폐질환으로 만성기관지염과 폐기종이 있음. 만성기관지염은 세기관지의 염증과 기관지 점막이 붓고 기도폐쇄가 발생했을 때 또는 점액의 과도한 분비, 비가역적 기관지 변화, 기관지벽의 섬유화의 원인과 기전이 있음. 폐기종은 호흡세기관지의 악화, 허파꽈리(폐포, alveolus)벽과 허파꽈리중격의 파괴, 폐포 지주능력 상실, 숨을 내실 때 기류의 폐쇄가 발생할 때를 비롯해 엘라스틱용해 활성이 증가할 때 또는 항엘라스타 활성이 감소할 때 발생함

정답 ④

해설 ➕ 만성 폐쇄성 폐질환의 증상 및 치료법

분류	내용
약물요법	• 기관지 확장제 사용(기도폐색 시) • 베타2-아드레날린수용체 자극체로 천식 또는 만성 폐쇄성 폐질환과 같은 호흡기 질환에 사용 • 인플루엔자 백신 접종을 통해 독감예방(매년 가을)
운동요법	• 복식호흡 • 유산소 운동(심혈관계 기능, 폐기능 개선) • 운동자각도(RPE) 이용

04

〈보기〉에서 당뇨병과 운동에 대한 설명으로 옳은 것으로만 고른 것은?

┤ 보기 ├

- ㉠ 제1형 당뇨병환자의 경우 피하 주사된 인슐린의 흡수는 운동에 의해 가속화 될 수 있다.
- ㉡ 운동은 근육 세포 내의 당수송체-4(GLUT-4)의 전위를 증가시켜 세포막에 당수송체-4의 발현을 증가시킨다.
- ㉢ 운동 시 근육에서는 일인산키나제(AMPK)가 활성되어 ATP의 재생을 증가시켜 당수송 속도를 증가시킨다.
- ㉣ 운동 전 공복혈당 $250-300$ mg·dL^{-1} 이상이고 소변검사에서 케톤체가 확인되면 인슐린 투여량을 늘리고 운동을 연기해야 한다.

① ㉡, ㉢
② ㉠, ㉡, ㉣
③ ㉡, ㉢, ㉣
④ ㉠, ㉡, ㉢, ㉣

해설

공복(8시간 금식 후) 혈당수치가 126mg/dL 이상, 당화혈색소 6.5% 이상이면 당뇨병으로 진단함(정상 공복 혈당은 110 이하). 종류는 I형 당뇨병으로 신체의 인슐린을 생성히는 췌장의 베타세포의 파괴로 인슐린이 절대 부족(소아, 사춘기 무렵 발생)하고, 당뇨병성 케톤산증(인슐린 사용 중단 시 발생, 산-염기 불균형 발생, 지방대사 증가)은 호흡 시 아세톤 냄새가 남. II형 당뇨병은 췌장에서 인슐린이 분비가 되지만 체내에서 제대로 작용하지 못함(성인, 전체 당뇨병의 90~95% 이상 차지)하고, 고삼투성 고혈당 비케톤 혼수상태의 합병증이 발생 가능하며, 중추신경계 증상, 심한 탈수 증세가 나타남. 당뇨병 환자에 대한 운동요법으로 〈보기〉 모두가 정답임

정답 ④

05

〈보기〉에서 알츠하이머병(Alzheimer's disease)에 대한 설명으로 옳지 않은 것으로만 고른 것은?

┤ 보기 ├

ⓐ 아세틸콜린 전달을 감소시키는 약물은 한시적으로 도움이 된다.
ⓑ 베타 아밀로이드(β −amyloid)는 뇌에 침착되어 뇌 세포를 파괴시킨다.
ⓒ 흑색질(substantia nigra)의 신경계 소실과 도파민성 뉴런의 손상이 나타난다.
ⓓ 뇌 세포의 골격 유지에 중요한 타우 단백질(tau protein)의 염증반응도 관련이 있다.
ⓔ 인지기능 손상 시 신경섬유다발(neurofibrillary tangle)과 노인성 플라크(senile plaque)가 현저하게 줄어든다.

① ㉠, ㉡, ㉣
② ㉠, ㉢, ㉤
③ ㉡, ㉢, ㉣
④ ㉡, ㉣, ㉤

┤ 해설 ├

알츠하이머병은 치매를 일으키는 퇴행성 뇌질환으로 서서히 발병하여 기억력을 포함한 인지기능의 약화가 점진적으로 진행되는 병(기억력 감퇴)으로 노인성 치매를 유발함. 기억장애, 언어장애, 판단력 장애, 우울증, 조급증, 실행증(일상생활의 행동에 어려움), 실인증(사물 구별 어려움), 감정변화 등의 증상으로 나타남. 베타 아밀로이드(β −amyloid)는 뇌에 침착되어 뇌 세포를 파괴시키고, 뇌 세포의 골격 유지에 중요한 타우 단백질(tau protein)의 염증반응도 관련됨

┤ 정답 ├ ②

06

〈보기〉의 증상이 나타나는 척수신경(spinal nerve)의 손상 위치는?

┤ 보기 ├

어깨벌림(abduction) 동작의 기능이 저하되고 위팔의 위가쪽 통증이 발생함

① 제5∼6목신경(C5∼C6)
② 제6∼7목신경(C6∼C7)
③ 제7∼8목신경(C7∼C8)
④ 제8목신경∼제1가슴신경(C8∼T1)

┤ 해설 ├

척수(spinal cord)는 척주의 중추신경계로서 척수 옆으로 31쌍(목뼈신경 C1−C8, 등뼈신경 T1−T12, 허리뼈신경 L1−L5, 엉치신경 S1−S5, 꼬리신경 1)의 척수신경이 나옴. 제4∼5목신경(cervical plexus, C1−C4)이 손상이 되면 근육과 가로막(diaphragm) 부위의 기능이 저하되고 통증이 발생하고, 제5∼6목신경(C5∼C6)이 손상이 되면 어깨벌림(abduction) 동작의 기능이 저하되고 위팔의 위가쪽 통증이 발생함

┤ 정답 ├ ①

07

류마티스 관절염(Rheumatoid arthritis)의 진행 단계가 바르게 나열된 것은?

┌─ 보기 ─
│ ㉠ 판누스(pannus) 형성
│ ㉡ 윤활막염(synovitis)
│ ㉢ 연골 미란(cartilage erosion)
│ ㉣ 관절 강직(ankyloses)
│ ㉤ 관절 섬유화(fibrosis)
└─

① ㉠-㉡-㉢-㉤-㉣   ② ㉠-㉢-㉡-㉣-㉤
③ ㉡-㉠-㉢-㉤-㉣   ④ ㉡-㉢-㉠-㉣-㉤

해설

류마티스성 관절염(RA) 과정
활막염, 염증 재발 및 활막막 세포 증식 → 활막에서 형성된 육아조직(판누스, pannus) 형성되고 관절 연골로 퍼져나감 → 판누스에서 나온 효소에 의해 연골에서 미란(erosion)이 발생 → 뼈끝 사이의 판누스는 섬유성으로 변화되고 움직임을 제한함 → 관절이 고정(관절강직, ankylosis)되고 변형됨

정답 ③

해설 + 관절염의 진단 및 치료

구분	진단	치료
퇴행성 관절염	• 임상기준 6개 중 3개 이상 충족 시 －50세 이상 －이상음 －관절의 압통 －강직현상(30분 내) －관절뼈의 비대(종창) －열감이 없어야 함	• 관절보호: 보조기, 지팡이 등 • 약물치료: 진통소염제, 관절내강주사 • 물리치료: 전기치료, 열 등 • 수술치료: 관절세척, 인공관절 치환술 등 • 운동치료 －관절연골, 관절주위 인대, 근육 강화 －수영, 걷기, 고정식 자전거 타기 등
류마티스성 관절염	• 진단기준 7개 중 4개 이상 충족 시 －조조 강직(1시간 이상) －류마티스인자 양성 －3개 이상 관절의 관절염 －수부관절의 관절염 －수부 X-ray상의 골결핍증 －류마티스 결절 －대칭성 관절염	• 약물치료: 항류마티스제, 비스테로이드성 항염증제 • 수술치료: 관절고정술, 관절성형술, 활막절제술 • 운동치료: 근력 소실 예방, 가동범위 개선에 초점을 맞춘 운동(운동과부하 금지)

08

죽상동맥경화증의 발생기전에 관한 설명으로 옳지 않은 것은?

① 산화된 LDL-콜레스테롤은 혈관벽 안으로 침착하여 죽종을 형성한다.
② 내피세포의 손상부위에 대식세포가 부착(adhesion)되어 염증이 시작된다.
③ 종양괴사인자알파(TNF-α)는 염증성 사이토카인으로 죽종형성유전자 발현을 촉진한다.
④ C-반응성단백질(CRP)은 간세포에서 인터루킨-6(IL-6)에 의해 증가되며 염증물질의 최종부산물로 관상동맥질환자에게 증가될 수 있다.

해설

죽종 형성과정에서 내피세포의 손상단계에서 염증이 일어나고, 대식세포(큰포식세포, macrophage)와 지질이 동맥혈관의 내막과 중막에 축적되는 것임

정답 ②

해설 + 죽종 형성과정

┌─
│ 동맥 내피세포 손상 → 손상부위 염증 발생, C-반응단백질(CRP) 수치 증가 → 단핵구, 대식세포(큰포식세포)와 같은 혈구세포와 지질이 동맥혈관의 내막, 중막(근육층)에 축적 → 평활근 세포 증식 → 플라크 형성, 염증 지속 → 손상된 동맥벽 표면에 혈소반 부착, 혈전 형성, 동맥 부분 폐쇄 → 손상된 동맥 부위에 섬유조직을 따라 지질 지속 축적, 프로스타글란딘 유리돼 염증, 혈관경력 촉진 → 혈소판 응집, 혈전 확장
└─

09

〈보기〉에서 뼈엉성증(골다공증, osteoporosis)에 대한 설명으로 옳은 것으로만 고른 것은?

| 보기 |

- ㉠ 진단기준은 골밀도의 T−score가 ≤−2.5일 때이다.
- ㉡ 유발요인으로 갑상선기능항진증, 쿠싱증후군, 글루코코르티코이드 등이 있다.
- ㉢ 뼈엉성증환자의 1,25(OH)₂ vitamin D는 증가되어 있다.
- ㉣ 칼시토닌은 파골세포의 활성을 촉진하여 혈액의 칼슘농도를 높인다.

① ㉠, ㉡
② ㉠, ㉢
③ ㉡, ㉢
④ ㉡, ㉣

해설

넙다리뼈 골밀도는 다른 부위 골절을 예측하는 데 좋은 지표로서 골밀도 검사 기준은 정상(> −1.0), 골감소증(−1.0~−2.5), 골다공증(< −2.5), 심한 골다공증(< −2.5와 골절동반)의 골밀도 진단 수치가 있음. 골다공증의 원인은 뼈의 강도가 약해져서 쉽게 골절되는 골격계의 질환임. 뼈의 양이 감소하고 질적인 변화로 인해 뼈의 강도가 약해진 상태로서 칼슘섭취 부족, 카페인 과다 섭취, 흡연, 알코올, 동물성 단백질 과다 섭취 등에 따른 원인임. 또한 골다공증 위험도를 증가시키는 질환으로 쿠싱증후군(Cushing's syndrome), 에디슨병, 비만세포증(mastocytosis) 등이 있음

정답 ①

10

뇌졸중에 대한 설명으로 옳지 않은 것은?

① 고혈압은 뇌동맥 파열의 주요 위험요인이다.
② 색전증으로 인한 뇌경색은 심방세동으로 유발될 수 있다.
③ 뇌동맥류의 증상은 갑작스런 극심한 두통이며 치료법으로는 클립결찰술(clipping)이나 코일색전술(coil embolization)이 있다.
④ 일과성 허혈 발작(transient ischemic attack)은 급성기에 영구적 뇌손상이 특징이다.

해설

뇌졸중이란 뇌기능이 부분적 또는 전체적으로 급속하게 발생하게 되는 장애를 말함. 뇌졸중의 분류는 다음과 같다. 일과성 허혈 발작은 뇌의 국소적이고 일시적인 혈류 감소로 발생하고, 24시간 내에 회복됨

- 출혈성 뇌졸중: 혈관이 파괴되어 혈액이 혈관 밖으로 유출됨(뇌출혈)
- 폐쇄성 뇌졸중: 허혈이 발생하여 뇌혈관이 좁아지다가 막힘(뇌경색, 중풍)
- 일과성 허혈 발작(TIA): 24시간 이내의 증상과 발현기간으로 일과성 허혈 발작이라고 함
- 뇌동맥류: 윌리스 동맥환(circle of Wilis)의 갈림 부위에 흔히 발생함

정답 ④

해설 ✚ 뇌졸중 진단 및 치료

진단	• CT(전산화 단층촬영), MRI(자기공명영상), 혈관조영술, 초음파 검사 등
치료	• 약물치료: 혈전용해제, 항응고제, 항혈소판제제 • 뇌동맥류 치료: 클립결찰술(clipping), 코일색전술(coil embolization)
운동요법	• 뇌졸중에 따른 신체적 마비는 근육 약화와 관절 수축으로 이어짐 • 수동적 관절운동, 능동적 관절운동, 균형운동 등을 실시하여 약화된 신체기능을 회복하게 함 ※ 뇌졸중 환자를 위한 FITT 권고사항(운동처방론 참조)

11

〈보기〉의 심근경색(myocardial infarction)에 관한 설명 중 옳은 것으로만 묶인 것은?

| 보기 |

ⓐ 심각한 허혈이나 손상이 진행될 때 ST 분절 상승, 의미 있는 Q파 심근경색이 관찰된다.
ⓑ 비가역적으로 괴사된 심근세포에 혈류와 산소가 공급되면 24시간 이내에 정상으로 회복된다.
ⓒ 급성심근경색을 진단하는 혈중표지자인 트로포닌(troponin) I와 T는 높은 민감성을 나타낸다.
ⓓ MB분절 크레아틴 인산화효소(CK-MB)는 급성 심근경색 발생 후 2~4시간부터 상승하여 10일 이상 지속되는 가장 중요한 표지자이다.

① ⓐ, ⓑ ② ⓐ, ⓒ
③ ⓑ, ⓓ ④ ⓒ, ⓓ

해설

심근경색은 관상동맥이 막혀 심근에 괴사가 일어나는 질환으로 심근경색 후 24시간 경과시간이 지나면 크레아틴인산활성효소(CK-MB) 혈청농도 최대 수치가 됨

정답 ②

해설+ 심근경색

원인과 기전	▪ 관상동맥(심장근육에 혈액 공급 역할) 괴사 ▪ 심박출량 감소되어 관상동맥의 관류가 저하 ▪ 급성심근경색을 진단하는 혈중표지자인 트로포닌 I와 T는 높은 민감성을 나타냄
증상	▪ 급성(안색이 창백하게 변함, 식은땀, 맥박 증가) ▪ 흉통, 소화불량, 호흡곤란, 구토, 현기증, 피로감 등 발생 ▪ 심각한 허혈이나 손상이 진행될 때 ST 분절 상승, 의미 있는 Q파 심근경색 관찰
진단	▪ 갑작스럽게 식은땀, 맥박이 증가 ▪ 30분에서 수 시간 동안 지속 ▪ 크레아틴인산활성효소(CK-MB) 24시간(심근경색 후) 혈청농도 최대 ▪ 아스파르테이트 아미노전달효소(AST) 48시간(심근경색 후) 혈청농도 최대 ▪ 젖산탈수소효소(LDH-1) 72시간(심근경색 후) 혈청농도 최대
치료	▪ 응급 요법: 심근경색 후 1시간 내에 심방세동이 발현될 수 있으므로 빠른 시간 내 심폐소생술 실시(뇌사 방지) ▪ 약물 요법: 혈전 용해제 투여(정맥 또는 관상동맥)
예방	▪ 운동을 통해 심근의 운동 수행능력을 향상 • 유산소 운동 • 30~60분 3회씩/주 최대심박수의 65% 수행

12

〈보기〉의 증상이 나타나는 척수신경(spinal nerve)의 손상 위치는?

| 보기 |

목의 근육과 가로막(diaphragm) 부위의 기능이 저하되고 통증이 발생함

① 목신경얼기(cervical plexus, C1-C4)
② 팔신경얼기(brachial plexus, C5-C8)
③ 가슴신경(thoracic nerves, T1-T12)
④ 허리신경얼기(lumbar plexus, L1-L4)

해설

척수(spinal cord)는 척주의 중추신경계로서 척수 옆으로 31쌍(목뼈신경 C1-C8, 등뼈신경 T1-T12, 허리뼈신경 L1-L5, 엉치신경 S1-S5, 꼬리신경 1)의 척수신경이 나옴. 목신경얼기 부분이 손상되면 목의 근육과 가로막 부위 기능이 저하되고 통증이 발생함. 참고로 L5 신경근 손상이 되면 뒤꿈치 보행이 어렵고, S1 신경근 손상 시 발가락보행이 어렵게 됨

정답 ①

13

〈보기〉의 골다공증(osteoporosis)에 관한 설명 중 옳은 것으로만 묶인 것은?

| 보기 |

㉠ WHO의 T−점수 기준으로 −1~−2.5 사이의 값으로 판단한다.
㉡ 넙다리뼈 골밀도는 다른 부위 골절을 예측하는 데 좋은 지표이다.
㉢ 골다공증 위험도를 증가시키는 질환으로 쿠싱증후군, 에디슨병, 비만세포증(mastocytosis) 등이 있다.
㉣ 칼시토닌(calcitonin)은 뼈파괴세포(osteoclast)를 활성시켜 뼈바탕질(bone matrix)에서 Ca^{2+}을 혈류로 방출시켜 골밀도를 낮춘다.

① ㉠, ㉡
② ㉡, ㉢
③ ㉡, ㉣
④ ㉢, ㉣

해설

넙다리뼈 골밀도는 다른 부위 골절을 예측하는 데 좋은 지표로서 골밀도 검사 기준은 정상(> −1.0), 골감소증(−1.0~−2.5), 골다공증(< −2.5), 심한 골다공증(< −2.5와 골절 동반)의 골밀도 진단 수치가 있음. 골다공증은 뼈의 강도가 약해져서 쉽게 골절되는 골격계의 질환임. 뼈의 양이 감소하고 질적인 변화로 인해 뼈의 강도가 약해진 상태로서 칼슘섭취 부족, 카페인 과다 섭취, 흡연, 알코올, 동물성 단백질 과다 섭취 등이 원인임. 또한 골다공증 위험도를 증가시키는 질환으로 쿠싱증후군(Cushing's syndrome), 에디슨병, 비만세포증(mastocytosis) 등이 있음

정답 ②

14

〈보기〉의 ㉠~㉢에 해당하는 용어를 바르게 나열한 것은?

| 보기 |

당뇨병성 케톤산증은 호흡 시 아세톤 냄새가 나는 특징이 있다. 주로 (㉠)당뇨병에서 발생하며, 치료하지 않으면 사망할 수 있다. (㉡) 고혈당 비케톤 혼수상태는 주로 (㉢)당뇨병의 합병증이며, 중추신경계 증상과 심한 탈수 증세가 나타나는 특징이 있다.

	㉠	㉡	㉢
①	제1형	고삼투성	제2형
②	제2형	고삼투성	제1형
③	제1형	저삼투성	제2형
④	제2형	저삼투성	제1형

해설

I형 당뇨병은 신체의 인슐린을 생성하는 췌장의 베타세포 파괴로 인슐린이 절대 부족(소아, 사춘기 무렵 발생)하고, 당뇨병성 케톤산증은 호흡 시 아세톤 냄새가 남. II형 당뇨병은 췌장에서 인슐린이 분비가 되지만 체내에서 제대로 작용하지 못하고(성인, 전체 당뇨병의 90~95% 이상 차지), 고삼투성 고혈당 비케톤 혼수상태의 합병증이 발생 가능함

정답 ①

해설 ✚ 당뇨병의 원인

- 인슐린의 분비량이 부족하거나 정상적인 기능이 이루어지지 않는 등의 대사질환 일종임
- 신진대사의 장애로서 심하면 심장병, 수족 절단, 뇌졸중, 신장질환 등을 유발할 수 있음
- 노인에게 흔한 질병으로 II형 당뇨병을 앓는 전체 인구의 약 50%가 65세 이상임
- 공복(8시간 금식 후) 혈당수치가 126mg/dL 이상, 당화혈색소 6.5% 이상이면 당뇨병으로 진단함(정상 공복 혈당은 110이하)
- 경구내당검사(OGTT) 2시간 이후 혈당이 200mg/dL 이상, 식사와 무관하게 측정한 혈당이 200mg/dL 이상일 경우 당뇨병으로 진단함

15

〈보기〉의 뇌혈관질환(cerebrovascular disease)에 관한 설명 중 옳은 것으로만 묶인 것은?

┤ 보기 ├

⊙ 국소적 뇌경색(cerebral infarction)의 가장 흔한 원인은 혈관 파열이다.
ⓒ 혈관 파열로 인한 출혈의 대표적인 원인은 고혈압과 동맥류이다.
ⓒ 뇌출혈은 동맥류 혹은 동정맥기형과 같은 구조적인 혈관 비정상과는 관련이 없다.
ⓔ 뇌색전증(embolization)의 발생 원인은 혈전이며 판막질환과 심방세동이 중요한 예후 인자이다.

① ⊙, ⓒ
② ⓒ, ⓒ
③ ⓒ, ⓔ
④ ⓒ, ⓔ

해설

뇌혈관질환은 뇌에 혈액을 공급하는 뇌혈관이 터지거나 막혀서 생기는 이상으로 고혈압은 혈관 파열로 인한 출혈의 대표적인 원인임. 뇌출혈은 동맥류, 동정맥기형과 같은 구조적인 혈관 비정상과 연관됨. 뇌경색은 색전증, 혈전증, 관류의 감소로 인한 혈관 막힘 등이 있음. 뇌색전증(embolization)의 발생원인은 혈전이고 판막질환과 심방세동이 중요한 예후인자임

정답 ③

해설 + **뇌졸중**

- 뇌졸중의 원인
  • 뇌기능이 부분적 또는 전체적으로 급속하게 발생하게 되는 장애를 말함
  • 뇌혈관이 막혀서 발생하는 뇌경색, 뇌혈관 파열로 인해 뇌조직 내부로 혈액이 유출되어 발생하는 뇌출혈을 포함하는 개념임
  • 위험인자로는 고혈압, 당뇨, 심혈관질환, 가족력, 흡연, 비만, 인종 등이 있음
  • 반신불수, 감각이상 및 소실, 언어장애, 안면신경마비, 시각장애, 두통, 구토 등의 증상으로 나타남
- 뇌졸중의 분류
  • 출혈성 뇌졸중: 혈관이 파괴되어 혈액이 혈관 밖으로 유출됨(뇌출혈)
  • 폐쇄성 뇌졸중: 허혈이 발생하여 뇌혈관이 좁아지다가 막힘(뇌경색, 중풍)
  • 일과성 허혈 발작(TIA): 24시간 이내의 증상과 발현기간으로 일과성 허혈 발작이라고 함
  • 뇌동맥류: 윌리스 동맥환(circle of Wilis)의 갈림 부위에 흔히 발생함

16

〈보기〉의 이상지질혈증에 관한 설명 중 옳지 않은 것으로만 묶인 것은?

┤ 보기 ├

⊙ 동맥경화를 유발하여 심근경색과 같은 심혈관계 질환을 유발한다.
ⓒ 혈중 호모시스테인 수치가 정상 수준보다 감소된다.
ⓒ 스타틴계 약물은 콜레스테롤 합성을 억제시킨다.
ⓔ 콜레스테롤은 수용성 비타민과 스테로이드 호르몬 합성에 관여한다.

① ⊙, ⓒ
② ⊙, ⓒ
③ ⓒ, ⓔ
④ ⓒ, ⓔ

해설

고지혈증(이상지질혈증)은 혈청 속에서 지방성분이 너무 많아 혈청이 뿌옇게 흐려진 상태로서 혈중 호모시스테인 수치를 증가시키고 동맥경화증을 촉진시키는 요인으로 심혈관 질환, 당뇨, 고혈압 등이 있음. 총콜레스테롤 240mg/dL 이상, LDL(저밀도지단백콜레스테롤) 160mg/dL 이상, HDL(고밀도지단백콜레스테롤) 40mg/dL 미만, 중성지방 200mg/dL 이상일 경우 고지혈증으로 진단함. 고지혈증의 약물 치료요법으로 스타틴 계열 약물, 에제티미브, 니아신, 피브레이트 등을 통해 콜레스테롤 합성을 억제함

정답 ③

17

〈보기〉는 악성종양의 전이(spread of malignant tumors) 경로에 관한 설명이다. ⊙, ⓒ에 해당하는 용어를 바르게 나열한 것은?

┤보기├

• (⊙)은/는 체액이나 피막을 따라 암이 진행되는 것을 의미하며 보통 체강 내에서 일어난다.
• (ⓒ)은/는 국소적으로 종양세포가 인접 조직으로 자라면서 정상세포를 파괴하는 것을 말한다.

	⊙	ⓒ
①	파종(seeding)	침윤(invasion)
②	전이(metastasis)	파종
③	침윤	파종
④	파종	전이

해설

악성종양의 전이(speed of malignant tumors)는 세 가지 기전이 있음
• 파종(seeding): 체액이나 피막을 따라 암이 진행되는 것이고 보통 체강 내 발생
• 침윤(invasion): 국소적으로 종양세포가 인접 조직으로 자라면서 정상세포를 파괴하는 것
• 전이(metastasis): 혈관, 림프관을 통해 멀리 있는 부위로 퍼지는 것

정답 ①

18

척추옆굽음증(scoliosis)에 관한 설명으로 옳지 않은 것은?

① 특발성 질환이며 사춘기에 등 근육의 비대칭적인 발달로 척추 만곡이 진행될 수 있다.
② X-선 검사를 활용한 콥스 각(Cobb's Angle)을 통해 척추가 얼마나 휘었는지를 평가한다.
③ 콥스 각이 20° 미만일 경우 보조기 착용을 원칙으로 하며 30° 이상일 경우 수술해야 한다.
④ 척추옆굽음증과 척추뒤굽음증(kyphosis)이 동시에 발생하는 것을 척추뒤옆굽음증(kyphoscoliosis)이라고 한다.

해설

척추측만증(scoliosis, 척추옆굽음증)은 척추 기형으로만 그치기도 하지만, 종종 요통을 호소함. 심하면 폐활량 감소, 호흡곤란이 있을 수 있음. 치료는 다음과 같이 운동요법, 보조기요법, 수술요법이 있음
• 운동요법: 척추측만증의 만곡도(Cobb's Angle)가 20도 미만일 경우 4~6개월마다 관찰, 자세교정
• 보조기 요법: 척추측만증의 만곡도(Cobb's Angle)가 20~40도 사이인 경우 3차원적 보조기 착용하여 교정운동 병행
• 수술 요법: 척추측만증의 만곡도(Cobb's Angle)가 45도 이상일 경우 척추유합술을 시행하고, 몸통, 하지관절 유연성 회복 운동 등을 함

정답 ③

07

〈보기〉에서 류마티스성 관절염에 관한 설명으로 옳은 것을 모두 고른 것은?

| 보기 |

- ㉠ 염증이 관절 연골의 표면으로 확대되어 연골을 파괴시킨다.
- ㉡ 뼈의 과증식이 나타나고 요산이 축적되어 관절을 손상시킨다.
- ㉢ 침범된 관절 부위에 비정상적인 면역반응이 일어나 활액막에 염증이 나타난다.
- ㉣ 남성보다 여성에게 빈번하게 나타나며 손가락과 같은 작은 관절에서도 발생된다.

① ㉠, ㉡
② ㉡, ㉢
③ ㉢, ㉣
④ ㉠, ㉢, ㉣

해설

골관절염은 가동관절에 있는 뼈 바깥부분의 연골조직이 얇아지는 결과임. 류마티스염 관절염은 환부의 만성적인 염증으로 여성에게 많이 발생함

정답 ④

해설 + **관절염 원인과 분류**

퇴행성 관절염	• 관절연골이 닳아 없어지면서 국소적인 퇴행성 변화가 나타남 • 고령, 비만, 유전, 호르몬, 관절 모양, 성별(여성 > 남성) 등의 원인이 있음 • 통증, 뻣뻣함, 이상음, 관절변형 등의 증상으로 나타남
류마티스성 관절염	• 염증이 관절 연골의 표면으로 확대되어 연골을 파괴시킴 • 침범된 관절 부위에 비정상적인 면역반응이 일어나 활액막에 염증이 나타남 • 피로감, 전신무력감, 관절통 유발함, 40~50대 여성에게서 주로 발생함 • 관절에 균이 없지만 염증반응으로 인해 자가면역 작용의 이상이 생김 • 염증반응으로 관절종창과 통증 유발, 관절 가동 범위의 제한, 관절의 이탈구, 골성강직 등의 변형 유발, 가동성 소실

〈보기〉는 레닌-안지오텐신 시스템에 관한 설명이다. ㉠~㉢에 해당하는 용어를 바르게 나열한 것은?

| 보기 |

- 콩팥에서 레닌이 분비된다.
- 레닌은 (㉠)에서 분비된 안지오텐시노겐을 안지오텐신-I으로 전환시킨다.
- 안지오텐신-I은 (㉡)에 존재하는 안지오텐신전환효소(ACE)에 의해 안지오텐신-II로 전환된다.
- 안지오텐신-II는 말초 동맥을 수축시키고 (㉢)을 자극하여 수분의 재흡수를 증가시킨다.

	㉠	㉡	㉢
①	간	허파	부신겉질
②	간	허파	부신속질
③	허파	간	부신겉질
④	허파	간	부신속질

해설

레닌-안지오텐신-알도스테론 시스템(RAAS)은 혈장량 감소 시 레닌과 안지오텐신 작용으로 신장(콩팥)은 특수세포를 자극하며 레닌을 분비함. 레닌은 혈장으로 들어가서 간에서 생성된 안지오텐신을 안지오텐신-1으로 전환하고, 안지오텐신-1은 다시 폐(허파)로 들어가 안지오텐신-2로 전환되며 부신피질에서 알도스테론 분비를 통해 수분 재흡수를 거쳐 혈장량을 상승시킴

정답 ①

해설 + **호르몬 조절(*운동생리학에도 나옴)**

- **근육 글루코스**
  • 인슐린에 의해 글루코스(포도당)를 세포에 운반하고, 흡수를 촉진시킴
  • 운동을 통해 인슐린의 양을 감소시킴
- **혈장 글루코스(혈당)**
  • 간 글리코겐으로부터 글루코스(포도당)를 동원함
  • 아미노산, 젖산, 글리세롤로부터 간에서 글루코스가 합성됨
- **레닌-안지오텐신-알도스테론 시스템(RAAS)**
  • 혈장량 감소 시 레닌과 안지오텐신 작용으로 신장(콩팥)은 특수세포를 자극하며 레닌을 분비함
  • 레닌은 혈장으로 들어가서 간에서 생성된 안지오텐신을 안지오텐신-1으로 전환/ 안지오텐신-1은 다시 폐(허파)로 들어가 안지오텐신-2로 전환되며 부신피질에서 알도스테론 분비를 통해 수분 재흡수를 거쳐 혈장량 상승시킴

21

〈보기〉는 염증반응에 따른 화학적 매개물질을 제시한 것이다. ㉠, ㉡에 해당하는 용어가 옳은 것은?

| 보기 |

- 모세혈관 투과성 증가: (㉠) 및 세로토닌 (serotonin)
- 백혈구 모집과 활성: (㉡) 및 인터루킨-1(IL-1)

	㉠	㉡
①	히스타민 (histamine)	류코트리엔 B4 (leukotrienes B4)
②	라이폭신 (lipoxins)	류코트리엔 B4 (leukotrienes B4)
③	류코트리엔 B4 (leukotrienes B4)	라이폭신 (lipoxins)
④	라이폭신 (lipoxins)	히스타민 (histamine)

해설

히스타민은 비만세포 내의 과립에서 즉시 분비되며 신속하게 효과가 나타남. 염증 후기 반응과 관련이 있는 류코트리엔은 분비되기 전에 비만세포의 아라키돈산으로부터 합성되며 염증기간을 연장함. 손상 이후 세포가 화학매개체를 방출하며 혈관 확장과 모세혈관 투과성 증가로 이어지고 백혈구가 손상부위로 이동하게 됨
- 정상: 혈류 → 정상적인 체액 이동 → 혈액에 잔류하는 세포들
- 염증: 손상 → 세포가 화학매개체 방출 → 혈관 확장(혈류 증가) → 모세혈관 투과성 증가 → 백혈구가 손상부위로 이동 → 포식 (치유준비의 과정으로 조직파편 제거)

정답 ①

해설 + 염증 반응에서의 화학 매개체

매개물질	근원	작용
히스타민	비만세포 과립	■ 혈관 확장, 모세혈관 투과성 증가
화학주성인자		■ 중성구를 염증부위로 유도
류코트리엔	비만세포 내 아라키돈산 합성	■ 혈관 확장, 모세혈관 투과성 증가, 화학주성
프로스타글란딘		■ 혈관 확장, 모세혈관 투과성 증가, 통증, 발열, 히스타민 작용 강화

사이토카인	T-림프구, 대식세포	■ 혈장 단백질, 적혈구 침강 속도 증가, 열, 화학주성, 백혈구증가증 유도
혈소판활성인자	혈소판 세포막	■ 중성구 활성화, 혈소판 응집
키닌	혈장 단백질 활성화	■ 혈관 확장, 모세혈관 투과성 증가, 통증, 화학주성
보체계	혈장 단백질 연속단계 활성화	■ 혈관 확장, 모세혈관 투과성 증가, 화학주성, 히스타민 분비 증가

22

〈보기〉에서 바이러스(virus)에 관한 설명으로 옳은 것을 모두 고른 것은?

| 보기 |

㉠ 바이러스는 단세포 생물이며, 생존을 위해 살아있는 조직이 필요하지 않다.
㉡ 코로나바이러스(coronavirus)는 사람의 호흡계 등에 감염을 일으키는 RNA 바이러스이다.
㉢ DNA 바이러스에 비해 RNA 바이러스에서 돌연변이가 일어날 확률이 높다.
㉣ RNA 바이러스에는 에볼라, 에이즈, 구제역, 인플루엔자 바이러스 등이 있으며 '코로나바이러스' 계열인 메르스, 사스도 여기에 속한다.

① ㉠, ㉡
② ㉡, ㉣
③ ㉠, ㉢, ㉣
④ ㉡, ㉢, ㉣

해설

바이러스는 단백질 껍질, 캡시드(capsid), DNA 또는 RNA로 되어 있는 핵으로 구성됨. 또한 아주 작은 세포 내 기생체로서 복제를 위해 살아있는 숙주 세포를 필요로 함. 대부분 바이러스는 DNA를 갖고 있으나, 인간면역결핍바이러스(HIV)와 같은 레트로바이러스(retro virus)는 RNA만 갖고 있음. 참고로 바이러스 복제는 바이러스 → 숙주 세포에 부착돼 침입 → 껍질 벗음(바이러스의 DNA 또는 RNA가 숙주 세포의 핵에 침입하여 숙주 세포의 DNA를 통제) → 숙주 세포가 바이러스의 구성물질을 합성 → 새로운 바이러스를 조립하는 과정을 거침

정답 ④

23

협심증(angina pectoris)에 관한 설명 중 옳지 않은 것은?

① 안정형 협심증(stable angina)의 전형적인 증상은 운동 중 심근부담률(rate pressure product)이 증가할 때 나타날 수 있다.
② 불안정형 협심증(unstable angina)은 관상동맥의 플라크(plaque) 파열로 인해 혈전이 생성되면서 나타난다.
③ 불안정형 협심증은 경색전 협심증(pre-infarction angina)으로 불린다.
④ 이형 협심증(variant angina)은 주로 관상동맥의 플라크에 의한 협착으로 발생한다.

④번의 관상동맥의 플라크에 의한 협착으로 발생하는 것은 불안정형 협심증임

정답 ④

해설 ✚ 협심증

원인과 기전	■ 추운 날씨, 혈압 상승, 심실비대
증상	■ 안정형 협심증: 증상의 악화 없이 2~3개월 이상 지속/ 운동 중 심근부담률 증가 ■ 불안정형 협심증(=경색적 협심증 pre-infarction angina) • 발병한지 2개월 미만, 심근경색증과 구별하기 힘듦 • 관상동맥의 70% 이상 폐쇄(새벽, 아침에 흉통 발생)/ 관상동맥의 플라크(plaque) 파열로 혈전이 생성되면서 나타남 • ST분절의 변화, T파의 역위가 발생 ■ 이형 협심증: 안정 시에 관상동맥 경련 유발 ■ 무증상 심근 허혈: 통증 없음

24

〈보기〉에서 본태성 고혈압(essential hypertension)의 진행에 따른 병리적 변화로 옳은 것으로만 묶인 것은?

┤ 보기 ├

㉠ 레닌(renin), 안지오텐신(angiotensin), 알도스테론(aldosterone) 분비 감소
㉡ 소동맥의 직경 감소에 의한 말초저항의 증가
㉢ 혈관 수축의 증가로 인한 신장으로의 혈류 감소
㉣ 전신 혈관용적의 증가와 이완기 혈압이나 후부하(afterload)의 감소

① ㉠, ㉡
② ㉡, ㉢
③ ㉠, ㉢
④ ㉢, ㉣

본태성 고혈압은 소동맥의 직경 감소에 의한 말초저항의 증가, 혈관 수축의 증가로 신장으로의 혈류 증가로 나타남. 전체 고혈압의 80~90%를 차지하고 유전적 요인 혹은 짠 음식, 술, 담배, 스트레스 등에 의해 나타남

정답 ②

해설 ✚ 고혈압 분류

본태성 고혈압	■ 소동맥의 직경 감소에 의한 말초저항의 증가 ■ 혈관 수축의 증가로 신장으로의 혈류 증가 ■ 전체 고혈압의 80~90% 차지, 유전적 요인 ■ 짠 음식, 술, 담배, 스트레스 ■ 비만자는 3배 이상 발생
속발성 (이차성) 고혈압	■ 내분비계 이상(신장질환 신혈관질환, 부신피질종양 등) ■ 대동맥 협착증, 노인성 동맥경화, 뇌종양 등 ■ 음주, 흡연, 항정신성 약물, 경구피임제 등에서 일시적 혈압 상승 유발

25

폐공기증(폐기종, emphysema)에 관한 설명으로 옳지 않은 것은?

① 알파1-안티트립신(α 1-antitrypsin)이 증가하면 허파꽈리의 구조를 파괴한다.

② 들숨(inspiration)보다 날숨(expiration)에 어려움을 겪는다.

③ 과다 환기, 호흡협력근의 사용, 술통형가슴이 특징적으로 나타난다.

④ 증상완화를 위해 기관지확장제, 항생제 및 산소요법 등이 적용된다.

해설

알파1-안티트립신은 간에서 생성되는 물질로서 폐나 각종 장기를 단백질 분해효소로부터 보호함

정답 ①

해설 ✚ **만성폐쇄성폐질환**

원인과 기전	▪ 흡연, 대기오염, 유전적 영향, 호흡기 감염(유아기) ▪ 만성 기관지염: 세기관지 염증, 기관지 점막이 붓고 기도폐쇄 발생, 점액의 과도한 분비, 비가역적 기관지 변화, 기관지벽의 섬유화 ▪ 폐기종: 호흡세기관지 악화, 허파꽈리(폐포, alveolus)벽과 허파꽈리중격의 파괴, 폐포 지주능력 상실, 숨을 내실 때 기류의 폐쇄 발생/ 과다 환기, 호흡협력근 사용, 술통형가슴이 특징적으로 나타남/ 기관지확장제, 항생제 및 산소요법 등의 증상완화방법이 있음
증상	▪ 만성 폐쇄성 질환 • 40대 환자 중 15% 정도는 소아기 때 천식음을 동반, 호흡곤란 경험한 병력 • 70% 이하의 FEV1/FVC 비율이 측정 • FEV1 예상수치의 80% 미만 ▪ 만성 기관지염: 기도점액 분비 증가, 객담 동반한 기침 2년 연속 지속 ▪ 폐기종 • 40대부터 운동 시 호흡곤란 느낌 • 들숨보다 날숨에 어려워함 • 체중 감소, 흡기보다 호기 시 폐쇄로 인한 호흡 에너지를 많이 사용함

26

〈보기〉에서 천식(asthma)에 관한 설명으로 옳은 것을 모두 고른 것은?

보기

㉠ 만성 천식은 진폐증(pneumoconiosis)과 유사한 제한성(restrictive) 폐질환이다.

㉡ 코르티코스테로이드(corticosteroid) 항염증제는 천식 치료에 보편적으로 사용된다.

㉢ 자극요인에 의해 활성화된 포식세포, 비만세포, 호산구, 호염기구 등에 의해 발생한다.

㉣ 아토피성(atopic) 천식은 전형적으로 면역글로불린 A(IgA) 매개 과민반응이 나타난다.

① ㉠, ㉡   ② ㉡, ㉢
③ ㉠, ㉢, ㉣   ④ ㉡, ㉢, ㉣

해설

천식은 호흡 곤란, 거친 숨소리 등의 증상이 반복적이고, 발작적으로 나타나며 다양한 자극에 대해 기도의 반응성이 높아지는 특성이 있는 호흡기 질병으로 자극요인에 의해 활성화된 포식세포, 비만세포, 호산구, 호염기구 등에 의해 발생함. 기도염증에 의한 기전, 염증성 물질의 분비 등에 따라 발생하고, 아토피성(atopic) 천식은 전형적으로 면역글로불린 E(IgE) 매개 과민반응이 나타남. 치료요법으로 비약물적 요법(회피요법, 면역요법, 산소요법 등)과 약물 요법(기관지 확장제, 코르티코스테로이드 등의 항염증제, 항알레르기제)이 쓰임

정답 ②

해설 ✚ **천식의 분류 및 원인**

알레르기성 천식	▪ 과민 반응, 면역 반응 소견을 보임 ▪ TH2, IgE-매개성 면역반응에 따라 발생함
특발성 천식	▪ 알레르기성 과민 반응 소견이 없음 ▪ 바이러스 감염, 체내 흡입되는 공기 오염원에 따라 발생함
운동유발성 천식	▪ 모든 천식 환자 중 70~80%에서 발생함 ▪ 천식 환자가 아닌 아토피 환자의 30~40%에서 발생함 ▪ 힘든 운동 6~8분 경과 후 기침, 흉부 압박, 호흡곤란 증상이 5~10분 지속 ▪ 운동유발성 기관지 천식 중증도 분류 • 경도: FEV1 10~25% 감소 • 중등도: FEV1 25~30% 감소 • 중증: FEV1 50% 이상 감소

27

〈보기〉의 증상이 나타나는 질환으로 적절한 것은?

| 보기 |

- 주먹을 쥐었다 펴는 동작에 어려움이 있다.
- 보행 장애가 질환의 주요 증상이며 수술이 필요할 수 있다.
- 가장 흔한 초기 증상은 감각 이상, 상지 및 하지 근력의 약화이다.
- 대소변장애가 동반될 수 있으며 증상이 저절로 회복되는 경우는 드물다.

① 강직성 척추염(ankylosing spondylitis)
② 허리뼈관 협착증(lumbar spinal stenosis)
③ 목뼈(경추) 척수증(cervical myelopathy)
④ 허리뼈 추간판 탈출증(lumbar herniated intervertebral disc)

> **해설**
>
> 〈보기〉 설명은 경추(목뼈) 척수증으로 척수가 압박을 받아서 나타나는 증상임. 흔히 목 디스크와 혼동할 수 있음. 참고로 목 디스크는 경추 추간판탈출증으로 디스크(추간판)가 밀려나 주위 신경근을 자극하여 통증을 일으키는 질환임

> **정답** ③

> **해설 ➕ 경추 추간판탈출증의 증상**

4~5번 경부 추간판탈출증	▪ 5번 경추신경(C5)이 압박됨 ▪ 어깨와 삼각근 부위에서 증상이 발생함
5~6번 경부 추간판탈출증	▪ 6번 경추신경(C6)이 압박됨 ▪ 팔의 바깥쪽, 엄지와 두 번째 손가락에서 증상이 발생함
6~7번 경부 추간판탈출증	▪ 7번 경추신경(C7)이 압박됨 ▪ 팔의 뒤쪽, 가운데 손가락에서 증상이 발생함
7번 경추~ 1번 흉추 간 추간판탈출증	▪ 8번 경추신경(C8)이 압박됨 ▪ 넷째, 다섯째 손가락, 아래팔의 안쪽 부위에서 발생함

28

〈보기〉에서 제시된 결과만을 토대로 판단할 수 있는 질환은?

| 보기 |

- 공복 혈당: 125mg/dl
- 당화혈색소(HbA1c): 6.4%
- 식후 혈당: 199mg/dl
- 저밀도지단백 콜레스테롤(LDL-C): 99mg/dl
- 중성지방: 149mg/dl
- 혈압: 138mmHg / 87mmHg

① 이상지질혈증(dyslipidemia)
② 대사증후군(metabolic syndrome)
③ 당뇨병 전단계(pre-diabetes)
④ 고혈압 1기(hypertension stage 1)

> **해설**
>
> 공복(8시간 금식 후) 혈당수치가 126mg/dL 이상, 당화혈색소 6.5% 이상이면 당뇨병으로 진단함(정상 공복 혈당은 110 이하). 또한 경구내당검사(OGTT) 2시간 이후 혈당이 200mg/dL 이상, 식사와 무관하게 측정한 혈당이 200mg/dL 이상일 경우 당뇨병으로 진단함. 이를 토대로 〈보기〉의 근접한 수치를 놓고 볼 때 당뇨병 전단계(pre-diabetes)로 판단할 수 있음

> **정답** ③

29

뇌동맥류(cerebral aneurysm)에 관한 설명으로 옳지 않은 것은?

① 윌리스 동맥환(circle of Willis)의 갈림 부위에 흔히 발생한다.
② 뇌동맥류의 주된 원인은 색전증(embolism)이다.
③ 극심한 두통이나 시각장애가 나타날 경우 의심해 볼 수 있다.
④ 결찰이나 코일삽입으로 치료가 가능하다.

> **해설**
>
> 뇌동맥류는 동맥이 국소적으로 확장된 것으로 윌리스 동맥환의 갈림(분기, bifurcation)점에서 생김. 움직이는 동안의 갑작스런 혈압 증가로 파열이 발생하고 출혈은 지주막하 공간(윌리스 동맥환이 있는 곳)과 뇌척수액이 발생함

> **정답** ②

30

〈보기〉에서 파킨슨 병(Parkinson's disease)에 관한 설명으로 옳은 것으로만 묶인 것은?

| 보기 |

ⓐ 중추신경계의 말이집(myelin)이 선택적으로 손상되는 자가면역 질환의 일종이다.
ⓑ 흑색질(substantia nigra)의 도파민 농도 증가로 안정 및 운동 시 떨림(tremor)이 보인다.
ⓒ 대뇌피질의 상부운동뉴런(upper motor neuron) 소실과 경련성마비 (spastic paralysis)가 특징이다.
ⓓ 레보도파(levodopa)가 대표적인 치료 약물이나, 부작용으로 운동 시 서맥(bradycardia)이 발생할 수 있다.
ⓔ 추체외로계(extrapyramidal system)의 기능 이상으로 수의운동(voluntary movement)의 지연, 근육 경직, 떨림 등이 나타난다.

① ⓐ, ⓑ   ② ⓑ, ⓔ
③ ⓒ, ⓓ   ④ ⓓ, ⓔ

해설

파킨슨병은 신경퇴행성 질환으로 신경 세포들의 어떤 원인에 의해 소멸하게 되어 뇌 기능의 이상을 일으키는 질병임(운동능력 감퇴). 또한 진행성 퇴행성 질병으로 추체외로(extrapyramidal) 활동이 소실돼 운동기능에 영향을 줌. ⓐ에서 설명한 중추신경계의 말이집(myelin)이 선택적으로 손상되는 자가면역 질환은 다발성경화증(MS)이고, ⓒ은 대뇌피질의 상부운동뉴런 소실과 경련성마비는 근위축측삭경화증(ALS, 루게릭병)을 말함

정답 ④

해설 + 파킨슨병의 치료 및 예방

약물치료	▪ 아만타딘, 항콜린제제, 엘도파, 데프레닐 등 ▪ 레보도파(levodopa)가 대표적인 치료약물이나, 부작용으로 운동 시 서맥 발생
수술치료	▪ 심부자극술, 이식수술 등
운동치료	▪ 환자의 운동능력이 최대한 발휘되도록 하는 목적(호전시키는 목적이 아님) ▪ 관절이 굳지 않게 하기 위해 걷기, 몸을 곧게 뻗기, 근력운동이 필요함 ※ 파킨슨병 환자를 위한 FITT 권고사항(운동처방론 참조)

31

〈보기〉의 괄호 안에 들어갈 적절한 용어는?

| 보기 |

염증이 발생하면 혈관 평활근에 (ⓐ)이 분비되어 발열, 발적의 증상이 나타나고, 조직으로 (ⓑ)이/가 유입되어 혈관 투과성이 항진된다. 섬유아세포는 (ⓒ)을/를 생성하여 반흔조직을 만든다.

	ⓐ	ⓑ	ⓒ
①	세로토닌 (serotonin)	류코트리엔 (leukotriene)	림프절 (lymph node)
②	히스타민 (histamine)	안지오텐신 (angiotensin)	대식세포 (macrophage)
③	세로토닌 (serotonin)	단핵구 (monocyte)	리소좀 (lysosome)
④	히스타민 (histamine)	백혈구 (leukocyte)	콜라겐 (collagen)

해설

• 염증: 손상 → 세포가 화학매개체(히스타민 등) 방출 → 혈관 확장(혈류 증가) → 모세혈관 투과성 증가 → 백혈구가 손상부위로 이동 → 포식(치유준비의 과정으로 조직파편 제거)
• 회복기전: 염증손상 치유과정(염증반응기 → 섬유형성기 → 숙성재형성기), 콜라겐은 반흔 조직의 기초성분이 되는 단백질로서 복구의 기반을 마련함

정답 ④

07

32

악성종양의 특징으로 옳은 것은?

┤ 보기 ├

ㄱ 미분화된 세포로 구성되어 있다.
ㄴ 세포 증식 속도가 느리다.
ㄷ 세포자살(apoptosis)을 회피하는 능력이 있다.
ㄹ 모양이 일정하고 주변 조직 간 경계가 명확하다.
ㅁ 혈관신생 (angiogenesis)이 특징적이다.

① ㄱ, ㄴ, ㄹ
② ㄱ, ㄷ, ㅁ
③ ㄴ, ㄷ, ㄹ
④ ㄴ, ㄷ, ㅁ

해설

암은 양성종양과 악성종양으로 구분함
• 양성종양: 성장속도 느리고 전이 안 됨/ 정상세포보다 빠르게 재생되는 분화된 세포로서 피막으로 쌓여 있는 상태로 팽창되지만 전이되지 않음
• 악성종양: 성장속도 빠르고 전이되며 암을 말함/ 미분화된 세포로 구성/ 세포자살(apoptosis)을 회피하는 능력/ 혈관신생 (angiogenesis)이 특징적임

정답 ②

33

〈보기〉의 대사 증후군(metabolic syndrome) 진단항목에 대한 설명으로 옳은 것은? (대한비만학회 진단기준 사용)

┤ 보기 ├

• 좌업생활자
• 50세 남성
• 복부둘레: 103cm
• 중성지방: 180mg/dL
• 혈압: 수축기 128mmHg, 이완기 83mmHg
  (※ 현재 칼슘채널차단제, ACE 억제제 복용 중)
• 공복혈당: 96mg/dL
  (※ 현재 당뇨약−메트포민 복용 중)
• HDL(고밀도지단백질) 콜레스테롤: 45mg/dL

① 진단기준 4가지가 포함되어 운동학적 접근으로 관리가 필요함
② 진단기준에는 부합되지 않으나 약을 복용하기 때문에 관리가 필요함
③ 진단기준 2가지가 포함되어 심혈관질환 위험요인 감소를 위한 생활습관 교정이 필요함
④ 진단기준 3가지를 포함하되, 대사증후군에는 해당되지 않으며 복부관리를 위한 운동처방이 필요함

해설

복부둘레, 중성지방, 고혈압 환자의 혈압을 낮추는 약 복용(칼슘채널차단제, ACE 억제제), 당뇨약 복용(메트포민)의 4가지 진단 기준이 포함됨

정답 ①

해설 ✚ 대사증후군 기준(*운동처방론에도 나옴)

▪ 허리둘레(NCEP 기준: 남 > 102cm, 여 > 88cm/ IDF 기준: 남 ≥ 94cm, 여 ≥ 80cm)
▪ 인슐린 저항성(≥ 100mg/dL 또는 경구혈당강하제 복용, 제2형 당뇨병 진단)
▪ 이상지질혈증(HDL 남 < 40mg/dL, 여 < 50mg/dL, HDL −콜레스테롤 개선제 복용)
▪ 중성지방(≥ 150mg/dL), 높은 혈압(≥ 130 또는 ≥ 85mgHg 또는 항고혈압제 복용)

34

〈보기〉의 당뇨병성 케톤산증(diabetic ketoacidosis, DKA)에 대한 설명으로 옳은 것을 모두 고른 것은?

┤ 보기 ├

㉠ 인슐린 사용을 중단할 경우 발생
㉡ 2형 당뇨병에서 주로 발생
㉢ 산−염기 불균형 발생
㉣ 포도당 대사 증가
㉤ 지방 대사 증가

① ㉠, ㉡, ㉣
② ㉠, ㉢, ㉤
③ ㉡, ㉢, ㉣
④ ㉡, ㉣, ㉤

해설

당뇨병성 케톤산증은 인슐린 사용 중단 시 발생하고 호흡 시 아세톤 냄새가 나며, 산−염기 불균형 발생과 지방 대사의 증가가 됨. 신체의 인슐린을 생성하는 췌장의 베타세포의 파괴로 인슐린이 절대 부족(소아, 사춘기 무렵 발생)한 I형 당뇨병에서 나타남

정답 ②

35

일과성 허혈 발작(transient ischemic attacks, TIA)의 설명으로 옳은 것은?

① 발병 직후 48~72시간 내 대뇌부종과 경색부위가 나타나며 신경학적 결손이 생긴다.
② 수막종 및 악성림프종 환자에게 발생하며 1/3은 결국 3년 내 심각한 치매로 진행된다.
③ 뇌 일부에 혈액공급이 일시적으로 감소되어 신경세포의 비가역적 변화가 일어날 수 있다.
④ 즉각적인 의료적 처치는 필요하지 않으나, 경미한 뇌졸중이므로 세심한 주의가 필요하다.

해설

일과성 허혈 발작은 24시간 이내의 증상과 발현기간으로 일과성 허혈 발작이라고 함. 2~15분 동안 증상이 지속되다가 24시간 이내에 회복되기도 하고, 뇌 일부에 혈액공급이 일시적으로 감소되어 신경세포의 비가역적 변화가 일어날 수 있음

정답 ③

36

〈보기〉에서 만성기관지염의 병태생리적 특성으로 옳은 것을 모두 고른 것은?

┤ 보기 ├

㉠ 점액의 과도한 분비
㉡ 흡연 및 대기오염이 원인
㉢ 허파꽈리(폐포, alveolus)벽과 허파꽈리중격의 파괴
㉣ 비가역적 기관지 변화
㉤ 기관지벽의 섬유화

① ㉠, ㉡, ㉣
② ㉡, ㉢, ㉣
③ ㉢, ㉣, ㉤
④ ㉠, ㉡, ㉣, ㉤

해설

만성폐쇄형 폐질환은 호흡된 공기의 흐름에 만성적으로 폐쇄를 가져오는 폐질환임. ㉢은 만성폐쇄형 폐질환 중 폐기종으로 호흡세기관지 악화, 허파꽈리(폐포, alveolus)벽과 허파꽈리중격의 파괴, 폐포 지주능력 상실, 숨을 내실 때 기류의 폐쇄 발생, 과다 환기, 호흡협력근 사용, 술통형가슴이 특징적으로 나타남

정답 ④

07

37

〈보기〉에서 천식의 병태생리적 특징으로 옳은 것을 모두 고른 것은?

| 보기 |

㉠ 면역글로불린 E(IgE) - 매개성 면역반응
㉡ 세기관지 평활근 수축
㉢ 종말 세기관지 말단 공간 확장
㉣ 속효성 β2-아드레날린성 효능제인 알부테롤 (albuterol) 사용
㉤ 기도 내 점액성 분비물 증가

① ㉠, ㉡, ㉢
② ㉠, ㉢, ㉣, ㉤
③ ㉠, ㉡, ㉣, ㉤
④ ㉡, ㉢, ㉣

해설

호흡의 조절은 자율신경계가 세기관지 평활근의 긴장도를 조절하는 과정임. 천식은 세기관지 평활근을 수축하면서 발생. 기도염증에 의한 기전, 염증성 물질의 분비 등에 따라 발생하고, 아토피성(atopic) 천식은 전형적으로 면역글로불린 E(IgE) 매개 과민반응이 나타나며, 속효성 β2-아드레날린성 효능제인 알부테롤(albuterol)을 사용함

정답 ③

38

〈보기〉에서 자가면역질환(autoimmune disease)을 모두 고른 것은?

| 보기 |

㉠ 근위축성 측삭경화증(amyotrophic lateral scle-rosis)
㉡ 다발성경화증(multiple sclerosis)
㉢ 척수소뇌운동실조증(spinocerebellar ataxias)
㉣ 중증근무력증(myeasthenia gravis)

① ㉠, ㉡
② ㉠, ㉢
③ ㉡, ㉣
④ ㉢, ㉣

해설

다발성경화증은 중추신경계의 말이집(myelin)이 선택적으로 손상되는 자가면역질환이고, 중증근무력증은 신경접합부의 아세틸콜린수용체를 손상시키는 자가면역질환임

정답 ③

해설➕ 만성퇴행성 질환

파킨슨병	■ 만성퇴행성질환(Chronic Degenerative Disorders)으로 신경 세포들의 어떤 원인에 의해 소멸하게 되어 뇌 기능의 이상을 일으키는 질병임(진전마비, 운동능력 감퇴) ■ 진행성 퇴행성 질병으로 추체외로(extrapyramidal) 활동이 소실돼 운동기능에 영향을 줌
다발성경화증 (MD, multiple sclerosis)	■ 뇌, 척수, 뇌신경의 뉴런에서 점진적인 탈수초를 수반하는 질병 ■ 중추신경계의 말이집(myelin)이 선택적으로 손상되는 자가면역질환 ■ 소뇌(균형감 상실, 운동실조와 떨림), 뇌신경(복시, 시력 상실), 운동신경로(허약, 마비), 감각신경로 손상(감각 이상-쑤심, 작열감)
근위축측삭 경화증 (ALS, 근육위축 가쪽경화증)	■ 대뇌피질의 상부운동뉴런 소실 및 경련성마비 ■ 40~60대 남성에서 특히 발발하며 루게릭병(Lou Gehrig's disease)이라고도 함
중증근무력증 (Myasthenia Gravis)	■ 자가면역질환으로 신경접합부의 아세틸콜린수용체를 손상시킴 ■ 아세틸콜린수용체에 대한 IgG 자기항체가 형성돼 수용체 부위를 차단, 파괴함으로써 근육을 자극하지 못하는 질환
헌팅톤병 (HD, Huntington's Disease)	■ 유전질환으로 중년이 될 때까지 나타나지 않음 ■ 점진적으로 뇌가 위축되면서 신경세포의 퇴행이 나타나고, 대뇌기저핵과 전두엽의 대뇌피질에서 발생함

39

울혈성 심부전(congestive heart failure)에 대한 설명으로 옳은 것은?

① 증상 완화를 위해 디곡신(digoxin)과 이뇨제, 예후 개선을 위해 ACE 억제제와 베타차단제를 각각 사용한다.

② 박출률감소 심부전(heart failure with reduced ejection fraction, HErEF)은 박출률(EF)이 40% 미만이고 이완기말 용적이 감소한다.

③ 박출률보존 심부전(heart failure with preserved ejection fraction, HpBF)은 박출률(EF)이 40% 이상이고 이완기말 용적이 증가한다.

④ 수축기와 이완기 기능장애와 상관없이 동맥의 총 말초저항이 감소한다.

울혈성 심부전(CHF, congestive heart failure)은 심장이 신체대사 요구에 맞게 충분한 혈액을 박출하지 못할 때 나타남. 일반적으로 다른 질병의 합병증으로 발생하고, 심근경색, 판막결손, 고혈압, 호흡기 질환 등에 따라 발생함. 디곡신(digoxin)으로 증상 완화가 가능하고 이뇨제, 예후 개선을 위해 ACE 억제제, 베타차단제를 사용함

정답 ①

40

알츠하이머성 치매(Alzheimer's dementia)에 대한 설명으로 옳은 것은?

① 뇌실이 확장되고 대뇌 고랑(sulci)폭이 넓어 보인다.

② 아세틸콜린의 양을 감소시키는 약제가 효과적이다.

③ 타우(tau)단백질의 인산화 감소와 관련하는 질환이다.

④ 해마의 위축은 관찰되지 않으나 소뇌에서의 혈류저하가 나타난다.

알츠하이머 치매를 일으키는 퇴행성 뇌질환으로 서서히 발병하여 기억력을 포함한 인지기능의 약화가 점진적으로 진행되는 병임(기억력 감퇴). 노인성 치매를 유발하는 병으로 기억장애, 언어장애, 판단력 장애, 우울증, 조급증, 실행증(일상생활의 행동에 어려움), 실인증(사물 구별 어려움), 감정변화 등의 증상으로 나타남. 신체검사, 신경학적 검사, 뇌 영상검사, 신경심리검사, 혈액검사, DSM-IV(인지기능검사) 등을 통해 진단함. 알츠하이머형 치매는 뇌실 확장, 대뇌 고랑(sulci) 폭이 넓어 보이고, 신경세포가 점차적으로 퇴화되며, 완치가 어려움(유전적 요인 약 40~50%)

정답 ①

PART

08

스포츠심리학

CHAPTER 01 스포츠심리학 핵심이론

건강운동관리사

> 참고도서

R. A. Magill et al. (2015). Motor Learning and Control (10th ed.) 박상범 외 옮김(2015). 운동학습과 제어: 개념과 적용(제10판). 한미의학.

> 학습완성도 ☐ ☐ ☐ ☐ ☐

학습 완성도를 체크해 보세요. 부족하다고 판단되면 위 참고도서를 통해 업그레이드하길 바랍니다.

1 스포츠심리학 개념

① 광의의 스포츠 심리학: 운동제어, 운동학습, 운동발달, 운동수행 및 스포츠심리, 건강운동심리
② 협의의 스포츠 심리학: 운동수행 및 스포츠심리, 건강운동심리

> 개념

스포츠심리학 발전과정
태동기(노먼 트리플렛, 1895-1920) → 그리피스 시대(콜맨 그리피스, 1921-1938) → 준비기(프랭클린 헨리, 1939-1965) → 학문적 발달기(국제스포츠심리학회, 브루스 오길비에, 1966-1977) → 현재(레이너 마튼스, 응용스포츠심리학 발전협의회, 1978~현재)

2 운동제어

① 개념: 인간의 운동(혹은 움직임)은 목적을 갖고 의식적 또는 반자동적인 제어를 통해 이루어짐 (motor control)
② 정보처리 이론
  • 정보처리 3단계: 감각·지각 → 반응·선택 → 반응·실행
  • 인간의 운동: 감각기관(눈, 귀 등) 정보입력 → 중추신경계통(대뇌 등) 통해 정보 처리 → 근육과 뼈가 움직임
  • 피드백을 통해 움직임을 수정하게 됨. 감각기관(눈, 귀, 코, 근육 등)을 통해 의도했던 행동과 비교한 후, 오차를 계속해서 줄여나감(피드백을 통해 신체운동을 제어)

③ 운동프로그램 이론
- 동작을 시작하기 전에 이미 구조화되어 있기 때문에 말초로부터 피드백이 없어도 실행이 가능한 근육에 대한 운동명령
- 개방회로 제어(open-loop control) 또는 프로그램 제어(pre-programmed control): 운동명령 → 실행 → 운동명령 → 실행

④ 생태학적 이론
- 행동적 접근(action system approach)에 따른 운동제어 이론으로 환경과 행동을 정보가 순환하는 하나의 시스템으로 취급
- 기억체계: 지각 → 저장 → 인출

⑤ 일반화된 운동프로그램(GMP)
- 가변매개변수(variant parameter): 모든 동작이 일정하지 않고 사용되는 근육에 따라 힘이 조절됨(전체 동작지속시간, 힘의 총량, 선택된 근육군)
- 불변매개변수: 근수축의 시간, 근육활동에 필요한 힘의 양 등을 적절한 비율로 근육에 분배함 (동작이나 반응의 순서, 시상, 상대적인 힘)

⑥ 스키마 이론(도식이론, schema)
- 스키마란 사람이 기억하는 특정한 종류의 물건, 동물 등에 대한 다양한 표현 또는 추상적 표상 (경험에 의해 만들어진 규칙, 개념, 관계 등)
- 동작이 종료된 이후 지각흔적에 의해 오차가 수정된다는 폐쇄이론에 반대한 이론
- 신체의 초기 상태, 운동프로그램의 반응명세, 과거의 감각결과, 운동 수행결과
- 재생 스키마(recall schema, 회상도식): 원하는 동작결과를 과거 수행결과와 비교해서 반응명세를 만듦
- 재인식 스키마(recognition schema, 재인도식): 반응명세를 작성함에 동시에 과거 수행결과와 과거 감각결과 관계와 여러 조건을 이용해 예상되는 감각결과를 만듦

3 운동학습

① 경험 또는 연습에 의해 어떤 자극에 대한 반응이 변화하는 것(motor learning) / 반응이란 움직임 또는 운동을 의미하는 것으로 운동학습에 의한 변화는 학습을 통해 얻고, 비교적 오래 지속되는 변화임

② 자극-반응(S-R) 이론: 어떤 자극에 대한 반응결과(연습의 법칙, law of exercise)로서 주위로부터 긍정적으로부터 받아들여지면 강화/ 주위로부터 부정적으로 받아들여지면 쇠퇴
- S-R 이론 3종류
  - 단순반응: 하나의 자극에 대해 미리 예정된 하나의 동작

－**변별반응**: 2가지 이상 자극이 동시에 주어졌을 때 어느 하나의 자극에만 반응하는 것
　　　－**선택반응**: 하나의 자극에 대한 여러 종류의 반응 중 하나를 선택해서 반응하는 것
　　• **반응시간**: 하나의 자극이 주어진 이후 실제로 반응행동이 나타날 때까지의 시간
　　　－**반응시간(reaction time)**: 자극 제시와 반응 시작 간의 시간 간격
　　　－**움직임 시간(movement time)**: 반응 시작과 반응 종료 간의 시간 간격
　　　－**전체 반응시간(response time)**: 자극 제시와 반응 종료 간의 시간 간격
③ 개방회로(open-loop) 이론
　　• 반응연쇄 가설(response-chaining hypothesis)이라고도 함
　　• 운동을 할 때 맨 처음 운동을 시작할 때에만 주의 필요
④ 폐쇄회로(closed-loop) 이론
　　• 운동수행 이후의 피드백인 결과의 지식(KR, knowledge of results)은 단순히 강화목적으로만 이용되는 것이 아니고, 이전 동작의 오차를 줄이려는 수정용으로도 쓰인다고 주장
　　• 지각흔적(perceptual trace, 반응에 의해 만들어진 피드백정보)이라는 기억상태로 불러들여서 기준치 비교, 오차 수정

 개념

운동기술 학습과정
■ 피츠와 포스너의 운동기술 학습과정: 인지단계 → 연합단계 → 자동화단계
　• 인지단계: 언어와 인지적 능력이 중요한 단계
　• 연합단계: 고정화 단계로서 오류가 점차 줄어들고 효율적인 움직임을 만들기 위한 노력단계
　• 자동화 단계: 환경과 과제변화에도 쉽게 적응할 만큼 기능적이고 효율적인 수행단계
■ 번스타인(Bernstein)의 학습단계이론: 자유도의 고정, 풀림, 활용 단계
　• 협응구조(co-ordinative structure): 인간은 근육 하나하나를 독립적으로 제어하는 것이 아니라 자율적으로 어떤 시스템이 만들어져 있어서 다른 근육과 기능적으로 연결(협응 구조의 안정성, 상변이 현상, 어트랙터 상태)
　• 협응의 문제: 자유도 문제, 맥락조건 가변성의 문제
　• 다이내믹 관점에서의 운동 협응: 협응에 제한 요소, 자기조직의 원리, 비선형성의 원리
■ 젠타일의 학습단계이론: 움직임의 개념 습득단계, 고정화 및 다양화 단계
■ 뉴웰의 학습단계이론: 협응단계, 제어단계, 기술단계

---

4 **운동학습에 미치는 영향**

① **학습의 전이**: 이전에 학습했던 내용이 후속내용에 영향(긍정적 전이, 부정적 전이, 수평적 전이, 수직적 전이)
② **기억과 망각**: 기억(기명, 파지, 재생, 재인), 기억 강화방법(심상, 조직화, 정교화, 시연, 의미화, 주의집중) / 망각(소멸이론, 간섭이론, 형태주의 이론)

③ 연습: 전습법과 분습법, 구획연습과 무선연습, 집중연습과 분산연습, 신체적 훈련과 정신적 훈련
④ 피드백: 내재적 피드백, 외재적 피드백

내재적 피드백	• 근육, 관절, 피부 등에 있는 고유수용기에서 오는 피드백으로 고유 피드백(inherent feedback) 혹은 감각피드백(sensory feedback)이라고도 함 • 운동을 수행함으로써 자동적으로 생기는 정보수행의 지식(intrinsic feedback) • 내 자신의 감각기관으로부터 받는 정보

외재적
피드백
	• 시각, 청각 등과 같이 외부 수용기(특수 감각기관)을 통해 들어오는 피드백으로 보강 피드백
	(augmented feedback)이라고도 함
	   – 결과의 지식(KR; Knowledge of Result), 수행의 지식(KP; Knowledge of Performance)
	    을 전달함
	• 운동수행이 끝난 다음에 다른 사람 또는 어떤 도구에 의해 학습자에게 제공되는 정보(extrinsic
	feedback)
	• 자신의 감각정보가 아닌 외부에서 주어지는 정보
	• 학습자에게 더 유용한 경우가 많아 보강 피드백이라고 함

⑤ 파지: 운동연습으로 향상된 운동수행 능력을 오랫동안 유지할 수 있는 능력

전이검사와 파지검사
▪ 전이검사: 연습한 기술이 다른 수행상황에서도 발휘될 수 있는지를 평가하는 검사
  • 과제 내 전이검사: 다른 수행환경에서 같은 기술을 구사하도록 요구하는 검사
  • 과제 간 전이검사: 처음 습득한 기술과 전혀 다른 움직임을 수행하도록 하는 검사
▪ 파지검사: 학습자가 새로운 기술을 연습한 후 특정시간이 지난 후 연습한 기술의 수행력을 평가하는 검사(절대파지
점수는 높을수록, 상대파지 점수는 낮을수록 파지 능력이 좋은 것임
  • 절대파지 점수: 연습시행에 끝나고 파지 기간이 지난 후 실시되는 파지검사 점수
  • 상대파지 점수: 차이점수, 백분율 점수, 저장 점수

맥락간섭효과
▪ 여러 가지 과제를 함께 학습하거나 연습할 때 기능적 간섭의 정도
▪ 맥락간섭효과가 높은 구획연습은 무선연습에 비해 연습 수행에 효과가 높음
▪ 맥락간섭효과가 높은 무선연습은 구획연습에 비해 파지-전이 효과가 높음

5 운동발달

① 게젤(A. Gesell)의 성숙이론
  • 발달 방향의 원리: 정해진 방향과 순서대로 발달함(머리 → 꼬리, 중심 → 말초)
  • 상호교류의 원리: 대칭되는 두 부분이 서로 한 부분씩 발달한 후 통합하며 균형적 발달(내향
    적 → 외향적 → 통합)

- 기능적 비대칭의 원리: 약간의 불균형이 기능적일 수 있게 발달(양쪽 손 중에 선천적으로 한 쪽 손이 더 잘 기능함)
- 자기조절의 원리: 유아 스스로 자신의 수준에 맞게 성장을 조절(신생아에게 너무 많은 것을 보여주면 고개를 돌리며 많은 자극을 조절함)
- 개별성의 원리: 성숙 속도에는 개인차가 존재(영아마다 걷기와 말하기의 시기가 차이가 있음)

② 갤라휴(D. Gallahue)의 운동발달의 단계별 특징: 반사적 움직임 단계(영아기) → 초보적 움직임 단계(유아기) → 기초적 움직임 단계(미취학기) → 전문화 움직임 단계(학동기) → 성장과 세련 단계(청소년기) → 최고 수행단계(18~30세 전후) → 퇴보단계(30세 이후)

6 스포츠 수행의 심리적 요인

(1) 성격

① 성격의 구조(홀랜더 E. P. Hollander)

심리적 핵 (psychological core)	• 성격의 구조 중에서 가장 안쪽에 위치 • 가장 안정된 부분, 일관성 유지 • 사람의 태도, 가치관, 적성, 신념, 동기 등	**성격의 구조**
전형적 반응 (typical response)	• 환경에 적응하는 학습된 양식을 의미 • 개인의 가장 심층에 자리하고 있는 심리적 핵의 객관적인 척도 • 한 개인의 역경, 좌절, 행동, 불안 등	
역할 관련 행동 (role-related behavior)	• 자신의 사회적 지위, 역할을 감안하여 취하는 행동 • 역할에 따라 행동이 달라짐	

② 성격 이론
- 심리(정신)역동 이론(psycho-dynamics theory): 인간행동의 독특한 성격을 설명하기 위한 최초의 이론 / 프로이트(Freud, S.)의 성격구조(이드, 에고, 슈퍼에고)
- 현상학적 이론(phenomenological theory): 개인이 어떻게 지각하고 해석하는가에 관심을 둠 / 매슬로우(Maslow, A.)의 생리적 욕구, 안전 욕구, 사회적 욕구, 존중 욕구, 자아실현 욕구
- 체형 이론(body type theory): 체격이론(constitutional theory)이라고도 함 / 셀돈(Seldon, W. H.), 크레치머(Kretschmer, E.)가 제시(세장형, 근육형, 비만형 / 외배엽형, 중배엽형, 내배엽형)
- 특성 이론(trait theory): 개인 내에 존재하고 있는 일관적이고 안정된 특성에 의해 결정 / 올포트(Allport)의 성격특성(기본성향, 중심성향, 이차성향) / 카텔(Cattel, R. B.)의 성격특성(표면특성, 근원특성, 16개 성격 지표 제시(16PF), R=f(S·P)로 R은 반응, S는 상황, P는 성격)

- 사회학습 이론(social learning theory): 특성 이론과 상반된 개념의 이론 / 반두라(Bandura, A.)는 인간의 행동을 관찰학습과 사회적 강화로 설명
- 상호작용 모델(interactionist model): 각 개인의 성격과 상황을 행동의 상호 결정체로 바라봄 / 인지변인(특성이론)＋상황적인 변인(사회학습 이론)

개념

성격과 경기력 관계

운동선수와 비운동선수의 성격	■ 운동선수가 비운동선수에 비해 외향적이고 불안수준이 낮음 (슈르, 애쉴리, 조이 Schurr, Ashley, & Joy, 1977; 모건 Morgan, 1980) ■ 운동선수가 비운동선수에 비해 자신감 높고, 경쟁적, 사회성 탁월 (쿠퍼 Cooper, 1969) ■ 운동선수가 비운동선수보다 지적임(하드맨 Hardman, 1973) ■ 스포츠 참여를 통해 성격이 변화했다기 보다는 어떤 특정한 성격의 소유자가 특정한 스포츠를 선택(와인버그, 굴드 Weinberg & Gould, 1995)
운동종목별 성격	■ 단체경기 선수는 개인경기 선수에 비해 불안이 높고, 의존심이 강하며 외향적, 직접스포츠 종목의 선수는 평행스포츠 종목보다 독립적이고 이기심이 적음(슈르, 애쉴리, 조이 Schurr, Ashley, & Joy, 1977) • 직접스포츠(direct sports) 종목: 개인경기(레슬링, 복싱), 단체경기(농구 등) • 평행스포츠(parallel sports) 종목: 개인경기(체조, 수영 / 골프, 테니스 등), 단체경기(배구, 야구)
남자선수와 여자선수의 성격	■ 우수 여자선수들이 비선수들에 비해 성취지향적, 독립적, 공격적, 정서적으로 안정, 완강한 성격 (윌리엄스 Williams, 1980) ■ 우수 남자선수들도 동일한 결과, 즉 우수한 스포츠선수는 성별에 관계없이 비슷한 성격 특성을 나타냄
포지션별 성격	■ 배구, 럭비, 핸드볼 종목에서 공격선수는 수비선수보다 더 정서적으로 불안정하고 외향적임(커콜디 Kirkcaldy, 1982) ■ 배구 종목에선 세터가 다른 포지션 선수보다 넓은 내적(broad－internal) 주의 집중 형태를 갖춤 (콕스 Cox, 1987) ■ 미식축구 종목에선 라인맨이 백필드에 비해 더 조직적이고 실제적임. 공격과 방어역할을 하는 백필드는 유연하고 적응적임 (슈르, 루블, 니스벳, 왈라스 Shurr, Ruble, Nisbet, Wallace, 1984)
기술수준별 성격	■ 윌리엄스와 파킨스(Williams & Parkins, 1980)의 연구 • 세계적 선수와 클럽 선수 간에는 성격의 차이가 있음 • 세계적 선수와 국가대표급 선수 간에는 성격의 차이가 없음 • 국가대표급 선수와 클럽 선수 간에는 성격의 차이가 없음
우수선수의 성격	■ 세계적 수준의 엘리트 선수들은 냉정하고 아주 안정된 성격 (모건 Morgan, 1979)

08

(2) 불안

① 불안과 유사개념: 각성, 탈진, 스트레스
② 불안의 종류: 특성불안, 상태불안, 경쟁불안(경쟁특성불안, 경쟁상태불안)

③ 경쟁불안 이론

욕구이론 (drive theory)	• 운동수행 결과는 불안정도의 각성수준과 비례하여 증가(추동이론, 동인이론)
역 U자 이론 (inverted−U theory)	• 각성수준이 높아질수록 수행수준도 점차 향상되고, 각성수준이 너무 높아지면 수행수준도 낮아짐(적정수준 이론)
적정기능구역이론 (ZOF: zone of optimal functional theory)	• 스포츠 참가자가 적정의 운동수행을 할 것으로 예측할 수 있는 불안의 수준 범위를 명시(최적수행지역이론) • 불안수준은 한 점이 아닌 범위로 나타남
다차원적 이론 (multidimensional theory)	• 역−U자 이론(적정수준이론)의 대안으로 제시 • 종류: 인지불안, 신체불안
반전이론 (reversal theory)	• 높은 각성수준을 유쾌한 흥분으로 지각하거나 불안으로 해석(전환이론) • 동일한 각성수준을 정반대로 받아들인 원인은 개인의 동기, 성향의 차이
카타스트로피 이론 (catastrophe theory)	• 역−U 가설(적정수준이론)의 대안, 급격한 변화 • 각성의 증가가 수행을 최적수준까지 가속화시키지만 각성이 적성수준을 넘어 이후 거기에 따른 운동수행은 급격히 저하(격변이론)
심리 에너지 이론 (mental energy 또는 psychic energy theory)	• 선수는 긍정적인 심리 에너지가 높고 부정적인 심리 에너지가 낮을 때 최고의 경기력을 발휘함

④ 불안과 스트레스 관리기법

- 일반적인 관리기법: 균형 잡힌 식사, 카페인과 알코올 소비량 조절, 충분한 수면, 규칙적인 운동, 취미활동 등
- 인지적−감정적 스트레스 모형(cognitive−affective stress model): 인지적 방법(자기암시, 인지재구성, 자생훈련, 체계적 둔감화)과 생리적 방법(호흡조절, 점진적 이완)을 통해 중재함으로써 상황이 발생했을 때 통합적으로 대처하고 행동하게 됨
- 훈련을 통한 관리기법

바이오피드백 훈련	• 생체신호 측정, 긴장을 완화할 수 있는 훈련 • 근전도, 뇌전도, 피부온도, 피부저항, 심박수, 호흡수, 혈압 등
명상	• 심신을 이완시키고 마음을 통제할 수 있도록 훈련
자생훈련법	• 자기 스스로 최면상태에 도달해서 신체 무게를 느끼고 체온의 상승을 유도하는 훈련
점진적 이완기법	• 신체 각 부위의 근육을 한 근육씩 차례로 이완시키는 훈련
인지재구성법	• 시합을 대비하여 부정적인 생각을 버리고, 긍정적인 생각으로 전환하여 불안감 감소, 자신감을 증대시키는 훈련
호흡조절법	• 복식호흡(숨을 배로 쉼)을 통해 불안, 긴장을 해소하는 훈련
자화법	• 경기 전이나 경기 중에 선수들이 긍정적인 자화(혼잣말)를 통한 훈련
체계적 둔감화	• 불안과 스트레스를 유발하는 자극에 대해 이완반응을 보임으로써 둔감해지도록 하는 훈련

(3) 동기

내적동기이론	① 내적욕구를 만족시키려고 동기가 생긴다고 주장하는 이론(Decy & Ryan) ② 내적동기와 관련한 이론		
	인지평가 이론	• 인간은 유능성(competence)과 자결성(self-determination)을 느끼려는 본능적인 욕구를 가짐 　-개인 유능성, 자결성을 높여주는 활동은 개인의 내적동기를 증가시킴 　-운동을 하는 개인이 스스로 유능하지 못하다고 느끼거나 남에 의해 통제받는 　　다고 느끼면 내적동기는 감소	
	자기결정 이론	• 인지평가이론의 확장: 인지평가이론(유능성, 자결성) + 관계성의 욕구 포함 • 무동기 → 외적동기(외적규제 extrinsic regulation / 의무감 규제 introjected regulation / 확인규제 identified regulation / 통합규제 integrated reg- ulation) → 내적동기 　-어떤 유형의 동기를 갖게 되느냐 하는 것은 개인의 결정 　-외적규제: 보수, 강제성으로 인한 규제 　-의무감규제: 죄책감, 의무감으로 인한 규제(내적규제) 　-확인규제: 중요성, 효과로 인한 규제	
외적동기이론	• 외적욕구를 만족시키려고 동기가 생긴다고 주장하는 이론(유인동기 이론)		
성취동기이론 (성취목표 성향 이론)	• 인간의 행동은 개인적 요인과 환경적 요인의 상호작용에 의해 만들어진다는 성취동기 이론(Dweck, Nicholls) 　-개인적 요인: 성공성취동기(자신감, 내적동기), 실패회피동기(실패공포, 불안) 　-환경적 요인: 성공의 유인가치, 성공할 가능성 • 과제목표와 자아목표		
	과제지향성	연습, 노력 중요시, 기술향상 및 습득 목표	
	자아지향성	능력 중요시, 타인보다 우수하다고 과시, 높은 평가를 받는 것을 목표	
	• 성취목표 측정도구(Eliot & McGregor) 　-접근동기: 숙달접근동기(자신의 과거수행과 비교해 유능감 보여줌), 수행접근동기(타인과 비교해 　　유능감 보여줌) 　-회피동기: 숙달회피동기(자신의 과거수행과 비교해 무능감 회피함), 수행회피동기(타인과 비교해 　　무능감 회피함)		

(4) 귀인

① 자신 또는 다른 사람이 어떤 행동을 했을 때 원인을 찾고 그 행동에 귀속시켜야 할지를 추론하는 과정
② 와이너(Weiner)의 귀인이론: 내적 요인, 외적 요인, 안정적 요인, 불안정적 요인

원인의 소재 차원 (locus of causality dimension)	• 내적 요인(능력, 노력) • 외적 요인(과제난이도, 운)
안정성 차원 (stability dimension)	• 안정적 요인(능력, 과제난이도) • 불안정적 요인(노력, 운)

(5) 목표 설정

구체적 목표를 수량적으로 설정, 어려우면서도 실현가능한 목표 설정, 장기적 목표와 단기적 목표를 병행해서 설정, 수행목표를 설정, 연습목표를 설정, 부정적 목표가 아닌 긍정적 목표를 설정, 성취목표 전략을 개발, 설정한 목표를 기록, 목표를 평가

 개념

목표 설정 원리에 관한 10가지 가설(록, 래섬 Lock & Latham)
① 구체적 목표는 행동을 더욱 정확하게 하도록 조절할 것이다.
② 목표가 높으면 높을수록 수행은 향상될 것이다.
③ "최선을 다하라"와 같은 구호가 있는 경우가 없을 때보다 수행을 향상시킬 것이다.
④ 장기목표와 단기목표를 병행하는 것이 수행 향상에 효과적일 것이다.
⑤ 목표는 동기유발 기능에 의해 수행이 될 때 긍정적 영향을 미칠 것이다.
⑥ 목표 설정은 피드백이 부여될 때 가장 효과적일 것이다.
⑦ 목표에 대한 개입의 수준이 높으면 높을수록 수행은 증가할 것이다.
⑧ 목표수행에 대한 지지, 목표 설정에 참여, 유인·보상이 따를 때 영향을 받을 수 있다.
⑨ 목표 달성은 과제가 복잡하거나 장기간의 시간을 요할 경우, 적절한 행동계획이 필요하다.
⑩ 경쟁은 높은 목표를 설정할 때 수행을 향상시킬 것이다.

(6) 자신감

자기효능감 이론	• 자신이 어떤 일을 잘해낼 수 있다는 개인적 신념 • 4가지 요인을 통해 형성: 성취경험, 대리경험, 언어적 설득, 정서적 각성
유능성 동기 이론	• 인간은 자신이 유능하다는 것을 남에게 보여주고 싶어함 • 유능성 동기 요인: 동기 지향성, 지각된 유능성, 통제감

(7) 심상

① **심상의 효과**: 자신감을 향상시킬 수 있음, 동기를 유발할 수 있음, 자신의 에너지 수준을 관리할 수 있음, 기술을 학습하고 완성할 수 있음, 주의가 산만해졌을 때 재집중할 수 있음, 시합에 들어가기 전에 마음의 준비를 할 수 있음
② **심상의 이론**

심리신경근 이론	• 심상연습을 통해 실제운동과 유사한 자극을 근육, 신경에 전달함
상징학습 이론	• 운동을 하면 그 운동의 요소들이 뇌에 상징(부호)으로 기록됨
생체정보 이론	• 뇌의 장기기억 속에 미리 저장되어 있는 것(preposition, 전제)
각성활성화 이론	• 심상훈련을 하면 운동하기에 적합할 정도로 각성수준 활성화

(8) 주의집중

① 니드퍼(Nideffer, 1976)가 제시한 주의집중의 유형

좁음-외적 (한정적-외적)	• 한두 가지 목표에만 주의를 집중할 수 있음 (야구 타격, 테니스 서비스, 골프 퍼팅, 양궁 과녁, 사격)	
넓음-외적 (포괄적-외적)	• 상황을 빠르게 판단할 수 있음 (미식축구 쿼터백, 축구 최종 수비수)	
넓음-내적 (포괄적-내적)	• 한 번에 많은 양의 정보를 분석할 수 있음 (작전계획을 수립하는 코치)	
좁음-내적 (한정적-내적)	• 하나의 단서에만 주의의 초점을 맞춤 (바벨을 들어 올리는 역도선수)	

외적

(2) 상황 신속 판단	(1) 목표 주의 집중

넓음 ──────────── 좁음

(3) 많은 양 분석	(4) 하나 단서 집중

내적

② 주의집중과 경기력 관계
   - 선수의 정서상태와 주의집중 능력 사이에는 깊은 관계가 있음
   - 과제수행에 필요한 주의형태와 선수가 잘하는 주의유형에 따라서 수행능력에 차이가 생김
   - 수행자의 주의초점 능력과 주의전환 능력에 따라 수행에 차이가 생김
   - 오랫동안 주의를 집중할 수 있는 능력에 따라 수행에 차이가 생김

(9) 루틴

① 선수들이 시합도중에 걱정, 주의분산과 같은 부정적 환경상황에 노출됐을 때 그것을 모면하기 위해 선수가 자신만의 독특한 동작, 절차를 습관적으로 행하는 것(routine)
② 경기력의 일관성을 위해 개발된 습관화된 동작, 최상수행을 위한 선수들 자신만의 고유한 동작이나 절차를 의미하고, 경기력 향상에 도움을 줌
③ 수행 전 루틴, 수행 간 루틴, 수행 후 루틴, 미니 루틴

7 스포츠 수행의 사회심리적 요인

(1) 집단 응집력

① 캐런의 집단응집력 모형: 환경적, 개인적, 팀, 리더십 요인
② 스타이너의 집단생산성 이론: 실제 생산성=잠재적 생산성-잘못된 과정으로 인한 손실

실제 생산성	• 승률과 같은 객관적인 척도로서 스포츠 집단의 성취 정도
잠재적 생산성	• 팀의 모든 자원을 최적수준으로 활용했을 때 성취할 수 있는 것으로 가정

잘못된 과정으로 인한 손실	• 사회적 태만(링겔만 효과, Ringelmann effect)으로 발생
	  − 집단의 과제수행에서 발생하는 개인의 노력이 줄어든 현상 즉, 개인의 동기손실을 링겔만 효과
	    (사회적 태만현상)라고 함
	• 발생원인
	  − 할당전략: 혼자일 때 최대의 노력을 발휘하기 위해 집단 속에는 에너지를 절약하는 전략
	  − 최소화전략: 가능한 최소의 노력을 통해 성취하려는 전략
	  − 무임승차전략: 집단 속에 개인이 자신의 노력을 줄이고, 타인 노력에 편승하여 혜택을 받기
	    위한 전략
	  − 반무임승차전략: 무임승차를 원하지도 않고 열심히 노력하지도 않는 개인이 자신의 노력을
	    줄이고 혜택을 얻으려는 전략

③ 집단응집력과 운동수행의 관계
- 팀이 승리하면 팀의 응집력은 더 좋아짐
- 상호의존적인 스포츠에서는 팀의 응집력이 좋으면 팀의 성적도 좋아짐
- 독립적인 스포츠에서는 팀의 응집력과 팀의 성적 사이에는 관계가 없음
- 팀의 응집력과 팀의 성적이 정적 관계 혹은 부적 관계가 나타남

> **팀 구축(Team Building)**
> ▪ 팀 응집력을 향상시킬 수 있는 방법
> - 팀이 다른 팀과 구별되게 만들고, 구성원들이 가깝게 지낼 수 있는 기회를 증가시킴
> - 팀의 구성원들이 각자의 역할을 명확하게 이해하고, 수용함
> - 달성 가능한 목표를 설정, 목표 설정 또는 의사결정 과정에 구성원들을 참여시킴
> - 팀 구성원들의 상호작용을 증가시킴
> - 팀의 규범에 순응시킴
> ▪ 팀 구축 프로그램: 집단구조, 집단환경, 집단과정, 집단응집력
> ▪ 가치중재모형: 개인과 팀의 가치와 특성 인식, 상호 존중, 응집력 향상

(2) 리더십 이론

① 특성이론: 스톡딜(Stogdill, 1948)은 성공적인 리더의 5가지(지능, 성취동기, 책임감, 참여, 사회적 지위) 성격특성을 주장

② 행동이론
- 아이오와(Iowa) 대학의 연구: 권위적 리더, 민주적 리더, 자유방임적 리더로 분류(와이트와 리핏 White & Lippitt, 1968)

- 오하이오(Ohio) 대학의 연구: 지도자 행동을 배려성, 구조화 주도행동, 생산성 강조, 감수성 또는 사회적 인지로 분류(햄필, 쿤스 Hemphill & Coons(1957) 최초 제시 / 핼핀과 위너 Halpin & Winer, 1957)
- 미시건(Michigan) 대학의 연구: 생산 지향성, 피고용자 지향성 제시(카츠와 칸 Katz & Kahn, 1953)
- 관리격자 이론: 블레이크, 머튼(Blake & Mouton, 1964)의 과업지향(생산성), 구성원 지향 (인간관계성)

③ 상황이론
- 맥그레거(McGregor, 1960)의 X-Y 이론
  - X 유형 지도자: 부하직원들이 게으르고, 외재적으로 동기화되고, 자아통제를 할 수 없고, 그들의 일에 책임감을 가지지 않는다고 가정
  - Y 유형 지도자: 부하직원들이 내재적으로 동기화되고, 자아를 통제할 수 있으며, 책임감을 가지며 조직에 헌신한다고 가정
- 피들러(Fiedler, 1964)의 상황-유관 이론(상황적합성, 상황부합 이론): 지도자의 특성뿐만 아니라 리더십을 발휘하는 상황 강조 / 리더·구성원 관계, 직위 권력, 과업 구조

④ 다차원적 리더십 모델: 첼라두라이(Chelladurai, 1978)는 선행조건(상황특성, 리더특성, 구성원 특성) → 지도자 행동(규정행동, 실제행동, 선호행동) → 결과(수행결과, 선수만족)를 제시

> **개념**
>
> 거래적 리더십과 변혁적 리더십
> - 거래적 리더십(transactional leadership)
>   - 전형적인 리더십 유형
>   - 리더가 구성원들의 생산성에 대해 보상으로 교환
>   - 목표 달성을 위해 방향을 정하고 동기부여함
> - 변혁적 리더십(transformational leadership)
>   - 구성원들 개개인 스스로 문제를 능동적으로 해결할 방식을 찾도록 지원
>   - 목표와 가치를 더 높은 차원으로 고양

(3) 사회적 촉진

① 타인의 존재가 운동수행에 영향을 미치는 것
② 트리플렛 이론(사이클 선수와 관중 관계), 알포트 이론(사회적 촉진이란 용어 처음 사용), 단순 존재 이론(타인의 존재는 욕구와 각성수준을 증가), 평가우려 이론(개인의 평가우려가 각성의 직접적인 요인), 주의분산·갈등이론(과제수행 중 타인 존재는 수행자 주의를 분산시킴), 자아 이론(타인으로부터 인정받고자 하는 욕구)

(4) 사회성 발달

① 공격성 개념: 피해나 부상을 피하려고 하는 사람에게 피해나 상해를 입히기 위한 목적으로 가해하는 행동

② 공격성 이론: 본능 이론(사람은 신체적·언어적·본능적 공격성이 있음), 좌절·공격 이론(어떤 목표를 달성하고자 할 때 받으면 좌절하고 좌절하면 공격하게 됨), 수정된 좌절·공격 가설(공격성은 학습됨), 사회학습 이론(모방과 보상), 사회·인지 이론(정보처리단계 과정 거침)

8 운동심리학

① 운동의 심리적 효과에 관한 이론

열발생 가설	• 운동 → 체온 상승 → 뇌에서 근육이완 명령 → 불안감 감소
주의분리 가설	• 운동 → 일상생활 패턴의 일시적 주의 분리
모노아민 가설	• 운동 → 신경전달물질의 분리 증가(세로토닌, 노르에피네프린 등) → 정서 변화
뇌변화 가설	• 운동 → 뇌의 혈관 많아짐(혈관밀도 향상) → 인지능력 향상
생리적 강인함 가설	• 운동 → 스트레스를 대처하는 능력 향상 → 정서적 안정감 향상, 불안감 감소
사회·심리적 가설	• 운동 → 기분이 좋아질 것을 기대 → 위약효과

② 운동변화단계이론(프로차스카, J. O. Prochaska)

무관심 단계	• 고려 전 단계(pro-contemplation stage) • 현재 운동을 하고 있지 않음 • 앞으로 6개월 내에도 운동을 할 의도가 없는 단계 • 운동으로 얻는 혜택보다 손실이 더 크다고 생각 • 자기효능감이 가장 낮음	혜택 < 손실
관심 단계	• 심사숙고 단계(고려 단계, contemplation stage) • 현재 운동을 하고 있지 않지만, 6개월 내에 운동을 할 의도를 갖는 단계 • 운동을 하면 어떤 혜택이 있는지 생각	혜택 ≤ 손실
준비 단계	• preparation stage • 규칙적으로 운동을 하고 있지 않으나, 1개월 내에 운동을 할 의도를 갖는 단계 • 운동할 준비는 됐지만, 제대로 못할 것이라는 생각(자기효능감 낮음)	
실천 단계	• 실행단계, 행동단계(action stage) • 현재 운동을 규칙적으로 하고 있으나, 그 기간이 6개월이 지나지 않은 단계 • 운동을 실천하고 있지만, 이전 단계로 후퇴하지 않도록 조심하는 불안정한 단계	혜택 > 손실
유지 단계	• maintenance stage • 현재 운동을 규칙적으로 하고 있고, 시작한지 6개월이 지난 단계 • 6개월 이상 지속적인 운동을 해 와서 하위단계로 갈 가능성이 낮음 • 자기효능감이 가장 높음	

합리적 행동 이론과 계획적 행동 이론
- 합리적 행동 이론(theory of reasoned action)
  - Fishbein & Ajzen이 제시(TRA, Theory of Reasoned Action)
  - 개인이 운동을 하려는 의도가 있으면 운동을 실천, 의도가 없으면 운동을 하지 않음
  - 주요변인: 행동에 대한 태도, 주관적 규범, 의도
- 계획적 행동 이론(theory of planned action)
  - Ajzen이 제시(TPB, Theory of Planned Behavior)
  - 지각된 행동통제감이란 개념 추가: 운동행동을 방해하는 요인을 자신이 통제할 수 있다는 자신감
  - 의도를 결정하는 요인: 행위에 대한 태도, 주관적 규범, 인지(지각)된 행위 통제

9 운동실천 중재전략

(1) 운동실천에 영향을 미치는 요인(Welnberg & Gould)

① 개인적인 요인
- 개인특성: 나이, 직업, 교육수준, 성, 소득, 과체중 및 비만 등
- 인지성격: 태도, 운동방해요인, 운동의도, 건강 및 운동지식, 운동 자기효능감 등
- 행동: 다이어트, 신체활동, 흡연 등

② 환경적인 요인
- 사회적 환경요인: 집단 응집력, 사회적 지지(배우자, 가족, 친지, 지도자) 등
- 물리적 환경요인: 기후, 계절, 시설, 루틴의 변동 등

(2) 운동실천 영향

지도자의 영향	• 코칭 행동에 영향을 미치는 선행요인: 리더의 특성, 구성원의 특성, 상황요인
집단의 영향	• 응집력이 높은 집단 > 응집력이 낮은 집단 → 운동을 지속적으로 실천, 중도에 포기하는 회원의 비율이 낮음
문화의 영향	• 사회 구성원이 공통적으로 지니는 가치, 관습, 규범, 규칙, 신념을 의미

(3) 행동수정 및 인지전략

행동수정 전략	프롬프트(prompt)	• 뭔가를 보거나 들으면 운동을 해야 된다는 생각 예 운동용품을 생활동선 주변에 놓음으로써 운동을 유도하게 함
	계약하기	• 운동지도자와 서면계약을 통해 운동 목표 수립
	출석부 게시	• 출석상황 작성
	보상 제공	• 우수회원 선정, 공개칭찬, 격려 등

인지전략	목표설정 전략	• 객관적인 목표 설정
	의사결정 전략	• 운동을 하지 않는 사람에게 운동 권유 등
	동기유발 전략	• 운동에 참여하는 이유 제시

강화기법(reinforcement)

■ 강화: 원하는 행동이 나타난 다음에 자극을 줌으로써 미래에 그러한 반응이 나타날 가능성을 증가시키는 것
  • 정적강화: 어떤 반응의 빈도를 높이기 위해 강화하는 것
  • 부적강화: 불쾌하거나 고통스러운 자극을 제거함으로써 바람직한 반응의 확률을 높이는 것
■ 행동의 유지 및 증가기법
  • 칭찬(praise): 격려, 지시를 보내는 것으로 효과적인 강화방법
  • 프리맥 원리(Premack principle): 바람직한 행동을 했을 때 좋아하는 행동을 하게끔 하는 방법
  • 용암(fading): 도움 및 촉진을 줄이면서 학생 스스로 문제를 해결하게 하고, 반응의 빈도를 증가시키게 하는 방법
  • 토큰 강화(token reinforcement): 미리 결정된 행동기준에 도달하면 보상물을 통해 교환가치를 얻게 하는 방법
    (토큰 수집 token economy으로도 불림)
■ 행동의 제거 및 감소기법
  • 과잉교정(overcorrection): 문제행동이 발생했을 때 반복적으로 강제성을 통해 원상태로 복귀시키도록 하는 방법
  • 타임아웃(time-out): 물리적 행동 없이 제외, 고립, 차단하여 문제행동을 관리
  • 반응대가(response cost): 어떤 행동을 통해 정적강화를 중단하거나 벌칙이 가해지는 방법(소거, 벌, 박탈, 포화)

상담의 기본원리

① 개별화의 원리: 내담자들의 개성과 개인차를 고려해야 함
② 감정표현의 원리: 내담자의 감정을 솔직하게 표현하도록 모든 노력을 기울여야 함
③ 정서관여의 원리: 내담자가 표현한 감정에 민감하고 의도적으로 적절하게 반응해야 함
④ 수용의 원리: 내담자의 장단점, 성격, 정서, 태도 등을 있는 그대로 존중해야 함
⑤ 비심판적 태도의 원리: 내담자의 행위에 대해 판단이나 비판을 하지 않아야 함
⑥ 자기결정의 원리: 내담자가 선택하고 결정하게끔 유도해야 함
⑦ 비밀보장의 원리: 내담자와의 상담내용을 제3자가 알지 못하게 해야 함

스포츠심리학 핵심기출 유형

2023 기출

01

칙센트미하이(Csikszentmihalyi)의 몰입(flow) 8채널 모형에서 ㉠~㉢에 해당하는 심리적 경험을 바르게 나열한 것은?

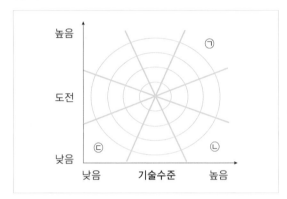

	㉠	㉡	㉢
①	몰입	이완	무관심
②	몰입	지루함	걱정
③	각성	지루함	걱정
④	각성	이완	무관심

▶ **해설**

칙센트미하이는 개인이 주관적으로 경험하는 최상의 수행상태를 몰입이라고 했고, flow(물 흐르는 것처럼 편안한 느낌)의 개념을 도출함. 기술수준과 도전이 높은 상태에선 몰입이 가능하고, 도전 상태가 낮지만 기술수준이 높으면 이완의 상태가 됨. 기술수준과 도전이 낮을 때는 무관심 상태로 이해할 수 있음

▶ **정답** ①

02

〈보기〉가 설명하는 반응시간(reaction time)은?

┤ **보기** ├

두 가지 이상의 자극 중 특정 자극 하나에만 반응하는 시간을 측정

① 집단 반응시간
② 단순 반응시간
③ 변별 반응시간
④ 선택 반응시간

▶ **해설**

반응시간이란 하나의 자극이 주어진 이후 실제로 반응행동이 나타날 때까지의 시간을 말함. 두 가지 이상 자극이 동시에 주어졌을 때 어느 하나의 자극에만 반응하는 것을 변별 반응시간이라고 함

▶ **정답** ③

▶ **해설 ✚** **자극-반응(S-R) 이론**

① 손다이크(E. L. Thorndike)가 제시한 최초의 운동학습 이론: S-R(Stimulus-Response) 이론
② 어떤 자극에 대한 반응결과(연습의 법칙, law of exercise)
  ▪ 주위로부터 긍정적으로부터 받아들여지면 강화
  ▪ 주위로부터 부정적으로 받아들여지면 쇠퇴
③ S-R 이론 3종류
  ▪ 단순반응: 하나의 자극에 대해 미리 예정된 하나의 동작
  ▪ 변별반응: 2가지 이상 자극이 동시에 주어졌을 때 어느 하나의 자극에만 반응하는 것
  ▪ 선택반응: 하나의 자극에 대한 여러 종류의 반응 중 하나를 선택해서 반응하는 것
④ 반응시간: 하나의 자극이 주어진 이후 실제로 반응행동이 나타날 때까지의 시간
  ▪ 반응시간(reaction time): 자극 제시와 반응 시작 간의 시간 간격
  ▪ 움직임 시간(movement time): 반응 시작과 반응 종료 간의 시간 간격
  ▪ 전체 반응시간(response time): 자극 제시와 반응 종료 간의 시간 간격

03

〈보기〉의 지도행동 중 바스(Bass)의 변혁적 리더십 (transformational leadership)에 해당하는 것으로만 모두 고른 것은?

┤보기├

⊙ 운동프로그램을 창의적으로 구성할 수 있도록 새로운 지식을 제공한다.
ⓒ 목표 달성에 따른 포상금 지급 계획을 명확히 제시한다.
ⓒ 개인의 목표와 필요사항을 조사하여 운동프로그램에 반영한다.

① ⊙, ⓒ
② ⊙, ⓒ
③ ⓒ, ⓒ
④ ⊙, ⓒ, ⓒ

해설

변혁적 리더십(transformational leadership)은 구성원들 개개인 스스로 문제를 능동적으로 해결할 방식을 찾도록 지원함으로써 목표와 가치를 더 높은 차원으로 고양시킴. 반면, ⓒ의 거래적 리더십(transactional leadership)은 전형적인 리더십 유형으로 리더가 구성원들의 생산성에 대해 보상으로 교환하는 것을 의미함

정답 ②

04

응집력 향상을 위한 팀빌딩(team building) 전략으로 옳지 않은 것은?

① 팀 구성원 간에 생각과 감정을 공유하는 환경을 조성한다.
② 팀 구성원 간에 칭찬하는 분위기를 조성한다.
③ 다른 팀과 구별되는 고유한 팀 문화를 형성한다.
④ 개인의 목표를 배제하고 팀의 목표만을 중요시한다.

해설

팀 응집력을 향상시킬 수 있는 방법으로 팀이 다른 팀과 구별되게 만들고, 구성원들이 가깝게 지낼 수 있는 기회를 증가시켜야 함. 또한 팀의 구성원들이 각자의 역할을 명확하게 이해하고 수용하게 하고, 달성 가능한 목표를 설정, 목표설정 또는 의사결정 과정에 구성원들을 참여시켜야 함. 팀 구성원들의 상호작용을 증가시키면서 팀의 규범에 순응시키는 것도 필요함. 개인목표 달성이 곧 팀의 목표 달성으로 이어지므로 개인목표 배제는 거리가 멂

정답 ④

05

합리행동이론(theory of reasoned action)과 계획행동이론(theory of planned behavior)에 대한 설명으로 옳지 않은 것은?

① 두 이론은 운동행동을 예측하는 운동의도를 강조한다.
② 두 이론은 운동의도를 예측하는 운동태도를 강조한다.
③ 계획행동이론은 운동의도를 예측하는 주관적 규범(subjective norm)을 강조한다.
④ 합리행동이론은 운동의도를 예측하는 행동통제인식(perceived behavioral control)을 강조한다.

해설

④번 설명은 계획적 행동 이론(planned action)의 의도를 결정하는 요인으로서 행위에 대한 태도, 주관적 규범, 인지(지각)된 행위 통제에 관한 것임

정답 ④

해설 ✚ 합리적 행동 이론과 계획적 행동 이론

- ■ 합리적 행동 이론(theory of reasoned action)
  - Fishbein & Ajzen이 제시(TRA, Theory of Reasoned Action)
  - 개인이 운동을 하려는 의도가 있으면 운동을 실천, 의도가 없으면 운동을 하지 않음
  - 주요변인: 행동에 대한 태도, 주관적 규범, 의도
- ■ 계획적 행동 이론(theory of planned action)
  - Ajzen이 제시(TPB, Theory of Planned Behavior)
  - 지각된 행동통제감이란 개념 추가: 운동행동을 방해하는 요인을 자신이 통제할 수 있다는 자신감
  - 의도를 결정하는 요인: 행위에 대한 태도, 주관적 규범, 인지(지각)된 행위 통제

06

〈보기〉의 현상을 설명하는 원리는?

보기

40대 중년 여성이 척추측만증 진단을 받은 후 처음으로 재활운동센터에 1개월 등록하고, 주 1회 재활운동 프로그램에 참여하게 되었다. 운동프로그램이 진행될수록 이 여성은 허리와 골반의 통증이 점점 사라지는 것을 느끼게 되었다. 그래서 이 여성은 6개월을 추가 등록하고, 주 3회 운동프로그램으로 변경하여 참여하게 되었다.

① 정적강화   ② 부적강화
③ 정적처벌   ④ 부적처벌

해설

강화(reinforcement)란 원하는 행동이 나타난 다음에 자극을 줌으로써 미래에 그러한 반응이 나타날 가능성을 증가시키는 것을 의미함. 〈보기〉 설명은 부정강화로서 불쾌거나 고통스러운 자극을 제거함으로써 바람직한 반응의 확률을 높이는 것임. 반대개념은 정적강화로 어떤 반응의 빈도를 높이기 위해 강화하는 것임

정답 ②

07

운동제어와 학습에서 〈보기〉가 설명하는 개념은?

보기

실제 동작이 일어나기 전 동작을 미리 준비하는 것

① 어포던스(affordance)
② 피드포워드(feedforward)
③ 안내 가설(guidance hypothesis)
④ 순행 간섭(proactive interference)

해설

〈보기〉는 피드포워드(feedforward)에 대한 설명으로 과제나 움직임을 미리 예상하여 목적 있는 움직임을 하게 되는 것임. 참고로 수행 목표를 달성하기 위하여 신경, 근육, 관절, 분절 등의 다양한 신체 요소가 효과적이고 공동적으로 작용하는 것을 협응이라고 하는데, 협응구조의 형성과 변화로 어포던스(affordance)와 어트랙터(attractor)가 있음. 어포던스는 유기체, 환경, 과제 사이의 독특한 관계에 따라 나타날 수 있는 운동동작의 가능성을 뜻함. 어트랙터는 협응의 가변성이 최소한으로 나타나는 안정성을 유지하는 상태임

정답 ②

08

심리신경근이론(psychoneuromuscular theory)에서 제시하는 심상(imagery)의 특징으로 옳은 것은?

① 심리기술을 발달시킨다.
② 자극전제와 반응전제로 구성되어 있다.
③ 실제 동작과 유사한 근육 자극을 발생시킨다.
④ 움직임 패턴을 중추신경계에 저장하는 과정이다.

해설

심상의 효과는 자신감을 향상시킬 수 있고, 동기유발을 시킬 수 있음. 자신의 에너지 수준을 관리할 수 있고, 기술을 학습하고 완성할 수 있음. 주의가 산만해졌을 때 재집중할 수 있고, 시합에 들어가기 전에 마음의 준비를 할 수 있음. 심상연습을 통해 실제운동과 유사한 자극을 근육, 신경에 전달한다는 내용은 심리신경근 이론임

정답 ③

해설+ 심상의 이론

심리신경근 이론	▪ 심상연습을 통해 실제운동과 유사한 자극을 근육, 신경에 전달함
상징학습 이론	▪ 운동을 하면 그 운동의 요소들이 뇌에 상징(부호)으로 기록됨
생체정보 이론	▪ 뇌의 장기기억 속에 미리 저장되어 있는 것 (preposition, 전제)
각성활성화 이론	▪ 심상훈련을 하면 운동하기에 적합할 정두로 각성 수준 활성화

09

〈보기〉의 상황에 해당하는 엘리엇(Eliot)의 2×2 성취목표성향은?

┤ 보기 ├

김○○군은 피트니스센터 트레드밀에서 혼자 달리는 것을 좋아한다. 평상시 혼자 운동할 때는 7km/h의 속도를 유지하며 달리기를 한다. 하지만 다른 회원이 옆에서 더 높은 속도로 달리는 것 같으면, 자신의 속도를 10km/h로 높이는 성향이 있다.

① 숙달접근목표
② 수행접근목표
③ 숙달회피목표
④ 수행회피목표

해설

타인과 비교해 유능감을 보이려는 수행접근동기가 작용한 것임

정답 ②

해설+ 성취동기이론(성취목표 성향 이론)

▪ 인간의 행동은 개인적 요인과 환경적 요인의 상호작용에 의해 만들어진다는 성취동기 이론(Dweck, Nicholls)
  • 개인적 요인: 성공성취동기(자신감, 내적동기), 실패회피동기(실패공포, 불안)
  • 환경적 요인: 성공의 유인가치, 성공할 가능성
▪ 과제목표와 자아목표
  • 과제지향성: 연습, 노력 중요시, 기술향상 및 습득 목표
  • 자아지향성: 능력 중요시, 타인보다 우수하다고 과시, 높은 평가를 받는 것을 목표
▪ 성취목표 측정도구(Eliot & McGregor)
  • 접근동기: 숙달접근동기(자신의 과거수행과 비교해 유능감 보여줌), 수행접근동기(타인과 비교해 유능감 보여줌)
  • 회피동기: 숙달회피동기(자신의 과거수행과 비교해 무능감 회피함), 수행회피동기(타인과 비교해 무능감 회피함)

10

과제 내 전이(intratask transfer) 효과와 관련이 없는 것은?

① 소음 속에서의 골프퍼팅 훈련이 실제 퍼팅에 미치는 효과
② 야구 타격 동작 훈련이 골프 드라이버 비거리에 미치는 효과
③ 걷기 재활 훈련이 환자의 실생활 보행 적응에 미치는 효과
④ 발목 모래주머니 착용 달리기 훈련이 100m 달리기 기록에 미치는 효과

해설

전이검사는 연습한 기술이 다른 수행상황에서도 발휘될 수 있는지를 평가하는 검사로서 과제 내 전이검사와 과제 간 전이검사가 있음. 과제 내 전이검사는 다른 수행환경에서 같은 기술을 구사하도록 요구하는 검사형태이고, 과제 간 전이검사는 처음 습득한 기술과 전혀 다른 움직임을 수행하도록 하는 검사형태임

정답 ②

해설 ➕ 전이검사와 파지검사

- 전이검사: 연습한 기술이 다른 수행상황에서도 발휘될 수 있는지를 평가하는 검사
  - 과제 내 전이검사: 다른 수행환경에서 같은 기술을 구사하도록 요구하는 검사
  - 과제 간 전이검사: 처음 습득한 기술과 전혀 다른 움직임을 수행하도록 하는 검사
- 파지검사: 학습자가 새로운 기술을 연습한 후 특정시간이 지난 후 연습한 기술의 수행력을 평가하는 검사(절대파지 점수는 높을수록, 상대파지 점수는 낮을수록 파지 능력이 좋은 것임
  - 절대파지 점수: 연습시행에 끝나고 파지 기간이 지난 후 실시되는 파지검사 점수
  - 상대파지 점수: 차이점수, 백분율 점수, 저장 점수

08

11

〈보기〉에서 설명하는 변화단계이론(stage of change theory: 범이론 모형, transtheoretical model)의 구성개념은?

┤ 보기 ├

- 운동했을 때 주어지는 이익과 손실을 비교하여 평가하는 것을 의미한다.
- 운동을 통하여 즐거움, 건강 증진 등을 인식한다면 이익에 해당하고, 시간 투자, 장비구입 부담 등을 인식하는 것은 손실에 해당한다.

① 자기효능감(self-efficacy)
② 의사결정 균형(decisional balance)
③ 체험적 과정(experiential process)
④ 행동적 과정(behavioral process)

해설

무관심 단계에서 혜택보다 손실이 클 것으로 생각하다가 관심단계에서부터 변화가 시작돼 준비, 실천, 유지단계에서는 혜택이 손실보다 클 것으로 여김. 이는 의사결정 균형을 통해 운동참여의 단계를 설명할 수 있음

정답 ②

해설 ✚ 운동변화단계이론(프로차스카, J. O. Prochaska)

무관심 단계	• 고려 전 단계(pro-contemplation stage) • 현재 운동을 하고 있지 않음 • 앞으로 6개월 내에도 운동을 할 의도가 없는 단계 • 운동으로 얻는 혜택보다 손실이 더 크다고 생각 • 자기효능감이 가장 낮음	혜택 < 손실
관심 단계	• 심사숙고 단계(고려 단계, contemplation stage) • 현재 운동을 하고 있지 않지만, 6개월 내에 운동을 할 의도를 갖는 단계 • 운동을 하면 어떤 혜택이 있는지 생각	혜택 ≤ 손실
준비 단계	• preparation stage • 규칙적으로 운동을 하고 있지 않으나, 1개월 내에 운동을 할 의도를 갖는 단계 • 운동할 준비는 됐지만, 제대로 못할 것이라는 생각(자기효능감 낮음)	
실천 단계	• 실행단계, 행동단계(action stage) • 현재 운동을 규칙적으로 하고 있으나, 그 기간이 6개월이 지나지 않은 단계 • 운동을 실천하고 있지만, 이전 단계로 후퇴하지 않도록 조심하는 불안정한 단계	혜택 > 손실
유지 단계	• maintenance stage • 현재 운동을 규칙적으로 하고 있고, 시작한지 6개월이 지난 단계 • 6개월 이상 지속적인 운동을 해 와서 하위단계로 갈 가능성이 낮음 • 자기효능감이 가장 높음	

12

〈보기〉는 홀랜더(Hollander, 1967)가 제시한 성격 구조에 관한 설명이다. ㉠, ㉡에 해당하는 내용을 바르게 나열한 것은?

┤ 보기 ├

- (㉠): 개인이 환경과의 상호작용으로 학습된 통상적인 속성
- (㉡): 개인이 환경에 반응하는 것으로써, 주위 환경에 민감한 속성

	㉠	㉡
①	전형적 반응 (typical response)	역할 행동 (role-related behavior)
②	전형적 반응	수행 성향 (performance orientation)
③	역할 행동	수행 성향
④	역할 행동	전형적 반응

해설

심리적 핵(psychological core)은 성격의 구조 중에서 가장 안쪽에 위치하고 있는 가장 안정된 부분으로 일관성을 유지하고 사람의 태도, 가치관, 적성, 신념, 동기 등을 나타냄. ㉠을 설명하는 전형적 반응(typical response)은 환경에 적응하는 학습된 양식을 의미하는 것으로 개인의 가장 심층에 자리하고 있는 심리적 핵의 객관적인 척도, 한 개인의 역경, 좌절, 행동, 불안 등을 나타냄. ㉡을 설명하는 역할 관련 행동(role-related behavior)에선 자신의 사회적 지위, 역할을 감안하여 취하는 행동과 역할에 따라 행동이 달라짐

정답 ①

13

〈보기〉의 ( ) 안에 들어갈 용어는?

┤ 보기 ├

격변이론(catastrophe theory)에 의하면, 인지불안이 매우 높을 때 신체적 각성이 적정 수준을 넘어서면 수행이 급격하게 추락한다. 이때 수행을 회복하기 위해 신체적 각성을 낮추더라도 수행은 직전의 수준으로 돌아가지 못하고 낮은 수준에 머무르게 되는데 이를 ( )라고 한다.

① 스투룹 효과(Stroop effect)
② 링겔만 효과(Ringelmann effect)
③ 히스테리시스 효과(hysterisis effect)
④ 자기조절 효과(self-regulation effect)

해설

카타스트로피 이론(격변이론)은 역-U 가설(적정수준이론)의 대안으로 각성의 증가가 수행을 최적수준까지 가속화시키지만 각성이 적성수준을 넘어 이후 거기에 따른 운동수행은 급격히 저하한다는 이론임. 히스테리시스 효과(혹은 이력현상)는 물질이 거쳐온 과거가 현재 상태에 영향을 주는 현상을 뜻함

정답 ③

08

14

〈보기〉에서 ㉠에 해당하는 동기유형과 ㉡에 해당하는 운동심리 가설을 바르게 나열한 것은?

| 보기 |

- 건강운동관리사: 운동을 시작한 계기가 있나요?
- 운동참가자: 스트레스가 심해서 그런지 살이 찌더라고요. 그래서 처음에는 ㉠ 살을 빼려고 운동을 시작했어요. 그런데 운동을 시작했더니 기분도 좋아지더라고요.
- 건강운동관리사: 규칙적인 운동은 신체적 건강에도 도움이 되지만, 정신건강에도 도움이 됩니다. 특히 ㉡ 운동 중에는 일상생활과 일에 대한 스트레스에서 벗어날 수 있어서 정서적으로 도움이 됩니다.

	㉠	㉡
①	확인규제	기분전환 가설
②	외적규제	생리적 강인함 가설
③	확인규제	엔돌핀 가설
④	외적규제	사회적 상호작용 가설

해설

자기결정이론은 무동기 → 외적동기(외적규제, 의무감 규제, 확인규제, 통합규제) → 내적동기에 따라 어떤 유형의 동기를 갖게 되느냐 하는 것은 개인이 결정을 따른다. ㉠의 내용은 확인규제로서 중요성과 효과로 인한 규제를 의미하고, ㉡은 기분전환 가설로 일상 속 스트레스에서 벗어나 정서적 안정을 찾을 수 있음을 나타냄

정답 ①

해설 + 내적동기 이론

인지평가 이론	■ 인간은 유능성(competence)과 자결성(self - determination)을 느끼려는 본능적인 욕구를 가짐
자기결정 이론	■ 인지평가이론의 확장(라이언, 데시 Ryan & Deci, 2001) 인지평가이론(유능성, 자결성) + 관계성의 욕구 포함 ■ 무동기 → 외적동기(외적규제 extrinsic regulation/ 의무감 규제 introjected regulation/ 확인규제 identified regulation/ 통합규제 integrated regulation) → 내적동기

15

〈보기〉에서 운동실천 행동수정 전략으로 옳은 것을 모두 고른 것은?

| 보기 |

- ㉠ 목표 설정 전략을 적용할 때 운동일지 작성
- ㉡ 운동 프로그램 참가자의 출석에 대한 보상 제공
- ㉢ 모두가 볼 수 있는 게시판에 회원들의 출석부 게시
- ㉣ 엘리베이터와 계단이 함께 설치된 공공장소에 계단 사용을 권장하는 포스터 설치

① ㉠, ㉡
② ㉢, ㉣
③ ㉡, ㉢, ㉣
④ ㉠, ㉡, ㉢, ㉣

해설

㉠의 목표설정 전략을 비롯해 의사결정 전략, 동기유발 전략은 인지전략에 해당됨

정답 ③

해설 + 행동수정 및 인지전략

	프롬프트 (prompt)	• 뭔가를 보거나 들으면 운동을 해야 된다는 생각 ⑩ 운동용품을 생활동선 주변에 놓음으로써 운동을 유도하게 함
행동 수정 전략	계약하기	• 운동지도자와 서면계약을 통해 운동 목표 수립
	출석부 게시	• 출석상황 작성
	보상 제공	• 우수회원 선정, 공개칭찬, 격려 등
인지 전략	목표 설정 전략	• 객관적인 목표 설정
	의사결정 전략	• 운동을 하지 않는 사람에게 운동 권유 등
	동기유발 전략	• 운동에 참여하는 이유 제시

16

피츠와 포스너(Fitts & Posner, 1967)가 제시한 운동학습 단계에 관한 설명으로 옳지 않은 것은?

① 인지 처리과정에 중점을 두어 운동학습 단계를 구분하였다.
② 인지 단계에서는 운동기술 수행전략을 개발한다.
③ 연합 단계는 언어-운동 단계라고도 하며, 언어와 인지적 능력이 중요하다.
④ 자동화 단계에서는 환경 정보를 처리하는 속도가 빨라진다.

해설

피츠와 포스너의 학습단계에 따르면 인지, 연합, 자동화의 단계에 따라 주의 요구 수준이 점차로 낮아진다고 함. 인지단계(cognitive phase)는 학습자가 운동기술을 학습하기 위해선 학습동기가 필요하고, 운동과제를 어떻게 안전하게 수행하는지에 대한 방법을 배움. 즉, 움직임을 인지하는 단계로서 학습자는 기술적인 움직임을 위해서 움직임의 연속성을 생각해야 함. 이 단계는 시행착오가 가장 많이 발생하는 시기임. 연합단계(associative phase)는 정교하게 운동을 조절하는 단계(고정화 단계)로서 오류가 점차 줄어들고, 운동조절을 잘하기 위해 노력하며, 일관되고 효율적인 움직임을 만들기 위해 노력하는 단계임. 자동화 단계(autonomous phase)는 동작이 자연스럽고 힘들지 않은 것처럼 보이는 단계로서 학습한 움직임이 무의식적으로 실행되고, 집중을 하지 않아도 과제수행이 가능하고, 환경과 과제변화에도 쉽게 적응할 수 있으며, 가장 기능적이고 효율적으로 수행할 수 있는 단계임. ③번에 제시한 언어와 인지적 능력이 중요한 단계는 인지단계임

정답   ③

17

〈보기〉의 다이내믹시스템이론(Dynamic Systems Theory)에 관한 설명 중 옳은 것을 모두 고른 것은?

| 보기 |

ⓐ 운동협응의 비선형적 변화를 강조함
ⓑ 운동협응의 자기조직의 원리를 강조함
ⓒ 운동제어의 기본 단위로서 협응구조를 강조함
ⓓ 운동 프로그램과 같은 기억표상의 구조를 강조함

① ㉠, ㉡
② ㉢, ㉣
③ ㉠, ㉡, ㉢
④ ㉡, ㉢, ㉣

해설

번스타인(Bernstein)의 학습단계이론으로서 '번스타인이 제기한 문제'란 영상분석 방법에 관한 논문 제목에서 유래됐고, 다이내믹시스템이라고도 함. 다이내믹 관점에서의 운동 협응은 세 가지로 살펴볼 수 있음.

- 협응의 제한 요소: 유기체(키, 몸무게 등 신체형태), 과제(100m 달리기 등 과제), 환경(수중걷기 등)
- 자기조직의 원리: 특정한 현상이 저절로 발생
- 비선형성의 원리: 시간에 따른 협응의 변화가 선형적인 경향을 보이지 않음, 질서변수는 제어변수(속도, 무게 등 질서변수를 변화시키는 원인)의 체계적인 변화에 의해 영향을 받음

정답   ③

18

〈보기〉에서 ㉠~㉢에 해당하는 용어를 바르게 나열한 것은?

┤ 보기 ├

웨이너(Weiner, 1986)의 귀인모형에서는 인과성의 소재(locus of causality), 안정성(stability), 통제 가능성(controllability)으로 귀인을 분류한다. (㉠)은/는 외적이며, 안정적이고, 통제 불가능하며, (㉡)은/는 내적이며, 안정적이고, 통제 불가능하다. 그리고 (㉢)은 내적이고, 불안정적이고, 통제 가능하다는 특징이 있다.

	㉠	㉡	㉢
①	운	능력	노력
②	과제난이도	운	노력
③	운	과제난이도	능력
④	과제난이도	능력	노력

해설

Weiner의 귀인이론은 내적 요인, 외적 요인, 안정적 요인, 불안정적 요인으로 제시됨. 원인의 소재차원(locus of causality dimension)은 내적 요인(능력, 노력)과 외적 요인(과제난이도, 운)이고, 안정성 차원(stability dimension)은 안정적 요인(능력, 과제난이도)과 불안정적 요인(노력, 운)으로 설명함. ㉠이 외적, 안정적, 통제 불가능은 과제난이도, ㉡의 내적, 안정적, 통제 불가능은 능력, ㉢의 내적, 불안정적, 통제 가능은 노력에 해당됨

정답 ④

19

〈보기〉에서 설명하는 불안 감소기법은?

┤ 보기 ├

- 1단계: 점진적 이완 기법을 습득한다.
- 2단계: 가장 낮은 불안 유발 상황에서 극도의 불안 유발 상황까지 단계적으로 목록을 작성한다.
- 3단계: 가장 낮은 불안 유발 상황을 떠올리고 점진적 이완 기법을 실시한다.
- 4단계: 낮은 단계에서 불안이 느껴지지 않게 되면, 다음 단계로 이동하여 점진적 이완 기법을 실시한다.
- 5단계: 가장 높은 단계까지 점진적 이완 기법을 반복해서 실시한다.

① 자기암시(self-talk)
② 자생훈련(autogenic training)
③ 인지재구성(cognitive restructuring)
④ 체계적 둔감화(systematic desensitization

해설

체계적 둔감화는 불안과 스트레스를 유발하는 자극에 대해 이완 반응을 보임으로써 둔감해지도록 하는 훈련임

정답 ④

해설 + 훈련을 통한 불안과 스트레스 관리기법

바이오피드백 훈련	생체신호 측정, 긴장을 완화할 수 있는 훈련, 근전도, 뇌전도, 피부온도, 피부저항, 심박수, 호흡수, 혈압 등
명상	심신을 이완시키고 마음을 통제할 수 있도록 훈련
자생훈련법	자기 스스로 최면상태에 도달해서 신체 무게를 느끼고 체온의 상승을 유도하는 훈련
점진적 이완기법	신체 각 부위의 근육을 한 근육씩 차례로 이완시키는 훈련
인지재구성법	시합을 대비하여 부정적인 생각을 버리고, 긍정적인 생각으로 전환하여 불안감 감소, 자신감 증대시키는 훈련
호흡조절법	복식호흡(숨을 배로 쉼)을 통해 불안, 긴장을 해소하는 훈련
자화법	경기 전이나 경기 중에 선수들이 긍정적인 자화(혼잣말)를 통한 훈련
체계적 둔감화	불안과 스트레스를 유발하는 자극에 대해 이완 반응을 보임으로써 둔감해지도록 하는 훈련

20

운동학습의 피드백에 관한 설명으로 옳은 것은?

① 내재 피드백(intrinsic feedback)은 정보 유형에 따라 결과지식과 수행지식으로 나누어진다.

② 보강 피드백(augmented feedback)은 학습자 내부의 감각체계에서 제공된다.

③ 내재 피드백은 학습자의 외부에서 제공된다.

④ 보강 피드백은 운동지속 동기를 증가시킨다.

> **해설**
>
> 보강 피드백(augmented feedback) 혹은 외재적 피드백은 시각, 청각 등과 같이 외부 수용기(특수 감각기관)를 통해 들어오는 피드백으로서 결과의 지식(KR: Knowledge of result), 수행의 지식(KP: Knowledge of performance)을 전달함. 운동수행이 끝난 다음에 다른 사람 또는 어떤 도구에 의해 학습자에게 제공되는 정보(extrinsic feedback)를 제공함

> **정답** ④

21

〈보기〉에서 설명하는 이론은?

> **보기**
>
> 중요한 득점 상황에서 '실수하면 어쩌지'라고 생각하며 인지적 불안이 높아져 어이없는 실수를 했다. 그 순간 '지면 안 되는데'라는 생각과 함께 시야가 좁아지고 근육이 긴장되는 신체적 불안이 높아지면서 운동수행이 급격하게 저하되었다.

① 동인이론(drive theory)

② 격변이론(catastrophe theory)

③ 전환(반전)이론(reversal theory)

④ 적정기능지역이론(zone of optimal functioning theory)

> **해설**
>
> 격변이론(카타스트로피 이론)에 따르면 각성의 증가가 수행을 최적수준까지 가속화시키지만 각성이 적성수준을 넘어 이후 거기에 따른 운동수행은 급격히 저하함

> **정답** ②

> **해설 ➕** 경쟁불안 이론

욕구이론 (drive theory)	• 운동수행 결과는 불안정도의 각성수준과 비례하여 증가(추동이론, 동인이론)
역 U자 이론 (inverted-U theory)	• 각성수준이 높아질수록 수행수준도 점차 향상되고, 각성수준이 너무 높아지면 수행수준도 낮아짐(적정수준이론)
적정기능구역이론 (ZOF: zone of optimal functional theory)	• 스포츠 참가자가 적정의 운동수행을 할 것으로 예측할 수 있는 불안의 수준 범위를 명시(최적수행지역이론) • 불안수준은 한 점이 아닌 범위로 나타남
다차원적 이론 (multidimensional theory)	• 역-U자 이론(적정수준이론)의 대안으로 제시 • 종류: 인지불안, 신체불안
반전이론 (reversal theory)	• 높은 각성수준을 유쾌한 흥분으로 지각하거나 불안으로 해석(전환이론) • 동일한 각성수준을 정반대로 받아들인 원인은 개인의 동기, 성향의 차이
카타스트로피 이론 (catastrophe theory)	• 역-U 가설(적정수준이론)의 대안, 급격한 변화 • 각성의 증가가 수행을 최적수준까지 가속화시키지만 각성이 적정수준을 넘어 이후 거기에 따른 운동수행은 급격히 저하(격변이론)
심리 에너지 이론 (mental energy 또는 psychic energy theory)	• 선수는 긍정적인 심리 에너지가 높고 부정적인 심리 에너지가 낮을 때 최고의 경기력을 발휘함

08

22

〈보기〉는 엘리엇과 맥그리거(A. J. Elliot & H. A. McGregor, 2001)가 제시한 성취목표 이원분류표와 성향별 특성을 기술한 것이다. ㉠~㉣ 중 A, B에 해당하는 행동으로 바르게 묶인 것은?

┤ 보기 ├

	숙달(과제)성향	수행(자아)성향
유능감 접근	A	
무능감 회피		B

㉠ 경쟁 선수를 이겨서 우승하는 것을 목표로 훈련한다.

㉡ 메달 획득이 어려워지자 부상을 핑계로 시합을 포기한다.

㉢ 테니스 선수가 70%의 첫 서브 성공률을 달성하기 위해 훈련한다.

㉣ 보디빌딩 선수가 체지방 6%라는 목표를 달성하지 못할 것 같아 시합을 포기하였다.

	A	B
①	㉠	㉡
②	㉠	㉣
③	㉢	㉡
④	㉣	㉢

해설

엘리엇과 맥그리거는 성취동기이론과 관련한 성취목표 측정도구를 개발함. 즉, '숙달접근목표', '숙달회피목표', '수행접근목표', '수행회피목표'를 제시함. 〈보기〉의 ㉢은 숙달접근목표에 대한 설명이고, ㉡은 수행회피목표를 보여줌

• 숙달접근목표: 어떤 과정을 수행하기 위해선 최대한 완벽하게 이해해야 함
• 숙달회피목표: 종종 어떤 과정을 자신의 기대 수준만큼 완벽하게 이해하지 못할까봐 두려워 함
• 수행접근목표: 어떤 과정을 수행하는 데 있어 다른 사람과 비교하여 더 잘하는 것이 중요함
• 수행회피목표: 어떤 과정을 수행하는 데 있어 자신의 목표는 수행수준이 떨어지는 것을 피하는 것임

정답 ③

23

〈보기〉에서 설명하는 팀 빌딩 중재모형은?

┤ 보기 ├

• 선수와 지도자가 다음 시즌의 팀 행동 지침이 되는 신념에 대해 토론한다.
• 신념의 우선순위를 정한다.
• 팀 헌신, 팀 자부심, 존중, 긍정적 태도, 책임감 등을 강조한다.

① 가치중재모형
② 전문상담사 직접모형
③ 건강운동관리사 간접모형
④ 자기공개-상호공유모형

해설

개인과 팀의 가치와 특성을 인식하고 서로 간의 존중을 토대로 응집력을 향상시킬 수 있는 가치중재모형에 대한 설명임

정답 ①

해설 ✚ 팀 구축(Team Building)

■ 팀 응집력을 향상시킬 수 있는 방법
• 팀이 다른 팀과 구별되게 만들고, 구성원들이 가깝게 지낼수 있는 기회를 증가시킴
• 팀의 구성원들이 각자의 역할을 명확하게 이해하고, 수용함
• 달성 가능한 목표를 설정, 목표 설정 또는 의사결정 과정에 구성원들을 참여시킴
• 팀 구성원들의 상호작용을 증가시킴
• 팀의 규범에 순응시킴
■ 팀 구축 프로그램: 집단구조, 집단환경, 집단과정, 집단응집력
■ 가치중재모형: 개인과 팀의 가치와 특성 인식, 상호 존중, 응집력 향상

24

〈보기〉에서 설명하는 행동관리기법은?

┤ 보기 ├

- 건강운동관리사가 손상환자에게 하기 싫은 재활 과제를 마치면 자율시간을 갖도록 이야기하였다.
- 상대적으로 낮은 확률로 일어나는 행동의 발생 빈도를 높이기 위해서 높은 확률로 일어나는 행동을 강화물로 활용한다.

① 소거(extinction)
② 프리맥 원리(Premack principle)
③ 용암법(fading)
④ 일시적 중단(time-out)

해설

행동의 유지 및 증가기법으로 칭찬, 프리맥 원리, 용암, 토큰 강화 등이 있고, 행동의 제거 및 감소기법으로 과잉교정, 타임아웃, 반응대가 등이 있음. 〈보기〉 설명은 프리맥 원리로서 바람직한 행동을 했을 때 좋아하는 행동을 하게끔 하는 방법을 설명함

정답 ②

25

운동의 심리적 효과에 관한 가설과 설명이 옳지 않은 것은?

① 모노아민 가설: 운동이 신경전달물질의 분비를 증가시켜 우울증 완화를 돕는다.
② 뇌변화 가설: 운동이 대뇌피질의 혈관 밀도를 낮춘다.
③ 생리적 강인함 가설: 규칙적 운동은 스트레스 대처 능력을 높여 정서적 안정을 유도한다.
④ 열발생 가설: 운동으로 인한 체온 상승은 뇌에서 근육으로 이완 명령을 유도하여 불안을 감소시킨다.

해설

뇌변화 가설은 운동을 하면 뇌의 혈관이 많아지고 인지능력을 향상시켜준다는 것임

정답 ②

26

〈보기〉에서 한국스포츠심리학회가 제시한 스포츠심리상담사의 상담윤리에 관한 설명으로 옳은 것으로만 묶인 것은?

┤ 보기 ├

- ㉠ 상담사는 자신의 전문성 영역과 한계 영역을 명확하게 인식한다.
- ㉡ 협회나 지도자가 선수들의 상담내용을 요구하면 상담사는 제공해야 한다.
- ㉢ 알고 지내는 사람과 전문적인 상담관계를 진행하지 않도록 한다.
- ㉣ 내담자의 사생활과 비밀 보호를 위해 상담기록을 남기지 않는다.

① ㉠, ㉡
② ㉠, ㉢
③ ㉡, ㉢
④ ㉡, ㉣

해설

㉡은 비밀보장의 원리에 위배(한국스포츠심리학회 제11조 비밀보장), ㉣은 한국스포츠심리학회 제13조 상담기록에 위배됨. 한국스포츠심리학회 스포츠심리상담사 윤리강령(http://www.kssp21.or.kr/33) 참조

정답 ②

해설 ✚ 상담의 기본원리

① 개별화의 원리: 내담자들의 개성과 개인차를 고려해야 함
② 감정표현의 원리: 내담자의 감정을 솔직하게 표현하도록 모든 노력을 기울여야 함
③ 정서관여의 원리: 내담자가 표현한 감정에 민감하고 의도적으로 적절하게 반응해야 함
④ 수용의 원리: 내담자의 장단점, 성격, 정서, 태도 등을 있는 그대로 존중해야 함
⑤ 비심판적 태도의 원리: 내담자의 행위에 대해 판단이나 비판을 하지 않아야 함
⑥ 자기결정의 원리: 내담자가 선택하고 결정하게끔 유도해야 함
⑦ 비밀보장의 원리: 내담자와의 상담내용을 제3자가 알지 못하게 해야 함

27

〈보기〉에서 습득된 장기기억 체계는?

| 보기 |

레이업 숏 기술을 학습한 결과 레이업 숏을 바른 자세로 정확하게 성공시킬 수 있었지만, 말로 그 기술을 제대로 표현할 수는 없었다.

① 감각(sensory) 기억
② 작업(working) 기억
③ 절차적(procedural) 기억
④ 서술적(declarative) 기억

해설

〈보기〉는 절차적 기억으로서 수행자가 기능을 잘 수행하지만 자신이 수행한 것을 말로 설명할 수 없는 상황을 나타냄. 반대의 개념은 서술적 기억으로 말로 표현이 가능함

정답 ③

해설＋ 기억의 종류

- 감각 기억(sensory memory): 오감으로 표현되는 인간의 감각영역의 기억으로 극히 제한적인 용량을 지니고, 새로운 정보가 유입되면 쉽게 손실됨
- 단기 기억(short-term memory): 작업 기억(working memory)으로도 불리고(수초~1분까지 유지), 기억용량이 제한적이며 반복되거나 시연하지 않으면 사라짐
- 장기 기억(long-term memory): 용량과 유지기한에 한계가 없는 기억으로 기억용량이 무제한이고, 반복과 시연을 통해 강화됨
- 이 외에도 특성에 따라 명시적 기억과 암묵적 기억으로 분류
  • 명시적 기억(explicit memory): 에피소드 및 의미를 기억
  • 암묵적 기억(implicit memory): 절차 기억, 정서 기억

28

일반화된 운동 프로그램(generalized motor program, GMP)의 관점에서 동작 수행 시 새로운 상황에 맞게 적용해야 하는 가변매개변수(variant parameter)가 아닌 것은?

① 생성되는 힘의 총량(overall force)
② 선택된 근육군(selected muscles)
③ 총 동작지속시간(overall duration)
④ 동작구성요소의 상대적 타이밍(relative timing)

해설

가변매개변수는 모든 동작이 일정하지 않고 사용되는 근육에 따라 힘이 조절되는 변수로 전체 동작지속시간, 힘의 총량, 선택된 근육군 등이 있고, 불변매개변수는 근수축의 시간, 근육활동에 필요한 힘의 양 등을 적절한 비율로 근육에 분배하는 변수로 동작이나 반응의 순서, 시상, 상대적인 힘 등이 있음. ④번은 불변매개변수에 해당됨

정답 ④

29

〈보기〉의 구조들을 통해 시각 정보가 대뇌로 전달되는 과정을 순서대로 바르게 나열한 것은?

| 보기 |

㉠ 일차시각겉질(primary visual cortex)
㉡ 시각교차(optic chiasm)
㉢ 시각신경(optic nerve, cranial nerve II)
㉣ 시상의 가쪽무릎핵(lateral geniculate nucleus)

① ㉢→㉣→㉠→㉡
② ㉣→㉢→㉡→㉠
③ ㉢→㉡→㉣→㉠
④ ㉣→㉠→㉢→㉡

해설

뇌가 시각정보를 느끼는 과정은 다음과 같다. 우선 양쪽 눈으로 들어온 빛이 망막에 맺힘 → 망막에 맺힌 시각정보를 담은 신경섬유다발이 맹점에서 빠져나가 머리 뒤쪽으로 주행함(시신경) → 시신경은 간뇌 앞부분에서 시신경교차(좌우의 시신경이 반대 방향으로의 교차)를 함 → 교차된 시신경은 시상핵의 한 종류인 외측슬상체(LGN, lateral geniculate nucleus, 가로무릎핵)로 전달됨 → 외측슬상체에서 후두엽에 있는 일차시각피질(primary visual cortex)로 정보가 전달됨

정답 ③

30

최근 스포츠 현장에서 실제수행이 위험한 동작을 보다 안전한 환경에서 습득하도록 가상현실 기기를 활용한다. 이는 어떤 운동학습 원리를 적용한 사례인가?

① 보상 학습
② 분습법을 통한 학습
③ 맥락 간섭
④ 학습의 전이

> 해설

학습의 전이는 이전에 학습했던 내용이 후속내용에 영향을 주는 것을 의미함. 긍정적 전이, 부정적 전이, 수평적 전이, 수직적 전이로 분류됨. 〈보기〉와 같이 가상현실 기기를 사용함으로써 실제수행에 위험한 동작을 사전에 회피할 수 있게 영향을 미치므로 학습의 전이에 해당됨

> 정답 ④

2020 기출

31

〈보기〉에서 설명하는 지각은?

> 보기
> • 영아의 지각 운동발달의 특성
> • 시각 절벽(visual cliff) 실험을 통해서 검증
> • 이동 거리를 판단하는 데 중요한 요소로 작용

① 색채 지각(color perception)
② 깊이 지각(depth perception)
③ 청각 지각(auditory perception)
④ 균형 지각(balance perception)

> 해설

깊이지각이란 대상이 얼마나 멀리 떨어져 있는가를 추정하는 것을 깊이나 높이를 지각하는 것으로서 깊이에 대한 감각을 실험하기 위한 장치의 하나로서 시각 절벽을 사용함

> 정답 ②

32

스포츠심리학 연구에서 다양한 방법으로 이론을 검증하여 가장 효과적인 현장 실천 방법을 선택하는 과정은?

① 증거 기반 실천(evidence-based practice)
② 학습 기반 실천(learning-based practice)
③ 오류 기반 실천(error-based practice)
④ 행동 기반 실천(behavior-based practice)

> 해설

증거 기반 실천(과학 기반 실천, 경험 기반 실천)은 질문, 증거 찾기, 분석, 적용 및 평가 단계를 거치며 실천 활동에 대한 과학적인 입증 가능성을 중시하는 실천 모델임

> 정답 ①

33

〈보기〉에서 설명하는 운동의 심리적 효과에 대한 가설로 옳은 것은?

> 보기
> ㉠ 규칙적인 운동은 스트레스를 규칙적으로 가하는 것과 유사해서 대처능력이 좋아지고 정서적으로 안정되기 때문에 불안이 줄어든다.
> ㉡ 규칙적인 운동은 세로토닌(serotonin), 노에피네프린(norepinephrine), 도파민(dopamine)과 같은 신경전달물질의 분비로 우울증을 개선한다.

	㉠	㉡
①	주의효과 가설	엔돌핀 가설
②	사회심리적 가설	모노아민 가설
③	기분전환 가설	엔돌핀 가설
④	생리적 강인함 가설	모노아민 가설

> 해설

운동의 심리적 효과에 관한 이론
• 생리적 강인함 가설: 운동 → 스트레스를 대처하는 능력 향상 → 정서적 안정감 향상, 불안감 감소
• 모노아민 가설: 운동 → 신경전달물질의 분리 증가(세로토닌, 노르에피네프린 등) → 정서 변화

> 정답 ④

34

〈보기〉의 ㉠, ㉡에 알맞은 용어는?

┌─ 보기 ├─

수영장에서 자유형을 배우기 시작한 정현이는 양팔 스트로크 동작 수행 시 관절과 근육 간의 상호작용이 잘 이루어지지 않아 (㉠)의 어려움을 보였다. 그렇지만, 많은 연습을 통해서 신체 제어체계를 구성하는 근육과 관절의 (㉡)을/를 잘 활용할 수 있게 되었다.

	㉠	㉡
①	전이 (transfer)	파지 (retention)
②	학습 (learning)	전형적 반응 (typical response)
③	어포던스 (affordance)	어트랙터 (attractor)
④	협응 (coordination)	자유도 (degree of freedom)

해설

번스타인(Bernstein)의 학습단계이론으로 자유도의 고정, 풀림, 활용 단계로 분류할 수 있음. 예를 들어 자유도의 고정 단계는 스케이트를 신고 고관절, 슬관절, 발목관절을 하나의 단위체로 걷게 할 때, 자유도의 풀림 단계는 스케이트를 탈 때 고관절, 슬관절, 발목관절을 활용하여 추진력을 갖게 할 때, 반삭용의 활용 단계는 체중 이동을 통해 추진력을 확보하여 숙련된 동작을 실행할 때 나타남. 또한 번스타인은 협응구조(co-ordinative structure)를 통해 해결, 즉 인간은 근육 하나하나를 독립적으로 제어하는 것이 아니라 자율적으로 어떤 시스템이 만들어져 있어서 다른 근육과 기능적으로 연결됐다고 제시함

정답 ④

35

피츠(Fitts)의 법칙에 관한 설명으로 적절하지 않은 것은?

① 과제 난이도 지수(index of difficulty)의 영향을 받음

② 움직임 거리와 목표 폭에 따라 움직임 시간의 변화가 나타남

③ 자극의 수(자극-반응의 대안 수)가 증가할수록 반응시간이 증가함

④ 움직임의 속도가 증가하면 정확성이 감소하는 속도-정확성 상쇄 현상(speed-accuracy trade-off)이 나타남

해설

피츠의 법칙(Fitts' Law)은 인간의 행동에서 속도와 정확성 간의 관계를 설명하는 법칙임. 이동시간은 이동길이가 크고 폭이 작을수록 오래 걸리고, 도달시간은 목표물의 크기가 작아질수록 속도와 정확도가 나빠지고, 목표물과의 거리가 멀어질수록 도달시간은 더 걸림. ③번은 힉스의 법칙(Hick's Law)으로 선택반응시간은 자극과 반응(단순반응, 변별반응, 선택반응)의 수가 증가할수록 증가한다는 법칙임

정답 ③

36

〈보기〉에서 나이데퍼(Nideffer)의 주의모형 영역과 설명이 바르게 연결된 것은?

① ㉠ - 경기 전략 계획 및 정보를 분석
② ㉡ - 사격, 양궁과 같이 특정한 목표에 집중
③ ㉢ - 외부 환경 평가를 통해 패스할 동료 선수 파악
④ ㉣ - 심리적 연습(심상)을 할 때 내면의 생각에 초점

해설

광역 - 내적(넓음 - 내적 혹은 포괄적 - 내적) 영역은 한 번에 많은 양의 정보를 분석할 수 있는 작전계획을 수립하는 코치가 수행함

정답 ①

해설 + Nideffer의 주의집중 유형

좁음 - 외적 (한정적 - 외적)	• 한두 가지 목표에만 주의를 집중할 수 있음 (야구 타격, 테니스 서비스, 골프 퍼팅, 양궁 과녁, 사격)
넓음 - 외적 (포괄적 - 외적)	• 상황을 빠르게 판단할 수 있음 (미식축구 쿼터백, 축구 최종 수비수)
넓음 - 내적 (포괄적 - 내적)	• 한 번에 많은 양의 정보를 분석할 수 있음 (작전계획을 수립하는 코치)
좁음 - 내적 (한정적 - 내적)	• 하나의 단서에만 주의의 초점을 맞춤 (바벨 들어 올리는 역도선수)

37

〈보기〉의 ㉠, ㉡에 해당하는 스키마 이론(schema theory)의 개념은?

보기

테니스 포핸드 스트로크 상황에서 승현이는 (㉠)을 통해 과거의 운동 결과를 근거로 움직임을 계획 및 생성하려고 한다. 포핸드 스트로크 후 (㉡)을 통해 볼이 라켓에 정확히 맞지 못하고 라인을 벗어난 것을 알게 되었다.

	㉠	㉡
①	회상 도식	재인 도식
②	장기기억	작동/작업기억
③	서술적 지식	절차적 지식
④	이미지 부호화 시스템	언어 부호화 시스템

해설

스키마란 사람이 기억하는 특정한 종류의 물건, 동물 등에 대한 다양한 표현 또는 추상적 표상임. ㉠에 해당되는 재생 스키마(recall schema, 회상 도식)는 원하는 동작결과를 과거 수행결과와 비교해서 반응명세를 만드는 것이고, ㉡에 해당되는 재인식 스키마(recognition schema, 재인 도식)는 반응명세를 작성함과 동시에 과거 수행결과와 과거 감각결과 관계와 여러 조건을 이용해 예상되는 감각결과를 만드는 것임

정답 ①

08

38

〈보기〉는 심상 훈련(image training)에 대한 설명이다. 참·거짓을 바르게 나열한 것은?

┤ 보기 ├

- ㉠ 연습·시합 직후에 실시하는 심상 훈련은 효과적이지 않다.
- ㉡ 시합을 준비하는 과정에서 수행 전 루틴을 떠올려 자신감을 높인다.
- ㉢ 심상 훈련은 동기 강화에는 효과가 없지만, 집중력 향상에는 도움이 된다.
- ㉣ 심상 훈련 시 뇌와 근육에는 실제로 동작을 할 때와 유사한 전기 자극이 발생한다.

	㉠	㉡	㉢	㉣
①	거짓	거짓	참	참
②	참	참	거짓	참
③	거짓	참	거짓	참
④	참	참	참	거짓

해설

심상이란 기억할 내용이나 정보를 자기가 알고 있는 장소, 거리, 대상과 관련하여 기억하고 재생(imagery)하는 것임. 〈보기〉에 제시된 연습 혹은 시합 직후의 심상훈련은 효과적, 시합수행 전 루틴을 떠올리며 자신감 함양, 동기강화와 집중력 향상, 실제 동작할 때와 유사한 전기자극 발생을 비롯해 자신감과 집중력 향상, 감정조절, 스트레스 해소 등의 효과가 있음

정답 ③

39

〈보기〉는 스미스(Smith, 1980)의 인지적-감정적 스트레스 모형(cognitive-affective stress model)이다. ㉠과 ㉡에 해당하는 중재기법으로 옳은 것은?

	㉠	㉡
①	주의연합 (attentional association)	주의분리 (attentional dissociation)
②	인지재구성 (cognitive restructuring)	심호흡 (deep breathing)
③	문제 중심 대처 (problem-focused coping)	정서 중심 대처 (emotion-focused coping)
④	체계적 둔감화 (systematic desensitization)	자생훈련 (autogenic training)

해설

인지적-감정적 스트레스 모형은 수행해야 할 어떤 상황을 미리 인지하게 되면서 생리적인 반응을 나타낸다는 것임. 즉, 인지적 방법(자기암시, 인지재구성, 자생훈련, 체계적 둔감화)과 생리적 방법(호흡 조절, 점진적 이완)을 통해 조절함

정답 ②

40

〈보기〉에서 하닌(Hanin, 1989)의 적정기능역모형 (zone of optimal functioning model)에 대한 설명으로 바르게 묶인 것은?

| 보기 |

- ㉠ 불안 수준은 한 점이 아닌 범위로 나타난다.
- ㉡ 최고의 수행을 발휘할 때 자신만의 고유한 불안 수준이 존재한다.
- ㉢ 각성과 정서 사이의 관계는 각성에 대한 개인의 인지적 해석에 달려 있다.
- ㉣ 인지 불안이 낮을 때와 높을 때 신체적 각성의 증가에 따라 수행이 다르게 나타난다.

① ㉠, ㉡
② ㉠, ㉣
③ ㉡, ㉢
④ ㉢, ㉣

해설

㉠, ㉡의 설명은 적정기능구역이론(ZOF: zone of optimal functional theory, 최적수행지역이론)으로 스포츠 참가자가 적정의 운동수행을 할 것으로 예측할 수 있는 불안의 수준 범위를 명시함. ㉢은 전환이론(reverse theory, 반전이론)으로 높은 각성수준을 유쾌한 흥분으로 지각하거나 불안으로 해석하고 동일한 각성수준을 정반대로 받아들인 원인은 개인의 동기와 성향의 차이에서 비롯됨. ㉣은 다차원적 이론(multidimensional theory)으로 역-U자 이론(inverted-U theory, 적정수준이론)의 대안으로 제시됐으며 인지불안과 신체불안이 있음

정답 ①

08

a health exercise manager

건강운동관리사
실기·구술 가이드

건강운동관리사 실기·구술 가이드

건강운동관리사의 필기합격자는 실기시험과 구술시험에서 각각 만점의 70% 이상을 득점해야 합니다. 실기시험은 심사위원들 앞에서 직접 행동으로 시범을 보이는 방식입니다. 구술시험은 말 그대로 수험자의 입으로 직접 설명하는 방식입니다. 실기시험 대비는 참고도서 및 인터넷 정보(홈페이지, 블로그, 유튜브 등)를 활용해 시연방식(특히 동영상 재현)에 대비하길 바랍니다. 본 수험서에서는 3개년(2021~2023)의 실기 및 구술 기출문제 중에서 구술시험에 관해서만 모범답안을 제시합니다. 이 외에도 구술시험 대비를 위해 평가영역을 토대로 필기교재 부분에서 전반적으로 폭넓게 학습하길 바랍니다.

● 실기시험 평가영역

건강·체력 측정평가	국민체력100(https://nfa.kspo.or.kr): 국민체력인증 – 측정항목(동영상 참조)
운동 트레이닝 방법	웨이트 트레이닝(보디빌딩): [참고도서] M 스포츠지도사 보디빌딩 실기 구술 완전정복(박영사), NASM 퍼스널 트레이닝(한미의학)
운동손상 평가 및 재활	스페셜 테스트: 아래 세시된 테스트의 개념과 시연방식을 충분히 숙지 후 다른 테스트도 검색을 권고함(필기 운동상해 특수검사 포함)

〈허리 디스크 검사〉
하지직거상 검사(SLR Test): 대상자의 다리를 60~70도 정도 천천히 들어 올림(정상쪽 다리 먼저 실시 / 허리에서 통증이 유발되면 양성)

〈요추신경근 압박검사〉
요추신경근 압박검사(Bragard's Test): 대상자의 다리를 들어 올리고, 동통이 일어난 위치에서 덜 아픈 위치로 다리를 내림(다리 뒤쪽이 당기거나 저린 느낌이면 양성)

〈척수내압상승 검사〉
밀그램 검사(Milgram's Test): 누운 자세 대상자의 다리를 약 5~10cm, 30초간 들어 올리게 함(들어 올린 다리를 유지하지 못하거나 통증이 유발되면 양성)

〈허리골반통증 검사〉
허리골반통증 검사(Patric Test 또는 FABER Test): 누운 자세 대상자의 반대편 다리 무릎관절 윗부분을 검사하기 위해 다리 발뒤꿈치를 놓게 하고, 벌림된 다리를 아래쪽으로 천천히 누름(검사다리가 반대쪽 펴진 다리보다 위에 남아 있으면 양성)

〈손배반달 불안정성 검사〉
주상골 이동 검사(Watson Test): 대상자의 손목의 주관절을 고정하고 엄지손가락으로 손등쪽의 주상골을 아래로 밀어냄(운동성이 과도하게 발생하면 양성)

〈어깨충돌증후군 검사〉

충돌검사(Neer's Test): 대상자의 손목이나 아래팔을 잡고 강하게 어깨뼈 면에서 완전히 들어올리고 팔을 안쪽과 가쪽돌림을 함(안쪽돌림 internal rotation할 때 통증이 유발되면 가시위근 supra spinatus 충돌이고, 가쪽돌림 external rotation할 때 통증이 유발되면 위팔래두갈래근 긴갈래 biceps brachii long head 충돌)

〈어깨관절 SLAP 병변 검사〉

오브라이언 검사(O'brien Test): 서 있는 대상자의 어깨를 90도 굽히고 15도 수평모음한 후 안쪽돌림시키고 검사자는 손목부위를 잡고 아래쪽으로 힘을 가하면서, 대상자에게 저항하도록 함(가쪽돌림시키고 동일하게 저항 유도, 안쪽돌림 internal rotation 할 때 통증이 있고 가쪽돌림 external rotation 할 때 통증이 없으면 양성, 둘 다 통증이 있으면 돌림근띠 rotator cuff tear 손상 가능)

〈이두근 건염 검사〉

예가손 테스트(Yergason's Test): 대상자 팔꿈치를 90도로 구부리게 하고 한 손으로 팔꿈치 또는 어깨 이두근구 groove를 직접 촉진시키면서, 다른 손은 대상자 손목을 잡고 팔을 외전 external rotation시킴(상완이두근 장두 biceps brachii long head에서 통증 및 소리가 난다면 아탈구 의심, 통증이 심하면 건염을 뜻함)

〈어깨 / 팔꿈치 불안정성 검사〉

레터럴 피벗 시프트 검사(Lateral Pivot Shift 또는 Apprehension Test): 전방불안검사는 대상자의 환측 어깨관절을 90도 외전, 팔꿈치를 90도 굴곡시킨 후 어깨를 천천히 외회전시킴 / 후방불안검사는 대상자의 환측 어깨관절을 90도 굴곡 및 내회전, 상완골의 장축에 따라 후방으로 압력을 가함(불안감 혹은 통증 유발되면 양성)

〈고관절 굴곡근의 긴장도 평가 검사〉

토마스 검사(Thomas Test): 누운 자세 대상자의 무릎을 가슴까지 굽힘을 시킴(다리를 검사대에 펴서 붙이지 못하면 양성, 허리 요추부위 전만증 lordosis 의심)

〈천장관절 검사〉

갠슬렌 검사(Gaenslen Test): 옆으로 누운 자세 대상자의 다리를 위쪽으로 위치하고 엉덩관절을 과다폄을 함(엉치엉덩관절 통증이 유발되면 L4 신경뿌리 병변, 엉치 엉덩관절 병변 등을 의심)

〈척추 분리증 검사〉

엉치뼈 고정 검사(Gillet Test 또는 Stork Test): 서 있는 대상자의 뒤에서 위뒤엉덩뼈가시 posterior superior iliac spine에 한쪽 손 엄지를 위치하고, 다른 손 엄지를 평행하게 위치한 후, 대상자를 한 발로 서게 하고 반대쪽 무릎을 굽힘시켜 가슴까지 닿게 함(저운동성이거나 막힘 상태의 움직임일 경우 양성)

〈궁둥신경 손상 검사〉

활시위 검사(Bowstring Test 또는 Cram Test): 누운 자세 대상자의 환측 다리를 들어 올리게 하고 방사통을 만들기 위해 슬와근 popliteus nerve에 압박함(통증이 유발되면 궁둥신경 sciaic nerve 손상으로 양성)

〈발목손상 검사〉

발목 전방 전위 검사(Anterior Draw Test): 대상자의 슬관절을 90도 굴곡상태로 환측 족근관절을 폄한 상태로 이완시킴(족근격자로부터 거골의 전방전위가 반대편보다 크면 전거비인대 anterior talofibular ligament 염좌로서 양성)

〈발목 염좌 외측인대 손상 검사〉

목말뼈 경사 검사(Talar Tilt Test): 대상자의 발목이 90도 상태에서 한 손으로 정강뼈를 잡아 고정시키고, 다른 한 손으로 뒤꿈치뼈를 안쪽돌림 혹은 가쪽돌림을 함(안쪽돌림할 때 통증이 유발되면 발목의 외측인대 손상, 가쪽돌림할 때 통증이 유발되면 내측인대 손상)

〈좌골신경압박 검사〉

슬럼프 검사(Slump Test): 검사자가 똑바로 앉은 대상자 머리를 잡고 있는 동안 등과 머리를 구부리게 하고, 발목을 발등굽힘시켜 무릎을 서서히 펴게 함(좌골신경통이 유발되면 양성)

09

〈대퇴직근 긴장 검사〉

엘리스 검사(Ely's Test): 엎드린 대상자의 환측 무릎을 가볍게 구부리게 하고 대상자의 발목을 잡아 무릎을 천천히 엉덩이쪽으로 구부리게 함(엉덩이가 들리면서 엉덩관절이 굽혀지면 넙다리 곧은근의 단축을 의미하는 양성)

〈무릎 전방십자인대 불안정성 검사〉

피벗 시프트 검사(Pivot Shift Test): 누워 있는 대상자의 경골 머리 부분과 다른 한 손은 발목 부분을 잡고 하퇴를 안쪽돌림시키고 무릎을 외반력을 가하면서 무릎을 펌(경골의 외측상과가 탈구되거나 소리가 나면 양성)

구술시험 평가영역

건강·체력 측정평가	위험군 분류 및 평가	• 운동 관련 위험요인 • 신체활동 참여자의 위험분류 • 운동참여 전 평가(문진 등 포함)
	건강 / 체력측정 평가 및 해석	• 혈압측정(자동식, 수동식) • 신체조성 • 심폐체력 • 근력 및 근지구력 • 유연성 • 평형성, 민첩성, 순발력
	운동부하검사 및 해설	• 운동부하검사 방법 및 프로토콜 • 운동부하검사 결과 해석
운동 트레이닝 방법	유산소 트레이닝 방법	• 종류별 트레이닝 방법 예 걷기, 달리기, 줄넘기 등 • 유산소 에너지 시스템 강화 트레이닝 방법
	저항성 트레이닝 방법	• 부위별 트레이닝 방법 예 가슴, 어깨 등 • 목적별(근력, 근지구력, 근파워 등) 트레이닝 방법
	유연성 트레이닝 방법	• 부위별 유연성 및 스트레칭 방법 • 유형별 스트레칭 방법(정적, 동적, PNF 등)
	기타	• 소도구 트레이닝(밴드, 튜브, 볼 등) • 질환별 트레이닝 고려사항
운동손상 평가 및 재활	운동손상평가	• 상지 운동손상평가(어깨, 팔꿈치, 아래팔, 손목, 손가락 등)
	운동손상재활	• 상지 운동손상재활(어깨, 팔꿈치, 아래팔, 손목, 손가락 등) • 하지 운동손상재활(발, 발목, 무릎, 넙다리, 엉덩이 골반 등)
	테이핑	• 부위별 테이핑(발목, 손목 등) • 종류별 테이핑(케네시오, C테이프 등)

☑ 실기(유형 참고)

1. 남성 대상으로 캘리퍼(Calliper) 측정 3부위를 설명하고 측정하시오.
2. 밸런스 검사(BESS, Balance Error Scoring System Test) 중 평지에서 실시하는 1~3단계 검사를 각 5초씩 실시하시오(단, 오른발이 주발임).
3. 국민체력100에서 근지구력을 평가하는 검사인 반복점프를 6회 실시하시오.
4. 국민체력100에서 실시하는 성인기준 YMCA 스텝테스트를 3회 설명하고 실시하시오.
5. 와이 밸런스 테스트(Y-Balance Test)를 실시하시오.
6. 여성 노인기 체력검사인 덤벨 컬을 5회 실시하시오.
7. 노인기 체력측정인 어깨 뒤로 유연성 측정 검사를 1회 실시하고 자로 측정하시오.
8. 배근력을 설명하고 1회 실시하시오.
9. 심전도 검사(Electrocardiography Test)를 위한 전극부착을 실시하시오.
10. 반복 옆뛰기(side step test)를 실시하시오.

☑ 구술

---
* 머리에서 연상하며 직접 말로 구술을 해보세요.
* 순서는 두 가지 패턴으로 설명하려고 노력해 보세요.
 ① 정의 → 분류 → 특성
 ② 정의 → 목적(효과) → 방법 → 주의사항

09

1. 발목 및 위팔 압력지수척도(ABI, Ankle Brachial Index, 발목상완지수) 검사의 목적과 방법을 구술하시오.
 ▪ **정의**: 팔과 다리의 혈압 비율(발목 혈압 / 팔 혈압)을 보는 검사로서 발목 수축기 혈압을 팔 수축기 혈압으로 나눈 값임. 0.9 초과가 정상수치임 [ABI=좌우 하지 수축기 혈압 / 상지 수축기 혈압(높은 쪽)]
 ▪ **목적**: 하지허혈의 존재 여부, 말초동맥질환 등을 확인함
 ▪ **방법**: ① 대상자는 누운 상태에서 약 5분간 안정을 취함. ② 발목동맥(anterior dorsalis artery) 혹은 뒤정강동맥(posterior tibial artery)을 이용해 혈압을 측정함. ③ 팔동맥은 상완동맥(brachial artery)을 이용해 혈압을 측정함. ④ 발목 수축기 혈압을 팔 수축기 혈압으로 나눔

2. 운동부하검사(Exercise Stress Testing, Treadmill Test)의 절대적 금기사항에 대해 구술하시오.
 ▪ **정의**: 운동부하검사란 대상자의 가슴에 전극을 부착한 후 러닝머신 위에서 운동 강도를 단계별로 올려 심전도, 혈압, 맥박의 변화를 관찰하는 검사임

- 목적: 협심증, 부정맥 등의 심혈관 질환을 예측 및 확진하는 데 유효한 자료를 제공함
- 증상−제한 최대운동검사의 절대적 금기사항: 2일 이내의 급성심근경색증, 진행 중인 불안정 협심증, 혈역학적 요인을 동반한 조절되지 않는 심장부정맥, 활동성 심내막염, 증상을 동반한 중증 대동맥판협착, 비대상성 심부전, 급성폐색전증, 폐경색증, 심부정맥혈전증, 급성심막염 또는 심막염, 급성대동맥박리, 안전하고 적절한 검사를 제한하는 신체적 장애

3. 운동부하검사의 브루스 프로토콜(Bruce Protocol) 특징 및 방법(절차)을 4가지 이상 구술하시오.
- 정의: 운동부하검사란 대상자의 가슴에 전극을 부착한 후 러닝머신 위에서 운동 강도를 단계별로 올려 심전도, 혈압, 맥박의 변화를 관찰하는 검사임. 브루스 프로토콜은 건강한 사람을 대상으로 함
- 특징: ① 검사 시간이 상대적으로 짧음. ② 속도와 경사도가 동시에 증가하여 증가폭이 큼. ③ 첫 단계(~5MET)와 단계 간 증가폭이 커서(~3MET) 유산소 능력과 관련이 있음. ④ 기능적 능력이 낮은 사람(심혈관, 폐질환 등)은 적합하지 않음
- 방법: 초기 속도 1.7mph에서 3분마다 경사도 2%씩 증가시킴. 속도를 3분마다 0.8~0.9mph씩 증가시킴

4. 정적 평형성 검사와 동적 평형성 검사의 정의 및 각 검사종류의 예시를 2가지씩 구술하시오.
- 정의: 평형성이란 원하는 자세를 유지할 수 있는 능력으로 운동선수의 발목 염좌 위험을 줄이는 효과가 있음. ACSM에서는 낙상 방지 훈련으로 권장함
- 분류: ① 균형 검사는 정적 평형성(Dynamic Balance)과 동적 평형성(Static Balance)으로 구분됨. ② 정적 평형성 검사는 밸런스 검사(BESS, Balance Error Scoring System, 평형성 오류 채점 시스템)와 눈 감고 외발서기(One−leg stance test) 등이 있음. ③ 동적 평형성 검사는 Y 평형성 검사와 노인대상의 의자에 앉아 3m 표적 돌아오기(초) 등이 있음

5. 생체전기저항분석(BIA, Bioelectrical Impedance Analysis) 검사 시 수분 관리에 대해 구술하시오.
- 정의: BIA는 인체에 전류를 흘렸을 때 발생하는 임피던스(impedance, 교류회로에서 전압과 전류의 비율)에서 인체를 구성하는 성분을 정량적으로 측정하는 기술로서 체성분을 분석함
- 분류: 체성분은 체지방(fat)과 체지방을 제외한 제지방(FFM, fat free mass)으로 나눔. 제지방은 에너지 소모, 인체 기능 유지 역할을 하며 체수분(water), 단백질, 무기질로 구분됨
- 방법: 검사 전에 음식물을 섭취하면 섭취한 직후에는 체지방(fat)으로 분석되거나 혈액으로 흡수되면 체수분(water)으로 분석되는 경향이 있으므로 유의해야 함

6. 운동부하검사 시 비정상적인 혈압 반응을 구술하시오.
- **정의**: 운동부하 검사 중에 수축기 혈압이 120mmHg 이상을 유지하지 못하거나, 안정 시보다 10mmHg 이상의 혈압이 하강할 때, 휴식할 때보다 하강하는 경우에 비정상적인 반응으로 판정함

7. 체질량지수(BMI, Body Mass Index) 특성의 장단점을 구술하시오.
- **정의**: 인간의 비만도를 나타내는 지수임[BMI = 체중(kg) / 신장(m^2)]
- **장점**: 키와 몸무게만으로 비만, 적정체중, 저체중을 판단할 수 있도록 간단하게 측정할 수 있음
- **단점**: ① 키와 몸무게만으로 과체중 혹은 비만을 측정하므로 체지방량을 반영하지 못함. ② 지방이 적고 근육이 많은 사람과 지방이 많고 근육이 적은 사람을 비교하면 전자가 BMI가 높게 나옴. ③ 남녀의 비만율을 평가할 때도 한계가 있음

8. 트레드밀(Treadmill)을 이용한 램프 프로토콜(Ramp Protocol)에 대해 구술하시오.
- **정의**: 운동부하검사란 대상자의 가슴에 전극을 부착한 후 러닝머신 위에서 운동 강도를 단계별로 올려 심전도, 혈압, 맥박의 변화를 관찰하는 검사임. 램프 프로토콜은 정상인을 대상으로 함
- **특징**: 각 단계별로 시간을 짧게 하되, 속도와 경사도 증가량을 낮춤. 점증적으로 총 운동의 부하를 증가시킴
- **방법**: 20초마다 경사도를 1.2%씩, 속도는 0.1mph씩 증가시킴

9. 심근산소요구량(RPP, Rate Pressure Product)에 대해 구술하시오.
- **정의**: 심근산소요구량(RPP, Rate Pressure Product)은 심장이 요구하는 산소량임 [RPP = 심박수(운동 중, 휴식기 동안 측정) × 수축기 혈압]
- **특징**: ① 관상동맥 혈류공급에 문제가 발생하면 심근허혈 증상·징후와 허혈성 심장질환이 발생함. ② 허혈성 역치란 운동 중 이 문제가 발생하는 지점임. ③ RPP는 허혈성 역치의 반복적인 계산 값으로 운동부하량보다 신뢰할 수 있는 값임. ④ 정상수치는 25,000~40,000mmHg· beats / min임

2 운동 트레이닝 방법

☑ 실기(유형참고)

1. 오버 그립(Over Grip), 언더 그립(Under Grip), 얼터네이트 그립(Alternate Grip), 훅 그립(Hook Grip), 오픈 그립(Open Grip 또는 Thumbless Grip)을 각각 설명하고 실시하시오.
2. 민첩성 운동인 카리오카 스텝(Carioca Step)을 실시하시오.
3. 바벨 하이 풀(Barbell High pull)을 5회 실시하시오.
4. 어깨, 가슴, 넙다리, 코어발달을 위한 랜드마인 로테이션(Landmine Rotation)을 5회 실시하시오.
5. 런지 투암 프레스(Lunge Two Arm Press)를 5회 실시하시오.
6. 멀티플래너 스텝업 투 밸런스(Multiplanar Step Up to Balance)를 실시하시오.
7. 플라이오메트릭(Plyometric) 운동인 싱글레그 파워 스텝업(Single Leg Power Step Up)을 5회 실시하시오.
8. 싱글레그 힙 로테이션(Single Leg Hip Rotation)을 3회 실시하시오.
9. 스텝 박스(Step Box)와 덤벨(Dumbbell)을 이용하여 스텝업(Step Up)을 실시하시오.
10. 싱글 레그 스쿼트 터치다운(Single Leg Squat Touchdown)을 실시하시오.

☑ 구술

> * 머리에서 연상하며 직접 말로 구술을 해보세요.
> * 순서는 두 가지 패턴으로 설명하려고 노력해 보세요.
> ① 정의 → 분류 → 특성
> ② 정의 → 목적(효과) → 방법 → 주의사항

1. 운동강도에 따른 상기도 감염(URTI, Upper Respiratory Tract Infection)의 연관성에 대해 구술하시오.
   - 정의: 상기도감염은 기도의 상부(코, 부비동, 인두, 후두 등)에 급성 감염이 발생하는 현상임. 코막힘, 인후통, 후두염, 중이염 등이 대표적인 증상임
   - 특징: ① 엘리트 선수와 비활동적인 일반인이 취미수준 선수에 비해 상기도 감염 유병률이 높음. ② 적당한 강도의 운동은 상기도 감염의 위험이 감소하다가 고강도 운동을 하면 상기도 감염의 위험이 증가함. ③ 이는 고강도 훈련에 따른 구강 점막 수치의 감소가 영향을 미치는 요인임

2. 장기간 유산소 운동 시 최대산소섭취량 증가 원인 3가지를 구술하시오.
- **정의:** 최대산소섭취량(VO_2max, Volume of O_2 Maximum)이란 1분 동안 신체에 공급할 수 있는 산소 호흡량의 최대치임(단위 ml / kg / 분). 즉, 에너지 대사 시 산소를 얼마나 효율적으로 많이 사용할 수 있느냐의 여부이므로 심장의 기능적 능력과 밀접함
- **원인:** 유산소 운동(걷기, 달리기, 자전거, 에어로빅, 수영, 댄스 등)을 장기간 하게 되면, 운동 강도가 높아지면서 산소섭취량 증가, 심박출량 강화, 심폐지구력(전신지구력)을 향상시킴

3. 유산소 트레이닝(Aerobic Training 또는 Cardio) 시 사용할 수 있는 젖산역치(LT, Lactate Threshold)에 대해 구술하시오.
- **정의:** 유산소 트레이닝은 걷기, 달리기, 자전거, 에어로빅, 수영, 댄스 등임. 젖산이란 운동을 하면서 발생하는 피로를 초래하는 물질임. 젖산역치는 젖산이 빨리 쌓이는 시점임
- **분류:** 인간 몸의 에너지 시스템은 무산소성 시스템(ATP-Pcr, 해당과정)과 유산소성 시스템이 있음. 전자는 산소를 이용하지 않고 소량의 에너지(ATP)를 생성해 몸에 공급하며 체지방을 감량시키고, 후자는 산소를 이용해 심폐기능 향상에 도움을 줌
- **특성:** ① 유산소 운동을 통해 최대산소섭취량(VO_2max) 지점에 도달하면 몸에 급격하게 젖산이 쌓이게 되는 젖산역치에 이름. ② 이 때 몸 안에 수소(H) 농도가 높아져 산성화가 되고, 몸의 완충기전인 중탄산염이 이 수소농도를 잡아 물(땀, 소변)과 이산화탄소(호흡)로 만들어 체외로 배출시킴

4. 달리기 스피드 향상을 위한 레지스티드 트레이닝(Resisted Training)과 어시스티드 트레이닝(Assisted Training)에 대해 구술하시오.
- **레지스티드 트레이닝:** 언덕을 오르거나 중량물을 밀고 당김으로써 부하 또는 저항을 받아 달리는 트레이닝 방법임(**예** 언덕길 달리기, 타이어 끌며 달리기, 모래밭 달리기, 웨이트 자켓을 입고 달리기 등)
- **어시스티드 트레이닝:** 다른 사람의 보조를 받아 개인 능력 이상의 스피드를 내면서 높은 수행능력을 발휘하도록 하는 트레이닝 방법임(**예** 튜브를 이용해 달리기, 내리막길을 이용해 달리기 등)

5. 서킷 트레이닝(Circuit Training)의 특징과 방법을 구술하시오.
- **정의:** 전신의 주요 근육을 트레이닝할 수 있도록 6~12가지 운동종목을 배열하여 전반적인 체력 향상을 가능하게 하는 보편적인 트레이닝 방법임
- **특징:** 근지구력, 근력, 파워, 전신지구력 등 서로 다른 체력요소를 동시에 향상시킴

■ **방법**: ① 초보자에게는 운동 사이의 인터벌을 걷기나 조깅부터 적용하고, 상급자에게는 횟수, 중량 및 속도를 단계별로 올림. 부위별 효과를 높이기 위해 동일한 근육을 쓰지 않도록 운동순서를 배열함(⑩ 상반신→몸통→하반신 / 상반신→하반신→몸통). ② 상반신 부위 운동에는 엎드려 팔굽혀 펴기(press up), 턱걸이하며 팔굽혀 펴기, 메디신볼 던지기(medicine ball throw), 디핑(dipping), 암컬(arm curl)이 있음. ③ 몸통 부위 운동에는 V 시트, 발 들고 배근육, 레그 레이즈(leg raise), 백 익스텐션(back extension), 크런치(crunch)가 있음. ④ 하반신 부위 운동에는 넙다리 들기, 스쿼트 점프(squat jump), 허들 점프(hurdle jump), 레그 컬(leg curl), 런지(lunge), 스쿼트(squart), 제자리 달리기가 있음

6. 오버트레이닝(Overtraining)에 대해 구술하시오.

■ **정의**: 자신의 체력과 운동수행능력에 비해 지나치게 과도한 운동강도나 운동량으로 신체에 가해지는 각종 이상증상을 뜻함
■ **특성**: 몸의 이상증상으로 무기력, 체력저하, 신경질, 예민함, 식욕부진, 몸살기운, 운동수행능력 저하, 스트레스, 만성피로, 불면증, 만성피로 등이 있음
■ **회피 방법**: 휴식, 운동 볼륨 조절, 같은 부위를 연속으로 훈련하지 않는 등을 통해 쌓인 피로도를 줄여야 함

7. 파틀렉 트레이닝(Fartlek Training)에 대해 구술하시오.

■ **정의**: 기복이 심한 지형을 이용해 일정한 페이스로 달리면서 속도와 전신지구력을 강화하는 운동방법임(⑩ 모래언덕 달리기, 골프장의 잔디밭 달리기, 산길 달리기 등 30~60분 적정)
■ **특성**: 중장거리 달리기, 크로스컨트리 스키, 사이클링 등의 종목에 적합하고, 호흡 순환기능 향상, 체온 상승, 신경성 적응을 촉진하는 등의 효과가 있음

8. 저항 운동 시 호흡법과 발살바 호흡법(Valsalva Maneuver)에 대해 구술하시오.

■ **정의**: 성대문(glottis)이 닫힌 채로 배근육에 강제로 힘을 주어 숨을 내쉬는 동작임. 단기간에 최대의 힘을 발휘하는 동작에서 많이 나타남(⑩ 역도 등)
■ **분류**: 완전 발살바와 부분 발살바 호흡법이 있음. 일반적인 웨이트 트레이닝에는 부분 발살바 호흡법을 주로 사용함
■ **방법**: ① 바벨을 들어올리기 직전에 가슴과 배까지 숨을 들이마시고 허리와 복근에 힘을 강하게 줌. ② 들어올리기 시작하면 입으로 서서히 공기를 빼고 뱃속과 가슴에 공기를 남겨 둠. ③ 완전하게 들어 올리고 안정적인 자세를 잡았을 때 나머지 공기를 뺌
■ **특성**: 가슴근육의 작용을 강하게 하며 복강과 가슴 안을 안정화시킴

9. 고유수용성 신경근 촉진법(PNF, Proprioceptive Neuromuscular Facilitation)에 대해 구술하시오.

- **정의**: 고유수용성이란 공간에서 관절의 위치를 결정하는 능력으로 PNF 촉진기법을 통해 근력, 유연성, 협응력 증가 및 운동감각적 결여를 감소시킴. PNF는 수축과 신전을 교차적으로 행하는 스트레칭 기법임
- **방법**: PNF는 3가지 패턴이 있음. ① 굽힘(flexion, 굴곡)과 폄(extension, 신전), ② 벌림(abduction, 외전)과 모음(adduction, 내전), ③ 안쪽돌림(internal rotation, 내측회전)과 가쪽회전(external rotation, 외측회전)이 있음
- **특성**: 근육군의 촉진, 억제, 강화와 이완을 통하여 기능적 운동을 증진시킴

10. 슈퍼 세트(Super Set)와 피라미드 세트(Pyramid Set)에 대해 구술하시오.

- **정의**: 근력운동 세트란 근육 운동을 할 때 수행할 각 운동의 반복 또는 반복횟수를 뜻함
- **슈퍼 세트**
  - 설정된 운동 세트를 수행하고 휴식 없이 다음 단계의 운동 세트를 수행함
  - 특성: 짧은 시간에 많은 작업을 수행, 휴식 시간을 줄여서 훈련 강도를 높일 수 있음
- **피라미드 세트**
  - 운동을 진행하면서 무게와 횟수를 조절함(예 1세트에서 15kg, 12회 수행→2세트에서 20kg, 10회→3세트 30kg, 8회 반복)
  - 특성: 강도를 점진적으로 높이면서 근육을 워밍업할 수 있고, 훈련 후 회복 속도가 빠름

09

운동손상 평가 및 재활

☑ **실기(유형 참고)**

1. 전방십자인대(ACL, Anterior Cruciate Ligament)의 손상을 검사할 수 있는 피봇 시프트 테스트(Pivot Shift Test)를 실시하고 양성반응에 대해 말하시오.
2. 발꿈치종아리인대(CFL, Calcaneo Fibular Ligament)의 안쪽번짐 손상을 알아볼 수 있는 목말뼈 경사 검사(Talar Tilt Test)를 누운 자세에서 실시하고 양성반응을 말하시오.
3. 궁둥 신경(Sciaic Nerve)의 문제를 알아볼 수 있는 활시위검사(Bowstring Test)를 실시하시오.
4. 위팔두갈래근 힘줄염 검사인 예가손 테스트(Yergason's Test)를 실시하고 양성반응에 대해 말하시오.
5. 오른쪽 추간판 탈출증의 신경학적 증상이 있는 환자의 하지직거상 검사(SLR, Straight Leg Raise Test)를 실시하시오.
6. 오른쪽 앞목말인대 손상이 있는 환자의 전방전위검사(Anterior Drawer Test)를 실시하시오.
7. 오른쪽 회전근개 손상과 충돌증후군을 확인하는 충돌검사(Neer's Test)를 실시하시오.
8. 상부관절와순 전후방병변(Slap, Super Labrum Anterior to Posteriror)을 확인할 수 있는 오브라이언 검사를 실시하시오.
9. 손배반달 불안정 검사(Watson Test)를 실시하시오.
10. 팔꿈치 레터럴 피봇 시프트(Lateral Pivot Shift)를 실시하시오.

☑ **구술**

---

* 머리에서 연상하며 직접 말로 구술을 해보세요.
* 순서는 두 가지 패턴으로 설명하려고 노력해 보세요.
① 정의 → 분류 → 특성
② 정의 → 목적(효과) → 방법 → 주의사항

---

1. 맨손 마사지의 생리적 효과와 기법에 대해 각각 3가지 이상 구술하시오.
   - ■ 정의: 스포츠를 실시하기 전에 아무 도구 없이 맨손으로 근육의 긴장력을 유지시켜줌으로써 운동에 빨리 적응할 수 있도록 함
   - ■ 효과: ① 표피의 혈관이 확장되어 혈액순환을 촉진시킴. ② 근육 내의 혈액이나 림프의 흐름이 원활해지면서 노폐물을 제거함. ③ 관절 내의 혈액 순환이 원활해지면서 신진대사와 관절액 분비를 촉진시키고 유연해짐
   - ■ 기법: ① 몸의 말초 부분에서 심장으로 향하면서 실시함(구심성). ② 마사지의 처음과 마지막에 실시하는 것으로 근육의 흐름에 따라 5~6kg 정도의 약한 압력을 주어 가볍게 쓰다듬으며 문지름(경찰법). ③ 근육을 주물러 유연하게 함(유념법). ④ 손가락으로 힘을 넣어 세게 주무르고 팔꿈치로 원을 그림(강찰법). ⑤ 손목을 부드럽게 위아래로 움직이며 가볍게 두드림(고타법)

2. 그라스톤(Graston) 등의 자가근막이완법(SMR, Self Myofascial Release)의 신체 생리적 반응과 관련하여 구술하시오.
- **정의**: 과활성화된 근섬유를 억제하기 위해 사용하는 유연성 기법임(롤러, 볼 등을 사용)
- **목적**: 근육통증 완화, 유연성 증가
- **특성**: ① 지속적이고 느린 조직압박으로 기계적 수용기를 자극함. ② 이는 중추신경계와 자율신경계로 정보를 전달함. ③ 중추신경계에서는 골격근의 근긴장도가 완화되고, 자율신경계에서는 대근육 및 평활근 세포의 긴장도에 영향을 줌

3. 냉치료의 생리학적 효과, 종류 및 방법에 대해 각각 2가지씩 구술하시오.
- **정의**: 얼음이나 냉습포 등을 이용하여 치료적 목적으로 국소를 냉각시켜 치료함
- **효과**: 혈류량 감소, 동통 감소, 부종 감소, 근 긴장도 감소 등
- **종류**: 건냉, 습냉
- **방법**: 건냉요법(얼음주머니, 얼음칼라, 아이스팩, 화학물질팩, 저온담요, 얼음마사지 등), 습냉요법(냉습포, 찬물에 담그기, 냉수욕 등)

4. 재활프로그램에서 고유수용감각운동 및 신경근조절운동의 의미, 역할 및 방법(수행시기, 난이도, 속도)을 각각 구술하시오.
- **의미**
  - 고유수용감각운동: 손상된 사지의 근육신경계 기능(자세균형조절 능력 장애)의 불안정성으로부터 회복을 위한 재활 프로그램
  - 신경근조절운동: 환자의 말초 감각 인지의 재집중, 협동적인 운동전략 신호 처리, 동적 제한 능력의 활성화를 위한 재활 프로그램
- **역할**
  - 고유수용감각: 자세균형감각 능력의 호전, 관절 주위 근육의 근력 증진훈련, 관절 재배치, 기능적 가동범위, 구심성 경로 촉진, 축 부하 등
  - 신경근조절운동: 과도한 외력으로부터 관절 조직 보호, 재발성 상해 예방 등
- **방법**
  - 고유수용감각운동: 네오플랜 슬리브, 탄력밴드 등
  - 신경근조절운동: 열린·닫힌 사슬운동, 균형훈련, 신장성 및 고반복·저부하 운동, 반작용훈련을 통한 반사촉진 등

09

5. 척추손상 재활운동을 위한 요추부 안정화(Core Stability) 운동방법, 목적 및 효과를 구술하시오.
   - **정의:** 요추 주변의 기능적 안정화를 위해 근육을 통제하는 것임
   - **방법:** 코어근육 운동으로 복근강화를 위한 플랭크(plank), 척추 근골격계 강화를 위한 버드독(bird dog), 등·복부·허리·골반 강화를 위한 브릿지(bridge), 윗몸일으키기와 유사한 크런치(crunch) 등이 있음
   - **목적:** 뼈와 인대의 구조와 연관된 수동안정성과 근육과 연관된 능동안정성을 향상시킴
   - **효과:** 코어 근육의 안정성을 향상시킴으로써 머리, 팔, 다리와 같이 신체와 연관된 운동을 수행하는 신체의 능력을 향상시킬 수 있음

6. 피트니스센터에서 실시하는 트렌델렌버그 검사(Tredelenburg Test, 중둔근 검사)의 목적, 증상, 양성반응, 통증이 없을 시 운동방법에 대해 구술하시오.
   - **정의 및 목적:** 고관절(hip joint) 측면에서 안정화를 잡아주는 중둔근 검사임
   - **증상:** 한쪽 골반이 높아졌다면 중둔근이 약하기 때문에 골반을 잘 잡아주지 못하는 것임
   - **방법 및 양성반응 판단:** ① 양 손을 올리고 한쪽 다리로만 30초 동안 서 있기, ② 들고 있는 hip이 내려가면 양성반응으로 판정함

7. 골프엘보(내측 상과염)의 발생기전 및 치료방법(병인, 증상, 재활방법)에 대해 구술하시오.
   - **기전:** 손목을 손바닥을 향해 힘을 주어 반복적으로 구부릴 때 발생함
   - **치료:** 안정, 냉찜질, 진통제로 통증 완화를 하게 됨
   - **재활:** 통증이 잦아지면 스트레칭과 강화 운동으로 재발 방지를 할 수 있음. 손목 폄근 스트레칭을 다음 순서로 함. ① 팔꿈치를 똑바로 펴고 손바닥을 아래로 향함. ② 다른 손으로 스트레칭을 하는 손의 엄지손가락을 잡고 손등이 몸쪽으로 향하게 손목을 구부림. ③ 스트레칭 강도를 증가시키기 위해 새끼 손가락쪽으로 손목을 구부리며 몸쪽으로 손가락을 당김(각 스트레칭을 30초 동안 유지하고 하루에 세 번, 4회씩 1세트 반복함)

8. 뇌진탕으로 인해 발생한 2차 손상으로 목과 손 방사통 및 근육분절 약화가 된 대상자를 처방하는 방법에 대해 구술하시오.
   - **정의:** 뇌진탕이란 두부 손상으로 인한 정신 기능 또는 의식 수준의 변화를 뜻함. 2차 충격 증후군은 드물지만 뇌진탕의 심각한 합병증을 불러 일으켜 위험할 수 있음
   - **처방:** ① 신체와 뇌의 휴식을 취하게 함. ② 운동, 운전, 알코올 및 과도한 뇌자극(컴퓨터 사용, TV 시청, 비디오 게임 등)을 삼가게 함. ③ 뇌진탕 증상이 해결되면 가벼운 유산소 운동을 시작함

9. 전방십자인대(ACL, Anterior Cruciate Ligament)의 초기 재활에 대해 구술하시오.

- **정의:** ACL 손상은 스포츠 활동 중에 흔히 발생하는 전방십자인대 파열임

- **증상과 치료:** 초기에는 심한 통증이 있고 수분 내에 일반적으로 통증은 가라앉으며 1~2시간 내에 극소량의 출혈성 관절증이 발생함. 수술적 치료(재건술)와 비수술적 치료(냉치료, 압박, 물리치료 등)를 의사의 진단을 받고 실시함

- **초기 재활:** ① 재건술 후 수동적인 완전 신전회복과 부종·통증조절을 위해 등척성 대퇴사두근 수축운동을 실시함. ② 점진적으로 90도 이내에서 굴곡각도를 증가시킴. ③ 이 외에도 가벼운 스트레칭, 냉각파 치료, 물리치료 등을 병행함

09

MEMO

M건강운동관리사 초단기 한권 완전정복

초판발행	2024년 6월 5일
지은이	M스포츠연구소
펴낸이	안종만·안상준
편 집	김보라
기획/마케팅	차익주·김락인
표지디자인	권아린
제 작	고철민·조영환
펴낸곳	(주) **박영사**
	서울특별시 금천구 가산디지털2로 53, 210호(가산동, 한라시그마밸리)
	등록 1959. 3. 11. 제300-1959-1호(倫)
전 화	02)733-6771
f a x	02)736-4818
e-mail	pys@pybook.co.kr
homepage	www.pybook.co.kr
ISBN	979-11-303-1938-4 13690

정 가   27,000원